개에게 철학을 가르치는 완벽한 방법

HOW TO TEACH PHILOSOPHY TO YOUR DOG
Copyright ⓒ 2019
All rights reserved.

Korean translation copyright ⓒ 2023 by Nikebooks
Korean translation rights arranged with One World Publications
through EYA (Eric Yang Agency)

이 책의 한국어판 저작권은 EYA(Eric Yang Agency)를 통해
One World Publications와 독점 계약한 니케북스에 있습니다.
저작권법에 의하여 한국 내에서 보호를 받는 저작물이므로
무단전재 및 복제를 금합니다.

앤서니 맥가윈 지음 | 최이현 옮김

HOW TO TEACH PHILOSOPHY TO YOUR DOG

에게
철학을 **가르치는**
완벽한 방법

우리 가족에게

너무 많은 사랑을 가져다 준

몬티에게, 당연히

그러므로 동물은 자신들의 속셈을 위장하는 짓을 할 수 없다. 그들은 속내에 아무것도 남겨두지 않는다. 그런 점에서, 개와 인간의 관계는 유리잔과 금속 잔의 관계와 같다. 개는 우리가 종종 감추곤 하는 자신의 성향과 감정들을 순진하게 숨김없이 드러내어 우리를 기쁘게 하기 때문에, 인간에게 크나큰 사랑을 받는다.

― 아르투르 쇼펜하우어, 『의지와 표상으로서의 세계』 2권 5장

개를 제외하면, 책은 인간의 가장 좋은 친구다. 개에 푹 빠져 있으면 독서를 할 수 없다.

― 그루초 막스

차례

저자의 말   **9**
프로도그   **13**

첫 번째 산책 🐾 착한 개, 나쁜 개   **31**
두 번째 산책 🐾 플라톤과 아리스토텔레스, 그리고 좋은 삶   **69**
세 번째 산책 🐾 감히 알려고 하라: 칸트와 공리주의자   **105**
네 번째 산책 🐾 타인의 마음과 자유 의지   **149**
다섯 번째 산책 🐾 초간단 논리 산책   **197**
여섯 번째 산책 🐾 형이상학 개론: 새똥의 하얀 물질   **205**
일곱 번째 산책 🐾 형상론과 보편 논쟁   **231**
여덟 번째 산책 🐾 나는 무엇을 아는가?   **269**
아홉 번째 산책 🐾 경험주의: 느낀 대로 믿다   **321**
열 번째 산책 🐾 칸트와 퍼지 논리   **347**
열한 번째 산책 🐾 개미와 거미, 그리고 과학 철학   **383**
마지막 산책 🐾 쇼펜하우어의 비눗방울과 삶의 의미   **427**
이게 진짜 마지막 산책   **449**

더 읽을거리   **451**
감사의 글   **459**
찾아보기   **460**

일러두기
본문의 각주는 모두 옮긴이가 쓴 것입니다.

저자의 말

『개에게 철학을 가르치는 완벽한 방법』은 철학의 세계로 친절하게 안내하는 입문서다. 개와 산책할 때처럼 철학 공부도 방향과 범위, 그리고 심지어 목적에 따라 다양한 경로를 택할 수 있다. 그 목적은 운동일까 오락일까 아니면 그저 가능한 한 효율적으로 후딱 해치워야 할 볼일일까? 어떤 철학 입문서들은 기원전 6세기, 초기 그리스 철학자들의 사상으로 시작해 천천히 시대별 내용을 훑은 후 마지막에는 저자가 '지금'이라고 생각하는 시대에서 끝맺는다. 다른 입문서들은 철학자들의 기행과 괴벽이 드러나는 일화들을 적당히 보기 좋게 다듬어 이들의 생애를 중점적으로 다룬다. 최근에는 아직도 여전히 '논쟁적인' 문제들에 집중하면서 질문이나 주제로 세분해 설명하는, 순수하게 주제별 접근을 시도한 책들이 인기가 많다.

이런 다양한 접근법은 특이하게도 철학에 잡학적 성격이 있다는 사실을 보여준다. 철학은 순종 아프간하운드보다는 교배종인

래브라두들*에 가깝다. 영문학은 본질적으로 그 역사를 연구하는 학문이다. 그러나 초서, 셰익스피어, 제인 오스틴, 조지 엘리엇 등의 작품은 역사서로 읽히지 않는데, 그 이유는 여전히 살아있는 예술 작품이기 때문이다. 더구나 그들의 위대함은 요약되고 이론화할 수 있는 사상에 있지 않고, 작품에 쓰인 언어 즉, 단어, 문장, 문단, 그리고 좀 더 심오하게는 음악적 요소 등에 있다.

반면, 수학과 물리학은 배경 지식이 없어도 배울 수 있는 학문이다. 원의 넓이를 계산하기 위해서 굳이 원주율은 최초로 고대 이집트와 바빌론 사람들이 대략 계산했고, 서기 1000년이 되기도 전에 중국 수학자들이 소수점 일곱 자리까지 계산했다는 사실을 알 필요는 없다. 그저 휴대용 계산기만 있으면 된다. 그리고 뉴턴의 운동 법칙은 의미가 있고 중요하지만 그 내용을 표현하는 단어들과는 아무 관계가 없다. 아리스토텔레스는 우주가 빈 공간이라는 생각을 거부하고, 완전히 잘못된 운동 개념과 그에 근거한 우주론을 제시했으며, 중심이 같은 일련의 투명 구체에 붙박인 정적인 우주와 그 중심에 있는 지구를 가정했는데, 그의 자연학은 현대 과학자에게 우월감을 느끼게 하는 것 말고는 오늘날 아무 기능도 하지 않는다.

철학은 그 두 세계를 아우른다. 플라톤과 아리스토텔레스, 비트겐슈타인 등을 인용하지 않아도 이들의 사상을 논할 수 있다. 이

* 래브라도와 푸들의 믹스견

런 점에서 이들은 뉴턴과 비슷하다. 그러나 철학의 문제들은 쉽게 해결되지 않는다. 그 문제들은 늘 새로운 뉴스와 같다. 오늘날에도 직업 철학자들은 아리스토텔레스와 데카르트를 연구하고, 로크와 벤담을 주제로 논쟁을 벌이지만, 아르키메데스나 코페르니쿠스의 사상을 주제로 토론해야겠다고 생각하는 과학자는 아무도 없다. 그러므로 철학의 **역사**는 결코 사라지지 않고, 결코 시대에 뒤처지지도 않는다.

또한 철학은 그 자체로 매력적인 이야기다. 나는 이 책에 철학의 **교배종**과 같은 면을 담아내려 했다. 그런 철학사에 경의를 표하고 싶었다. 이 책은 일련의 산책으로 구성되어 있는데, 이는 아리스토텔레스가 걸으면서 제자들을 가르쳤다는 이야기와 연결된다. 아리스토텔레스학파는 산책을 즐겼다고 해서 '**소요학파**逍遙學派'라 부른다. 나는 내 반려견인 몬티와 함께 산책하면서, 철학의 주요 주제들을 가이드 삼아 소크라테스의 변증법적 전통에 따라 철학의 핵심 문제들을 토론한다.

서문에 이어지는 세 차례 산책은 윤리학과 도덕 철학에 관한 내용이다. 그 다음에는 두 차례 짧게 산책하며 자유 의지의 개념과 논리학을 다룬다. 이어서 두 번의 형이상학 산책에서는 실재와 존재의 본질과 관련된 복잡한 질문들을 논한다. 그 다음에는 세 번에 걸쳐 인식론 혹은 지식론을 살펴본다. 그런 후에 사실상 네 번째 인식론 산책이라 할 수 있는 과학 철학으로 이어간다. 마지막 장에서는 삶의 의미를 생각하며, 신의 존재에 관한 몇 가지 논증을 간단하게 살핀다.

이 책의 내용은 전반적으로 주제를 중심으로 전개되지만, 각 주제를 다룰 때는 위대한 철학자들의 사상을 들여다본다. 나는 독자들이 이 책을 읽고 철학 문제를 이해하는 데 도움을 얻을 뿐만 아니라 사상의 역사와 발전 과정에 대해 참된 의식도 갖게 되기를 바란다.

이 책은 주로 서양 철학사를 다루고 있으므로 대단히 범위가 좁다는 점을 말해두고 싶다. 이는 편협한 지역주의에 근거해서 이슬람·중국·인도 철학 등을 무시해서가 아니라 그런 방대하고 복잡한 철학에 대한 내 전문 지식이 부족한 탓에, 다양한 내용을 다루고 있는 듯 흉내를 내기 위해 토막 지식들을 덧붙여봤자 오히려 그것들을 모욕하는 일이 되기 때문이다. 위대한 비서구권 철학은 각자에 맞는 몬티가 필요하다……

마지막으로 이 책은 핵심만 간추린 철학 수험서가 아니다. 책의 전체적인 구성은 일련의 산책 과정에서 사색한 내용들이며, 모든 산책이 그렇듯 잠시 옆길로 새서 덤불 속을 돌아다니기도 하고 토끼를 귀찮게 하거나 오리에게 먹이를 주기도 한다. 때로는 막다른 골목에 이르기도 한다. 또한 가끔은 번잡한 도로 옆을 걷거나 그루터기만 남은 밭을 통과해야만 숲속의 아름다운 공터나 물총새가 있는 개울가에 이를 수 있다.

Prodogue

프로도그

내게는 몬티라는 이름을 가진 칠칠치 못한 몰티즈 테리어가 한 마리 있다. 여기에서 '있다'의 의미는 소유의 개념보다는 비듬이나 감기 기운이 '있다'고 말할 때의 의미에 더 가깝다. 몬티는 구름 위에 있다가 실수로 땅에 툭 떨어져서 한동안 진창을 구른 개처럼 생겼다. 녀석은 속을 헤아리기 어려운 검은 눈과 코를 갖고 있는데, 생물학적·지질학적 냄새를 쫓아 구석지고 갈라진 틈에 얼굴을 들이밀다 보니 코에 니코틴이 얼룩져 있다.

일반적으로 몰티즈 테리어의 지능은 '보통'이라고 알려져 있다. 몹시 예민한 푸들이나 체스도 둔다는 보더콜리보다는 낮지만, 눈앞에서 사라진 테니스공이 나타나기를 당황한 채 기다리는 복서, 제 혀를 삼키지 않으려 애쓰는 일에 머리를 다 써버릴 정도로 지능이 떨어지는 아프간하운드보다는 한두 등급 높다.

몬티는 개인기도 전혀 없고 '이리 와' 또는 심지어 '앉아'라는 명령도 제대로 따르지 않는다. 이 세상에 흥밋거리가 더이상 없으면 사람들이 다가오는 걸 얌전히 기다리고 있을 테지만 말이다. 녀석이 이룬 가장 큰 쾌거는 크리클우드에서 '베스트 보이 도그Best Boy Dog'로 뽑혔던 일인데, 더 정확히 말하면, '크리클워프Cricklewoof'라는 도그 쇼에서 우승한 일이었다. 그때 준우승은 토끼가 차지했고, 3등 상은 테디 베어에게 돌아갔다.

철학 산책 파트너, 몬티를 소개합니다

나는 몬티의 지적 성취에 좀 엄격한 편이지만, 진지하면서도 당혹해하는 표정 때문인지 녀석은 마치 어떤 암호 체계를 이해하려 애쓰고 있거나 우주의 숨겨진 의미를 숙고하는 듯한 인상을 준다. 나는 녀석을 '닥터개 왓슨'처럼 생각하는데 아, 걱정하지 마시라. 이 책은 끔찍한 말장난이 난무하는 책이 아니며 언어유희는 이번이 마지막일 것이다. 녀석이 왓슨이면 나는 '셜록 홈즈'가 되나? 하지만 슬프게도 몬티와 나는 조연 배우만 둘이 나오는 희극을 찍게 될 거 같다. 그러니까 우리는 둘 다 왓슨이어서, 기민한 사람이라면 정확하지는 않더라도 재빠르게 도달할 수 있는 진리를 향해 헉헉거리며 다가갈 뿐이다.

그래서 몬티는 내가 여기저기 방황하며 세상을 이해하려 애쓰고, 수년간의 학업과 독서를 통해 선정한 철학 사상을 필요한 곳에 적용하려 할 때 유익한 친구가 된다. 우리는 온갖 주제로 이야기를 나눈다. 그리고 서로의 생각에 대한 반응을 주고받는다. 나는 녀석의 생각을 추측할 수 있고 심지어 그 생각을 명확하게 설명할 수도 있다.

앞으로 여러 장에 걸쳐, 나는 몬티와 런던 북부(와 이따금 조금 더 먼 곳)의 거리와 공원, 묘지 등을 산책하며 나눈 철학 대화들을 소개한다. 각 장의 목표는 위대한 철학 질문들을 이해하기 쉽게 설명하는 것이다. 어떤 질문들인가는 여러분의 예상과 같다. 옳은 행동이란 무엇인가? 자유 의지는 존재하는가? 실재의 궁극적 본질은 무엇인가? 우리는 지식을 어떻게 얻는가? 신은 있는가? 왜 항상 처음에는 USB를 잘못된 방향으로 꽂게 되는가?

이 책은 개가 아닌 사람을 위한 책이므로 벌레 퇴치 일정이나 개의 입장에서 힘이 많이 드는 배변 훈련이 아닌, 인간의 문제를 다룬다. 하지만 개의 취향도 중요하니까…… 나는 철학 고전에서 인간의 가장 친한 친구인 개가 등장하는 사례들도 살펴봤다. 찾고 보니 생각보다 사례가 많았다. 그러니까 '가발 쓴 남자 찾기'랑 좀 비슷했다. 이 말은 아무래도 설명이 필요할 것 같다.

1990년대 초에 나는 특이하게도 가발 쓴 남자들에게 집착하던 여성과 데이트를 했다. 괴상한 얘기를 하려는 게 아니다. 그녀는 내가 판사들이 쓰는 가발을 덮어쓰고 의사봉을 흔들며 그녀의 속이 훤히 비치는 잠옷 차림에 유죄를 선고하는 그런 것을 원한 건 아니었다. 단지 그녀는 상모솔새나 검은다리솔새를 확인하려는 조류 관찰자처럼, 주변에서 가발 쓴 사람들을 찾아내는 것을 좋아했을 뿐이었다. 술집이나 지하철에서 그녀가 나를 쿡쿡 찌르며 '시럽Syrup'이라고 속삭이면, 나는 가발 쓴 사람이 어디 있는지 찾아내려 애쓰곤 했다(여기에서 시럽은 '가발'을 뜻하는 런던 토박이의 압운 속어, 'syrup of fig'를 줄인 말이다). 당시만 해도 탈모 치료 기술은 초보적인 수준이었다. 모낭 재생 크림과 모발 이식술은 오늘날처럼 정교하지 못했다. 그리고 당시에도 옆머리를 빗어올려 정수리를 덮는 전통적 헤어스타일은 더이상은 선호하지 않았으므로 주변에 가발 쓴 사람들이 많았다.

술집이나 지하철 안에서 여자 친구가 신호를 하면 나는 주변

프로도그 **17**

을 눈으로 훑었다. 사귄 지 얼마 되지 않았을 때는 눈에 확 띄는 사람들(잠자는 비버처럼 생겼거나, 머리 모양이 유리 섬유나 과하게 휘저은 크림, 녹은 플라스틱처럼 뻣뻣하게 고정된 사람들) 말고는 가발 쓴 사람을 도무지 찾을 수 없었다. 하지만 차츰 증거를 수집하는 법을 배웠다. 가령 눈썹은 흰데 어울리지 않게 머리만 검다거나, 얼굴은 쭈글쭈글한데 모낭 밀도가 높다거나 가로등 불빛을 받으면 머리 색깔이 무지개 빛깔을 띠는 경우 등이 그 증거였다.

그 여자와 사귀기 전에는 가발 쓴 사람을 의식하거나 **본** 적이 없었다. 그것은 내 세계에서는 지엽적인 문제였다. (이번 장에서 곧 만나 볼) 루트비히 비트겐슈타인Ludwig Wittgenstein(1889~1951)은 『철학적 탐구』에서 우리가 단어의 의미를 배우는 과정을 자세하게 썼다. 그에 따르면, 우리는 사물과 그 이름 사이의 단순한 일차원적 관계를 익힌다기보다는 단어의 용법을 관찰하고 단어의 발음 규칙과 그 단어가 각인된 **삶의 양식**form of life을 배움으로써 단어의 의미를 파악한다. 지식은 우리가 소유하는 것이라기보다 우리가 하는 일 즉, 행동이다. 그래서 나는 여자 친구의 안내에 따라 가발 쓴 사람을 감지하는 법을 배워야 했으며 그러자 곧이어 완전히 새로운 세계가 보였다. 사방에서 가발 쓴 사람들이 보이기 시작했고 나와 여자 친구는 마치 한 쌍의 돌고래가 함께 파도를 타듯 그 놀이를 즐겼다. 그리고 그녀와 헤어지고 함께 발견의 기쁨을 누리던 시간이 지난 뒤에도 나는 여전히 군중 속에서 침울한 얼굴에 초콜릿 색깔의 풍성한 모발을 가진, 가발 쓴 사람을 찾아냈고 그때마다 아쉬운 듯 '시럽'이라고 중얼거리곤······

가발 쓴 사람을 구별하게 된 사례처럼, 나는 적극적으로 찾기 시작할 때까지 서양 철학사에서 개들이 활보하는 모습을 한 번도 본 적이 없었다. 그런데 갑자기 개들이 여기저기에서 나타났는데 어떤 개는 배탈이 났거나 선반에 놓인 물건을 건드린 후 주인의 꾸중을 피하고 싶을 때처럼 책 여백에 숨어들어 있었고, 어떤 개는 훤히 보이는 장소에 숨어 있었다.

철학사에 등장한 개들

인간이 오랫동안 개와 친밀한 관계를 유지해 왔음을 고려하면, 개들이 우리의 지적 문화, 신화, 이야기뿐만 아니라 철학적 탐구 과정에 그렇게 다양한 모습으로 스며들어 있었다는 사실이 놀랍지는 않다. 고고학자들은 개가 길들여지기 시작한 시기를 정확히 못박지는 못하지만, 대개 3만~4만 년 전쯤으로 추정한다. 아마도 처음에 우리 조상이 살던 곳 주변에 늑대들이 어슬렁대기 시작했고 수만 년간 자연 선택과 선택 교배 과정을 거치면서 늑대에게서 오늘날과 같은 모습의 개가 갈라져 나온 것으로 보인다.

인류가 농업을 발명하기 훨씬 전인 약 1만 5,000년 전에도 인간과 개는 함께 어울려 살았다. 인간과 개의 동거를 확증하는 최초 자료는 독일의 한 채석장에서 발견된 세 점의 구석기 시대 동물 뼈다. 함께 묻혀 있다 발견된 뼈는 남녀와 강아지의 것이었다. 이 강아지는 디스템퍼$_{distemper}$*를 앓았기 때문에 사람들이 돌봐 줄 때까지만 살았을 것이다. 또한 너무 약해서 사냥개로는 쓸모가 없었을 테니 동거하던 집단에서 분명히 다른 역할을 했을 것이다. 아마도 애완견……

　시간을 조금 더 앞으로 당기면, 대부분의 문화권에서 개가 존경과 두려움의 대상이었음을 발견한다. 콜럼버스 이전의 아메리카 대륙에서 마야인과 아즈텍인은 개가 죽은 자를 영적 세계로 안내하는 상서로운 안내자 겸 수호자라고 생각했다. 일반적으로 이집트인은 고양이를 좋아한다고 알려져 있지만 개도 자주 미라로 만들어서 그 주인과 함께 매장했다. 그리고 이름이 전해지는 최초의 동물 중 하나는 'Abuwtiyuw(이것을 어떻게 발음해야 할지 전혀 모르겠다)'라는 이름의 우아한 사냥개였는데, 이 개는 이집트 제6왕조(기원전 2345~2181) 때 번성했다.

　서양 철학의 뿌리를 찾을 수 있는 쪽으로 조금만 더 시간과 장소를 당겨보면, 페르시아 제국의 조로아스터교인은 대부분 개가 총명하고 정직하다고 생각했다. 흥미로운 마야인의 개처럼 페르시아 개도 죽은 자를 천국으로 가는 다리로 안내했다. 하지만 페르시아 개들은 어둠의 세력과 끝없이 전쟁을 벌일 때 핵심 전투원이기도 해서, 어둠의 제왕 앙그라 마이뉴$_{Angra\ Mainyu}$를 섬기는 벌레, 민달팽이, 쥐, 도마뱀, 개구리, 그리고 유감스럽게도 고양이 등과 싸워

*　강아지가 잘 걸리는 급성 전염병

서 현명한 신 아후라 마즈다Ahura Mazda를 지켰다. 개들이 가만히 서서 조용히 어딘가를 응시하는 특이한 모습은 개들이 우리가 보지 못하는 악령을 볼 수 있다는 사실로 받아들였다. 그러므로 이렇게 정의로운 전쟁에서 중요한 역할을 하는 동맹자를 학대하는 행위는 이번 생과 다음 생에서 끔찍한 벌을 받는 것이 당연했다. 개를 한 마리 죽이면 고양이 만 마리를 죽이는 것을 포함해 수많은 속죄 행위를 해야 했다. 그러니까 조로아스터교인들은 확실히 애견인이었다고……

철학이 시작된 시간과 장소로 좀 더 가까이 가면 그리스 영웅 시대에 오디세우스의 충직한 사냥개 아르고스가 등장하는데, 이 개는 20년 동안 주인이 여행을 마치고 돌아오기를 기다렸다. 한때는 훌륭한 사냥꾼이었으나 지금은 구타당하고 굶주린 채 거름더미에 누워 있던 아르고스는 이타카에서 혼자서만 오디세우스를 알아봤다. 아르고스는 오디세우스의 눈물로 충성심을 보답받았으며 마침내 행복하게 눈을 감았다. 다른 이야기지만, 호메로스의 영웅들이 사후에 겪는 가장 큰 수치는 전쟁터에서 갑옷이 벗겨지고 알몸이 된 채 개들에게 먹히는 것이었다.

지금까지 우리는 개가 등장하는 역사와 신화, 전설을 두루 살펴봤지만, 최초의 철학적인 개를 만나려면 플라톤Plato(기원전 428/427~348/346)의 『국가』가 나올 때까지 기다려야 한다. 무엇보다 플라톤은 『국가』에서 정의를 규정하고 완벽한 사회의 기준을 마련하려 했다. 이상국가의 핵심 구성원은 국가를 통치하고 보호하는 철학자와 군인으로 이루어진 수호자 계급이다. 이 수호자 계급에 필요한 자질에는 무엇이 있을까? 수호자는 시민에게 친절하고 선을 베풀어야 하지만, 적에게는 냉혹하고 엄격해야 한다. 참된 지혜를 구성하는 이런 자질들은 어디에서 찾을 수 있을까? 혹시 본능적으로 선과 악, 친구와 적을 식별할 줄 알고, 누군지 몰라도 주인의 술친구 손은 핥지만 반갑지 않은 침입자는 공격하는, 집에서 키우는 개는 어떨까.

확실히 개의 이런 본능은 너무나 매력적이오.
당신 개는 진정한 철학자요.
왜 그런가요?
그야, 개는 친구와 적의 얼굴을 앎과 모름의 기준으로만 구분하기 때문이죠. 그리고 지식과 무지를 기준으로 좋은 것과 싫은 것을 구분하는 동물이라면 당연히 배움을 좋아하지 않을까요?
확실히 그렇겠군요.
그리고 배움에 대한 사랑이란 지혜 즉, 철학에 대한 사랑이 아닐까요?

견유학파와 개

이제 철학적인 개에서 평범한 개의 이야기로 전환하는 편이 좋겠다. 개에 대한 플라톤의 견해는 늘 환영받지 못했는데, 그 이유는 그가 자신과 생각이 다른 사람들에게 서슴지 않고 "개같군!"이라고 모욕을 퍼부었기 때문이다. 자연스레 이 이야기는 우리를 철학사에서 가장 유명한 개들에게 안내한다. 오늘날 '견유학파('개와 같다'는 뜻의 그리스어에서 파생한 단어)'라는 단어는 (옥스퍼드 영어 사전에 따르면) 이런 의미를 갖는다. '인간의 동기와 행동의 선함 혹은 진정성을 믿지 않고, 이런 불신을 조롱과 풍자로 표현하는 것이 습관인 사람 또는 흠이나 잡으러 다니는 냉소가.'

얇은 입술로 선한 의도를 조롱하고, 감춰진 위선을 드러낸답시고 덕의 가면을 벗기고 다니는 염세가의 모습은 그다지 매력적이지 않다. 플라톤이 자신의 독특한 철학 사상을 설파하던 바로 그때 여기저기 흩어져 다니던 원조 견유학파에게는 확실히 현대적인 요소가 있다. 견유학파는 누더기를 걸치고 아무데서나 잠을 자며 단순하게 살았고, 세속적 성공과 부를 과시하는 사람을 경멸했으며, 부유층의 탐욕과 물질주의에 분노했다. 이들에게 신성 불가침한 관습이란 없으며 조롱의 대상이 되지 않는 도덕이나 종교적 전통은 없었다. 하지만 무엇보다 견유주의는 도덕적인 삶에 헌신하겠다는 신념이었으며, 이들의 비판이 파괴적이긴 했지만 깨달음에 이르기 위해서는 꼭 필요한 첫 단계였다.

견유학파에 개라는 단어는 어떻게 들어가게 되었을까? 그 이름의 기원설은 몇 가지가 있다. 간단한 이야기로는 견유학파의 시조인 안티스테네스Antisthenes가 '흰 개의 장소'라 불리는 학교에서 가르쳤다는 설이 있다. 하지만 내가 좋아하는 이야기는 안티스테네스의 제자이자 위대한 견유학파인 시노페의 디오게네스Diogenes of Sinope에게 늘 들볶이고 속았던 플라톤이 어느 날 너무나 화가 나서 "당신은 개야!"라고 소리 질렀다는 일화다. 이 말을 들은 디오게네스는 기뻐하며 그 역할을 즐겼다. 또 다른 지도층 인사가 뼈다귀를 던지면서 플라톤이 했던 말로 자신을 모욕하자, 디오게네스는 다리 하나를 들고 그 사람 앞에서 오줌을 눴다. 사실 디오게네스는 다소 얼간이처럼 행동했다. 강연 중에 시끄럽게 음식을 먹고 대화 중에 크게 방귀를 뀌며 항상 이를 쑤시거나 시비 거는 걸로 악명이 높았다. 그와 조용한 마차 안에 같이 있으면 정말 끔찍했을…… 하지만 그는 스스로 대단히 만족했다. 플라톤이 디오게네스에게 이겼던 유일한 순간은 디오게네스가 플라톤이 좋아하는 양탄자에 자신의 더러운 발을 닦았을 때였다. 그때 디오게네스는 "내가 플라톤의 자만심을 짓밟았다."고 말했다. 그러자 플라톤은 이렇게 응수했다. "디오게네스, 당신은 오만하지 않은 것 같은 모습을 보임으로써 얼마나 오만해 보이는지 아시오?"

'개같다'는 꼬리표가 붙은 주된 이유는 견유학파가 개처럼 아무데나 생리적 욕구를 해결하면서 부끄러워하지 않았기 때문이다. 디오게네스는 거리에서 대소변을 봤다. 그의 제자인 테베의 크라테스Crates of Thebes는 한술 더 떠, 공공장소에서 아내인 히파르키아와 성관계를 했다. 공개적인 애정 행각을 여전히 '도깅dogging'이라고 부르는 데는 다 이유가 있다고 나는 생각한다. 크라테스와 히파르키아는 다른 아테네 시민의 집 출입구나 주랑 현관에 천막을 치고 꽤 오래 살았는데 일설에 따르면, 이들의 스승인 디오게네스는 그들보다 좀 더 오래 90세까지 살았다고 한다.

이제 드디어 개들이 등장한다. 디오게네스의 사망과 관련해서 다양한 설이 존재하는데, 그중 하나는 단순히 그가 며칠 동안 숨을 참고 있었다(보통은 효과적인 방법이다)는 이야기다. 좀 더 따분한 이야기가 있는데, 익히지 않은 우족을 먹고 식중독으로 죽었다는 설이다. 하지만 견유학파에게 어울리는 이야기는 따로 있다. 디오게네스가 자신의 개들에게 문어 한 마리를 잘라서 나누어줄 때, 개 한 마리가 그를 물었다고 한다. 이때 물린 상처가 곪아 죽었다는 설이다. 이를 변형시킨 다른 이야기에서는 개에 물린 디오게네스가 광견병에 걸려 죽었다.

사실 개 때문에 사망한 철학자는 디오게네스가 처음이 아니었다. 초기 철학자 중 하나인 헤라클레이토스Heraclitus는 특별히 불쾌한 죽음을 맞았다. 그는 평민을 싫어하던 귀족이었고, 자신이 말한 진리는 특별한 소수만 이해할 수 있다고 확신했다. 그가 말하길, 상류층은 불멸의 영광을 위해 모든 것을 포기할 준비가 되어 있지만, 대중은 짐승처럼 생각 없이 배불리 먹기만 한다. 마땅한 죽음이라고 할 수는 없지만 어떻게 보면 헤라클레이토스는 자신에게 어울리는 죽음을 맞이했다. 수종을 앓던 헤라클레이토스는 소똥을 자기 몸에 발라 자가 치료를 했는데, 그는 소똥이 과한 습기를 제거해 준다고 믿었다. 헤라클레이토스는 그가 사람인 줄 모르고 덤벼든 개떼에 물어 뜯겨 죽었다.

그 이후 수천 년간 철학사에는 개가 별로 등장하지 않았는데, 아이러니하게도 당시 철학은 플라톤의 훌륭한 제자인 아리스토텔레스Aristotle(기원전 384~322)의 다소 **독단적**dogmatic인 사상이 지배했다. 하지만 르네상스 이후에 철학이 잠에서 깨어나자 개들이 다시 돌아왔다.

'개'라는 관념

서양 철학에서 가장 위대한(그리고 가장 어려운) 형이상학 저서 중 하나인 임마누엘 칸트Immanuel Kant(1724~1804)의 『순수 이성 비판』은 개의 모습을 고독하게 그리고 있다. 앞으로 이어지는 철학 산책에서 칸트를 여러 번 만날 것이므로 지금은 『순수 이성 비판』에서 칸트가 철학사에서 끊임없이 대립하는 두 사상을 비판하고 통합시키려 애썼다는 점만 언급하고 넘어가겠다. 그 두 사상은 지식이 순수한 사유에서 나온다고 믿는 쪽과 감각을 통해 마음에 들어올 때만 지식을 얻을 수 있다고 주장하는 쪽을 말한다. 관념과 감각 경험 사이의 틈을 좁히는 방법을 설명할 때, 칸트는 개를 예로 든다.

개라는 개념은 경험이 제공하는 유일하고 특정한 형태에 제약받지 않고, 내 상상 속에서 네발 동물의 주요 특징, 모습, 형태 등을 추적하거나 설명하거나 묘사할 때 따르게 되는 일종의 규칙을 의미한다.

개라는 개념이 없으면, 다양한 감각적 지각 작용의 결과물(귀, 털, 축 늘어진 혀, 다리 들고 오줌 누기)이 배경 소음에 묻히고 만다. 개의 관념은 우리가 사는 세상의 여러 정보들을 통합할 수 있을 정도로 충분히 견고하며, 개를 우리의 친한 친구이자 동반자로 만들어준다. 하지만 개라는 단어는 모호하기도 해서, 여기에는 성가신 작은 치와와부터 오만한 그레이트데인까지 모두 포함된다.

앞에서 이미 비트겐슈타인과, 그가 사회 관습과 언어 습관이 복잡하게 얽힌 상황에서 단어의 의미를 찾는 방법을 언급했었다. 의사소통은 연쇄적으로 이어지는 '언어 게임'에 참여하는 것을 포함하며, 이런 다양한 언어 게임에 대한 지식이 있어야 가능하다. **의미**라는 개념의 범위를 탐구하면서, 비트겐슈타인은 반복적으로 다소 당혹스러운 개의 모습을 언급하는데, 이 개는 마치 인간이 되기 위해 무척 열심히 노력하는 듯 보인다. 하지만 인간의 언어 게임을 이해해야 하는 필수 능력이 부족한 탓에 이 개는 미래에 대한 희망도, 닥칠 일에 대한 두려움도 느끼지 못한다. 그리고 개는 거짓말도 못한다.

거짓말은 다른 것처럼 배워야 하는 언어 게임 중 하나다…… 개는 왜 아픈 척하지 못할까? 너무 정직해서일까? 개에게 아픈 척하는 법을 가르칠 수 있을까? 어쩌면 실제로 아프지 않은데 아픈 것처럼, 특정 상황에서 울부짖도록 가르칠 수는 있을 것이다. 하지만 이런 행동을 실제로 모의 실험할 수 있는 환경이 갖춰지지 않았다.

개가 아픈 척할 수 없다는 비트겐슈타인의 말은 옳다고 생각한다. 하지만 심지어 철학자도 개가 아픔을 **느낄** 수 없다고 주장할까? 철학자와 개에 관한 다음 예는 불편하지만 교훈적이다.

17세기로 거슬러 올라가서, 르네 데카르트$_{\text{René Descartes}}$(1596~1650)의 이야기를 보겠다. 데카르트는 인간이 아닌 모든 동물은 영혼이 없는 기계 장치여서 생각할 수 없고 감정이나 사실상 고통도 느낄 수 없는 단순한 '자동 기계natural automata'라고 주장해 동물 애호가 사이에서 악명이 높다.

데카르트와 관련해서 반복적으로 언급되는 두 일화가 그의 사상이 어떤 결과를 초래했는지 보여준다. 어느 날 데카르트는 친구들과 길을 걷다가 새끼 밴 개를 보게 된다. 개의 귀를 건드리는 것을 시작으로 계속해서 개를 괴롭혔다. 급기야 경악해서 바라보는 친구들 앞에서 데카르트가 그 개의 배를 발로 걷어찼다. 그는 개의 울음소리가 기계 돌아가는 소리와 비슷하다고 설명하며, 동물은 고통을 느낄 수 없으니 연민은 고통받는 인간을 위해 아껴둬야 한다고 놀란 구경꾼들을 다독였다.

또 다른 예는 데카르트 아내의 애완견 이야기인데, 앞의 이야기보다 조금 더 불편하다. 혈액 순환을 발견한 윌리엄 하비William Harvey의 책에 자극을 받은 데카르트는 직접 그것을 관찰해보기로 하고 아내와 딸이 외출할 때까지 기다린다. 그리고는 아내의 애완견(나비 날개처럼 생긴 큰 귀를 가져서 이름이 파피용인데, 이 말은 프랑스어로 '나비'란 뜻이다)을 지하실로 데려가 섬뜩하게도 생체 해부를 했다.

데카르트의 아내와 딸이 죽은 파피용을 보고 어떻게 반응했을까? 이에 대한 기록은 찾을 수 없다. 데카르트에게는 아내나 딸이 없었기 때문에 그런 기록은 당연히 없다. 데카르트는 평생 결혼하지 않았다. 이 이야기는 인터넷에서 얼간이들이 확대재생산한 하나의 신화다. 이 이야기와 무척 비슷한 끔찍한 사례는 사실 그로부터 200년 후쯤 일어났다. 가해자는 19세기 유명한 해부학자 클로드 베르나르Claude Bernard(1813~1873)였는데, 그는 비정하게도 의식이 살아있는 개들(과 토끼들)을 마취도 하지 않은 채 생체 실험했다. 그는 아내를 별로 좋아하지 않았는지, 정말로 그녀의 애완견을 생체 해부했다. 이 사실을 알고 분노한 그의 아내는 베르나르를 떠났고 잔인한 동물 실험에 반대하는 단체를 설립했다. 아마도 데카르트가 동물을 기계로 생각했기 때문에, 베르나르의 실화가 데카르트의 이야기로 둔갑한 것 같다.

그렇다면 새끼를 밴 개에 관한 일화는? 만약 그런 일이 일어났다면, 그 사건의 가해자는 데카르트보다 후대 사람인 프랑스 철학자 니콜라 말브랑슈 Nicholas Malebranche(1638~1715)일 것이다. 다시 한번 말하지만, 데카르트의 평판이 나빴던 이유는 여러 낭설 때문이었다.

지금까지 철학사에 등장하는 개들에 관해서는 충분히 알아봤으니 이제는 내 개와 철학을 이야기하러 가보자!

<u>첫 번째 산책</u>

착한 개, 나쁜 개

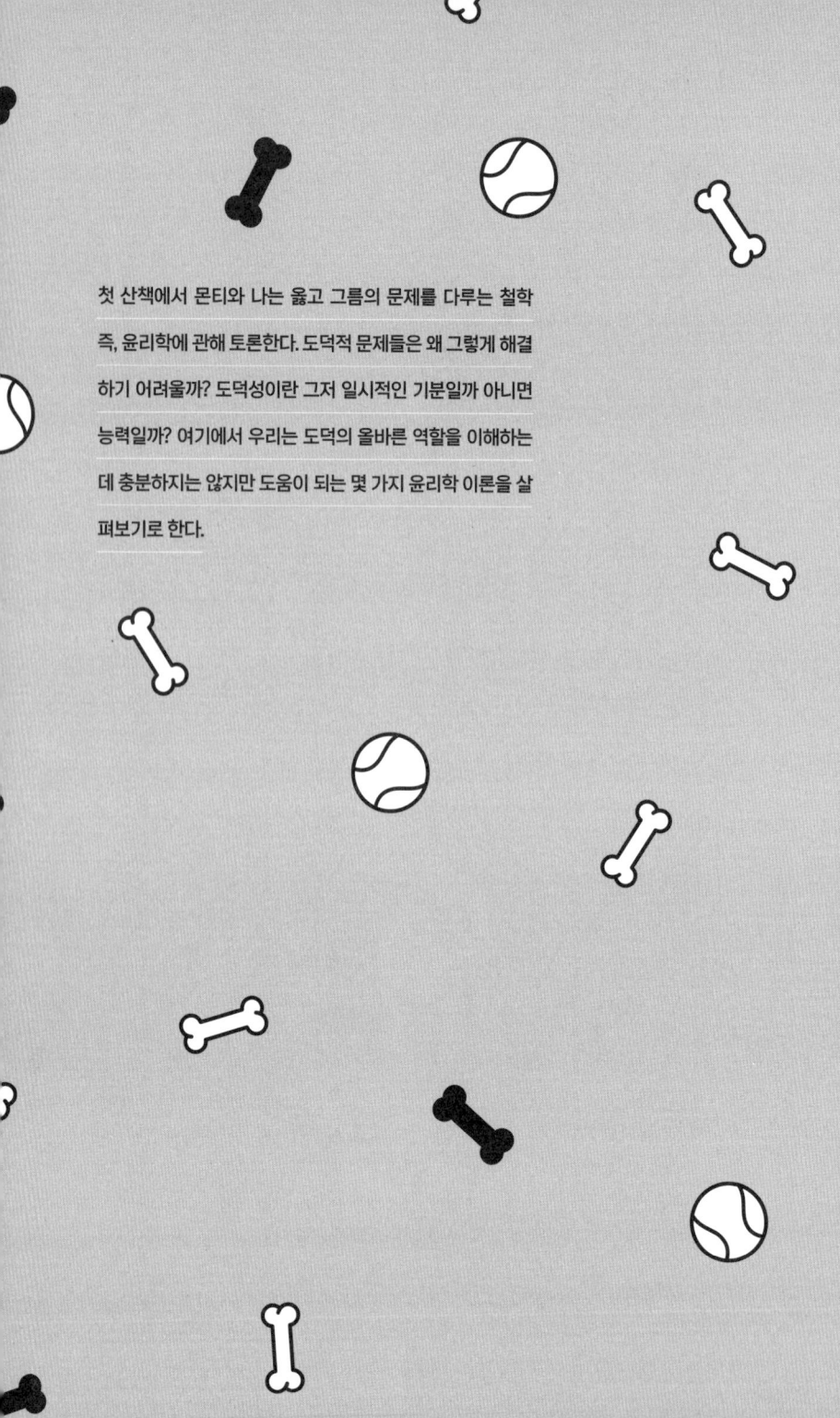

첫 산책에서 몬티와 나는 옳고 그름의 문제를 다루는 철학 즉, 윤리학에 관해 토론한다. 도덕적 문제들은 왜 그렇게 해결하기 어려울까? 도덕성이란 그저 일시적인 기분일까 아니면 능력일까? 여기에서 우리는 도덕의 올바른 역할을 이해하는 데 충분하지는 않지만 도움이 되는 몇 가지 윤리학 이론을 살펴보기로 한다.

철학이 늘 재미있지는 않다. 하지만 철학은 적어도 유익해지려고 애쓴다. 소셜 미디어든 술집이든 논쟁이 벌어지는 모든 공간에서 철학은 옳은 주장과 그른 주장을 구별하게 해준다. 또한 시대의 난제들에 관해 자신의 견해를 명확히 확립하는 데도 쓸모가 있다. 어쩌면 철학은 더 나은 사람이 되도록, 올바른 행동 경로와 참된 삶의 목표가 무엇인지 심사숙고하도록 격려할지 모른다. 그리고 시간을 들여 다음과 같은 중요한 문제들을 고민하도록 유도할 것이다. 우리는 왜 여기에 있는가? 실재reality의 궁극적 본질은 무엇인가? 냉장고 문을 닫을 때 냉장고 내부등이 진짜로 꺼졌는지 어떻게 알 수 있을까?

철학을 공부하는 데는 수많은 타당한 이유가 있지만 부부싸움에서 이기려고 철학을 공부하지는 않는다. 솔직히 나는 나 때문에 짜증이 난 배우자를 상대로 교묘한 철학적 속임수를 사용해서는 안 된다고 생각한다. 배우자가 휘두르는 프라이팬에 얼굴을 맞고 싶지 않다면, '흄의 포크Hume's fork*'나 '오컴의 면도날Ockham's razor**'을 동원하면 안 된다. 아니, 철학의 도움으로 부부싸움에서 이겨봤자 엄청난 희생을 치르고 얻은 '피로스의 승리Pyrrhic victory***'

---

    *   우리 행동은 이미 결정돼 있거나 무작위적인 사건들의 결과이므로 어느 경우든 책임이 없다는 의미를 내포한다.
   **   논리적으로 가장 단순한 주장이 진실일 가능성이 높다는 원칙
  ***   이겨도 득이 되지 않는 승리를 가리킬 때 쓰는 말. 고대 그리스 지방인 에피로스의 왕 피로스는 로마와 두 번 전쟁해 모두 승리했지만 장수들을 많이 잃고 끝내 패망했다.

가 되기 십상이다. 예를 들면, 적절하고 효율적인 방식으로 식기세척기에 그릇을 집어넣는 일을 피하려다 이미 열네 번이나 본 영화 「시애틀의 잠 못 이루는 밤」을 한 번 더 처음부터 끝까지 봐야 하는 상황이 발생할지도 모른다.

개를 기르는 데는 여러 타당한 이유가 있겠지만, 그중 하나는 피로스의 승리를 거둔 다음 집 밖으로 나가고 싶을 때 좋은 핑곗거리를 제공한다는 점이다. 어쨌든 개는 산책이 필요한데 다리가 짧고 야외 활동을 즐기지 않는, 왠지 철학적일 것 같은 몰티즈 테리어*조차도 이따금 바깥 공기를 쐬어야 한다.

"지금 기분이 어떻니, 몬티?"

낡은 엘리베이터가 덜거덕거리며 우리 층에 섰을 때 내가 물었다.

"묘지에 갈래, 아니면 히스에 갈래?"

몬티는 어디든 상관없다는 듯이 어깨를 으쓱했다. 이 녀석은 어깻짓 한 번으로 많은 일들을 처리할 수 있다. 다양한 기분을 표현하기도 하고, 뭔가를 평가하거나 아이디어를 제공하고, 심지어 어떤 주장을 펴기도 한다. 찬반을 표시하거나 쓴웃음 혹은 격한 비난을 표현하기도 한다. 어떨 때는 내 논리에서 허점을 찾아내거나 내가 추론한 내용을 지지하기도 한다. 이번에는 이렇게 말했다.

🐾 볼일을 무덤 옆에 볼까, 나무 옆에 볼까? 난 상관없으니 네가 정해.

---

* 몰티즈는 아리스토텔레스의 애견으로 유명하다.

"묘지가 더 가깝긴 하지만, 햄스테드 히스가 좀 덜……"

🐾 덜 무섭다고?

내가 고개를 끄덕이며 말했다.
"히스로 가자."

집 밖으로 나와 정치인과 금융인들의 주택이 있는 거리를 따라 20분간 걷다 보면 히스가 나온다. 런던의 여느 공공용지와 달리 히스는 무계획적이고 관리도 잘 되어 있지 않으며, 뭐랄까…… 예측하기 어려운 장소라는 인상을 준다. 그곳에 있으면 교외에 있는 것 같다가도 이내 버려진 땅에 있는 느낌이 든다. 그렇다고 완전히 황무지 같다는 말은 아니나 걷는 내내 인기척을 전혀 느끼지 못할 때가 있다. 하지만 내 표현처럼 분위기가 그렇게 순식간에 달라지는 곳은 아니다. 히스의 도로들은 도시도 아니고 시골도 아닌 공간에서 서로 얽혀 있다. 이런 모습이 초기 스토아 철학자 크리시포스Chrysippus(기원전 279?~206?)의 마음을 어지럽혔던 수수께끼 혹은 역설을 연상시킨다.

스토아학파는 기원전 3세기에 아테네에서 번성한 철학 분파의 하나다. 이들은 로마로 건너가 제국을 정복했는데, 위대한 스토아 철학자 중 한 사람이 바로 마르쿠스 아우렐리우스 황제다. 스토아 철학에 관해서는 나중에 다시 다루겠지만, 우선 이들의 핵심 목표를 밝히면 이렇다. 모든 철학자는 절대 오류를 범하지 않는 현자 즉, 물질계의 연결 관계를 완벽히 이해하고, 만물의 쓸모를 파악하며, 상상 가능한 모든 질문에 답할 수 있는 사람이 되기를 열망해야 한다.

가령 이런 질문이 있다고 해보자. 모래 더미를 쌓으려면 얼마나 많은 모래알이 필요할까? (이것을 '더미의 역설sorites paradox'이라고 한다. 'sorites'는 '더미'라는 뜻의 그리스어 'soros'에서 파생했다.) 모래 더미를 보면 누구나 다 그것이 모래 더미인 줄 알며, 모래알 세 개로는 더미를 이루지 못한다는 사실도 분명히 안다. 그런데 모래알을 하나씩 추가하다 보면 어느 순간 **더미가 아닌 상태**에서 **더미인 상태**로 바뀌는, 일종의 기준점이 생기기 마련이다. 하지만 어떻게 모래알 하나로 그 둘을 구분할 것인가? 이 문제는 대머리 남자에게도 적용할 수 있다. 어떤 남자의 머리카락 수가 점점 줄어들다가 어느 순간 의심할 여지가 없는 대머리 상태가 되었다고 해보자. 하지만 그가 대머리가 된 순간은 언제인가? 한 번 더 말하지만, 한 올의 머리카락이 기준점이 될 텐데, 대체 몇 가닥의 머리카락으로 **대머리가 아닌 상태**와 **대머리인 상태**로 나뉘는가?

이제 장소를 학교로 옮기면, 더미의 역설은 공리공론의 세계로 우리를 안내한다. 드세고 덩치 큰 아이 하나가 운동장에 있던 당신을 다짜고짜 붙잡고 다음 질문에 답하라고 요구한다.

"1파운드 주면, 힐다에게 진하게 키스 한번 할래요?"

힐다는 덧니가 난 데다 퉁명스럽고 나이도 많은 급식 아주머니인데 멀건 브라운 소스를 끼얹은 즉석 매시트포테이토를 식판에 퍼담아준다.

"싫어!" 아마 당신은 그렇게 대답할 것이다.

"그럼, 뭘 주면 키스할 건데요?"

"아무것도!"

"아하, 그냥 키스하겠다는 거네."

그러자 곧이어 내가 아무 대가도 받지 않고 힐다와 키스할 뿐만 아니라, 내가 그녀를 사랑하며 그녀와 결혼하고 싶어 한다는 이야기가 학교 운동장에 쫙 퍼진다.

물론 이 상황 자체는 그리 역설적이지 않다. 역설은 나중에 그 문제를 차근차근 생각해볼 때 발견된다. 예컨대, 1,000만 파운드를 준다면 힐다와 키스하겠는가? 아마도 나는 한다고 할 것이다. 그렇다면 내가 힐다와 키스하는 데 동의하는 금액은 1파운드와 1,000만 파운드 사이에 있을 것이다. 이것은 어느 시점에 1파운드로 힐다와의 키스 여부가 결정된다는 것을 의미한다. 그러므로 결국 힐다와 키스하는 이유는 추가된 1파운드 때문이다. 이 힐다 혹은 크리시포스와 그의 더미 이야기는 적당한 때에 다시 이야기하겠다.

아무튼 몬티와 내가 학교 운동장을 통과하면서 힐다와의 소문도 기정사실이 되었는데, 이는 우리가 히스에 도착했다는 의미이다. 히스는 연중 이맘때가 특히 예쁜데 오래된 떡갈나무 잎들은 바싹 말라 바스라지고 도토리와 너도밤나무 열매와 밤나무 껍질 위를 밟고 지날 때면 아사삭 바스러지는 소리가 들린다.

나는 몬티를 풀어줄 준비를 했다. 하지만 그때 뭔가가 다가오는 모습이 보여 살짝 투덜댔다. 그 물체는 퍼그 아니면 프렌치 불도그였다. 크고 툭 불거진 눈에 물고기 주둥이 같은 입을 가진 개가 현관문 안으로 뛰어 들어오듯 달려들 때는 그 개가 어떤 종인지 구분하기 어렵다. 몬티는 퍼그를 싫어한다. 녀석의 이런 거부 행위가 미학적인지 도덕적인지 정치적인지 나로서는 도무지 알 수 없지만, 어쨌든 몬티는 퍼그를 보기만 하면 곧바로 짐을 잔뜩 실은 썰매를 끄는 허스키처럼 가슴 줄이 당길 정도로 리드 줄을 최대로 늘인다. 그럴 때마다 나는 흥분하면 심하게 재채기를 하는 녀석이 나를 끌고 사방을 뛰어다니도록 내버려뒀다.

그런 다음 몬티는 먹이를 찾아다니는 늑대 같은 표정을 지었고 퍼그는 뒷걸음쳤지만, 두 녀석 모두 아직은 리드 줄에 매여 있으므로 실제로 싸움이 일어나지 않을 거라는 것을 안다. 이런 상황은 진짜로 악의를 품어서라기보다는 이따금 사람들이 싸우는 척 옥신각신하며 벌이는 **말다툼**과 비슷하다.

"안 돼." 내가 몬티를 꾸짖으며 괜스레 리드 줄을 잡아당겼다. 그리곤 민망해하며 퍼그 주인에게 "미안합니다."라고 말했다. 퍼그 주인은 말쑥한 차림의 남성인데 자기 반려견의 걸음에 맞춰 유유히 걷고 있었다.

"이 녀석이 진짜로 공격하려는 것은 아니에요. 그냥 과시하는 거죠." 그 남자는 말없이 거드름을 피우며 계속 걸어갔다.

"네가 그러지 않으면 좋겠는데." 나는 그렇게 몬티를 나무랐다. 녀석은 예쁜 나비와 장미를 감상하다 방해받기라도 했다는 듯 천진한 표정으로 나를 쳐다봤다.

🐾 이건 개들 사이의 문제야. 개들끼리는 원래 그런다고.

"모든 개가 다 그렇지는 않잖아."

🐾 물론 이따금 몇몇 녀석은 겁을 먹거나 매수되기도 하지. 하지만 속으로는 모든 개가 원하는 일이야. 아무튼, 퍼그는……

나는 퍼그가 충분히 멀리 떨어진 것을 확인한 후 몬티의 줄을 풀어주었다. 녀석은 나무들 사이에 구불구불하게 나 있는 길을 뛰어다니며 냄새를 맡고 볼일을 봤다. 그러다 얼음땡 놀이를 하는 어린아이처럼 갑자기 제자리에 멈춰 섰다. 나는 재빨리 그 이유를 파악했다. 우리가 전에 히스에서 한두 번 만난 적이 있는 커다란 검은색 로트와일러가 나타난 것이다. 그 개는 덩치가 작은 말만 했다. 그 로트와일러는 공격 의사가 전혀 없어 보였는데도 몬티는 갑자기 겁쟁이가 되어 버렸다. 솔직히 말하면 겁이 나는 건 나도 마찬가지였다. 몬티가 엉뚱한 방향을 향해 으르렁거리다 짖었다. 로트와일러가 잠시 모른 척하다 몬티를 향해 컹컹 짖기 시작하자 몬티가 덤불을 헤치고 내 쪽으로 황급히 달려왔다. 녀석은 앞발을 들고 벌떡 일어서서 내 무릎을 긁어댔다.

🐾 안아 줘, 안아 달라고. 어서.

"야, 너 온통 진흙투성이잖아!"
하지만 녀석이 너무 필사적으로 매달렸기에 할 수 없이 나는 녀석을 들어 올렸다.
로트와일러는 유순한 구석기 시대 초식동물마냥 유유히 멀리 사라졌다. 혹여 그 로트와일러가 몬티에게서 어떤 위협이라도 느껐다면 잠자고 있던 자신의 야수 본능을 깨워 몬티를 공격했을지도 모르겠다. 내가 몬티를 바닥에 내려놓자 녀석은 저만치 멀어지는 적을 향해 으르렁거리며 짖었다.

🐾 저 놈을 혼내 줄 수도 있었는데. 저 녀석, 하마터면 큰일날 뻔했다고.

"야, 쟤가 네 목을 졸랐을지도 몰라."
몬티가 어깨를 으쓱했다.
"우리 이 문제에 관해 얘기해봐야겠다."

🐾 무슨 문제?

"개의 행동 말이야. 좋은 개와 나쁜 개를 나누는 기준 말이지. 사실 이 문제는 개보다 사람과 더 관련이 있지만."

🐾 이런, 또 산책을 망쳤군.

"나한테 장단 좀 맞춰줘."

🐾 좋아. 하지만 그 전에 잠깐 주변 좀 뛰어다닐게. 2분 동안 내가 얼마나 많은 일을 하는지 좀 보라고. 난 볼일을 보고, 온갖 것들의 냄새를 맡고, 네가 내 입에서 빼내려고 하는 치킨 조각도 찾아낸다고. 알겠어?

니체의 도덕관

나는 히스에서 지대가 높은 곳으로 올라가 주변을 거닐었다. 그곳에는 벤치가 하나 있는데, 거기에 앉아 한쪽을 쳐다보면 아침 햇살을 받아 불길할 정도로 차갑게 반짝이는 런던의 글라스 타워들이 있고, 다른 쪽에는 마치 고대의 영원한 숲처럼 황금빛 한가운데 어둠의 웅덩이 같은 상록수 숲이 펼쳐져 있다. 이곳의 장점은 사람의 발길이 닿지 않는 장소라는 점이다. 반려견과 철학을 논하는 모습은 아무래도 다른 사람들 눈에 이상하게 비춰질 테니 아무도 듣지 못하는 장소를 찾는 것이 우리로서는 최선이었다.

몬티가 돌아와서 내 발 옆에 털썩 주저앉았다. 녀석은 다리가 짧았기 때문에 이 정도의 산책이 녀석에게 딱 맞았다.

"자, 이제 옳고 그름에 관해 얘기해 보자."

🐾 그러니까 네가 가끔 나한테 "잘했어." 혹은 "안 돼."라고 말하는 이유를 말해 보자는 거지? 흠, 내 생각은 이래. 내 행동이 네 맘에 들면 너는 "잘했어."라고 말하고, 네 맘에 들지 않으면, "안 돼."라고 말해. 그게 다야.

내가 웃으며 몬티를 쓰다듬었다.

"잘했어. 문제의 핵심을 정말 잘 짚네. 네가 방금 제시한 의견을 일컫는 이름이 있어. **이모티비즘**emotivism(정서주의)이라고 부르지. 이모티비스트들은 우리가 도덕적 판단을 내릴 때 즉, 어떤 행동이 옳다 그르다 혹은 도덕적이다 비도덕적이다라고 말할 때 우리가 실제로 말하는 것은, 사실상 말할 수 있는 것은 그저 그런 말을 하고 있다는 사실 자체를 인정하는 것뿐이라고 늘 주장해. 즉, 도덕이란 우리가 그것을 편하게 느낀다는 감정 표현에 불과하다는 거야. 예컨대, 맛있는 파이를 먹으면서 '맛있다!'라고 말하겠다는 판단을 내리는 것과 같은 의미야. 혹은 주인이 반려견에게 '산책하자.'라고 말할 때 개가 꼬리를 흔드는 행동과도 같아."

"산책하자."는 말이 들리자 몬티가 반사적으로 꼬리를 흔들었다.

"만약 이모티비즘이 맞다면, 그러니까 도덕적 판단이 궁극적으로 '난 이게 좋아.' 혹은 '난 이게 싫어.'라는 말로 요약된다면 또 다른 문제들이 발생해. 우리가 내리는 도덕적 판단들이 갑자기 어떤 힘을, 그러니까 세상에 영향력을 발휘하는 게 대단히 어려워져."

몬티가 당혹한 표정을 지었다.

"만약 어떤 사람이 시금치를 좋아한다거나 싫어한다고 말할 때, 거기에 무슨 말이나 행동을 보탤 수는 없어. 시금치가 좋으니 먹어보라고 설득할 논리적 방법이 전혀 없다는 말이야. 시금치에 들어있는 영양소를 빠짐없이 열거해도 소용이 없을 거야. 나는 **야유**하고 너는 **딴청**을 부리겠지. 너는 어깨를 으쓱하고 미소를 지으며 다른 곳으로 가버리거나 어쩌면 끝까지 싫다고 우길지 몰라. 거기에 증거나 근거나 논리가 설 자리는 전혀 없어. 그러므로 우리의 행동을 변화시킬 만큼 중요한 도덕적 판단이 내려질 가능성은 전혀 없어."

몬티가 제 감정을 표현하는 어깻짓을 해보였다. '그래서 어떻다는 거야.'라는 의미의 어깻짓과 아주 비슷했다.

"우리가 도덕적 문제를 이성적으로 논의할 수 없다면 빨리 다른 무언가로 그 공백을 채워야 할 거야."

😺 이를테면?

"오늘날 도덕성을 떠올리는 사람은 누구라도 프리드리히 니체Friedrich Nietzsche(1844~1900)의 그늘에서 벗어날 수 없어. 니체는 도덕성이란 언제나 힘의 문제 즉, 자신의 의지를 드러내는 방식이라고 당당하게 주장했어. 권력을 가졌거나 추구하는 자가 사회에서 자신들의 지위를 보호하거나 높이기 위해 말하는 것이 곧 정의라는 의미야. 니체의 주된 표적은 기독교였어. 다른 비판자들과 달리, 그는 기독교의 허영과 위선이 아니라 자비심이나 인내심 같은 기독교의 핵심 원리를 비판했어. 가령 한쪽 뺨을 맞으면 다른 쪽 뺨을 대주라거나, 평화주의자가 축복을 받는다는 식의 가르침을 싫어했지. 니체는 기독교를 노예 종교 즉, 천부적 통제권을 가진 강자들에게서 권력을 빼앗으려는 약자들의 종교로 여겼어. 그는 노예들이 권력을 쟁취하기 위해 그들이 가진 유일한 도구 즉, 징징대고 보채고 투덜거리는 수법을 마구 사용한다고 생각했어. 니체는 그와 관련된 역사가 있다고 주장하면서, 그것을 도덕의 **계보**라고 불렀어. 영웅들이 등장하는 호메로스 시대에 도덕은 **선악**의 문제였어. **선함**은 영웅 귀족의 삶을 가리켰지. 즉, 행복이란 전쟁 승리, 성적 충족, 연회, 재산 축적 등을 통해 얻어진다고 보았어. 반면에 **악함**은 나약함과 무력함과 가난과 같은, 노예들의 끔찍한 운명과 관련이 있어. 하지만 기독교가 고상하고 세련된 선과 악의 이분법을 비참한 선과 악의 구분법으로 대체해 버린 탓에, 경건함이 곧 선이 되었고 귀족의 덕목은 악이 되어 과거와 달리 이제는 타도와 비난의 대상이 되었지.

그러므로 니체에 따르면, 도덕(온화한 태도와 다른 쪽 뺨을 대는 행동 같은 것)이란 겁쟁이와 약골들이 용기와 힘을 가지고 태어난 귀족과 싸우기 위해 만든 무기야. 이는 그저 우리에게 편안함을 주는 모든 것이 도덕이라는 이모티비스트의 입장과는 차원이 다른 주장이야. 이제 도덕은 자연스럽게 정해진 우주의 질서 즉, 꼭대기에는 위대한 초인, 바닥에는 비굴한 노예들이 자리하는 계층 구조를 방해하는 사악한 힘이 되었지."

🐾 그럼, 넌 니체를 아주 좋아하는 편은 아니야?

"니체는 지난 200년간 가장 위대한 철학자 중 하나야. 우리가 사실로 여겼던 모든 것에 도전하고, 그것들을 다시 생각해 보라고 강요한다는 점에서 아주 훌륭하지. 그리고 그의 글은 정말 아름다워서 어지간한 철학자들은 그의 필력을 따라가지 못해. 누구도 니체처럼 숭고*와 힘의 문제를 그렇게 명료하게 서술하지 못하거든. 니체는 우리가 **윤리적**으로 살지 않기를 바랐어. 예컨대, 기독교에서 정한 엉터리 규칙이나 금지 규정, 금식 의무 등을 지키며 살게

* 어떤 대상에서 미적 감정을 느낄 때 정신의 긴장과 이완, 쾌와 고통이 함께 나타나는 모순적 감정

아니라 용감하고 아름답고 창조적으로 살라고 했어. 바꿔 말하면, 그게 바로 위대한 인간(맞아, 니체는 정말 **인간**이라고 말했어)의 삶이라는 거야. 이런 매혹적인 주장들을 거부하기란 몹시 어려워. 하지만 힘있는 자들이 제멋대로 할 수 있고, 힘이 정의가 되며 강자가 약자를 짓밟을 수 있을 뿐만 아니라 그것을 자신들의 **의무**로 여기는 세상에 살지 않으려면, 우리는 니체의 유혹에 넘어가지 않도록 노력해야 해. 그리고 말이지 연쇄살인범이 책을 읽는 일이 있다면 그게 항상 니체인 데는 이유가 있는 거라고…… 사회가 자신의 진정한 위대함을 알아보지 못한다고 느끼는 사람들, 자기 자신만의 도덕성을 창조해야 한다고 생각하는 사람들, 다른 사람들은 단지 자신의 힘에의 의지를 충족시키기 위해 존재한다고 믿는 사람들을 위한 철학자가 바로 니체거든.

니체를 극악무도한 나치즘과 연결하는 생각은 시대착오적 발상이지만, 나치 사상의 많은 부분을 니체에서 찾아볼 수 있는 것은 사실이야. 강자에게 약자를 짓밟을 권리가 있고, 어떤 민족은 다른 민족보다 선천적으로 우수(예컨대, '지배 민족Master race')하며, 유색 인종은 열등하고, 전쟁은 유익하고 자연스러운 것이라는 생각 등이 그렇지. 물론 니체는 편협한 독일 민족주의자가 아니었고 당대의 기준으로 보면 특별히 반유대주의자도 아니었지만, 그 밖의 주장들은 쉽게 찾아 볼 수 있지.

어쨌든 니체가 사후에 악을 지지하는 세력에 이용당했다는 사실 때문에 우리는 그가 던진 심오하지만 끔찍한 질문들에서 벗어날 수가 없어. 초인이 마음대로 하지 못하도록 막는 도덕 법칙은 어디에 있을까? 상대방을 짓밟아서 내가 원하는 것을 얻으려 하거나 내 안의 위대함에 닿으려는 행동을 막아주는 자연 법칙 혹은 이성 법칙에는 어떤 것이 있을까?"

😺 저기, 지금 네 목소리가 좀 커지고 있다는 거 알아?

"뭐라고? 아. 그게 바로 니체 사상이야."

😺 쳐다보지 마. 지금 사람들이……

몬티 말이 맞았다. 남녀 한 쌍과 장난치며 뛰어다니는 아이들 몇이 우리 쪽으로 오고 있었다. 아이들은 막대기로 엉겅퀴 윗부분을 후려치고 있었고 그 아이들 때문에 지친 부모는 휴식이 필요해 보였다.

반려견과 대화하는 모습을 들킨 견주가 할 수 있는 최선은 그냥 하던 일을 계속하는 것이지만, 좀 더 눈에 띄지 않게 해야 한다. 그래서 나는 제정신인 여느 견주들처럼 몬티에게 "착하네."라고 말하고는 녀석의 턱을 간질였다. 내가 그러는 동안 몬티가 살짝 몸을 떨었다. "자, 친구, 이제 집에 가자."

사람들이 숲속으로 사라지자 나는 아까 했던 말을 이어갔다. "그러니까 그게 우리의 도전 과제야. 도덕성에 관한 합리적 근거를 발견해서, 우리가 단순히 꼬리나 흔드는 개가 아니라거나 혹은 강자가 정당하게 차지한 자리를 빼앗으려는 약자가 아니라는 것을 증명할 수 있을까?"

😺 우리가 할 수 있겠어?

"산책 한 번으로는 안 되겠지. 오늘 산책은 문제가 무엇인지 가능한 한 명확하게 정리하는 일로 남은 시간을 보내도록 하자. 그런 다음 지난 몇 천 년에 걸쳐 철학자들이 제안한 해결책들을 살펴보자. 그럼 어떤 해결책이 혹독한 철학적 공격을 견뎌낼 수 있는지 알게 될 거야.

첫 번째 문제는 그래 문제 말이야. 니체 사상과 꼬리 흔드는 사람이기를 거부하고 싶다면, 그리고 옳고 그름에 관한 보편적 진리가 있다고, 아니면 적어도 합리적이고 견고한 도덕적 기준이 있다고 주장하려면, 몇 가지 중요한 이슈들을 먼저 짚어봐야 해.

우선, 도덕적 이슈들은 합의를 도출하기가 확실히 어려워. 제정신이라면 아무도 삼각형의 내각의 합이 180도이고, 인간이 원시 유인원에서 진화했으며, 지구가 태양 주위를 돈다는 사실에 이의를 제기하지 않을 거야. 왜냐하면 논리적이고 확고부동한 사실이니까. 하지만 도덕적 이슈들에 대해서는 사회적으로 많은 논쟁이 벌어져. 그런 논쟁 중에는 개인적인 문제도 있고, 좀 더 광범위하게 정치적 취향과 관련된 문제도 있어.

도덕 논쟁에서 해결책은 없다

사실을 말해서 다른 사람이 상처를 입는다면, 나는 거짓말을 해야 할까? 내 소득의 일부를 자선단체에 기부해야 할까? 여성과 유색인을 열등하다고 생각하는 남성이 고위 공무원이 돼도 될까? 소외 계층을 돕기 위해 사람들에게 세금을 걷어야 할까? 개인의 자유가 물질적 행복보다 중요할까? 집주인이 반대하는데 공익을 위해서 그 집 마당을 가로질러 철로를 건설하는 것은 옳은 일일까? '문명화된 가치'에 어긋나는 정부가 통치하는 나라는 침략해야 할까? 그 문명화된 가치란 무엇인가? 난민을 기꺼이 받아들여야 할까? 그래야 한다면 그 이유는 무엇인가? 동물을 죽이고 먹어도 될까? 그래도 된다면 우리가 도덕적으로 동물들에 지게 되는 빚은 없을까? 여성의 낙태권은 절대적 권리인가? 사형을 선고받아 마땅한 범죄가 있는가? 테러범 한 명을 죽이기 위해 드론을 띄우기로 했다면, 그와 동시에 무고하게 희생될 아이들의 숫자는 몇 명까지 허용 가능한가? 치료비가 몹시 많이 드는, …… 어떤 반려동물을 키우고 있다고 해보자. 그 치료비를 아껴 인명을 구하거나 인간의 삶을 개선할 수 있다면, 동물을 치료하지 않는 행위가 정당화될 수 있을까?"

🐾 흠, 혹시 마지막 질문에 대해 내 생각을 말해도 괜찮다면, 정말 화가 난다고 말하고 싶군.

나는 얼른 몬티의 턱을 쓰다듬고 배를 간질였다.

"그런 논쟁들에서 흥미롭지만 동시에 답답한 점은 그것이 끝없이 계속된다는 사실이야. 도덕적 논쟁에 대한 해결책은 구글 검색으로도 찾을 수 없는데, 그 이유는 도덕적 이견은 사실들을 동원해도 설명할 수 없기 때문이지. 도덕성이 합리적이고 객관적인 가치라면 왜 합의에 이를 수 없겠어?"

🐾 저기, 객관적……이라니?

"아, 미안. 좀 덜 전문적인 용어로 설명할게. 우리 산책에서는 **주관적**이라는 말과 **객관적**이라는 말이 자주 등장할 거야. 만약 내가 무엇이 주관적이라거나 주관적 사실이라고 말하면, 그것은 특정 주체의 관점에서 볼 때 사실이라는 의미야. 너와 나 모두 하나의 주체야. 나는 춥다. 개밥은 냄새가 고약하다. 나는 치즈케이크를 좋아한다. 이렇게 말할 때 우리는 자신의 감정이나 인식의 결과를 이야기하고 있는 거야. 반면, 뭔가가 객관적 사실이라고 주장할 때, 그 말은 개인이나 심지어 집단의 관점과는 별개로 하나의 독립된 사실이라는 의미지. 기온이 섭씨 11도다. 우리는 지금 집에서 4킬로미터 떨어진 곳에 있다. 지구가 태양 주위를 돈다. 직각삼각형의 빗변의 제곱은 다른 두 변의 제곱의 합과 같다. 이런 것들이 객관적 사실이야. 그 진술이 참인지 거짓인지는 내가 그것을 어떻게 생각하는가에 좌우되지 않아. 이해하겠니?"

🐾 그런 것 같아. 주관적이라는 말은 내가 생각하는 내용이고, 객관적이라는 말은 내 생각과 상관없이 사실이냐 아니냐의 문제라는 의미……?

"거의 비슷해. 여기까지 왔으니, 다른 용어인 **상대주의**relativism로 슬쩍 넘어가도 좋겠다. 상대주의는 단순한 **보편적** 진리란 없으며, 어떤 의견이든 **내게** 적합한지 먼저 따져봐야 한다는 입장이야. 상대주의가 적용되는 분야는 제한적인데, 이를테면 모든 운동은 상대적이라거나 제 눈에 안경이라는 생각 따위가 거기에 해당돼. 하지만 상대주의자들도 종종 한 가지에 대해서는 공통된 입장을 취하는데, 모든 **진리**는 상대적이므로 보편 법칙이나 원리가 아닌 특정 시대와 장소에 사는 개인들의 주관적 감정과 인식에 따라 달라진다고 주장해."

🐾 그럼, 주관주의와 상대주의가 같은 거야?

"꼭 그렇지는 않지만, 확실히 겹치는 지점은 있어. 내 생각에 우리 대부분은 많은 판단이 주관적이고, 그런 판단들이 대개는 꽤 명확하다는 점을 인정해. 이것도 주관적인 생각일지 모르지만, 이를테면 나는 맥주가 기분을 좋게 하고 기운을 돋우며 현실의 고통을 잊게 해준다고 생각해. 하지만 나는 맥주에 대한 객관적이고 절대적인 주장도 받아들여. 예를 들면, 맥주를 지나치게 많이 마시면 뇌와 간에 해롭다는 의견 말이야. 그런데 일반적으로 주관적이고 상대적이며 지역적인 가치와 객관적이고 보편적인 가치는 서로 양극단에서 대립해. 그리고 도덕은 그 중간에 자리하지.

끝없는 도덕 논쟁 이야기로 되돌아가서, 우리가 도덕적 이슈를 놓고 합의에 이르지 못하는 것처럼 보이는 이유는 대개 양측이 생각하는 도덕의 기본 개념이 상반되기 때문이야. 두 견해는 상반될 뿐만 아니라 양립할 수도 없어. 철학자들은 이런 현상을 **통약불가능**通約不可能, incommensurable*하다고 표현해."

😺 저기, 말이야. 듣는 사람을 좀 배려……?

"말하자면, 도그 쇼dog show 같은 거야. 페키니즈, 그레이트데인, 달마티안 등 다양한 종류의 개를 한데 모아 놓고 평가를 하는 상황이지."

😺 알아듣게 설명해줘서 고마워.

"혹은 두 사람이 가장 맛있는 비스킷을 정할 때, 한 명은 비스킷이 커피나 홍차에 잘 적셔지는 정도를, 다른 한 사람은 비스킷에 초콜릿이 입혀진 정도를 판단 기준으로 삼는 경우와도 같아. 당연히 그 둘은 의견의 일치를 보지 못하겠지. 누군가 이렇게 말한다고(혹은 적어도 이렇게 생각한다고) 해보자. 크리스마스 파티에서 켄과 키스

---

* 객관적 평가를 할 수 있는 중립적인 견해나 확증적 실체가 없는 상태

한 일을 두고, 한 친구는 그 일을 남편에게 말해봤자 쓸데없이 그를 괴롭히는 결과만 초래하므로 아무 말도 하지 않는 편이 좋겠다고 말해. 하지만 다른 친구는 결과가 어떻든 거짓말은 무조건 나쁘므로 사실을 솔직하게 말하라고 할 거야. 어떤 이는 공공 의료비 재원을 마련하기 위해 세율을 올려야 한다고 수상하는 반면, 어떤 사람은 국가가 무슨 권리로 자기가 어렵게 번 돈을 뺏어 가냐고 반문하지.

그래서 우리 사회에는 옳고 그름에 대한 보편적 합의가 존재하지 못해. 그리고 이견이 발생하는 곳에는 확실한 해결책도 없고.

이런 점에서 현대 서구 사회는 전형적인 사회라고 할 수 없어. 고대 로마나 중세 유럽이었다면, 대부분의 사람들이 공통된 도덕 기준을 확립하는 게 그리 어렵지 않았을 거야. 대부분의 초기 문명 사회도 국법에 대한 확신, 종교관, 문화 규범, 금기, 명령 체계 등을 공유함으로써 확립된 하나의 윤리 체계가 작동하고 있었거든."

🐾 그럼, 지금 우린 안 그래?

"전혀 아니야. 현대 사회에는 통일된 도덕관이 없어. 그렇다고 문자 그대로 우리가 각자 좋아하는 도덕관을 자유롭게 선택할 수 있다는 의미는 아니야. 만약 우리가 고대 조로아스터교도들처럼 모든 종류의 불을 숭배해서 옆집 창고에 불을 지르는 행위를 종교적 의무로 간주한다면 당연히 국가가 개입할 테니까. 그러므로 아직은 확실히 전통적 도덕관에 영향을 받고 있어. 하지만 그럼에도 우리가 선택할 수 있는 도덕관의 범위는 대단히 넓어."

🐾 그럼, 그게 다 정확히 무슨 말이야?

"이런 다양성 아니 이런 혼란스러움은, 도덕이란 것이 변하기 마련인 사람들의 습관과 관습에 근거를 둘 수밖에 없다는 것을 의미해. 기원전 5세기에 초기 철학자 중 하나인 아르켈라오스Archelaus는 그것을 이렇게 간결하게 표현했어. '사물은 자연이 아니라 관습에 의해서 정의로워지거나 하찮아진다.'"

조금 앞서가던 몬티가 이제 몸을 돌려 나를 기다렸다. 아마 눈에 띄지 않는 곳에 로트와일러가 있을까봐 두려웠나 보다. 아니면 니체주의자, 꼬리 흔드는 사람들, 상대주의자들이 만든 미로 밖으로 나가는 출구를 간절히 찾고 싶었거나.

🐾 하지만 거기에 대한 답이 하나는 있겠지, 안 그래?

"답이라고? 이런 문제들은 예단하지 않는 편이 최선이야. 철학은 탐색하고 질문하는 학문이야. 가령 네가 낡은 액자나 구닥다리 운동화를 찾으러 다락으로 올라가는 상황과 좀 비슷하지. 거기에서 액자나 운동화를 찾지 못하더라도 다른 괜찮은 물건들을 발견할지 몰라. 부서진 테니스 라켓이나 할머니의 틀니, 도트 프린터나 에치 어 스케치Etch A Sketch* 같은 것들을……"

---

* 1950년대 프랑스에서 개발돼 1960년대에 미국 기업이 제작·판매한 그림 그리기용 장난감

🐾 정말 그렇게 생각하는 건 아니지, 너도 알다시피……

"좋아. 문제가 뭔지 확실히 짚고 넘어가자. 개 두 마리가 싸우고 있어. 뼈다귀 하나를 두고 말이지. 뼈다귀 주인은 따로 있는데 다른 녀석이 그것을 뺏으려는 상황인 거지."

🐾 그럴 때가 가끔 있기는……

"그때 강한 녀석이 이겨."

🐾 보통 그렇지.

"그러니까 강한 수컷이 뼈를 차지하는 거야."

🐾 암컷일 수도 있어. 47번가에 사는 닥스훈트는 눈이 아주 매력적인데 싸울 때는 정말 지저분하거든.

"그래, 알겠어. 어쨌든 제일 센 녀석이 뼈다귀를 차지한다는 사실에는 동의하지?"

🐾 늘 그렇지, 개들의 세계에서는……

"인간 세상에서도 이따금 그래. 그게, 음, 계보가 있어. 이 얘기는 플라톤의 『국가』에 잘 정리돼 있어. 배경을 좀 설명할게. 플라톤은 극적인 대화 형식으로 자신의 철학을 자세히 설명했는데, 그중 38편에서 우리가 말하는 '철학'의 개념을 체계적으로 확립했어. 철학을 논할 때면 반드시 플라톤까지 거슬러 올라가게 되지. 사람들은 모든 철학이 플라톤 사상에 대한 각주라고 말하는데, 오늘날까지도 사람들을 혼란스럽게 하고, 앞으로 우리가 산책하면서 곱씹게 될 거의 모든 철학적 핵심 질문들은 이미 플라톤의 대화편에 명확히 언급된 것들이야. 하지만 2,500년이 지난 지금도 사람들이 여전히 혼란스러워하고 되새긴다는 사실은 플라톤의 대답이 질문만큼 유용하지는 않다는 점을 강력히 시사하지. 플라톤의 대화편은 중요한 철학적 업적일 뿐만 아니라 위대한 문학 작품이기도 해. 대부분의 대화에서 주인공은 플라톤의 스승인 소크라테스Socrates야. (산책하면서 내가 '소크라테스'라고 말할 때마다, 그것은 대개 플라톤을 의미해. 소크라테스는 어떤 글도 남기지 않았기 때문에, 그의 철학이 무엇인지는 플라톤의 설명을 통하지 않고는 전혀 알 길이 없거든.)

초기 대화편에서 소크라테스는 주로 어떤 개념의 의미를 알고 있다고 생각하는 사람들을 만나. 그 개념이란 종종 용기, 경건함, 아름다움 같은 덕목을 의미했어. 토론 방식은 대체로 비슷해. 지혜란 자신이 얼마나 모르는지를 아는 것이라고 늘 주장한 소크라테스는 사람들에게 질문하면서, 어떤 주제에 대해 그들이 믿는 것이 터무니없거나 자기모순적이라는 것을 증명했어. 소크라테스의 대화는 곤혹스럽거나 실망스러운 상태로 끝나는데, 이런 상태를 난관이라는 의미의 그리스어인 **아포리아**aporia라고 불러. 대화 속 등장인물들은 확실한 것들을 제거한 다음 그 자리를 전혀 채우지 못한 채 현장을 떠나게 돼.

소크라테스의 일생을 꽤 정확하게 묘사하고 있는 초기 대화편에 따르면, 소크라테스는 아테네 사람들을 지나치게 자극한 나머지 결국 사형을 선고받아."

🐾 가혹하군!

"맞아. 소크라테스에게 사형을 선고한 사건은 국가가 개인에게 저지른 최악의 범죄 중 하나로 간주되곤 하지만, 당시 아테네는 어려운 시절을 보내고 있었어. 끔찍한 전쟁에서 패배한 직후였거든. 전쟁이 끝난 뒤 아테네에서는 잔혹한 독재 체제가 수립되어 이른바 '30인 참주Thirty Tyrants' 시대가 시작됐지. 소크라테스 본인은 정치적으로 중립적이었지만 수많은 그의 친구들이 참주 편에 섰고 그의 오랜 제자 중 하나인 크리티아스Critias는 참주들의 우두머리였어. 그래서 참주정이 전복되고 민주주의가 회복되었을 때, 소크라테스는 우정 때문에 평판이 훼손된 사람으로서 정치적으로 아주 난감한 상황에 처하게 됐어. 하지만 그가 계속해서 사람들에게 질문하고 자극하고 귀찮게 하는 바람에 결국 국가는 그의 입을 틀어막기로 했어. 그들은 소크라테스가 불경하고 도시의 젊은이들을 타락시켰다는 이유로 법정에 세웠고 얼마 후 유죄를 선고했지. 그래도 소크라테스는 가벼운 경고만 받고 풀려날 수도 있었어. 고대 아테네의 법률 체계는 특이한 점이 있었거든. 유죄 평결 후에 원고와 피고 모두 형량을 제안할 수 있고, 배심원들이 그 둘 중 좀 더 공정한 쪽의 제안을 채택할 수 있었거든. 만약 소크라테스가 합리적인 형벌(추방이나 어쩌면 과중한 벌금)을 제안했더라면 목숨을 잃지 않았을 거야."

🐾 그런데……

"그런데 소크라테스는 자신이 시민 교육에 도움을 주었으니 그 보상으로 국가가 자신에게 무료로 식사를 제공하라고 제안했지."

🐾 저런.

"그래서 원고 측의 구형대로 독극물 사형이란 판결을 받았어. 그런데 나는 거기에 나오는 대화 내용들을 언급하고 싶어. 초기 대화편은 소크라테스가 지식을 소유하고 있다고 주장하는 사람들을 심문하는 내용인데, 거기에서는 모든 사람이 다 틀렸다는 사실 말고는, 소크라테스가(혹은 플라톤이) 실제로 무슨 생각을 하는지는 파악할 수 없어. 하지만 대부분의 학자들은 후기 대화편에서는 플라톤이 소크라테스를 잊고, 자신의 사상을 펼치고 있다고 생각해. 후기 대화편 중 가장 위대한 작품이 바로 『국가』야."

정의란 무엇인가

🐾 그럼, 거기에 힘센 개가 늘 뼈다귀를 차지한다는 내용이 있어? 별로 공정하지 않은 생각 같아서.

"플라톤이 극적 대화 형식을 사용해서 글을 썼다는 점을 기억하라고. 그는 대화에 참여하는 등장인물들의 목소리를 통해 다양한 의견을 제시하고 나서 그 의견의 부족한 점을 폭로했어.『국가』는 정의 혹은 '올바른 행위'란 무엇인가에 관한 토론으로 시작해. 이미 소크라테스의 이야기에서 정의가 무엇인가에 관한 몇 가지 견해들을 다뤘었지. 정의란 진실을 말하는 행위일까? 빚을 갚는 행위일까? 친구는 돕고 적은 해치는 행동은? 소크라테스는 그 모든 견해에 담긴 허점을 찾아냈어. 트라시마코스Thrasymachus라는 한 등장인물은 소크라테스의 이야기를 들으면서 점점 인내심을 잃다가 결국 참견을 하고 말았어. 그는 씩씩대며 이렇게 말했어. '정의는 오직 강자에게만 이익을 줄 뿐입니다. 권력자는 누구나 자신에게 유리하게 법을 집행하지요. 부자가 통치하는 국가에서 법은 부자들의 이익을 위해 일합니다. 만약 가난한 사람들이 권력을 잡으면 법은 가난한 사람들의 편에 섭니다. 권력이 곧 정의에요. 권력을 가졌다는 것은 정의를 지배할 수 있다는 의미에요. 그뿐이죠. 다른 모든 것은 가식이고 거짓입니다.' 어디서 들어본 얘기 같지 않니?"

🐾 니체?

"맞았어."

🐾 하지만 플라톤이 훌륭하다고……네가 말했잖아. 플라톤이 그 트라시 어쩌고 하는 사람의 말에 답을 하지는 않았어?

"모든 것은 다 때가 있는 법이야. 불을 피우려면 연료부터 채워야 해. 『고르기아스』라는 다른 대화편의 핵심 주제는 권력과 정의, 행복의 관계야. 여기에는 폴로스Polus라는 인물이 등장하는데, 그는 권력이 항상 행복을 가져다준다고 주장했어. 소크라테스는 덕이 있어야 행복할 수 있고, 원하는 것을 얻기 위해 권력을 사용하는 폭군은 반드시 비참해진다고 반박했지. 또한 그 범죄자가 정의의 심판을 받지 못하면, 그 비참함은 배가된다고도 했어. 소크라테스는 잘못된 주장이라는 것이 밝혀지는 일은 바람직하다는 점에서 범죄 행위를 처벌하는 것은 좋은 일이라고 말하는데, 그 이유는 진실에 좀 더 가까워졌기 때문이래. 처벌을 받는 것은 빚을 갚는 것과 똑같은 만족감을 준다고 해. 그런 점에서 적을 지하 감옥에 던져 넣는 폭군은 죄수보다 덜 행복하다는 거야."

🐾 잠깐. 네가 먹고 싶었던 소시지를 내가 모르고 먹었을 때, 비를 피해 실내로 들어온 내가 뜻하지 않게 네 카펫에 발자국을 남겨서 너한테 한소리 들었을 때, 내가 그런 상황들을 즐겼다는 의미야? 그건 정말 말도 안 되는 주장인데.

"일단 내가 약간 목소리를 높여서, '야, 몬티. 내 저녁 식사를 어떻게 한 거야?'라고 말했다고 나를 폭군으로 매도하지는……"

🐾 난 아주 예민한 개란 말이야. 그래서 가끔 네가 그렇게 큰 목소리로 말하면……

"그리고 두 번째, 네 의견은 이제 등장하게 될 칼리클레스Callicles의 주장과 상당 부분 일치해. 칼리클레스는 고문과 학대를 받은 죄수가 폭군보다 더 행복하다는 생각에 분노했어. 그는 씩씩대면서 오히려 자유가 곧 행복이고, 원하는 대로 하는 폭군은 폭력적이든 타락했든 분명 가장 자유롭고 행복한 사람이라고 주장했지. 인위적인 관습법과 반대로, 자연법에서는 강자가 세상을 통치해야 하고, 이들이 벌이는 모든 행위가 진정한 정의라고 규정해. 힘과 용기가 넘치는 사람은 누구나 족쇄를 끊을 수 있고, 끊어야 하며, 우리의 거짓 법률, 그러니까 칼리클레스가 '형식과 주문과 마술'이라고 부른 것들을 짓밟을 수 있다는 거야."

🐾 컥. 그럼, 소크라테스는 거기에 뭐라고 답을……?

"이 대화에서 다시 한번 소크라테스는 그런 폭군은 행복할 수 없다고 말했어. 폭군의 욕망은 끝이 없으므로, 그는 평생 만족하지 못한대. 폭군은 영원히 채워지지 않는 구멍난 항아리와 같다는 거야. 그런데 아마 그 말은 사실일 거야. 침대 위에서 만족스러운 미소를 띠며 행복하게 죽은 폭군이 과연 몇이나 될까? 히틀러는 지하 벙커에서 발악했고, 무솔리니는 총살당한 후 교수대에 걸렸거든. 스탈린은 뇌졸중으로 쓰러졌을 때 겁에 질린 그의 부하들에 의해 질식사했다는 것을 떠올려 보라고.

하지만 악이 항상 불행을 가져온다고 주장하기에는 설득력이 다소 부족한 듯해. 우선, 늘 반대 사례가 등장하는데, 그런 사례들을 보면 범죄자들은 처벌을 받지 않고 부당하게 얻은 이익으로 평생 행복하게 살거든. 또 이상하게 개인적 행복은 궁극적인 미덕의 척도로 삼기에 충분치 않은 것처럼 보이기도 해. 선행이 자신을 행복하게 해준다고 생각하면 기분은 좋겠지만, 우리가 과연 그 두 가지를 결합해서 선이 곧 행복이라고 생각하고 싶어 할까? 혹은 그 둘을 분리하더라도 우리를 행복하게 한다는 이유만으로 선행을 한다면? 만약 내가 성격적으로 행복할 수 없는 사람이라면? 그것이 내가 전혀 도덕적으로 행동할 수 없다는 의미일까? 사실 작은 악행이 나를 행복하게 한다면? 그런데 내가 그런 취미에 탐닉해도 될까? 선이 행복이라는 답은 플라톤 자신도 불만스럽게 생각했어. 그는 선에 대해 좀 더 깊이 사유했는데, 조만간 그 생각을 만나볼 거야."

몬티와 내가 히스 입구에 가까워졌으므로, 이제 몬티의 리드 줄을 슬쩍 다시 잡을 때였다.

"좋아. 우리가 이번 산책 내내 문제는 설정했지만, 아직 괜찮은 답을 얻진 못했어. 지금까지 파악하기로, 이모티비스트는 모든 도덕적 판단을 '(산책 가자는 말을 들었을 때) 꼬리를 흔드는 행위'로 일축하고 싶어 해. 또한 우리는 처음에 플라톤이 부정적으로 제시한 사례를 니체가 어떻게 긍정적으로 바꿔 말했는지 확인했고, 모든 도덕적 판단은 무의미한 관습이거나 무기가 없는 자들이 무기를 가진 귀족과 싸우기 위해 권력을 빼앗는 행위라는 주장을 살펴봤어.

윤리학이라면 모름지기 이런 문제들을 다루어야 해. 하지만 확고한 윤리 이론이 필요했던 예를 하나 더 들어보려고 해. 우리는 플라톤이『국가』를 쓰기 30여 년 전으로 거슬러 올라갈 거야.

당시 아테네는 스파르타와 한창 전쟁을 치르는 중이었는데, 그 전쟁은 50년간 지속되고 있었는데 간간이 불안정하나마 비교적 평화로운 시기가 있었어. 당시 대다수의 주변국들은 한쪽 편에 서야 했어. 그런 식의 전쟁은 관여하지 않는 게 몹시 어려운 법이지.

멜로스Melos라는 섬나라는 중립을 유지하려고 애썼어. 멜로스는 오랫동안 스파르타와 동맹 관계를 맺고 있었지만, 아테네의 해군력이 막강했으므로 멜로스 사람들은 섬나라로서 자신들의 입지가 좁다는 점을 잘 알고 있었지. 그래서 이들은 눈에 띄지 않으려고 조심스럽게 행동했어. 하지만 아테네는 멜로스를 믿지 않았지. 멜로스 섬은 전략적 요충지였기 때문에 아테네는 멜로스와 스파르타의 오랜 동맹 관계가 결국은 자신들에게 피해를 줄 거라고 생각했어. 게다가 전쟁 상황이 아테네에게 불리하게 돌아가기 시작했으므로 아테네는 절박해지고 있었지. 마침내 아테네는 멜로스에 사절단을 보내 반스파르타 동맹에 참여하고 전쟁 자금도 내놓으라고 요구했어.

고대 세계에서 스파르타는 군사력은 막강했지만, 뭐랄까, 그렇게 좋은 사회는 아니었어. 스파르타에는 기본적으로 노예나 다름없는 헬롯$_{helot}$이라는 계급이 있었어. 지식이나 결단력, 용기가 엿보이는 헬롯은 남자든 여자든 모두 살해됐어. 스파르타에는 예술이나 문학 등이 그다지 많지 않았어. 사회 전체가 소년들을 효율적인 살인기계로 만드는 데 역량을 집중했지. 그들은 거칠었을 뿐만 아니라 교활하기도 했어. 그들은 전쟁에서는 무슨 일이든 허용된다고 생각했어. 즉, 승리에 도움이 된다면 거짓말이나 속임수도 마다하지 않았지.

그와 반대로, 아테네에는 예술, 건축, 문학, 민주 정치, 그리고 물론 철학이 있었지. 아테네와 스파르타의 전쟁사를 들어본 사람들은 대부분 아테네인을 좋은 사람들이라고 생각하게 돼. 그런데 지금 그 아테네인들이 멜로스 섬을 포위하고 있어. 그들은 협상이라고 말했지만 그것은 강자의 입장에서나 그렇지. 게다가 아테네인들은 포위 행위를 멋진 말로 포장하려고도 하지 않았어. 그들은 이렇게 말했어. 너희가 잘못해서가 아니라 그저 우리가 더 강하기 때문에 이런 기회를 얻었다. 그러니 너희가 합리적이라면 우리가 원하는 대로 행동해야 한다. 즉, 항복하고, 동맹에 참여하고, 조공을 바쳐라. 너희가 저항하면 우리가 너희를 무너뜨리겠다. 왜냐고? 우리는 그렇게 할 능력이 있으니까.

고집스럽고 자부심이 강했던 멜로스 사람들은 항복하지 않은 채 아테네인들과 끝까지 논쟁을 벌였어. 이들은 완벽하게 합리적인 몇 가지 이유를 댔어. 우리는 너희에게 위협이 되지 않는다. 만약 너희가 우리를 짓밟으면 다른 중립국들은 아테네가 위험한 폭도임을 깨닫고 너희와 전쟁 중인 스파르타 편에 설 것이다. 또한 수적으로는 확실히 우리가 열세이나 우리는 거칠고 용맹스러우므로 예측 불가능한 전쟁의 속성을 감안하더라도 우리가 너희를 이길 것이다. 그뿐만 아니라 우리의 동맹국인 스파르타가 와서 우리를 돕게 되면 너희는 곤란해질 것이다. 그러니 우리로서는 항복해서 수치스럽게 살기보다 우리의 운을 시험하는 편이 더 낫다.

하지만 아테네는 멜로스의 주장을 조목조목 이렇게 반박했어. 중립국들이 스파르타 편에 서게 되는 경우는 아테네의 힘이 약할 때뿐이다. 스파르타가 멜로스의 동맹국일지 모르지만, 그들은 무엇보다 현실적인 사람들이므로 결코 위험을 무릅쓰지 않을 것이다. 전쟁이란 변화무쌍하므로 상황이 너희에게 유리하게 전개될 가능성이 아주 없지는 않으나 너희가 재앙을 겪을 확률이 훨씬 높다. 그러므로 너희가 해야 할 선택은 명확하다. 항복해서 목숨을 건져라. 그렇게 하지 않고 터무니없이 낙관적인 저항의 길을 택하면, 거의 확실히 전멸하게 될 것이다. 이런 아테네의 주장에서 알아챈 것이 있니?"

😼확실히 옳고 그름에 관한 이야기는 아니네. 그냥 힘에 대한 이야기인데.

"멜로스 사람들은 거의 매번 똑같은 답을 내놓았어. 딱 한 번 예외가 있었는데, 그때 멜로스 사람들은 신들이 아테네의 **부당한** 행위에 벌을 내릴 거라고 말했어. 여전히 그 말은 아테네가 파국을 맞는다는 의미지만, 좀 더 확대해서 해석하면 여기에는 정의라는 단어가 조금이나마 언급되고 있어. 그러자 아테네인들의 대답은······."

🐾 내가 맞혀볼게. 정의란 그저 누가 가장 힘이 센가의 문제라고 답했지?

"잘했어! 맞아. 아테네인들은 신들이 자연의 질서를 방해하지 않는다고 말했는데, 여기에서 자연의 질서란 강자가 약자를 지배하는 원리지. 이제 우리는 정의란 자기 마음대로 할 수 있는 능력이라는 결론을 얻은 것 같다. 즉, 힘은 늘 옳다.

아무튼 지금까지 이야기를 정리하면 그렇고. 이제 우리의 과제는 아테네인들에게 공격하지 말라고, 꼬리 흔드는 자들과 니체주의자들을 막으라고 설득하는 일이야."

몬티가 작은 얼굴을 반쯤 찡그리며 나를 쳐다봤다. 몰티즈 테리어는 눈물관이 막혀 눈물자국이 생기기 쉬운데 이 때문에 몬티가 얼굴을 찌푸릴 때마다 깊은 생각에 빠진 듯 보인다.

🐾 우리가 그렇게 할 수 없다면?

"그래도 뭔가는 배울 수 있을 거야. 간혹 우리는 자신의 한계를 파악함으로써 앞으로 나아가. 우리가 어떤 사람이고 무엇을 가졌는지 알려면 이따금 정면 돌파가 아닌 측면 공격이 필요해."

언덕을 내려와 집까지 반쯤 왔을 때 몬티를 보니 지친 기색이

역력했다.

"안아 줄까?" 내가 말했다. 몬티가 평소보다 조금 기운이 없어 보인다는 것을 문득 깨달았다. 녀석이 전에는 아침마다 내 침대로 뛰어 올라오곤 했는데 요즘에는 산책하다가 중간에 안아 달라고 앞발을 들고 기다리기 일쑤였다.

🐾 좋아. 하지만 동네에 도착하면 나를 내려 줘. 내가 안겨 있는 모습을 그 요망한 닥스훈트에게 보여주기는 싫으니까……

진흙투성이 몬티는 우리 동네 입구까지만 내게 안겨서 갔고 나머지 길은 의기양양하게 걸어갔다. 거의 집에 도착했을 무렵, 녀석이 갑자기 멈추더니 나를 쳐다봤다.

🐾 까맣게 잊고 있었는데 말이야. 그 멜로스 사람들은…… 어떻게 됐어?

"아, 맞다. 그들은 아테네의 요구에 응하지 않았어. 그래서 아테네인들이 그들을 포위했지. 결국 멜로스는 함락됐고."

🐾 그 다음에는?

"아테네인들이 멜로스의 남자들을 모조리 죽이고 여자와 아이들은 노예로 팔아버렸어."

😺 저런.

"네가 먼저 물어봤잖아."

😺 그러긴 했지.

두 번째 산책

플라톤과 아리스토텔레스, 그리고 좋은 삶

두 번째 산책에서는 플라톤과 아리스토텔레스의 윤리학에 대해 토론하고, 행복과 좋은 삶의 본질에 골몰한 고대 철학자들의 사상을 살핀다. 또한 도덕성이란 것이 사람들이 갖고 있는 특수한 감각 혹은 감정이라는 생각도 검토한다.

"히스로 갈래, 묘지로 갈래?"

🐾 묘지. 그리고 소름 끼치게시리 네 묘비명을 구상하는 짓은 하지 않겠다고 약속해 줄래?

"그건 재미로 한 행동이었어. 일종의 취미지. 누구나 취미 하나씩은 필요하잖아."

우리 동네 묘지는 정말 아름답다. 어떤 구역은 알렉산더 포프 Alexander Pope(1688~1744, 계몽주의 시대의 영국 시인) 시의 시구처럼 가지런하고 깔끔하게 관리되어 있다. 다른 구역은 자연 그대로의 상태인데 그곳에서 나는 이런 묘한 상상을 하곤 했다. 가세가 급격히 기울면 이곳에 버드나무 가지를 구부려 안식처를 꾸미고 고사리 침대에서 잠을 자며 알콜 램프용 연료병을 벗 삼아 몬티와 온기를 나누며 살겠다고. 이곳에 유명인의 무덤은 별로 없지만 한 평범한 화강암 평판 아래에 구강 청결제를 발명한 조셉 리스터 Joseph Lister가 묻혀 있기는 하다. 그리고 몬티의 말대로 나는 그곳에서 소박한 평판에 깔끔하게 새길 내 묘비명을 구상하며 많은 시간을 보낸다.

이 돌 아래에
가여운 토니가 누워 있다.
한때는 육신이 있었으나, 지금은 뼈만 남았노라.
그는 홀로 죽었다.

🐾 그러지 마. 소름 끼친단 말이야.

묘지 구역의 가장자리, 산사나무와 늙은 관목 사이에는 벤치가 하나 있다. 덤불 속에서는 찌르레기와 되새들의 노랫소리가 들리고 운이 좋을 때는 녹색 딱따구리가 힘껏 저공비행하며(얘들은 늘 파이 한 조각을 먹고 맥주를 잔뜩 들이킨 사람처럼 보인다.) 풀 속의 개미들을 탐색하는 모습을 볼 수 있다. 이곳은 철학 하기 좋은 장소였다. 여느 때처럼 갑자기 흥분한 몬티가 (여우든 부랑자든) 냄새나는 것을 쫓아 무덤 사이를 뛰어다녔다. 마침내 돌아온 녀석이 젖은 발로 내 무릎 위로 기어올랐다.

"엉덩이는 좀 나아졌니?"

🐾 가끔 욱신거려. 아무튼, 우리 어디까지 얘기했지?

녀석이 하품을 참으며 말했다.
"밤이 늦었지?"

🐾 흥분해서 나온 하품이야. 개들이 늘 하는 행동이지. 전에 얘기했던 내용, 혹시 요점을 정리해 줄 수 있을까.

"물론이야. 이렇게 정리하면 될 거야.
도덕적 가치는 합의를 도출하기 어려우며, 시간과 공간 및 개인에 따라 크게 다르다.

이것이 결국 도덕은 변하기 마련인 권력이나 관습이나 변덕과 같다는 것을 보여주는 증거라고 말하는 사람들도 있다.

따라서 우리의 과제는 삼각형과 사각형을 구별할 때처럼 좋은 개와 나쁜 개를 나누는 기준 즉, 옳고 그름을 판단하는 객관적 기준을 찾을 수 있는지 확인하는 일이다.

그리고 운이 좋다면 우리는 아테네인들에게 멜로스 사람들을 죽이거나 노예로 삼지 말라고 설득할 수도 있겠지……"

🐾 이해했어. 고마워.

"그동안 객관적인 도덕 기준을 마련하려는 시도가 많이 있었는데 다섯 가지 윤리 사상으로 아주 깔끔하게 구분할 수 있어."

🐾 날 위해서 목록을 만들어 줄 수 있어?

"그럼. 하지만 세부 내용으로 들어가기 전에는 잘 이해되지 않을 거야. 첫째, 플라톤의 극단적 도덕실재론moral realism이 있어. 여기에서 실재론은 플라톤이 선을 하나의 분리된 객관적 실체로 생각했다는 것을 의미해. 두 번째는 인간에게 시각이나 후각과 마찬가지로 도덕 감각moral sense이 있다는 사상이야. 세 번째는 아리스토텔레스의 덕 윤리학을 비롯해서 좋은 삶이란 무엇인가를 사유하는 여러 윤리 체계가 있어. 네 번째는 의무론적 윤리학deontological ethics 혹은 규칙 중심 윤리학인데, 특별히 칸트의 사상에 초점을 맞추고 있지. 그리고 마지막으로 최대 행복을 중요시하는 윤리학 즉, 공리주의가 있어. 이해했어?"

😺 뭐, 그런 것 같아. 너도 말했듯이, 지금은 그냥 말일 뿐이지. 그런데 용어와 관련해서 간단히 하나만 묻고 싶어. 네가 어떨 때는 '도덕적'이라고 말하고, 어떨 때는 '윤리적'이라고 말하잖아. 그 둘이 같은 거야?

"잘했어. 너 지금 철학자처럼 생각하고 있거든. 단어를 일관성 있게 사용하고 그 의미를 명확히 하는 것은 무척 중요해. 지금까지 나는 **옳고 그름을 구별하는 방법**을 설명하면서 그 두 용어를 좀 마구잡이로 사용했어. 하지만 대체로 **윤리**는 특정 환경이나 조직에 존재하는 행동 강령을 의미해. 가령 **기업 윤리**는 기업 환경에서 용인되는 행동들을 의미하지. 하지만 윤리에는 전체 사회가 지키고 따르는 규범도 포함돼. **도덕**은 주로 사람이 살면서 지키는 원칙을 가리켜. 하지만 두 용어를 명확히 구별하기는 어려우니까, 내가 둘 중 하나를 사용할 때는 그냥 **옳고 그름을 정하는 문제**라고 생각하자.

😺 알겠어.

"그럼, 이 다섯 가지는…… 일단 우리에게 전혀 유익하지 않은 윤리 사상들부터 설명하려고 해. 그 다음에는 유익한 사상들을 살필 예정인데, 그러고 나면 유리 구두의 주인이 될 윤리 사상이 무엇인지 발견하게 될 거야."

😺 좋은 생각이야!

플라톤의 덕

"다시 플라톤 얘기로 시작할게. 이미 말했듯이, 플라톤은 가장 존경받는 철학자이자 철학 주제들을 잘 발굴한 사람이야. 그런데 논란의 여지가 있어서 조심스럽게 내 의견을 말하자면, 나는 플라톤이 거의 다 잘못 이해했다고 생각해."

😺 뭐라고?

"앞서 플라톤의 몇몇 대화편에서 봤듯이, 그는 덕과 행복을 연결해서 생각했어. 하지만 그의 말은 덕이 행복을 가져오고 악이 불행을 가져온다는 의미였지. 덕이 곧 행복이고, 악이 곧 불행이라고 말하지는 않았어. 그럼 플라톤에게 덕이란 무엇일까? 이 질문에 정확히 답하려면 플라톤의 형이상학을······"

😺 플라톤의 뭐?

"······ 그리고 특히 그의 존재론을 ······"

😺 그의 뭐?

"아아알았다고. 그 얘긴 나중에 자세히 하도록 하고. 아무튼 일단 형이상학과 존재론은 실재의 궁극적 본질을 다루는 철학 분파야."

😺 그래서……

"플라톤은 윤리학 분야에서 최고의 객관론자야. 그는 덕이나 선을 **실재하는 것**real things으로 여겨서 **형상들**Forms이라고 불렀어. 이 형상들이 '아름다움', '정의', '평등', '용기' 같은 다른 유사 개념들과 함께 특수하고 초월적인 영역에 존재한다고 생각했어.

플라톤의 형상론theory of Forms은 철학 이론 중 가장 유명하면서 난해한 이론이야. 지금은 일단 이 형상들을, 우리 주변에 있는 조잡하게 복제된 사물들의 원본, 그러니까 완벽하고 영원한, 이상적인 본보기 정도로 생각하도록 해."

😺 솔직히 좀 힘드네.

"그럴 거야. 내용이 어렵거든. 하지만 곧 이해할 수 있어. 일단 계속 들어봐. 초기 대화편에서 불쌍한 시민들이 소크라테스의 'X란 무엇인가?'라는 질문에 당황한 채 제대로 답하지 못한 이유는, 그들이 '선함'의 실체를 몰랐을 뿐만 아니라 진정한 '선'이 무엇인지 헷갈리게 만드는 다양한 사례들을 알았기 때문이야. 플라톤은 무엇이 옳은지 아는 사람은 항상 그대로 행할 거라고 생각했어. 악은 오직 무지에서 나온다는 의미지. 따라서 덕은 지식을 통해 얻어져. 이때 지식은 '형상들'에 관한 지식이야. 그러므로 '선의 형상 Form of the Good'을 닮았거나 거기에 **관여**partakes in하는 행동은 선하다고 말할 수 있어.

다른 산책에서 플라톤의 형상론이 가진 문제점들을 자세히 살펴볼 예정이야. 지금은 우리가 '형상들'이 있는 초월적 영역에 직접 접근할 수 없기 때문에, '선의 형상'을 알 수 있는 방법을 그럴듯하게 증명하기가 매우 어렵다는 점만 지적할게.

하지만 우리가 어떻게든 이 객관적인 '선'을 발견하게 되더라도, '선의 형상'과 개인의 선한 행동 사이에는 무슨 관계가 있는가 하는 질문이 생겨. 인식을 넘어서는 초월적 영역 어딘가에 있는 이 거대하고 모호한, 완벽한 선의 개념은 내가 거리 악사의 모자에 1파운드를 넣을지, 아니면 그의 모자를 낚아챈 후 웃으며 가까운 술집으로 달려갈지를 정하는 데 어떤 도움을 줄까?"

🐾 나 쳐다보지마. 난 그저 한 마리의 불완전하고 작은 개에 불과하니까.

"플라톤은 우리가 '선의 형상'을 알자마자 모든 내용이 이해된다고 답했어. 플라톤의 세계에서는 모든 도덕적 판단을 할 때 삼각형 구조를 설정해. 즉, '선의 형상'과 세상에서 일어난 행동 그리고 도덕적 판단이 있지. 어떤 행동을 보고 그 행동을 형상과 비교한 다음 판단을 내려. 간단해."

🐾 그럴 듯하네.

"하지만 플라톤 사상에는 심각한 문제가 하나 있어. 18세기 스코틀랜드의 위대한 철학자 데이비드 흄$_{David\ Hume}$(1711~1776)은 대단히 골치 아픈 방식으로 윤리학 용어를 통찰했어. 그는 도덕적 주장에 두 가지 서로 다른 유형의 명제가 들어 있다고 봤어. 그 둘은 **존재**$_{is}$ 명제와 **당위**$_{ought}$ 명제야. **존재** 명제는 세상에 존재하는 것들 즉, 사실 문제$_{matters\ of\ fact}$를 제시해. **당위** 명제는 도덕적 판단에 도움을 주거나, 마땅히 할 일이 무엇인지 알려줘. 흄은 두 명제가 하나에서 다른 하나를 추론할 수는 없다고 지적했어."

🐾 뭐라고?

"흄은 다른 철학자나 도덕 사상가들이 **존재와 비존재**$_{is\ not}$를 이야기하다가 아무런 설명이나 근거를 제시하지 않고, 갑자기 **당위와 금지**$_{ought\ not}$로 옮겨간다고 말했어. 가령 '선의 형상'이 존재한다는 주장을 생각해봐. 어떻게 우리는 **서술적** 언명에서 특정 방식으로 행동해야 한다는 **규범적** 언명으로 넘어갈 수 있을까? 그 둘 사이에 도약이 있을 만한 설득력 있는 근거는 전혀 없어. 이해하겠니?"

🐾 그런 것 같아. '선의 형상'이라는 것이 있고, 사람들이 어떤 행동을 하지. 넌 사람들의 행동이 옳은지 그른지 판단하기 위해서 그 '형상'이라는 것을 이용하고 싶어 해. 하지만 '형상'이라는 것이 설사 존재하더라도, 그것이

어떻게 사람들의 행동이 옳고 그른지를 판단하는 기준이 될까? 이런 얘기 아냐?

"얼추 그래."

🐾 하지만 옳고 그름에 관한 모든 이론에서 그 문제가 뭐가 그렇게 중요해? 존재와 당위 사이에 틈은 항상 존재하지 않아?

"정말 좋은 지적이야. 네 말이 맞아. **존재**와 **당위**, 그리고 사실 진술과 가치 판단에 틈이 존재한다는 흄의 주장은 모든 객관주의 윤리론의 공통된 문제이고, 관련 논의에 두루 영향을 미쳐. 사실 우리가 다룰 대부분의 도덕 이론은 그 틈을 메우기 위해 고안되었지. 흄은 논리나 이성을 사용해서 **존재**와 **당위**의 간극을 메울 수 없다고 결론 내렸어. 관습과 습관을 통해서만 특정 사실(거리 악사의 모자를 훔치는 행위)과 도덕적 판단('이 도둑아, 거기 서!')을 연결할 수 있다는 얘기야. 하지만 플라톤은 그 이상이 필요했어. '선의 형상'의 존재와 그것을 모방하라는 도덕적 요구 사이에 **필연적 연계성** necessary connection 을 확보하고 싶었지.

좀 더 근본적인 문제는 초월적 '형상들'의 존재 자체가 대단히 논쟁적이라는 점이야. 다음 산책에서 이 문제를 다룰 때 어쩌면 우리가 서로 다투게 될지도 몰라!

다른 윤리론으로 넘어가기 전에, 우리가 어떻게 살아야 하는가에 대한 플라톤의 가장 자세한 답변이 사실은 '형상'론을 수반하지 않았다는 점을 지적하고 싶어. 플라톤은 『국가』에서 자신이 생각하는 이상 사회를 설명했는데, 그 사회의 조직은 인간 영혼의 구조와 똑같아. 플라톤이 보기에 영혼은 **기개**spirit, **욕망**appetite, **이성**reason 등 세 가지로 이루어져 있어. 기개는 용기는 물론 분노의 원천이기도 해. 욕망은 당연히 갈망과 절실함의 근원이고. 이성은 기개와 욕망을 이끌고 그 에너지를 활용하는 역할을 하지.

플라톤의 국가론

국가에도 세 계급이 있어. 책 앞부분의 「프로도그」에서 만났던 통치자들은 주인 가족을 지키고 침입자를 감시하는 충성스러운 개와 비슷한 수호자 집단이야."

🐾 훌륭한 사람들이군!

"나중에 생각이 바뀔 걸, 아무튼…… 그 다음에 군인(혹은 보조자) 계급이 있고, 마지막으로 노동자 계급이 있어. 수호자들은 영혼으로 치면 이성과 같은데, 이들은 어릴 때부터 지혜를 습득하도록 훈련을 받아. 여기에서 지혜는 '형상'을 파악하고 이해할 수 있게 하는 능력인데, '형상'에 따라 국가를 통치해서 우주의 근원적 아름다움과 완벽함, 그리고 인간의 삶이 조화를 이룰 수 있게 해 줘."

🐾 뭘 더 바라겠어?

"영혼과 마찬가지로, 국가의 정의는 한 계급이 다른 계급을 방해하지 않으면서 제 역할을 제대로 수행할 때 실현돼. 수호자는 통치하고, 군인은 전쟁하며, 노동자는 일을 하지. 이것은 엄격한 체제인데, 여기에는 민주주의에 대한 플라톤의 불신이 담겨 있고, 플라톤 생각에 민주주의가 야기하는 무질서가 전제되어 있어.

플라톤의 국가론에서 좀 더 현대적이고 매력적인 면은 여성을 비교적 평등하게 생각했다는 점이야. 여성도 수호자가 될 수 있는데, 플라톤은 여성도 남성처럼 필요한 지혜와 지식을 습득할 능력이 있다고 명확히 주장했어. 수호자 계급의 어린이들은 단체 교육을 받게 되는데, 이는 정실주의나 혈연이 국가의 올바른 통치를 방해하지 못하게 막기 위해서야. 그리고 같은 이유로, 수호자 계급은 재산을 소유하지 못해. 널리 알려졌듯이, 플라톤은 자신의 이상 국가에서 음악과 문학 같은 대부분의 예술을 금지했어. 그는 예술이 복제를 거듭하면서 우리를 현실에서 멀리 떨어뜨린다고 봤어. 예컨대, 군대 행진곡 외에 음악은 사회를 타락시키고, 문학은 거짓을 ······

거짓말이 나와서 말인데, 아마도 플라톤의 국가에서 최악은 '고상한 거짓말$_{\text{Noble Lie}}$' 혹은 어떤 번역서에서는 경건한 허구$_{\text{pious fiction}}$라고 불리는 개념이야. 플라톤은 노동자 계급이 자신들의 더 나은 삶을 위해 하루 종일 고된 일을 하는 존재가 아니라 그보다 더 가치 있는 존재라는 생각을 못 하게 하려면, 사실이 아닌 말을 들려줘야 한다고 주장했어. 즉, 각 계급은 서로 다른 금속으로 빚어졌는데, 노동자는 철과 황동에서, 군인은 은에서, 수호자는 (당연히!) 금에서 나왔다는 논리지. 이 거짓말을 변호하려면, 그런 계급 제도가 사회 결속을 강화하고 애국심을 고취한다는 변명 말고는 다른 방법이 없어."

🐾 그게 별로 설득력이 없다는 건 너도 알잖아.

"알아. 여기 통치자가 힘과 거짓말로 국민을 다스리는 나라가 있다고 하자. 그 나라는 예술이나 즐길 거리가 거의 없어. 현실에서 이와 가장 비슷했던 나라가 스파르타야. 민주 국가였던 아테네의 숙적이었지. 오늘날 플라톤의 이상 국가를 지지하는 사람들은 당연히 많지 않아. 플라톤은 칼 포퍼Karl Popper(1902~1994)가 말한 '열린사회open society'의 적들에 포함되는데, 포퍼에 대해서는 나중에 과학 철학을 논할 때 살펴볼 예정이야. 하지만 적어도 플라톤 사상 중 일부는 변호해 줄 만해. 대체로 우리는 모든 분야에서 전문성이 중요하다는 점을 인정하지. 플라톤은 선장을 예로 들었어. 안전한 항해술을 수년간 훈련받은 선장과 필요한 기술을 갖추지 못했으면서 '자, 한 번 항해나 해 볼까'라고 말하는 사람 중에 선택해야 한다면, 당연히 선장과 함께 승선하는 쪽을 택하겠지, 안 그래? 뇌수술이나 다리 건설도 마찬가지일 테고. 하물며 국가 통치 같은 대단히 중요한 일을 전문가가 맡아주기를 기대하는 것이 그렇게 이상한 일일까?

플라톤은 안정과 질서를 갈망했는데, 혼란에 빠져 고통을 겪던 고국에서 거의 평생을 살았으니 당연한 바람이었지. 플라톤에게 민주주의란 대혼란을 의미했어. 그런데 오히려 독재 국가(왕정 혹은 참주정)나 부자들이 지배하는 국가(과두정), 세습 권력자가 지배하는 국가(귀족정)가 더 해로운 체제 같아.

하지만 그건 아무래도 소용없어. 어쨌든 플라톤의 형상론은 실행 가능한 도덕 이론을 찾는 데 실패했고, 그의 국가론은 덕과 진리 추구라는 윤리 원칙에 근거하고 있음에도, 20세기에 등장한 전체주의를 기다린다는 인상을 주니까."

그럼, 이제 플라톤 얘기는 끝났네. 다음은 뭐야?

"아직 아냐. 플라톤은 다시 등장할 거야! 윤리학의 기초를 굳건히 세우려는 두 번째 시도는 플라톤의 객관주의와 몇 가지 공통점이 있어. 이 사상은 우리 대부분이 그냥 보기만 해도 옳고 그름을 구분할 수 있다는 직관에서 출발해. 너는 잘못된 행동 중 일부는 **직감으로 알 수 있다**고 말할 거야. 만약 누가 그 직감은 어디에서 왔냐고 다그치면 넌 **그냥 안다**는 말을 반복하면서 어쩌면 얼굴을 찌푸리거나 가슴에 손을 댈지도 몰라.

도덕 감각은 어떻게 생기나

사람들 각자는 타고난 다른 능력들과 비슷하게, 한결같은 도덕 감각을 갖고 있다는 믿음은, 3대 백작 섀프츠베리, 앤서니 애슐리 쿠퍼3rd Earl of Shaftesbury, Anthony Ashley-Cooper(1671~1713)와 프랜시스 허치슨Francis Hutcheson(1694~1746) 같은 17, 18세기 철학자들에 의해 처음 확립됐어. 이런 입장은 인자한 신이 우리 안에 선악에 대한 지식을 심었다고 주장함으로써 종교적인 면을 강조하거나, 우리의 본성은 선하고 온화하다고 주장함으로써 인문주의로 선회할 수도 있어. 이따금 이런 선한 빛이 희미해지면 이른바, 문명이 타락했기 때문이지."

😺 지금까지는 맘에 들어. 너희 인간이 무엇이 옳다는 것을 한 번에 알 수 있다는 생각은 좋아.

"도덕성(과 인간성)의 개념을 확립한 사람 중 하나가 장 자크 루소Jean-Jacques Rousseau(1712~1778)야. 루소가 보기에 인간은 두 가지 도덕 감정moral sentiments을 타고났어. 하나는 자기를 보존하려는 완벽하게 이성적인 감정인데, 루소는 이를 **자기애**amour de soi라고 명명했지. 다른 하나는 타인을 통해 경험하는 공포인데, 루소는 이를 **연민**pitié이라고 불렀어. 그에 따르면, 문명화 과정은 우리가 오랫동안 누리던 자유를 앗아가고, 현대 사회에 만연하는 악으로 자유를 대체하며, **자기애**를 **자기 편애**amour propre로 타락시켜. 여기에서 자기 편애란 '현대'인의 독특한 자기애야. 권력과 부를 향한 갈망, 질투심 등에 이끌린 자기애를 의미하지.

우리 안에 도덕 감각이 내재해 있다고 주장한 사상가 중 가장 최근 인물은 20세기에 살았던 G. E. 무어George Edward Moore(1873~1958)

야. 무어는 선이란 정의하지 않아도 본능적으로 파악할 수 있는 단순한 실체라고 주장했어. 실제로 우리는 선을 가리킬 수 있을 뿐, 정의할 방법이 없어. 우리는 선을 볼 때(혹은 느낄 때) 그저 직관적으로 **파악해**. 이런 면에서 선은 색깔과 같아. **빨간색**을 설명하는 데 복잡한 이론이 필요하지 않잖아. 정상적인 색각$_{colour\ vision}$을 가진 사람이라면 누구나 빨간색을 구분해. (물론 빨간색은 과학적으로 특정 주파수를 가진 광파로 설명할 수 있지만, '그 차는 빨간색이야'라고 말할 때는 그 의미가 달라.) 우리가 선을 **보는**$_{see}$ 방식도 이와 같아. 어쩌면 맛에 비유하는 편이 더 낫겠다. 선은 단맛이고 악은 신맛이라는 식으로.

이 관점은 처음에는 그럴듯해 보여서, 20세기 초반에 예술가와 지식인들 사이에서 크게 유행했어(하지만 철학자들 사이에서는 그렇지 못했어). 실제로 지난 산책에서 소개했던 이모티비스트의 논증은 원래 이 관점을 논박하기 위해 만들어졌어."

🐾 정말? 이해가 잘 안 되네.

"색각이 정상인 사람이 사과가 녹색이고 하늘이 파랗다고 말할 때 그 말이 맞는 것처럼, 네 도덕 감각이 올바르게 작동하는 한, 네 판단은 객관적으로 **옳다**$_{rightness}$는 생각이 무어의 입장이야. 하지만 이모티비스트들은 네게 도덕 감각이 있을지 모른다는 의견에는 동의하지만, 그것이 모든 객관적 진리와 일치하지는 않는다고 주장해. 이것은 커피보다 차를 더 좋아하는 일처럼 철저하게 선호의 문제라는 의미야."

🐾 무슨 말인지 알겠어.

"따라서 무어의 주장처럼 우리가 쉽게 인지한다는 선함이라는 것이 무엇인지 좀 더 자세히 조사해야 해. 무어와 그의 친구들이 자신들이 속한 블룸즈버리 그룹Bloomsbury Group*에서 유행하던 가치관을 **선**으로 간주했다는 사실은 그리 놀랍지 않아. 그들은 우정, 사랑, 예술, 본성 등에 가치를 두었어. 또한 자신들의 즐거움을 방해하는 법이나 규칙을 거부했지."

🐾 괜찮은 생각 같은데. 그게 왜 문제가 돼?

"무어의 도덕 감각론moral sense theory은 여러 면에서 공격이 가능해. 첫째, 선은 정의할 수 없고, 오히려 질문만 유도해. (선을 정의할 수 **있다**면, 도덕 감각이 없어도 우리의 지성이 선을 가려낼 수 있다는 주장을 떠올려 봐.) 선을 정의하려는 시도는 무수히 많았어. 앞으로 그런 시도를 여러 번 만나게 될 거야. 선을 정의하려는 시도에 대해 무어는 이렇게 반응했어. '아, 그건 **진짜** 선이 아니네. 그것들이 선과 **연관성**이 있을지는 모르지만, 내가 아는 선과는 다르군. 그리고 자네는 선이 무엇인지 모르는 것 같네.' 그러니까 무어의 이론은 논쟁을 단언으로 대체했어. 그는 선이 색깔처럼 단순하고 확실하다고

---

* 20세기 초 영국에서 결성된 작가, 철학자, 예술가들의 모임

주장하면서 아무런 근거도 제시하지 않았어. 다만 선을 이해하지 못하는 사람은 오페라나 발레를 이해하지 못하는 사람처럼 지식이나 교육이 부족하기 때문이라고 말했지.

하지만 이 두 가지 유형의 도덕 감각론(여기에서 나는 무어의 객관주의와 앞서 도덕성을 우리의 능력으로 본 견해들을 똑같이 취급하고 있어.)은 선한 인간성이라는 개념과 그것이 존재하는 사회를 논박한 사람들로부터 좀 더 근본적인 공격을 받았어."

🐾 지금 인간의 본성이 선하지 않다고 말하려는 거지? 내가 그 말에 충격받지 않아도 이해해줘.

"인간이 전혀 선하지 않다고 생각한 철학자는 아주 많아. 유명한 토마스 홉스Thomas Hobbes(1588~1679)는 자연 상태에서의 삶을 만인의 만인에 대한 투쟁으로 봤고, 인간은 심술궂고 잔인하고 모자란 존재이며, 이 비열한 야만인의 마음속에 도덕 감각이라고는 조금도 없다고 생각했어. 이런 이유로, 그는 평화를 유지하기 위해 강력한 절대 군주가 필요하다고 믿었어. 버나드 맨더빌Bernard Mandeville(1670~1733)은 『꿀벌의 우화』(1714)에서 이기심과 탐욕에 이끌리는 인간의 모습을 보여줬어. 심지어 그는 천진난만한 아이들에 대한 낡고 진부한 표현들도 완전히 뒤집어 생각했어. 그러니까 그는 우리가 아이들에게서 가장 순수한 형태의 인간성을 찾을 수 있는데…… 그것은 무자비하고 폭력적이며, 자기중심적이고 이기적이며, 탐욕적이고 무절제하다고 말했어. 맨더빌은 아이러니하게도, 이런 인간성이 인류를 파괴하지 않고 구원한다고 봤어. 사회가 제 기능을 하려면 사람들이 이기적이고 폭력적이며 야심적이어야 한다고 생각했지. 도둑이 없으면 변호사들이 일자리를 잃게 되고, 변호사가 없으면 각종 거래가 사라져서 수천 명이 굶어 죽는다는 거야. 허영심이 많고 색을 밝히는 난봉꾼은 재단사, 요리사, 미용사 등 자신의 방탕한 생활에 도움이 되는 사람들을 고용해. 사회의 상업적 성공은 구성원들의 탐욕과 이기심 덕분이고. 이 모든 개인의 악덕이 모여 공공의 이익이 되지.

즉, 도덕 감각론자들은 윤리적 선택에 필요한 객관적 근거를 제공하기보다는 특정한 선입견을 단순히 정당화하는 것에 좀 더 가까운 일을 했기 때문에 실패했어. 이들의 인간관은 순진하고 단순해. 또 다른 비판으로는 옳고 그름을 내적 감각이나 단순 지각에 의존할 경우 이성이 들어설 자리가 없어진다는 점이야. 많은 철학자가 보기에 도덕성을 갖추려면 이성적인 과정이 **반드시** 필요한데, 이것은 욕구나 지각이 아닌, 인간의 능력을 최대로 사용해야 도달할 수 있는 단계야. 곧 만나보겠지만 이런 훌륭한 주장을 한 사람은 칸트야. 하지만 칸트를 만나기 전에 다시 고대 세계로 돌아가서 플라톤의 뛰어난 제자였던 아리스토텔레스의 윤리학을 먼저 살펴봐야 해."

아리스토텔레스의 윤리학

🐾 아리스토텔레스는, 저기, 나 같은 개도 쉽게 이해할 수 있는 철학자야?

"혹시 아리스토텔레스의 글이 쉽게 읽히는지를 묻는 거라면 아쉽지만, 그의 글은 좀 딱딱하고 전문적이야. 오늘날 전해지는 그의 글 대부분이 강의 노트 형식을 취하고 있기 때문이야. 그래서 플라톤을 읽을 때와 달리, 우리는 세련된 예술 작품이 아닌 강의 내용이 자세하게 설명된 이론서를 만나게 돼. 하지만 아리스토텔레스는 여전히 수많은 아이디어를 제공하면서 생생히 살아있는 철학자 중 하나야."

🐾 알겠어. 열심히 귀기울여볼게.

"아리스토텔레스의 사상은 좋은 삶이란 무엇인가를 깊이 연구한 수많은 고대 윤리학을 대표해. 그리고 아리스토텔레스에게 좋은 삶은 행복한 삶을 의미해. 좋은 삶을 논할 때 아리스토텔레스가 사용한 용어는 **에우다이모니아**eudaimonia라는 그리스어인데, 번역하기 어려운 것으로 유명해. 에우다이모니아는, 우리도 그 의미로 사용하고 있듯이 행복이라는 뜻이지만, 사실 그보다 더 넓은 의미가 있어. 에우다이모니아에는 행복하다는 뜻뿐만 아니라 유복하다, 약속을 지키다, 성공하다 등의 의미도 담겨 있어. 즉, 거기에는 심리적 요소는 물론 물질적 요소도 포함되어 있지. 공원 벤치에서 자족하며 사는 부랑자는 아리스토텔레스의 관점에서 보면 에우다이모니아를 누리는 사람은 아냐. 또한 에우다이모니아는 너의 직접적인 경험에만 국한되지 않아. 네가 사후에 오명을 얻으면 네 가족에게도 불행한 일이지만 네 에우다이모니아에도 영향을 준다는 얘기지.

가끔 나는 에우다이모니아에 가장 가까운 영어 단어가 **잘하다** doing well가 아닐까 생각하는데, 우리가 대학에 입학했거나 취직한 자녀에 관해 질문을 받았을 때 '걔는 잘하고 있어.'라고 대답하는 식이지. 잘한다는 말은, 그러니까 행복하게 지낼 뿐만 아니라 물질적으로도 어려움이 없다는 의미인데, 그 아이가 길거리에서 원뿔형 교통 표지판을 머리에 쓰고 나체로 춤추다 경찰에 잡혀가는 일 따위는 아직 일어나지 않았다는 의미도 있어.

아리스토텔레스는 윤리학의 목적이 행복의 확장판인 에우다이모니아를 얻도록 돕는 것이라고 주장했어. 이런 윤리학을 **목적론적** teleological 접근법이라고 부르는데, 그리스어로 목적이나 목표를 의미하는 **텔로스** telos 와 (여기에서는) 이성을 의미하는 **로고스** logos 의 합성어야. 목적론적 접근법에 따르면, 우리가 선행을 하는 이유는 우리 자신을 위해서가 아니라 다른 무언가를 얻기 위해서야."

🐾 그러니까 네가 나한테 앉으라고 하면 앉고, 오라고 하면 네 쪽으로 가고, 뭐 그런 행동이 내가 뭘 얻어먹고 싶어서라는 거야?

"맞아. 그게 목적론적 행동이야. 내가 말했듯이 에우다이모니아를 얻는 데 집중한 고대 윤리학이 아리스토텔레스 윤리학만 있는 건 아니야. 고대 사회에서 가장 심오하고 난해한 두 철학 역시 그런 목표를 염두에 두고 있었지. 창시자인 에피쿠로스Epicurus(기원전 341~270)의 이름을 딴 에피쿠로스학파는 행복이 쾌락에서 나온다고 생각했는데, 그런 이유에서 멋대로 사는 쾌락주의자 혹은 느긋하게 육체적 만족을 추구하는 사람들로 희화화되었어. 물론 고대 그리스에는 그런 철학자들도 있었는데, 그중 키레네학파Cyrenaics(견유학파Cynics와 혼동하면 안 돼.)는 육체적 쾌락만이 삶에서 유일하게 중요하다고 생각했어. 키레네학파는 소크라테스의 제자이자 플라톤과 동시대를 살았던 아리스티포스Aristippus(기원전 435?~356)가 창시했어. 키레네학파의 쾌락주의는 오직 육체적 감각만 실존한다는 믿음에서 나왔어. 그런 믿음은 오직 육체적 쾌락만 중요하며, 이를 경험하는 유일한 방법은 **지금** 추구하는 것이라는 생각으로 귀결돼. 즉, 할 수 있다면 모든 감각적 경험을 하고, 잔뜩 먹고, 마시고, 사랑하라. 그런 경험을 미루지 말라. 내일은 없다. 오직 지금, 이 느낌이 전부다. 먹고, 마시고, 즐겨라. 내일은 죽으리."

😼 그게 왜 싫어?

"에피쿠로스학파는 키레네학파의 영향을 받았지만 둘은 아주 달라. 에피쿠로스학파는 행복이 쾌락에서 오긴 하지만, 쾌락이란 복잡한 감정이므로 무모하게 원초적 본능에만 탐닉한다고 해서 효과적으로 얻어지는 게 아니라고 생각했지. 이들은 쾌락을 유일한 선으로 생각했지만, 그것을 긍정적 감정이 아닌 고통의 부재로 정의했어. 그러므로 이들의 목표는 가능한 한 많이, 마구잡이로 쾌락을 추구하는 삶이 아니라 스트레스와 불안을 줄이는 삶이었어. 이들이 추구하는 쾌락은 우정과 대화, 조용한 성찰과 철학의 실천이었으므로 잔뜩 마시고 놀자는 키레네학파와는 많이 달랐어."

🐾 해보지도 않고 비판하지마.

"그래, 어쩌면 개들의 방식도 키레네학파와 비슷한 거 같다. 닭 뼈 때문에 죽을 뻔한 너를 내가 얼마나 많이 구해줬지?"

🐾 한 번이야! 두 번인가. 아무리 많아도 세 번은 안 넘어.

"아무튼, 좋은 태도는 아냐. 사실 에피쿠로스는 사람들이 불안을 느끼는 가장 큰 원인이 죽음과 사후에 받을 벌에 대한 두려움이라고 생각했어. 그런데 그는 죽음을 두려워할 필요가 없다고 했어. 사후 세계란 없으므로 우리가 벌을 받을 일도 없다고 주장한 최초의 사상가 중 하나였지. 그는 오직 고통만 두려울 뿐이고, 죽음은 오히려 고통을 끝낸다고 생각했어. (에피쿠로스가 죽음이라는 폭탄을 해체한 것은 플라톤을 향한 여러 교묘한 공격 중 하나였는데, 플라톤은 악인에게 그의 악행에 맞는 끔찍한 벌이 사후에 기다리고 있다고 경고했었지……)"

🐾 뭐랄까, 난 그 말을 100퍼센트 확신할 수 없는데.

"계속 말해봐……"

🐾 난 저녁밥이 좋아. 내게는 큰 즐거움이거든. 나는 목에 닭 뼈가 걸려서 끔찍한 밥이 나오는 저세상으로 가게 되거나, 심술이 난 네가 나한테 맛있는 소시지를 보여주고 나서 혼자 그것을 먹어버릴까 두려운 게 아냐. 내가 원하는 것은 여기서 영원히 저녁밥을 먹는 거야. 더이상 밥을 못 먹는다고 생각하면 슬퍼져.

"좋은 지적이야, 귀염둥이야. 네가 그렇게 말하면, 에피쿠로스는 이렇게 답할 거야. 미래의 너는 불행해질 수 없고, 고통이나 굶주림을 당하지도 않아. 미래의 네가 존재하지 않기 때문이지. 그리고 나중에 느낄 감정을 미리 걱정하는 일도 이치에 맞지 않은데, 그 이유 역시 미래에는 감정을 느낄 네가 존재하지 않기 때문이지. 하지만 이것이 네 말에 대한 적절한 답이 아니란 건 알아. 너는 네 삶이 즐겁기 때문에, 가능한 한 오랫동안 그 즐거움을 누리고 싶어 하지 않는 게 오히려 비합리적이라고 주장하는 거잖아. 하지만 내 생각에, 에피쿠로스라면 늙고 병들면 더이상 삶을 즐기지 못할지 모르고, 그런 상황에서도 다가올 일을 두려워하지 말라고 말할 거야."

스토아학파의 윤리학

🐾 알겠어. 우리 주제를 바꿔 볼까?

"당시에 에피쿠로스학파의 주 경쟁자는 스토아학파였는데, 이들 역시 죽음을 두려워할 필요가 없다고 가르쳤어."

🐾 주제를 바꾸기로 했잖아.

"진정해. 이 얘긴 일종의 디딤돌이라고. 스토아학파의 윤리학은 그들의 우주관과 밀접하게 연결돼 있어. 스토아학파는 우주가 질서 정연하고 자비로운 체계이며, 여기에서는 모든 사건이 신법divine law이나 이성적 원리를 따른다고 생각했어. 거의 신이나 다름없는 신법은 불로 물질계를 만들었고, 물질계는 생성과 소멸을 반복했지. 모든 일을 주관하는 신령the spirit이 선하므로, 발생하는 모든 일도 반드시 선해. 따라서 악처럼 보이는 모든 것은 환영이며, 이 환영은 우주를 깊이 이해하면 사라져."

🐾 정말? 그럼 네가 뒤집혀 있는 플러그나 레고 블록을 밟는 일도 선한 일이야? 네가 소리 지르는 걸 보면 아닌 거 같아서.

"그때는 플러그나 레고가 없었지. 아무튼 크리시포스(우리에게 모래 더미의 문제를 안겨준 사람)는 선이 존재하려면 그에 어울리는 그럴듯한 악이 필요하다고 주장했어. 비겁함 없이 용기가 존재할 수 없고, 고통 없는 쾌락이란 있을 수 없다는 의미야. 내가 플러그를 밟았을 때 비명을 지르며 아파하는 감정이나 너를 쓰다듬을 때 느끼는 즐거움은 같은 감각이라는 거지. 이런 관점에서 보면 악은 꼭 필요하며 나중에 더 큰 선과 결합해. 철학자는 세계를 이해하는 사람이므로 그 과정에서 얻은 지식은 끔찍한 고통의 순간에도 평화를 가져다 줄 거야. 스토아학파의 목표는 죽음과 질병을 포함해서 온갖 재난을 차분히 맞닥뜨리는 삶이야. 그러려면 용기뿐만 아니라 결국 모든 일이 괜찮아질 거라는 깨달음도 필요하지. 이것이 바로 스토아학파가 생각하는 에우다이모니아였어."

🐾 그럼, 우린 스토아학파처럼 생각해야 해?

"좀 어려운 질문인데, 나는 스토아학파의 유용성이 상황에 좌우된다고 생각해. 회복 불가능한 절체절명의 위기에 빠졌을 때는 스토아적 마음가짐이 모범적인 태도라고 생각해. 가령 정의로운 사람이 억울하게 고발을 당해 투옥됐다고 해보자. 날마다 그는 교도관들로부터 고문과 괴롭힘도 당하고 있어. 그럴 때 스토아학파는 이렇게 말해. '나는 견디겠다. 이것은 세상이 굴러가는 방식이다. 영원한 시간 속에서 보면 내 고통은 사소한 것이며, 내가 이해할 수만 있다면 그 고통은 최고의 결과를 가져올 어떤 계획의 일부다.' 그리고 스토아학파 중 여러 명이 자신의 믿음을 시험할 기회를 얻었어. 소 세네카Seneca the Younger는 네로 황제 암살 음모에 연루

되어 자살하라는 명령을 받았지. 그는 조용히 욕조에 누워 자기 혈관을 끊고 마지막 편지와 유언장을 구술로 남겼어."

😼 존경스럽군.

"달리 생각하면, 스토아주의는 보수적이고 상황을 무조건 받아들이는 경향이 있어. 그런데 어떤 시대에는 운명에 순응하는 태도가 도덕적으로 비겁한 행태가 되기도 해."

😼 그럼, 뭐가 뭔지 어떻게 알 수 있어?

"그런 선택들이 우리 인간이 해야 할 의무야. 하지만 스토아주의의 좋은 점만 취해서 바꿀 수 있으면 바꾸고 그렇지 못하면 참고 견디라고 할 수 있겠지."

😼 그거 좋은 생각 같다. 그런데 아리스토텔레스는 어떻게 됐어?

"아, 미안. 잠깐 옆길로 샜구나. 에우다이모니아에 대한 아리스토텔레스의 분석은 인간이 온갖 물건을 욕망한다는 명백한 진리에서 출발해. 우리는 음식과 건강, 좋은 친구와 사회적 존경 등을 원하지. 하지만 아리스토텔레스는 그 모든 것이 하나의 목적을 실현하는 수단이라고 말했어. 즉, 그것들을 얻으려는 이유는 좀 더 고매한 다른 목표, 다시 말해서 궁극적인 선을 실현하기 위해서야.

궁극적인 선은 다음 세 기준을 충족해야 해. 그것 자체로 가치가 있어야 하고 다른 선을 얻기 위한 수단이 되어서는 안 되며 다른 것들을 바랄 때 그 목적이 되어야 한다는 거지."

😺 예를 들면……?

"부를 생각해봐. 부는 좋은 것이지만 일반적으로 다른 물건들을 살 수 있게 해주기 때문에 좋지. 부 자체가 좋지는 않잖아. 돈다발 위에 그냥 앉아만 있는 사람은 제정신이 아닐 거야, 그렇지 않니?"

😺 그런 것 같아.

"그럼, 다른 모든 것들의 목적이 되는 궁극적인 선이란 무엇일까?"

😺 좀 더 푹신한 침대를 사는 거?

아리스토텔레스의 행복론

"야, 하나도 안 웃기거든. 아리스토텔레스는 우리가 그 자체로 바라는 단 한 가지가 바로 행복이라고 생각했어. 넌 다른 걸 얻으려고 행복을 바라지는 않잖아. 하지만 다른 모든 물건은 행복해지도록 돕는 수단에 불과해. 심지어 아리스토텔레스는 이 주장을 정당화할 필요조차 못 느꼈어. 그는 우리가 마음속으로 행복의 개념을 폭넓은 의미로 이해하면서 당연히 행복해지고 싶어 한다고 생각했어.

그러니까 아리스토텔레스는 행복 또는 에우다이모니아를 궁극적 선으로 규정했어. 하지만 그것만으로는 행복이 인간에게 어떤 의미인가를 제대로 알기 어려운데, 그 의미를 모르면 행복 추구는 맹목적인 일이 되고 말아. 이 문제를 다루기 위해 아리스토텔레스는 다음 단계로 **사람**의 목적이나 기능이 무엇인가를 조사했어. 우리는 무엇을 **위해** 사는가? 우리는 무엇에 가장 유능한가? 아리스토텔레스는 우리를 다른 생물들과 비교했어. 우리의 수많은 능력과 자질은 동물은 물론 심지어 식물과도 공통점이 있어. 모든 생물은 성장하고 번식하고 움직이고 지각해. 혹은 아리스토텔레스의 말처럼, 우리의 영혼은 **영양 공급**nutritive 능력, **운동**locomotive 능력, **지각**perceptive 능력이 있어. 하지만 독특하게도, 인간의 정신 속에는 **이성적**인 면도 있어. 그 기능이 바로 인간에게만 있는 분별력이야. 우리는 행동을 통제하고 지시하기 위해 이성을 사용할 수 있어. 그러므로 좋은 삶에는 반드시 이성이 포함되어야 해. 이성 덕분에 우리는 최고의 삶을 누리게 돕는 자질들을 선택할 수 있어. 이런 자질이 바로 덕이야.

이제 우리는 아리스토텔레스 도덕 철학의 핵심에 도달했는데, 이것이 그의 사상 중 가장 영향력 있는 내용이야. 아리스토텔레스는 소위 **덕 윤리**virtue ethics의 기초를 세운 사람이야. 덕은 사람이 에우다이모니아를 이루기 위해 따라야 하는 도덕 지침이나 자질이며, 덕의 정의는 사람이 영위할 수 있는 가장 고귀하고 이성적인 삶이야. 스토아학파가 최고의 가치로 여겼던 덕목 즉, 용기와 의연함, 결단력은 현자가 고통스러운 경험을 할 때 도움을 줬어. 하지만 아리스토텔레스의 행복론에서는 다른 자질들도 필요해."

😺 어떤 것들……?

"아리스토텔레스는 다양한 유형의 행동과 감정을 조사한 다음 어떤 자질이 지나치거나 부족하면 사람들이 잘못된 행동을 한다는 사실을 보여주었어. 이 지나침과 부족이라는 양극단에서 우리는 그가 최고의 미덕으로 일컬은 **중용**golden mean을 발견하게 되지."

😺 저, 여기서도 예를 좀……

"물론이지. 전쟁터에서는 두려움이 지나쳐서 도망치려는 사람들이 있기 마련이야. 그런 비겁함은 악덕이지. 하지만 전쟁터에서는 지나치게 확신에 차서 성공 가능성을 생각하지 않고 무조건 치명적인 상황 속으로 뛰어드는 사람들도 있어. 이런 무모함도 악덕이야. 하지만 비겁함과 무모함 사이에서 우리는 용기를 발견할 수 있어. 용감한 사람은 위험을 의식하지만 거기에 굴하지 않고 자신의 의무를 다해. 그 사람은 두려움이 없어서가 아니라 마음을 굳게 먹고 차분히 위험에 맞설 뿐이지. 아리스토텔레스는 덕을 지나침, 모자람, 중용으로 구분했어. (고대 그리스인 중 무시한 사람이 거의 없었던) 육체적 쾌락에서 양극단은 음탕함과 불감증인데, 하나는 자기 욕망의 노예가 되는 경우이고, 다른 하나는 육체가 느껴야 할 즐거움을 알지 못하는 경우야. 그 중간에 절제가 있는데 절제하는 사람은 음식과 음주 등 육체적 즐거움에 탐닉하지 않고 알맞게 조절해서 즐겨. (흥미롭게도, 아리스토텔레스는 즐거움을 잘 누리지 못하는 사람이 손에 꼽을 정도로 드물어 이름조차 붙이지 않았어. 확실히 고대 그리스인은 쾌락을 추구하는 사람들이었으니까. 물론 지금은 그런 사람들을 칭하는 말이 있지. 청교도라고.) 아리스토텔레스가 자기 표현이라고 부른 예를 인용하면, 한쪽에는 항상 자기 업적을 과장하는 허풍선이가 있고, 반대쪽에는 의도적으로 자기를 낮추는 사람들이 있어. 아리스토텔레스는 이런 의도적인 자기 비하를 또 다른 유형의 허영으로 여기면서, 늘 아무것도 모른다고 주장했던 소크라테스를 은근히 비꼬았어. 어쨌든 허풍선이와 자기 비하를 일삼는 사람의 중간에는 성실하고 진실한 사람이 있어.

    아리스토텔레스가 고찰한 덕목이 전부 다 고상하지는 않았어. 앞에서 봤듯이, 그리스인은 말하기를 좋아했어. 한쪽에는 웃음을 유발하기 위해 자기를 비하하는 어릿광대가 있어. 반대쪽에는 늘 불만에 싸여 모두의 즐거움을 망치는 심보가 고약한 사람이 있지. 그리고 그들 사이에 품위를 잃지 않으면서 주변 사람들을 즐겁게 해주는 재치 넘치는 사람이 있어. 아리스토텔레스는 이 모든 자질이 하나의 연속선을 이루며, 대부분의 사람이 그 사이의 어느 한 지점에 놓인다고 생각했어. 중용을 알아야 이상을 향해 노력할 수 있어."

❋ 지금까지 얘기는 꽤 괜찮네. 맘에 들어. 한쪽에 크고 못생긴 개가 있고, 다른 쪽에 작고 왜소한 개가 있는데, 그 사이에 나처럼 완벽한 몸집의 개가 있지.

"아리스토텔레스의 덕 윤리는 유용한 점이 많아. 대부분의 상황에서 우리는 극단과 합리적인 중도를 파악할 수 있거든. 관대함은 비열한 행위에 단순히 반발할 때가 아니라 상스러움과 무모함에서 벗어날 때 저절로 드러나게 되지.

하지만 이런 식으로 드러나지 않는 것 같은 미덕도 일부 있어. 가령 정직이란 거짓말을 하는 것과 너무 많은 진실을 말하는 것 사이에 있는 중용일까? 하지만 대부분의 경우에 아리스토텔레스의 방식은 설득력이 있어. 그리고 아리스토텔레스가 윤리학과 정치학은 기하학이나 (그의 주장대로) 형이상학처럼 확실한 진리를 제공하는 과학이 아니라, 진리에 가까워지기를 바랄 수밖에 없는 '소프트' 사이언스_{soft sciences}*라고 직접 말했다는 사실에 주목해야 해.

그럼, 우리는 어떻게 덕을 기를 수 있을까? 교육하고, 교육하고, 교육해야지. 아리스토텔레스에 따르면, 우리는 덕을 실천함으

---

*   인간과 사회 현상을 연구하는 학문

로써 도덕적인 사람이 될 수 있어. 젊은이에게 좋은 습관을 심어주면 그 습관은 제2의 천성이 될 거야. 저, 그러니까 개를 훈련시키는 일과 아주 비슷해."

🐾 쳇.

"좋은 삶에 대한 아리스토텔레스의 통찰(우리 모두 에우다이모니아를 목표로 삼아야 하고, 우리의 이성은 행복과 밀접하며, 덕을 실천함으로써 훌륭하게 살 수 있다는 생각)은 일종의 매력적인 종합 계획이며, 오늘날까지도 커다란 영향력을 발휘하고 있어. 고대 철학자들은 서서히 지혜(또는 신중함), 용기, 절제, 정의 등 네 가지 덕목을 강조하기 시작했고, 이후 이것들은 기독교의 기본 덕목이 되었지. 하지만 몇몇 초기 기독교인은 이런 기독교 이전 시대의 덕목들을 보완해야 한다고 생각해 덕목이 네 개에서 일곱 개로 늘어났는데, 각 덕목에는 그에 반대되는 악덕이 있었어. 순결과 색욕, 절제와 식탐, 관용과 탐욕, 근면과 나태, 인내와 분노, 친절과 질투, 겸손과 자만 등이 바로 그거야. 그리고 기독교인의 삶의 목적은 아리스토텔레스가 말한 세속적 행복이 아니라 신과 함께 영원한 행복을 누리는 삶이었어. 아리스토텔레스 윤리학은 인간은 사회적·이성적 동물이므로 다른 사람들과 더불어 살 방법을 찾아야 한다는 가치관의 기초를 세웠어."

🐾 그럼, 부정적인 면은 없어?

"변화하는 문화에 맞게 조정되는 덕목은 강점과 약점이 모두 있어. 이런 윤리관은 계속 유의미한 상태를 유지할 수 있지만, 다른 한편으로는 특정 사회가 가치를 두는 것들의 단순 목록이 될 수도 있거든. 만약 아리스토텔레스에게 왜 용기가 그 자체로 좋은지 묻는다면, 용기와 자신이 언급한 다른 덕목들이 전형적인 그리스 도시 국가에서 사회적·이성적 동물인 우리가 잘 살기 위해 필요한 덕목이라고 답할 거야. 그게 가장 중요한 이유지. 그런데 만약 나치 독일이나 스탈린 치하의 소련이 잘 살기 위해 다른 덕목을 요구한다면, 거기에 대해 아리스토텔레스는 아무 비판도 할 수 없어.

그 덕목들의 또 다른 문제는 비도덕적으로 보이는 상황에 이용될 수 있다는 점이야. 가령 악한 목적을 달성하기 위한 용기가 여전히 미덕일까?"

🐾 내 생각도 같아. 용감하지만 나쁜 개도 있거든.

"하지만 내가 생각하는 아리스토텔레스 윤리학의 가장 큰 문제는 한편으로 우리가 일반적으로 생각하는 윤리학과 전혀 다르다는 점이야. 아리스토텔레스와 다른 고대 그리스의 행복주의자들 eudaemonists이 보기에 우리의 주된 관심은 우리 **자신**의 행복이야. 다른 사람의 행복에는 별 관심이 없지. 윤리적 삶은 운동과 건강한 식사가 신체 건강에 도움이 되듯, 개인의 정신 건강에 도움이 되는 수단이야. 즉, 자기 자신을 돌보는 일이지. 비록 덕목들에 사회적 요소가 내재되어 있긴 해도, 그것들은 항상 이기적인 목적에서 정당화돼. 즉, 그것이 나에게 가장 좋은 방식이다. 내가 내 인생을 최대한 값지게 살기 위해 필요하다. 이렇게 말이야."

몬티가 살짝 몸을 떨었다.

"윤리학을 말하면서 너를 이렇게 눅눅한 장소에 두다니 내가 좀 몰인정한 사람 같다. 아무튼 난 좀 배가 고픈데. 넌 어때?"

🐾 비스킷 한 조각만 먹으면 소원이 없겠어.

우리는 사랑받은 사람들과 두려움에 떨었던 사람들과 대리석 비석이 세워질 만큼 부유하게 살았던 사람들의 묘지 사이를 걸어서 집으로 향했다. 그곳에는 천사상들과 휘장을 두른 유골함, 그리고 마치 추방당한 바빌로니아의 유력자가 웨스트 햄스테드로 떠밀려와 생을 마감하기라도 한듯 고대 메소포타미아의 신전을 방불케 하는 것들도 있었다.

세 번째 산책

감히 알려고 하라: 칸트와 공리주의

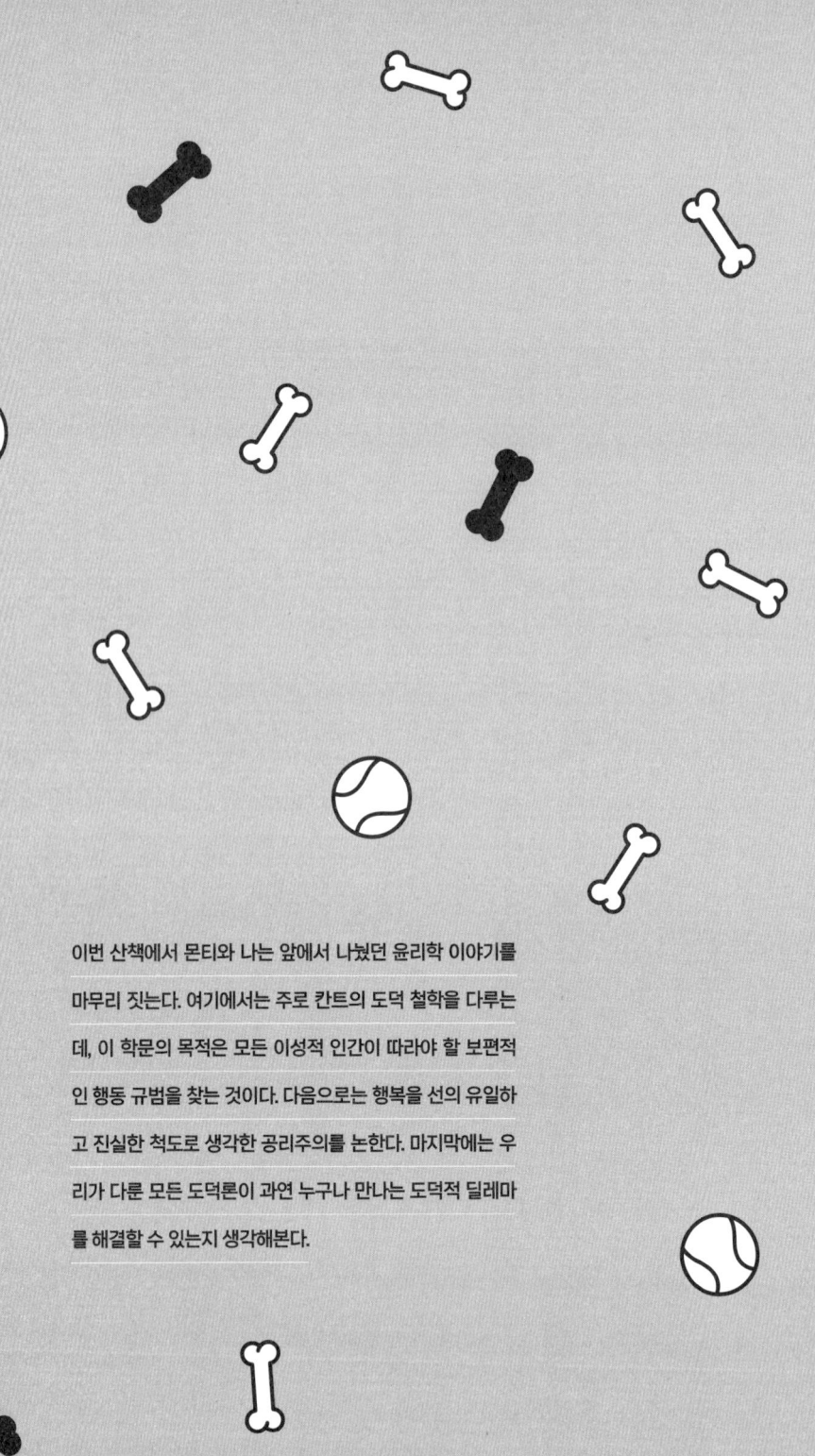

이번 산책에서 몬티와 나는 앞에서 나눴던 윤리학 이야기를 마무리 짓는다. 여기에서는 주로 칸트의 도덕 철학을 다루는데, 이 학문의 목적은 모든 이성적 인간이 따라야 할 보편적인 행동 규범을 찾는 것이다. 다음으로는 행복을 선의 유일하고 진실한 척도로 생각한 공리주의를 논한다. 마지막에는 우리가 다룬 모든 도덕론이 과연 누구나 만나는 도덕적 딜레마를 해결할 수 있는지 생각해본다.

나는 전날 몬티와 나눈 윤리학 대화를 마무리 짓기 위해 바람이나 쐬러 어디 다른 곳으로 가야겠다고 생각하다 묘지 이야기를 계속 이어가면 좋겠다는 느낌이 들었다. 우리가 어떻게 살고 있는가를 집중해서 생각하는 데 있어서, 언제나 죽음이라는 주제가 도움이 되기 때문이다. 그래서 우리는 햄스테드 빌리지로 가는 언덕에 오른 다음 아름다운 세인트존스 교회로 갔다. 이 교회의 묘지는 런던 속에 있는 아주 작은 황무지로 풀이 우아하게 우거져 있고, 너무 오래되어서 비문의 이름도 알아볼 수 없는 옛 무덤들이 여기저기 흩어져 있다. 이곳에는 19세기 화가 존 컨스터블$_{John\ Constable}$과 **경도**$_{Longitude}$ **시계**로 유명한 '시계공' 해리슨$_{Harrison}$이 묻혀 있다. 혹시 그런 명성은 이미 사라졌을까? 해리슨은 선원들이 배 위에서 경도를 계산할 수 있을 만큼 정확하고, 긴 항해를 충분히 견디는 튼튼한 시계를 개발했다. 해리슨 덕분에 수천 명의 선원이 목숨을 건졌다. 이런 업적이 해리슨의 삶을 도덕적으로 만들었을까? 그의 시계가 없었다면 해상권을 장악한 대영 제국이 그렇게 오랜 세월 번영을 누리지 못했을지 모른다. 그럼, 200년간의 식민 통치를 이 시계공 탓으로 돌려야 할까? 개인의 책임은 어디까지가 한계일까? 행위의 의도와 결과 중 무엇이 중요할까?

🐾 나야 모르지. 네가 말해줘.

"아, 미안. 내가 소리 내어 말하고 있는 줄 몰랐어. 내 목소리가 컸니?"

😺 걱정 마. 지금 우리 둘밖에 없어.

이곳에는 내가 늘 앉는 벤치가 있다. 벤치는 부드럽고 탄력 있었으며 물푸레나무로 된 등받이는 세월의 무게로 살짝 패여있어 등을 편안하게 받쳐주었다. 벤치는 둔덕에 있어서 거기에 앉으면 묘지 담장 너머와 햄스테드 주택들의 정원과 지붕까지 보였다. 나는 몬티를 끌어 당겨서 내 코트 아래에 두었다. 코트는 불가리아 군대의 불용 군수품이었는데, 흥미롭게도 이 옷을 입으면 부랑자나 발칸전쟁의 잊혀진 생존자, 혹은 뉴웨이브 록밴드의 가난한 전직 베이스 기타리스트처럼 보였다.

"준비됐니?"

😺 응. 그런데 짧게 복습 먼저 하면 어떨까?

"좋아. 앞에서 봤듯이, 플라톤을 제외하고 대부분의 고대 철학자들은 '좋은' 삶이라는 개념에서 도덕성을 찾으려 했는데, 일반적으로 좋은 삶이란 이 세상에서 행복하게 혹은 잘 사는 것을 의미했어. 견유학파는 우리에게 공허하고 사치스러운 생활에서 벗어나 단순하게 살라고 했지. 에피쿠로스학파는 조심스럽게 쾌락의 삶으로 안내하되 과하지 않게 절제하면서 차분하게 우애를 다지고 성찰하며, 쾌락을 극대화하라고 조언했어. 아리스토텔레스가 말한 좋은 삶은 가급적 철학적 성찰에 몰두하는 삶이며, 그게 어려울 경우 이성의 인도를 받아 덕을 실천하는 삶을 의미했어. 플라톤 윤리학의 토대는 좀 더 객관적인데, 그의 좋은 삶에는 '선의 형상'과 일치하는 행동이 포함되기 때문이야. 그리고 그것의 현실적 의미는 『국가』에 설명돼 있어. 즉, 정의는 철학자들이 통치하는 국가에서 개개인이 제 역할을 수행할 때 실현되며, 그런 나라에서는 개인의 권리가 국가 전체의 이익보다 덜 중요해. 하지만 그렇게 사는 삶도 역시 좋은 삶이라고 강하게 주장해. 행복하게 잘 살 수 있는 최선의 기회를 제공하기 때문이지.

칸트의 윤리학

하지만 한 위대한(어쩌면 가장 위대한) 철학자에게는, 앞서 언급한 윤리학 중 어느 것도 충분하지 않았어. 칸트의 윤리학은 행복주의자들의 사상과 전혀 다른 지류에 속해. 칸트가 보기에 도덕적 행동이나 타당한 명분을 따르는 옳은 행동은 항상 규칙을 지키는 행동을 의미해. 대개 규칙 준수를 강조하는 윤리학을 **의무론적 윤리학** deontological ethics이라고 불러. 이 단어는 그리스어로 책임이나 의무를 가리키는 **데온**deon에서 유래했는데, 존재나 실존을 철학적으로 연구하는 '존재론ontology'이나 '존재론적ontological'이라는 용어와 직접적 관련은 없어. 아는 척하고 싶은 경우가 아니라면 '의무론적'이라는 단어는 기억하지 않아도 괜찮아.

칸트 철학은 딱딱하고 어렵다고들 평가해. 그건 칸트가 자초한 일이야. 그의 위대한 책들은 기가 막히게 어려운데 지극히 복잡한 사상을 난해하고 전문적인 용어들로 설명했기 때문이지. 보나 마나 칸트의 삶도 그에 못지않게 건조했고, 난해하지는 않더라도 지루했을 거야. 그는 평생 옛 동프로이센 영토인 쾨니히스베르크에서 살았어. 그곳은 간혹 묘사되는 것처럼 그렇게 외진 벽지는 아니었지만 확실히 지적 교류가 활발한 지역도 아니었지. 프로이센은 감시와 통제가 엄격한 사회였고, 근본주의 교회와 군국주의 정부가 거의 모든 일상에 관여했거든.

대외적으로 칸트는 그런 환경에 잘 적응한 듯 보여. 그는 대단히 바르고 점잖게 행동했어. (적어도 중년 이후는 그랬어. 젊은 시절에는 한두 가지 방탕했던 일화가 있지만.) 그는 평생 독신으로 살았고 옷차림은 수수했는데, 경박했던 젊은 시절에는 옅은 갈색 옷을 입다가 만년에는 짙은 갈색 옷을 입었다고 하니 일평생 그의 옷차림은 색깔만 바뀐 셈이야. 칸트는 규칙적인 습관으로도 유명했어. 그는 날마다 같은 시간에 산책했기 때문에 동네 주민들이 그의 산책 때 시계를 맞췄다는 유명한 일화가 있어. 하지만 나는 그 이야기를 들을 때마다 칸트는 자기 시계가 정확한지 어떻게 알았을까 궁금해져. 혹시 그가 심부름꾼을 마을로 보내 시간을 알아 오라고 하지 않았을까. 그리고 마을 주민들은 칸트의 산책에 맞춰 시간을 맞췄고······."

🐾 정신 차려! 난 아직도 그 멜로스 사람들의 목숨을 구할 방법을 기다리고 있다고······

"미안! 그런데 대외적으로 그렇게 순응하는 모습에도 불구하고, 칸트 역시 혁명적 사상을 고취한 지식인이었고 어떻게 보면 상당히 급진적인 사람이기도 했어. 18세기 계몽주의 시대 작가와 철학자들은 당대의 지식 사회와 정치제도 및 사회제도에 도전하기 시작했어. 여러 가지 면에서 계몽주의는 의미를 명확히 규정하기 어려운데, 루소 같은 원조 낭만주의자부터 인간을 기계로 생각한 라메트리La Mettrie 같은 냉철한 이성주의자까지 아우르는 용어야. 이들은 도처에서 기존 질서에 도전하고 사람들을 선동하며, 사회를 풍자했어. 이들의 구호는 '에크라제 랑팜écrasez L'infâme'이었는데, 이는 교회, 귀족, 군주 등 악명 높은 기득권 세력을 제거하자는 의미야. 칸트는 인간의 본성과 세상의 본질에 대한 계몽주의 사상을 완성한 인물이야. 그는 사람들의 자유와 이성을 억압해 온 족쇄를 벗어던져야 한다고 생각했어. 정치적 족쇄는 억압 사회를, 지적 족쇄는 종교적이든 세속적이든 상관없이 모든 전통적 사고를 의미했지. 그가 내건 구호(그는 아주 과격한 사람은 아니었어.)는 **'감히 알려고 하라**dare to know'였어. 즉, 어렵지만 자립하려 노력하고, 스스로 생각하며, 인간의 특성인 자유와 이성을 발휘하라고 했어."

몬티가 나를 이상하게 쳐다보는 게 느껴졌다. 녀석은 살짝 당황한 것 같았다.

"아, 저, 칸트 이야기를 하면서 내가 좀 흥분했나봐. 좋아하는 철학자가 있다니 좀 우습고 철없어 보이겠지만 한 명만 꼽으라면 난 칸트가 제일 좋아. 나중에 그가 인식론과 형이상학에 어떤 혁명적인 기여를 했는지도 얘기하겠지만 일단 오늘 주제는 그의 윤리학이야.

칸트의 윤리학은 단순히 규칙만 따르는 개념에 근거를 둔 윤리학은 아냐. 이와 관련해서 먼저 몇 가지 내용을 짚어볼게. 칸트의 핵심 사상 중 하나는 규칙이 자신과 잘 맞아서 혹은 규칙 준수에 따른 결과가 좋아서 혹은 규칙이 익숙해서 그 규칙을 따르면 안 된다는 거야. 규칙을 따라야 하는 이유는 **그것이 규칙이기 때문**이지. 실제로 규칙을 지키고 싶은 마음이 덜하거나 지키는 데 들여야 할 노력이 클수록, 규칙 준수는 더 도덕적인 행동이 돼."

🐾 뭐라는 거야?

"잘 생각해 봐. 네가 어떤 일을 하고 싶으면 그 일을 하는 데 굳이 규칙이 필요하지 않을 거야. 그리고 규칙 준수에 따른 결과가 맘에 들어서 규칙을 따랐다면, 넌 규칙 때문이 아니라 결과 때문에 그렇게 행동한 거야."

몬티가 살짝 당황한 표정을 지었다.

🐾 예를 좀 들어주면 좋겠어. 규칙은 뭘 말하는 거야? 그리고, 뭐랄까, 규칙은 어디서 나오는데?

"둘 다 좋은 질문이야. (우선) 한 가지 대답은 규칙이 신에게서 나왔다는 거야. 거의 모든 종교는 자체 규칙이 있어. 사실 어떻게 보면 그런 일련의 수칙이 곧 종교라고 말할 수 있어."

😺 그 열가지 계명인가 뭔가 하는 거 말이야?

"그거 시작으로 괜찮겠다. 그중 아마도 가장 유명한 계명은……"

😺 네 이웃의 재물을 탐내지 말라?

"장난치지 마. 가장 유명한 계명은 **살인하지 말라**야. 아주 단순하고 멋진 문장이지. 이 말은 이익이 없으면 살인하지 말아야 한다는 의미가 아냐. 혹은 살인으로 더 큰 피해를 막을 수 없다면 살인하지 말아야 한다는 의미도 아니지. 살인은 무조건 잘못된 행동이라는 의미야. 그걸로 끝이지. 살인이 왜 잘못된 행동일까? 법이 그렇다고 하니까."

😺 멋지네. 난 아무도 죽여본 적이 없어. 그러니 난 좋은 개구나.

"아홉 개 계명이 더 있다는 사실을 잊었구나. **도둑질하지 말라**는 계명을 언급해도 될까?"
예상대로 몬티는 당황한 표정을 지었다.

😺 네가 외출할 때 탁자에 치즈케이크를 남겨두지 말았어야지.

"규칙이 어떻게 작용한다고 했는지 기억나니? 치즈케이크를 지키는 사람이 없다고 해서 훔쳐도 괜찮다는 의미는 아니라고."

🐾 흠…… 알겠어. 규칙은 그냥 따라야 한다는 얘기지. 그런데 왜?

"이 규칙들, 예를 들면, 십계명을 지키면 모두가 더 나은 사회에서 살 수 있다고 주장할 수 있어. 사람(혹은 개)들이 마구 돌아다니면서 서로를 죽이는 사회는 행복한 사회가 아니니까, 그렇지? 하지만 앞에서 말했듯이, 규칙을 지켜야 하는 이유를 다르게 주장 하는 사람들이 있어. 그것은 결과에 기초한 사상(공리주의라고 불러.)인데 나중에 살펴볼 거야. 규칙을 고수하는 입장은 변명을 달지 않아. 여기에서는 결과가 아니라 규칙 자체가 중요해.

또 다른 예로 **거짓말하지 말**라는 계명이 있어. 거짓말을 해도 괜찮은 상황은 얼마든지 떠올릴 수 있어. 예를 들면, 작은 거짓말로 큰 피해를 막을 수 있는 상황이 있지. 하지만 규칙은 **거짓말하지 말**라고 명령했기 때문에 거짓말하는 행위는 무조건 비도덕적이야.

의무론적 윤리학은 규칙을 준수하는 데 유리해. 그러니까 큰 이점은 단순함이야. 규칙 하나로 자신의 현 위치를 파악할 수 있어. 하지만 지금까지 살펴본 다른 윤리학들에서는, 도덕적 행위자moral agent로서 인간은 행동으로 실천해야 해. 그 일은 평생이 걸리기도 하지. 플라톤의 형상론을 이해하려면 수년간 배우고 연구해야해. 아리스토텔레스의 덕 윤리학 역시 좋은 습관을 들이는 데 시간이 필요하고. 세계를 완벽하게 이해하는 것은 스토아 철학자에게도 거의 불가능할 정도로 어려워. 에피쿠로스학파가 제안한 쾌락을 추구하는 삶조차도 난처하지 않고 가장 편하게 할 수 있는 행동이 무엇인지 세심하게 따져봐야 해. 하지만 규칙을 따르는 일은?

누구나 할 수 있어. 이미 수십억 명이 그렇게 하고 있고. 물론 수많은 세계인이 종교적 윤리관을 가졌다고 가정할 경우에 한하지만."

🐾 그거 간단명료하고 좋은걸. 난 이해했어. 이제 됐지?

"늘 '하지만'이 존재하는 걸 너도 잘 알잖아."

🐾 그거야 그렇지.

"규칙과 관련해서 당연히 나오는 질문은 그것들이 어떻게 생겨났는가야. 규칙들이 어디에서 나왔을까?"

🐾 신이라면서……

신은 언제나 옳은가

"그럼, 거기에 어떤 문제가 있을까?"
몬티가 어깻짓을 했다.

🐾 신은 글쎄, 내가 잘 모르는 영역이라서.

"좋아. 우선, 신을 믿는 사람이 있고, 믿지 않는 사람이 있어.

그런데 만약 도덕성이 신을 믿는가에 좌우된다면, 선하게 살 의무를 면제받는 사람들이 대단히 많겠지."

🐾 알겠어. 네가 치즈케이크를 훔치지 말라고 해서 내가 그 이유를 물었고, 네가 신이 그렇게 하라고 했으니까, 라고 대답했다면, 나는 신을 믿지 않으니까 치즈케이크를 훔쳐도 되겠네.

"바로. 그거야. 그런데 또 다른 문제도 있어. 이건 오래전에 플라톤도 지적했어. **살인하지 말라**는 계명을 다시 떠올려 봐. 신이 내려 준 계명이니까 살인은 잘못된 행위일까, 아니면 살인이 잘못된 일이므로 신이 우리에게 그런 계명을 주었을까?"

🐾 뭐?

"이 문제를 어떻게 더 간단하게 설명할지 자신은 없지만, 일단 다시 말해볼게. 살인하지 말라는 계명은 신이 그것을 규칙이라고 말했기 때문에 규칙이 되었을까? 신의 계명은 뭐든 전부 **옳을까**? 만약 **살인하라**는 계명이 있다면 살인도 옳은 일이 될까?"

🐾 말도 안 돼! 신이 왜 그렇게 말하겠어?

"신은 아무 말이나 할 수 있어."

🐾 글쎄, 난 맘에 안 드네. 만약 신이 있다면 신은 나쁜 일을 시키지 않을 것 같아...... 그렇지 않을까?

"어떤 신은 그런 명령을 내리기도 해. 가끔 보면 인간의 희생을 즐기는 신이 많은 것 같아...... 구약의 신은 그 정도까지는 아니었지만. 그런데, 맞아, 넌 핵심을 찔렀어. 이런 규칙들이 자의적이며 단순히 신의 변덕을 반영한다는 생각이 들면 우린 흠칫 놀라. 우리는 그 규칙들이 어떻게든 더 큰 원칙을 담고 있다고 믿고 싶으니까......"

🐾 네 말은 신이 규칙을 선택한 이유가 그것이 옳기 때문이지, 신이 선택했기 때문에 그 규칙이 옳은 것은 아니라는 의미야?

"맞아. 이제 다음 단계는 뭘까?"

🐾 아, 만약 신이 옳은 것을 규칙으로 택했다면, 그것은 옳음규칙이 확실히 신과 별개라는 의미잖아. 신은 그저 이미 있던 옳은 행위를 명령했을 뿐이니까. 아니, 혹시 신보다 더 위대한 뭔가가 있나?

"더 위대한지는 모르겠고, 확실히 독립적인 뭔가가 있어. 그러니까 너도 알다시피 우리는 이제 우리의 논의에서 신을 제외하는 데 성공했어. 지금으로서는 이 문제에 대한 다른 접근법은 오랜 세월에 걸쳐 기독교가 이용되고 해석된 방식처럼 다양한 관점에서 생각해 보는 거야. 구약과 신약에는 수많은 도덕적 입장을 정당화할 수 있는 자료가 충분히 있어. 누가 널 해치면 넌 그의 눈알을 도려낼 거야 아니면 다른 쪽 뺨을 대줄 거야?

이런 다양한 해석은 과거뿐만 아니라 요즘 상황에도 잘 맞아. 가령 동성애자를 불과 유황이 타오르는 지옥으로 보내고 싶은 미국 복음주의 교회와 친절하고 관대한 영국의 성공회 교회는 주일 아침마다 설교를 해. 두 교회 모두 하나님의 말씀을 따른다고 말하지만, 각자 성경에서 자신들의 입맛에 맞는 내용만 취하지. 나도 마찬가지고. 간음하다 걸린 여자의 이야기는 내게 늘 감동을 줘. 서기관과 바리새인들이 예수를 찾아와. 이들은 간음을 저지른 여자 한 명을 데려왔지. 판결 내용은 명쾌해. 그 여자는 돌에 맞아 죽어야 해. 그런데 당시 예수는 율법을 존중할 뿐만 아니라 자비도 중요하게 여긴다고 알려져 있었지. 이 상황은 예수에게 함정이었어. 왜냐하면 자신이 율법을 지키는 훌륭한 유대인임을 증명하려면 자신의 원칙을 포기해야 하고, 원칙을 고수하면 나쁜 유대인이 되기 때문이지. 군중이 지켜보는 가운데 예수가 내놓은 답은 굉장했어. 우선 그는 손가락으로 땅에 뭔가를 썼어. 그게 무엇이었는지는 알려지지 않았어. 나는 그가 올바른 답을 찾기 위해 애쓰면서 뭔가를 끄적거린 게 아닐까 생각해. 마침내 그에게 뭔가가 떠올랐지. '여기 죄 없는 자가 먼저 돌로 쳐라.' 군중은 아무 말도 못하고 흩어졌어. 예수는 그 여인에게 '가라, 그리고 다시는 죄를 짓지 마라.'라고 말했어."

😺 멋진 이야기네. 그래서 요점이……?

"아, 미안. 내가 성경 속 수많은 이야기 중에서 간음한 여인의 예를 택한 이유는 그것이 내 기존 도덕관에 호소하기 때문이야. 하지만 나는 기본적으로 플라톤처럼, 신 혹은 성경이 옳다고 하니까 뭔가가 옳다는 관점은 비판하는 입장이야."

😺 흠. 그럼, 그것이 도덕이란 규칙 준수가 전부라는 사상의 결론이야?

"아냐. 전에도 말했듯이, 철학은 아주 긴 대화…… 이제 문제는, 의지할 신도 없이 규칙 중심 윤리학을 보호할 수 있을까? 그리고 이 문제는 슬쩍 우리를 다시 칸트에게로 안내해."

😺 짜잔!

정언명령

"칸트는 언제 어디서든 모든 인간에게 적용되는 규칙들을 찾으려 애썼는데, 거기에는 신이 필요하지 않았어. 그렇다고 그가 무신론자거나 반종교주의자는 아니었어. 그는 독실한 루터교 집안에서 자랐고, 그의 철학에 담긴 신의 역할 범위가 큰 논쟁을 일으키고는 있지만, 그의 글은 종교적 세계관과 모순되지 않아. 하지만 칸트 사상의 기초는 이성이야. 도덕이 보편적 이성 즉, 지성으로 이해 가능한 이성 원칙들에 뿌리를 두고 있지 않다면 실패하고 말 거라고 칸트는 생각했어.

칸트는 내면의 감정에 충실한 윤리학, 단순히 관습을 따르는 윤리학, 선행의 실익을 따지는 윤리학 등 과거의 모든 윤리학을 종합해서 일축한 다음, 자신만의 위대한 계획에 착수했어. 과거 윤리학들에서 도덕적 행동은 **우연적**contingent이야. 즉, 다른 것을 얻기 위한 수단이거나 어떤 과정에서 거의 우연히 얻어진 부산물이었지. 칸트는 이런 관점이 마음에 들지 않았어. 그는 거짓말은 늘 나쁘다는 명제처럼, 모든 상황에 적용할 수 있는 원칙을 찾고 싶었어.

칸트는 이성이 따라야 할 법칙이 보편적일 뿐만 아니라 단순해야 한다고 말했어. 현실은 복잡한데, 인간은 삶에 방해가 될 정도로 끊임없이 무언가를 원하고 바라고 필요로 하므로, 올바른 행동이 무엇인지 알기가 어려워. 하지만 수학처럼 이성에 기초해서 도덕 체계를 확립할 수 있다면, 우리는 현실의 복잡한 문제들을 무시하거나 단순화해서 명쾌한 진리를 얻을 수 있어. (흥미롭게도 이런 입장은 윤리학과 정치학이 형이상학이나 수학과 달리 불완전하다는 아리스토텔레스의 주장과 다름을 알 수 있어. 아리스토텔레스는 윤리 원칙을 가지고 할 수 있는 최선은 진리를 최대한 비슷하게 이해하는 일 즉, 수정같이 맑고 밝은 한낮의 빛이 아닌 어스름한 저녁 빛 속에서 더듬더듬 진리를 향해 나아가는 일뿐이라고 생각했어.) 그래서 칸트는 우리에게 할 일과 하지 말아야 할 일을 알려주는 단 하나의 보편 원칙을 찾아야 한다고 주장했어."

😾 힘든 요구네.

"내가 말했지만, 칸트는 인간이 사실 이성적이며 냉철하고 신중한 사유를 거쳐 보편적인 도덕 법칙을 만들 수 있다고 가정했어. 그는 우리가 정말로 **정언명령**categorical imperative을 찾을 수 있다고 생각했지."

😾 지금 뭐라고 했어?

"너무 겁내지 마! 정언명령이란 특정 상황이 아니라 모든 상황에서 **반드시** 따라야 하는 규칙을 의미해. 정언명령은 셀 수 없이 많은 **가언명령**hypothetical imperative과 다른데, 가언명령은 무언가를 얻기 위해 따르는 규칙이야."

😾 아, 아리스토텔레스가 말했던, 덜 중요한 물건 같은 거? 궁극적인 선에 이르도록 돕는 것들 말이야.

"잘했어. 바로 그거야! 가령 찬장에서 간식 상자를 꺼내겠다는 어떤 목표(목적)를 세웠다면, 이런 상황은 목표 실현을 돕는 특정 행동이나 방법을 따르라고 우리에게 강요해. 이런 게 가언명령이야. 여기에서 가언은 특정 목적에 국한된다는 의미고, 명령은 목적을 달성하기 위해 지시한 행동들을 반드시 해야 한다는 의미야. 가언명령은 옳을 때가 있고, 그렇지 않을 때가 있어. 하지만 칸트는 특정 목적에 맞는 수단이 아니라 **항상 옳은** 행위를 지시하는 명령을 원했어. 정언명령은 하나의 의무로서 따라야 하고 특정 이익이나 목적을 좇지 않아."

🐾 아직 잘 모르겠어.

"모든 윤리적 상황에서 지켜야 하는 규칙은 무엇이 있을까? '**올바르게 행동하라.**'는 그저 단정적인 표현이야. '**신이 지시한 대로 하라.**'도 이미 순환논리적이거나 몰상식한 명령으로 드러났어. '**덕에 따르라.**'는 단순히 기존 사회 규범을 따르는 행위임이 증명됐고. '**에우다이모니아를 추구하라.**'는 힘든 도덕적 결정을 돕기보다 개인적인 행복과 만족을 추구하는 일에 치우쳐 있지. 하지만 정언명령은 '**네 행동이 늘 보편 법칙이 될 수 있게 행동하라.**'고 말해."

🐾 알겠어…… 그런데 그게 무슨 의미야?

"그러니까 그 치즈케이크 주인은 이미 두 조각을 먹어서 더 이상 먹고 싶지 않고 다른 사람들도 마찬가지지만, 사람들이 네게 밥 주는 것을 잊어서 넌 지금 배가 고파 죽을 지경이므로 네가 그 치즈케이크를 훔쳐도 괜찮다고 생각한다고 해보자."

🐾 그런데?

"그때 칸트는 치즈케이크를 훔치기 전에 이렇게 질문해 보라고 말할 거야. 이 행동은 보편화될 수 있을까? 쉽게 말해서, 치즈케이크를 훔치는 행위는 늘 괜찮을까? 만약 그렇지 않다면, 그렇게 하지 말아야 해."

🐾 아주 기발한 생각 같아. 하지만 좀 찜찜한 구석이…… 내가 인간이 아니라서 이해를 못 할 수도 있겠지만, 설명이 좀 더 필요하지 않을까? 이를테면, 왜 그래야 하지?

"그래, 좋은 지적이야. 우리가 이것을 왜 도덕 원칙으로 삼아야 할까? 이것이 다른 도덕 사상보다 어떤 점에서 더 나은가? 이성에 대한 칸트의 신념으로 돌아가 보자. 만약 인간은 **이성적으로** 행동하려고 노력한다고 가정할 경우, 다른 사람의 행동을 **비이성적**이라고 지적함으로써 그의 행동을 고쳐줄 수 있어. 비이성적으로 행동하는 사람을 설득하려면 그들의 행동이나 말이 자기모순적임을, 다시 말해서 행위의 결과가 행위의 근거를 약화시킨다고 증명하면 돼. 가령 어떤 사람이 살을 빼고 싶은데 매일 밤 텔레비전 앞에서 혼자 치즈케이크를 먹는다고 말한다면, 너는 그의 행동이 자기모순적이라고 말하면 돼."

🐾 그 방법이 부디 성공하길!

"칸트는 도덕 준칙$_{maxim}$(옳다고 생각해서 하는 것, 즉 도덕 규칙에 대해 칸트가 붙인 이름이야.)에 모순이 없어야 한다고 주장했어. 모순이 있으면 당연히 이성적인 인간을 설득하지 못하겠지. 우리는 이걸 치즈케이크의 사례에 적용할 수 있었는데 윤리학에도 가능할까?

이 문제와 관련해서, 칸트는 계약 파기를 예로 들었어. 만약 네가 계약을 맺고 나서 그것을 깨기로 합의할 때, 정언명령은 계약 파기가 자연스러운 세상을 상상해보라고 해. 그런 세상에서는 아무도 계약을 하지 않을 테니 모든 계약 제도가 무너질 거야. 그러므로 (계약을 깨서 이익을 얻겠다는) 네 목표는 달성하지 못해. 아니면 거짓말하는 경우를 생각해 봐. 거짓말은 대부분의 사람이 진실을 말하는 세상에서만 쓸모가 있어. 만약 모든 사람들이 늘 거짓말한다면 네가 거짓말을 해서 얻을 이익은 없어. 아무도 네 말을 믿지 않을 테니까.

그래서 정언명령은 네 행동이 다음 원칙에 어긋나지 않는지 점검해보라고 해. 즉, 모든 사람이 이렇게 하면 무슨 일이 일어날까?

이런 보편화 가능성의 원칙은 직관적으로 옳다는 느낌을 줘. 우리 모두는 (아마도 어렸을 때) 이런 외침을 들어본 적이 있어. '**우리가 모두 이렇게 하면 무슨 일이 일어나지?**' 그러고 나면 아마도 우린 그 행동의 무게감을 느끼게 될 거야."

칸트 윤리학의 허점

🐾 흠, 꽤 인상적이다. 하지만 내 추측에 따르면, 넌 곧 거기에 숨겨져 있

는 허점을 말할 테지?

"우선, 칸트 윤리학은 여전히 지지자가 많다는 사실을 말해둘게. 하지만 그의 관점은 확실히 비판의 여지가 있어. 한 가지는 실질적으로 그의 방식이 윤리적인 내용을 전혀 담고 있지 않다는 점에서 **공허하다는** 비판이야. 우리가 가진 건 내가 **이것**(그게 무엇이든)을 보편화하면 무슨 일이 일어나는가를 생각해 보라는 규칙밖에 없어. '당신이 앤서니 맥가윈이 아니라면, 항상 진실을 말해야 한다.'를 내 준칙으로 삼으면 안 되는 이유가 있을까? 나로서는 이 준칙이 보편화되면 정말 좋겠지."

😺 그럼, 칸트는 어떤 답을……?

"한 가지 답은 준칙의 정의와 관련이 있어. 칸트는 준칙이 범용적인 일반 규칙이어야 한다고 말했는데 '**앤서니 맥가윈을 빼고 ○○을 하라.**'는 말은 거기에 맞지 않아. 또한 그는 자신이 옳은 일을 하고 싶은 마음 즉, **선한 의지**를 가진 사람들의 공동체를 상정했다고 말했어. 실제로 칸트는 이성적인 사람이란 삶의 신조로 삼고 싶은 준칙을 찾고 싶어 하는 사람이라고 가정했어. 옳은 일을 하려는 의지를 가진 사람은 예외를 두지 않겠지. 만약 네가 강아지를 고문하고 죽이는 데 희열을 느끼는 사이코패스라면 몸에 꽉 끼는 환자복 대신 어떤 도덕규범으로 너를 계속 감시할 수 있을지는 사실 알기 어려워. 어쨌든 수많은 철학자가 칸트의 윤리학을 공격할 사례들을 찾고 싶어 해.

 이것도 칸트에 대한 비판이 아닐까? 내가 늘 의심하는 예는 조지프 헬러Joseph Heller의 『캐치-22』에 등장하는 요사리안의 변론이야. 이 소설 속 영웅은 제2차 세계 대전에서 미군 폭격기 조종사로 활약했는데 너무나 당연하게도 죽음을 두려워했어. 위험한 임무에서 빠지고 싶었던 요사리안은 정신 질환이 있다고 거짓말을 할까 고민했어. 한 선임 장교는 그에게 '모든 사람이 그렇게 행동하면 무슨 일이 일어나겠나?'라고 물었어. 그는 '글쎄요. 모두가 그렇게 하는데 제가 다르게 행동하면 저만 이상한 사람이 되겠죠.'라는 취지의 대답을 하지."

🐾 히야.

 "하지만 이때에도 한 번 더 우리가 '선한 의지를 가진' 사람들이 사는 공동체에 있다는 생각이 그 가능성을 배제할 거야. 좀 더 중요한 사실은 칸트가 첫 번째 정언명령과 함께 작용하는 두 번째 정언명령을 제시했다는 점이야."

🐾 잠시만, 정연 명령이 두 개라고? 난 당연히 하나만 있을 줄 알았는데, 아니었어?

 "칸트는 그 두 가지를 동전의 양면과 같다고 말했어. 두 번째 명령이 좀 더 근사해. 항상 다른 사람을 수단이 아닌 목적으로 대하라. 도끼는 수단으로 대해도 괜찮아. 말이나 치즈케이크도 마찬가지지. 하지만 인간은 전혀 그렇지 않아. 인간에게 이성이 있다는 사실은 다른 목적을 위한 도구나 수단으로 대해서는 안 된다는 의미야. 이것은 칸트의 도덕 법칙이 아니더라도 우리가 살면서 당연히 지켜야 할 원칙이지. 자신의 즐거움이나 이익을 위해서 다른 사람을 도구로 이용하면 안 되겠지. 예컨대, 다른 사람을 네가 오르려는 사다리의 발판으로 삼지 말라는 얘기지. 만약 두 가지 정언명령이 함께 작동하고, 진심을 다해 윤리적으로 살고 싶은 사람들의 공동체가 형성되면 대단히 강력한 체계가 갖추어지지."

😺 그럼, 승자가 가려진 거야?

"경쟁자가 하나 있어…… 하지만 먼저 칸트의 윤리학이 어떻게 비판에 대응했는가에 집중해보자. 칸트의 철학이 윤리학이 되려면, 우리가 보편화될 수 있는 준칙을 발견했을 때, 우리의 선호나 행위의 결과에 상관없이 그것을 따라야 한다는 점을 기억해. 가령 **할머니가 길을 건널 때 도와드린다**는 준칙을 정했다고 하자. 이제 내가 이 정언명령을 시험해볼게. 맞아. 난 할머니가 길을 건널 때 모든 사람이 언제나 도움을 드려야 한다고 주장할 수 있어서 아주 기뻐. 그럼 이제 두 사람이 있다고 상상해보자. 한 명은 이름을 토니라고 할게. 토니는 할머니들 돕는 것을 좋아해. 그래서 아흔두 살인 도리스 할머니가 길을 건널 때마다 기쁘게 도와 드리지(도리스 할머니는 가끔 여기가 어디냐며 다소 혼란스러워하시지만 신문의 스도쿠 퍼즐은 잘하서).

이제 토니와 정반대인 토비라는 사람이 있다고 해보자. 토비는 할머니들을 싫어해. 그는 할머니들에게서 이상한 냄새가 난다고 생각하거든. 어쩌면 그가 어렸을 때 할머니가 눈깔사탕을 건네면서 심술궂게 그것을 5분간 빨아 먹었다고 말씀하셨는지도 모르지. 그래서 토비가 영원히 눈깔사탕을 싫어하게 되었고."

🐾 잠시만, 그거 네 얘기야……?

"그럴 리가…… 아무튼 토비는 할머니들을 싫어하지만 할머니들이 길을 건널 때 도와드리는 일은 정언명령이므로 마음은 괴롭고 불만스러워도 메이비스 할머니(여든 일곱이지만 정신은 멀쩡하셔.)가 협심증 약 때문에 약국에 가려고 길을 건너실 때 마지못해 도와드리기로 마음을 정했어. 자, 여기 착한 토니와 못된 토비가 있어. 칸트의 윤리학에 따르면 둘 중 한 사람 즉, 토비만 윤리적으로 행동하고 있어."

🐾 뭐라고?

"넌 이 문제를 해결할 수 있어. 칸트에게 선함이란 의무를 따르는 일이야. 좋아서 하는 일은 윤리적일 수 없어(혹은 윤리적인지 알 수 없어). 만약 악행을 즐긴다면 어쩌겠어? 토비는 할머니를 돕는 것보다 돌로 오리 맞히는 걸 더 좋아할지 몰라. 칸트는 선행을 즐기는 사람에게 아무런 칭찬도 하지 않아.

어떤 사람들은 바로 그런 점 때문에 칸트의 윤리학을 믿지 않아. 칸트의 윤리학은 좋은 사람과 나쁜 사람에 관한 우리의 상식에 어긋나 보이기 때문이지. 만약 착한 토니와 못된 토비를 구별할 수 없다면 그게 무슨 의미가 있겠어? 그런데 여기에는 훨씬 당혹스러운 문제가 있어. 길 건너는 할머니들을 꾸준히 돕는 토니의 행위가 타인을 수단으로 이용하지 말라는 두 번째 정언명령을 어기진 않았을까? 사디스트가 재미로 파리 날개를 자르는 것처럼 토니도 자신의 즐거움을 위해 할머니들을 이용하는 것은 아닐까?

첫 번째, 나는 이 점이 정언명령의 **강점** 중 하나라고 생각해. 어떤 덕은 네가 택한 이상에 어긋나는 행동을 하고 싶은 충동을 억제해. 그럼 윤리적 지침이 가장 필요한 사람은 누구일까? 당연히 쉽게 유혹에 넘어가는 사람들이겠지.

하지만 좀 더 가혹한 비판도 있어. 철학 전공생은 정언명령이란 예외 없이 따라야 하는 것임을 알고 있지만, 그 개념을 접할 때마다 정언명령을 따르는 게 미친 짓이 되는 상황을 가장 먼저 생각해. 예컨대, 그들은 거의 항상 도끼를 든 미친 살인범이 현관 앞에 서서 자신이 쫓고 있는 희생자의 행방을 묻는 모습을 떠올려. 정언명령은 절대 거짓말하지 말라고 하지만, 제정신인 사람이라면 대체 누가 그 살인범이 찾고 있는 강아지의 위치를 알려주겠어?"

🐾 에이!

"네가 졸고 있을까봐 한번 확인해 봤어. 놀라운 사실은 칸트가 그런 공격까지 전부 예상했다는 점이야."

☙ 그 강아지 이야기도?

"아니, 강아지 말고. 사람들 얘기 말이야. 그리고 칸트는 소신대로 대답해. 도끼 든 남자에게 거짓말을 하지 말라고."

☙ 미쳤나봐!

"칸트의 추론은 그가 왜 행동의 결과로 도덕 체계를 세울 수 없다고 생각했는지를 설명해주기도 해. 결과 중심 도덕관의 문제는, 정의상 결과란 미래의 일이며 미래는 예측할 수 없다는 점이야. 너는 네 친구가 어디 있는지 알면서도 그의 소재를 모른다고 도끼 든 남자에게 거짓말을 할 수도 있어. 하지만 문 앞에 서있는 남자를 보고, 이미 네 친구는 뒷문으로 빠져나갔을지도 몰라. 그러다 도끼 든 남자가 네 친구를 길에서 만나면…… 칸트가 생각하기에 사실을 말했을 때는 발생하는 결과에 대해 도덕적인 책임이 없어. 하지만 거짓말을 해서 나쁜 결과가 발생했을 때는 책임을 져야 하지. 그리고 칸트도 반대하지 않은 다른 선택지도 있는데 즉, 도끼 든 남자의 질문에 답하기를 거부하거나 그에게 문을 열어주지 않고 경찰에 신고하는 방법도 있어.

물론 이것은 아주 드문 상황이야. 대부분의 사람들은 살면서 그런 난감한 상황을 만나지 않아. 이보다 훨씬 평범한 경우는 편의상 혹은 살짝 민망한 상황을 피하려고 거짓말을 할 때야. 사실 이따금 우리는 악의 없이 거짓말한다고 생각할지 몰라. 가령 '그래, 너 오늘 밤 예뻐 보인다.' 혹은 '아니, 네 엉덩이 그렇게 안 커.' 혹은 '새싹채소와 녹두가 들어간 라자냐가 맛있었어.'라고 말하는 경우지. 이때에도 칸트는 단호해. 거짓말하지 말라고 하지. 만약 여기저기서 거짓말을 하고 다니면 나중에 네 아첨은 들통이 날지 몰라. 아마 그럴 거야. 거짓말하는 이유는 늘 생각해낼 수 있지만, 이것은 거짓말이 도움이 되지 않는 상황에서도 이기적인 행동이야. 진실을 말하려면 용기가 필요해. 정언명령은 그런 용기에 버팀목이 되어 주지.

하지만 날 계속 괴롭히는 문제가 하나 있어. 살다 보면 칸트의 방법을 적용할 수 있고 그 방법이 실제로 올바르게 행동하는 데 도움이 되는 때가 있긴 해. 하지만 어떤 때는 우리가 해야 할 일이 너무 많아. 이것은 칸트 방식이 '공허'하다는 비판과 관련이 있어. 말하자면 우리가 알아서 내용을 적용해야 해. 물론 상황이 분명한 때도 있어. 가령 빨간 불에 차를 세우라는 규칙이 있어. 모든 사람이 그렇게 하지 않으면 혼란이 일어날 테고 그러면 집에 일찍 가기는커녕 아예 못 갈지도 몰라. 그런데 좀 더 애매하고 복잡한 도덕적 이슈들은 어떨까? 예를 들면, 동물을 죽여서 그 고기를 먹는 게 괜찮은지 판난할 때 칸트의 방식은 어떻게 도움이 될까? 그런데 너는 베이컨 샌드위치를 먹고 싶기 때문에 이렇게 보편 준칙을 만들어. '**동물을 죽여도 도덕적으로 괜찮다.**' 나는 이 준칙에서 어떻게 도덕적 명확성moral clarity을 강화해야 할지 모르겠어. 육식가는 그 준칙을 환영하겠지만 채식가는 반대할 테니까. 이때 정언명령은 어떻게 도움을 줄 수 있을까? 우리는 그저 문제만 바꿔 말할 뿐이야.

그런데 네가 네 준칙을 세웠던 방식대로 하면 극적인 결과가 발생하기도 해. 사형 제도를 생각해 보자. 아까 그 도끼 든 남자가 피해자를 살해한 다음 체포되어 유죄 선고를 받았다고 상상해 봐. 네가 **살인하지 말라**를 준칙으로 삼았다면, 이는 살인범에게 내리는 사형 선고를 포함해서 모든 경우에 살인을 허락하지 않는다는 의미야. 아니면 **합법적인 절차를 통해 살인죄가 밝혀진 사람에 한해서 목숨을 빼앗을 수 있다**는 준칙을 만들 수도 있어. 두 준칙 모두 칸트의 기준에는 맞을지 모르지만 결과는 상반돼. 그런데 **다른 사람을 수단으로 이용하지 말라**는 준칙이 그 살인자를 돕게 될 수도 있어. 세상을 안전하게 만들기 위해서 혹은 피해자의 복수를 위해서 그 살인자를 처형하는 일이 허용되지 않을 수도 있다는 의미……

(사실, 칸트는 사형 제도에 찬성했어. 그는 우리의 자유를 보호하기 위해서 강한 국가를 세워야 하고 합리적인 사법 제도를 마련해야 한다고 주장했지. 강한 국가가 없으면 자유권을 보장받기 어려워. 또한 국가의 사법 체계에는 범죄자 처벌 제도가 반드시 있어야 해. 칸트는 인간은 완전한 인간, 완전한 자신으로 살 수 있게 해주는 사회 안에서 번영할 수 있다고 생각했어. 이것은 어떤 면에서 그 범죄자가 자기 자신에 대해서도 범죄를 저질렀다는 의미야. 이렇게 범죄자가 이론상으로 자신에게 저지른 범죄는 처벌을 통해 현실의 범죄로 바뀌게 돼. 그 살인범은 죽어야 하는 거지.)

하지만 나는 그런 큰 결점이 보편화 원칙의 정확한 존재론적 지위ontological status를 알아내려 하고 있다고 생각해."

😺 워워! 존재론적 지위라니? 대체 그게 뭐야?

"앗, 미안. 내가 앞에서 언급한 줄 알았는데, 아직 제대로 정리하지 않았었나? 지금 맥락에서는 존재론적 지위란 단지 그것이 어떤 종류의 것thing인가, 거기에 어떤 종류의 현실이 있는지를 의미하겠지? 구체적으로 말하자면, 보편화 원칙은 네가 어떤 행동을 하건 말건, 그 어떤 것도 현실 세계에 영향을 주지는 못한다는 걸 의미하는 거겠지? 가령 내가 길에 쓰레기를 버리면 다른 사람들도 나처럼 할 가능성이 높으므로, 이때는 정언명령이 아주 효과적이야. 다시 빨간 불에 멈추지 않고 계속 달릴까 고민 중인 운전자 이야기를 해볼게. 때는 이른 아침 시간이야. 운전자는 야간 교대로 일하는 여성이었는데 아기 젖 먹이는 시간에 맞춰 집에 도착하려고 마음이 급한 상태야. 지금 도로에 다른 차는 없어. 그녀가 빨간 불에 차를 멈추지 않아도 아무도 모를 상황이지. 빨간 불에 멈추지 않고 주행할 다른 운전자들이 갑자기 나타날 리도 없고. 칸트가 이 여성의 귀에 대고 이렇게 속삭여. '하지만 모든 사람이 그렇게 한다면······.' 그래서 그녀가 이렇게 대답해. '아무도 그러지 않을 거예요!' 이 상황처럼 사소한 규칙 위반이 법과 질서를 붕괴시키는 대재앙으로 이어지지 않는다는 것을 아는데도 여전히 그 규칙을 지켜야 할까?"

🐾 내 행동이야 뻔하지. 운전만 할 수 있다면야.

"맞아, 나도 그래. 그 말은 우리가 칸트주의자는 아니라는 의미야."

공리주의의 매력

이제 마지막으로 살펴볼 윤리학은, 예컨대 앞 상황에서 망설이지 않고 '괜찮아. 빨간 불에 그냥 달려. 그게 최선이니까.'라고 말하는 경우야.

이 관점에 따르면, 인간(과 강아지들)은 쾌락주의자이기 때문에 행복이 곧 쾌락이지. 우리는 행복을 갈망하므로 쾌락을 느끼고 고통을 피하려는 욕구에 끌리기 마련이야. 우리가 살면서 하는 모든 일은 저항할 수 없는, 쾌락이 끌어당기는 힘과 고통을 밀어내려는 힘의 지배를 받아. 그래서 쾌락만 유일하게 도덕적 행동에 대한 합리적 판단 기준이 돼. 실제로 우리가 무언가를 옳다고 말할 때, 이 말은 그것이 우리에게 기쁨을 주거나 기쁨을 유발하고 나아가 촉진시킨다는 점 외에 아무 의미가 없으며, 무언가를 그르다고 말할 때는 그것이 기쁨을 빼앗거나 고통을 준다는 의미야."

🐾 드디어, 내가 이해할 만한 내용이 나왔군!

"이런 관점을 공리주의라고 부르는데 제러미 벤담Jeremy Bentham (1748~1832)이 처음 체계화해서 존 스튜어트 밀John Stuart Mill (1806~1873)이 발전시킨 사상이야. 공리주의자는 윤리적 행위자가 항상 그 행동에 따른 결과(쾌락과 고통으로만 측정)를 먼저 생각한다고 주장했어. 만약 내가 거지에게 1파운드를 준다면 사회 전체적으로 행복의 총량이 증가할까? 만약 그렇다면 나는 주머니를 뒤져서라도 돈을 건네주겠지. 혹은 철로가 새로 놓이면 (자기 집 옆을 휙휙 지나가는 기차의 소음을 참음으로써) 유발되는 불쾌함보다 (더 편하고 개선된 교통수단을 이용함으로써) 증가된 행복이 더 클까? 만약 그렇다면 그 철로는 반드시 건설해야 해.

간단히 말해서 이게 바로 공리주의야. 그동안 우리가 논했던 모든 도덕 사상 중에서 공리주의가 아마도 가장 이해하기 쉬울 거야. 그리고 좀 전에 나는 칸트를 칭찬했지만 솔직히 말하면 공리주의에 몹시 끌려. 공리주의는 모든 행동을 객관적으로 평가할 수 있게 해주거든. 이 행동이 전 세계의 행복을 늘릴까 줄일까? 행복을 증진하는 행동이면 실행하면 돼. 고통을 늘리는 행동이면 다른 방법을 찾아보면 되고."

🐾 난 이게 마음에 들어. 혹시 공리주의에 반대하는 입장도 있어?

"공리주의는 매우 간단해 보이지만 파헤치면 문제점들이 나타나기 시작해. 그중 하나는 당연하게도 도덕적인 길을 찾을 때 다양한 쾌락(과 고통)을 비교하는 작업이 포함된다는 점이야. 철로 건설

예에서 보듯 피해를 입은 집주인의 고통과 통근자들의 기쁨을 어떻게 비교하지? 그리고 맛있는 식사와 오페라 공연은 어떻게 비교할까? 축구 경기와 발레는? (이런 예들은 도덕과 상관없지 않냐고 반박할 수도 있겠지만, 옳고 그름을 쾌락과 고통으로 측정하겠다고 하자마자 행복을 증진시키는 모든 것은 도덕의 영역으로 들어와.)

밀은 쾌락에 단계가 있으며 맨 위에는 지적·도덕적 쾌락이, 맨 아래에는 상스러운 대중오락이 자리한다고 주장했어. 그는 진정한 **행복**과 단순한 **만족**을 구분해서 쾌락의 단계를 나누었어. 그리고 이렇게 말했어. '배부른 돼지보다 배고픈 인간이 낫고, 만족한 바보보다 불만족한 소크라테스가 낫다. 그리고 만약 그 바보나 돼지가 생각이 다르다면, 그것은 그들이 자기 입장에서만 문제를 이해했기 때문이다.' 그러므로 축구 경기장보다 도서관을 짓는 편이 항상 더 낫다는 얘기지. 하지만 이 견해에는 확실히 밀의 문화적 편견이 담겨 있어서 실질적으로 많은 이의 공감을 얻기는 어려우므로, 대부분의 현대 공리주의자들은 쾌락의 종류를 사람들이 스스로 정하게 하고 있어.

밀의 스승인 벤담은 사람들의 문화적·지적 수준을 평가해서 쾌락의 단계를 나눌 수는 없다고 생각했어. 쾌락에 수준이 있는 것이 아니라 단순히 쾌락과 고통만 존재한다고 봤지. 하지만 벤담은 사람들에게 행동 방침을 정하는 데 도움을 주기 위해서 쾌락의 양을 측정하는 방식을 제공했어. 그는 과학에 빠져 있었기 때문에 행복을 과학적으로 측정할 수 있다고 믿었어. 그리고 이 방법을 **행복계산법**felicific calculus이라고 불렀지. 모든 쾌락은 '강도(쾌락이 얼마나 강한가?)' '지속성(쾌락이 얼마나 오래 유지되는가?)' '확실성(쾌락이 일어날 가능성은 얼마나 되는가?)' '근접성(쾌락을 얼마나 빨리 얻을 수 있는가?)' '다산성(추가로 쾌락이 일어나는가?)' '순수성(쾌락이 있은 후 고통이 뒤따르지 않는다고 얼마나 확신하는가?)' '범위(얼마나 많은 사람이 그 쾌락의 영향을 받는가?)' 등의 기준에 맞춰 점수를 매길 수 있다는 거야. 노트에 점수를 적어서 합산하기만 하면 되지."

🐾 저기, 너 정말로 그 얘기를 믿는 건 아니지?

공리주의의 한계

"공리주의의 이런 투박한 면을 풍자하는 건 무척 쉬워. 디킨스Dickens는 『어려운 시절』에서 공리주의를 아주 멋지게 비판했지. 좀 더 까다로운 비판도 있어. 칸트는 공리주의가 널리 알려지기 전부터 이미 거기에 반대했어. 앞에서 봤지만 칸트는 결과를 완벽하게 예측할 수 없으므로 결과에 근거해서 도덕 체계를 마련할 수 없다고 주장했어. 또한 쾌락은 우리가 당연히 해야 할 일에 대한 믿을 만한 지침이 되지 못한다고 생각했어. 성욕이나 식욕처럼 비이성적이고 통제 불가능한 것에 근거해서 도덕 체계를 세울 수 있을까? 칸트는 그런 쾌락을 기준으로 삼기보다 그것들을 통제하는 데 도움을 주는 윤리관을 마련해야 한다고 생각했어.

하지만 공리주의에 반대하는 실질적인 이유는 행위로 유발된 행복의 총량을 측정할 때 사람들을 독특한 세계관과 경험, 권리와 욕구를 가진 독립적인 인간으로 대하지 못하고, 불가피하게 집단으로 묶어서 평가할 수밖에 없다는 점이었어. 만약 윤리학의 유일한 목적이 이익의 극대화라면 중간에 누가 이익을 얻고 누가 피해를 보는가는 중요하지 않아. 만약 꼼꼼한 연구를 통해 공개 처형이 살인 억제에 효과적이라는 결과를 얻었다면, 그래서 한 명을 처형해서 두 명의 목숨을 살릴 수 있다면, 공리주의적 의무는 누군가를 처형하는 일일 거야. 그런데 사형수 감옥에 아무도 없다면 거리에서 아무나 골라 처형시켜야겠지.

이런 생각이 터무니없어 보이긴 하지만 실제로 반인륜 범죄를 저지른 수많은 사람들은 다수의 행복을 위해 사람들을 살해하거나 노예로 삼아도 된다는, 말도 안 되는 공리주의적 가치관에 따라 끔찍한 범죄를 저질렀어. 예컨대, 프랑스에서 레지스탕스의 공격을 막기 위해 주민들을 한곳에 모아 살해한 나치 친위대원은 정확히 그런 원칙에 따라 행동했어. 전체주의 국가가 아니라도 생사가 걸린 결정을 할 때 공리주의를 따르는 경우도 있어. 수년간 미국 정부는 테러 집단 조직원들을 암살하기 위해 어린이를 포함한 무고한 시민들을 살해하는 드론 공격을 허용했으니까."

😼 정말 어려운 문제 같다.

"어렵긴 하지만 공리주의도 어느 정도 그 문제에 답할 수 있어. 무고한 사람들을 희생시키는 전체주의 국가는 확실히 살 만한 곳이 못 되므로, 공리주의자는 그곳을 떠나라고 요구할 수 있어. 개개인이 희생당하지 않을 권리를 갖는다면 확실히 전체 사회는 더욱 행복해질 수 있어. 우리의 목표를 최대 행복으로 삼는 한 인권 보호는 공리주의의 범위 안에 있을 수 있지. 이렇게 공리주의의 틀 안에서 기본 원칙을 확립하는 사상은 **규칙 공리주의**rule utilitarianism 라고 부르는데 **행위 공리주의**act utilitarianism와 구별돼. 행위 공리주의는 특정 행위와 결과에만 초점을 맞춰. 규칙 공리주의는 한 걸음 물러서서, 최대 행복에는 모든 사람이 규칙을 준수하는 것이 포함되며 간혹 규칙 위반으로 행복이 급증하더라도 장기적으로 더 큰 이익을 보호하려면 규칙을 지켜야 한다고 말해.

얼른 집에 가고 싶어서 늦은 밤 빨간 신호등에 차를 멈추고 싶지 않은 아기 엄마에게 행위 공리주의자는 **그냥 가**라고 말해. 그 상황에서는 차를 멈추지 않고 지나가도 나쁜 결과가 일어날 가능성이 없기 때문이지. 그러나 규칙 공리주의자는 **멈추라**고 말해. 빨간 불에 차를 세워야 한다는 규칙은 장기적으로 행복을 보호하기 위해 우리 모두가 반드시 지켜야 할 가치니까. 이와 같은 이유로 규칙 공리주의자는 **더 큰 이익을 위한다는 이유로 다른 사람들을 해치면 안 된다**는 규칙이 실제로 더 큰 이익을 가져온다고 말해.

밀은 앞선 시대의 윤리학들이 공리주의를 다양하게 변주했다고 주장했어. 칸트의 정언명령은 결과가 중요하지 않다고 말하면서 행위의 결과를 상상해 보라고 요구했어. 그리고 밀이 보기에 예수는 공리주의자였어. 기독교 윤리인 사랑, 평화, 박애는 최대 행복을 실현하기 위한 좋은 지침이니까. 또한 아리스토텔레스의 이기적·개인적 에우다이모니아는 전체 행복을 위한 처방으로 쉽게 바꿔 생각할 수 있어.

한편, 공리주의의 또 다른 문제는 누구의 행복이 중요한가야. 이 문제는 행복을 누리는 기본 단위가 개체$_{person}$라고 말하면 주로 해결돼. 그럼 질문을 바꿔서 무엇을 **개체**로 간주할 것인가? 인간만 해당될까? 아니면 동물도 포함될까? 여기에서 동물은 모든 동물을 가리키는 건가 아니면 어느 정도 지능이 있는 동물만? 그리고 인간이라고 하면 모든 인간을 포함하는 걸까? 태아까지도?

이 문제들은 복잡하지만 해결할 수는 있을 것 같아. 진심으로 행복을 도덕의 길잡이로 삼겠다고 마음을 정했다면 그것들은 처리해야 할 세부 사항일 뿐이야."

🐾 난 헷갈려. 지금까지 나온 도덕 체계, 윤리학, 전부 말이야. 그래서 우린 뭘 해야 해? 어떤 게 옳은 길이야? 멜로스 사람들은 어떻게 구할 수 있어?

"맞아. 우리는 요즘의 논쟁들 속에서 찾아볼 수 있는 도덕적 혼돈 상태를 설명하는 것으로 시작했었지? 그리고 그 점을 해결하도록 노력해야 한다고 보았고. 그런데 윤리학의 역사가 우리의 바람대로 안전하게 도덕적 판단을 내리도록 도와주고 우리 모두를 결속시키는 단 하나의 이론을 제공할 수 있을까? 하지만 생각하면 할수록 그런 혼란은 문제라기보다 오히려 하나의 강점이 된다는 생각이 들어."

😼 뭐라고?

"윤리나 도덕을 설명하다 보면 너무나 다양한 내용이 포함되는 걸 알 수 있어. 인간관계에는 작은 속임수들이 있기 마련이야. 우정이나 사랑을 가차 없이 배신하는 경우가 있고, (주차 위반처럼) 사소한 범법 행위가 있는가 하면, (살인이나 강간처럼) 대단히 혐오스러운 중범죄도 있지. 정부는 시민의 삶에 지대한 영향을 미치는 결정들을 하는데, 가령 의료비 예산을 늘릴지 무기 구입비를 늘릴지 결정하고 그 무기들로 어디를 폭격할지도 정해. 이런 윤리 문제 중 어떤 것은 다른 사람들에게 영향을 미치지만 어떤 것은 우리의 영혼 말고는 세상에 아무런 힘도 발휘하지 못해.

그러므로 **하나의** 윤리 규범이나 **일련의** 규칙이 모든 상황에 적용될 수 있다면 좀 이상하지 않을까? 물론 역사적으로 하나의 윤리 규범만 강요하던 시절들이 있었어. 기독교 근본주의, 스탈린주의, 파시즘, 이슬람주의 등이 그랬지만 이것들은 대체로 성공하지 못했어. 그러니 아마도 현실에 맞게 여러 도덕관을 적절히 조합해서 적용해야 할 거야.

심지어 법체계에도 모순이 있어. 범죄가 성립하려면 범행 의도$_{mens\ rea}$와 범죄 행위$_{actus\ reus}$가 있어야 하는데 어떻게 보면 이것은 칸트 사상과 비슷해. 하지만 민사 책임은 행위만 입증하면 되므로 공리주의적이야. 그리고 피고의 인성(그가 얼마나 선한지 혹은 악한지)은 그의 형량에 영향을 주기 마련인데 이것은 아리스토텔레스의 사상과 비슷해.

여기에서 우리는 앞으로 산책하면서 반복해서 등장할 어떤 사실을 만나게 될 거야. 그것은 우리에게 지성과 재능은 물론 세상을 이해하려 할 때 사용하는 분석 도구(주로, 언어)도 있다는 사실이야. 그리고 이런 사실은 유용해. 우리는 절벽 위를 걷지 않고도 혹은 일반적인 예로 이웃이 지하실로 도끼를 찾으러 가게 할 정도로 이들을 괴롭히지 않고도 하루를 보낼 수 있어.

하지만 이것은 다음의 두 가지 이질적인 상황이 존재한다는 사실을 바꾸지 못해. 한쪽에는 대단히 복잡한 물질계뿐만 아니라 그보다 훨씬 복잡하고 골치 아프고 난해한 타인의 마음들로 구성된 현실이 있어. 그리고 다른 쪽에는 그 세계를 모형화하고 이해하고 분석하려는 우리가 있지. 우리가 만든 모형은 훌륭하지만 모든 것을 포착해내지는 못해. 현실은 작은 알갱이로 이루어져 있어서 우리가 잡으려 할수록 손가락 사이로 빠져나가고 말아.

이전 산책에서 우리는 객관적 현실과 주관적 현실의 차이를 얘기했었어. 객관적 현실은 절대적이고 무조건적인 진리의 영역이지만, 주관적 현실은 개인의 제한적 관점에 좌우되는 일들과 관련이 있어. 데이비드 흄은 이 양극단 사이에서 중간 입장을 취하는 도덕 철학을 발전시켰고 나중에 이것을 **상호 주관성**intersubjectivity이라고 불렀어. 그는 인간이 감정 이입empathy 능력을 타고난다고 주장했어(그는 공감sympathy이라는 용어를 사용했지만, 실은 타인이 느끼는 쾌락과 고통을 경험하는 능력을 염두에 뒀어). 이 특별한 능력을 발휘해서 우리는 소속된 특정 문화의 규칙과 규범을 습득해. **선**과 **악**이라는 이름은 우리가 특정 행동 유형을 볼 때 경험하는 감정과 연관된다고 흄은 말했어. 예컨대, 같은 행동에 미소를 짓는 사회가 있는가 하면 얼굴을 찌푸리는 사회도 있지.

흄의 주장에 따르면, 선과 악은 사건 안에서 저절로 드러나지 않고 특정 상황에서 우리가 느끼는 감정과 관련돼 있어. 하지만 인간의 사회성과 타고난 감정 이입 능력, 공유하는 신념과 관습에 근거한 양육 방식 덕분에 모든 문화에는 도덕적 자극에 대한 공통된 반응이 존재해. 그렇기 때문에 사람들이 어느 정도 비슷한 판단을 하게 되는 **상호 주관적** 현상이 일어나. 그 덕분에 전에 논했던 단순한 이모티비즘에서 벗어날 수 있어. 즉, 사회적 맥락과 공통된 본성 덕분에 감정은 의미를 갖게 되지.

이 접근법은 앞서 언급했듯, 여러 이견에도 불구하고 한 문화에서 도덕 문제들에 대해 대부분 합의가 이뤄지는 이유를 잘 설명해주고 있어. 또한 서로 다른 문화들 사이에 윤리적 거리감이 존재하는 이유 즉, 공통된 도덕 규범이 없는 이유도 마찬가지야. 예컨대, 우리와 아즈텍족은 똑같이 서로에게 혐오감을 느낄 거야. 그럼에도 모든 문화의 윤리 체계는 조금이나마 공통된 면이 존재해. 함께 모여 사는 사람들 사이에는 집단생활에 필요한 규범이나 규칙이 늘 존재하니까. 가령 약속을 지켜라, 빚을 갚아라 등……"

😾 네 개를 사랑하라.

"그래, 네 개를 사랑하라도 있지. 하지만 한 문화권 안에서도 사람마다 경험이 달라서 도덕적 결정 기준이 다양하므로 공통된 문화적 반응으로도 문제가 해결되지 않을 때가 있어. 그때 이 공통된 반응은 힘을 잃게 될 거야.

우리는 모든 세균을 죽이고 모든 질병을 치료하는 만병통치약 같은 윤리학을 갈망해. 의학처럼 윤리학에도 수많은 병원균이 있고 병에 걸리는 경로도 다양해서 한 가지 약으로 모든 질병을 치료할 수 없어. 그래서 이렇게나 다양한 윤리학이 등장하게 되었지. 그리고 모든 윤리학은 저마다 결함이 있고 도덕 문제의 일부만 다룰 수 있어. 정부 정책은 국민 대다수의 이익을 고려해야 해(그리고 이따금 실제로 고려해). 거짓말하지 말라는 규칙은 고생스러울 때도 있지만 따르기 어렵지는 않아. 앞서 언급한 아기 엄마는 (안전하다는 가정에서) 빨간 불에 차를 멈추지 않아도 돼. 정말 우리는 용기, 절제, 관용, 겸손 등 고전적 덕목을 존중해. 그리고 어쩌면 믿음, 소망, 사랑과 같은 기독교적 가치도 존중할지 몰라. 선악이라는 개념은 궁극적으로 애매fuzzy하니까. 그리고 그 애매함은 나중에* 다루게 될 거야……

그리고 마지막으로 묘한 문제가 하나 있어. 도덕적 판단을 할 때 우리가 조사할 수 있는 대상은 두 가지야. 행위를 조사하거나 사람을 조사해. 우발적 실수로 예상치 못한 대참사가 일어난 경우 사람은 죄가 없지만 행위가 잘못됐다고 판단할 수 있어. 반면, 행위의 결과가 좋았더라도 그 행위자를 형편없는 사람으로 판단할

---

*   열 번째 산책에서

수 있지."

😺 왠지 또 괴상한 예가 등장할 것 같네.

"연쇄살인범을 꿈꾸는 어떤 사람이 고층 빌딩 옥상에 올라갔어. 그는 소총으로 행인들에게 무차별 사격을 하고 있지. 그는 명사수가 아니라서 그가 쏜 총알이 모두 빗나갔어. 목에 점이 난 중년 여성 한 명을 제외하고 말이지. 기적적으로 총알은 여성의 점을 스치기만 했고 그녀는 중상을 입지 않았어. 그런데 알고 보니 그 점은 조만간 암으로 진행될 터였어. 그 행운의 총알이 아니었다면 그 여성은 악성 흑색종으로 사망했을 거야."

😺 말도 안 되는 얘기네.

"맞아. 하지만 간혹 극단적인 예가 핵심을 짚어 내기도 해. 여기에서 우리는 당연히 총을 쏜 남자를 나쁘게 생각하지만 결과는 좋았다는 데 동의할 거야. 공리주의는 결과를 중요하게 생각해. 하지만 칸트는 그 남자를 비난하겠지. 그러니까 내 말은 너무나도 복잡한 도덕의 세계를 이해하려면 다양한 윤리관이 필요하다는 사실을 한 번 더 강조하고 싶다는 얘기야."

😺 좋아. 그런데 그 멜로스 사람들은……?

"아, 멜로스 사람들. 니체라면 아테네인들을 응원하겠지. 멜로스 사람들이 전쟁에서 패했다는 사실은 그들이 열등하다는 의미이고, 초인의 법에 따르면 패자를 마음대로 다루어도 되니까. 플라톤이라면 멜로스를 파괴하지 말아야 한다고 주장했을 거야.『국가』에서는 이상 국가가 오직 두 가지 상황에서만 전쟁을 벌인다고 가정해. 하나는 침략당했을 때 살아남기 위해서고 다른 하나는 정의를 세상에 널리 퍼뜨리기 위해서야. 아리스토텔레스 윤리학은 중용이라는 미덕이 아테네의 폭력을 억제하지 못하는 한, 멜로스 사람들에게 아무런 희망도 주지 못해. 한편, 아리스토텔레스는 알렉산더 대왕의 스승이었음에도 알렉산더에게는 중용의 미덕이 전혀 없었지…… 그리고 아리스토텔레스의 에우다이모니아 개념은 아테네가 적을 살려줄 만한 이유와는 무관했고. 하지만 그는 그리스인들이 서로 싸움을 멈추고 이방인들을 막기 위해 연합해야 한다고 생각했어.

행위 공리주의자라면 아테네인들이 행복 계산법을 꼼꼼하게 적용해야 한다고 말하겠지. 이런 잔혹 행위가 행복을 증진할까? 물론 아테네인들은 개인의 행복뿐만 아니라 영향을 받는 모든 이의 행복도 따져봐야 해. 펠로폰네소스 전쟁에서 스파르타가 승리함으로써 발생될 악이 멜로스 사람들에게 저지른 악보다 훨씬 크다면 멜로스 학살은 옳은 일이 되겠지. 이것은 제2차 세계 대전 때 연합군이 독일 도시들을 폭격했을 때 했던 생각과 같아. 아녀자 살해라는 악을 저질러서 히틀러 패배라는 선을 '얻었지.' 하지만 모든 상황을 고려해서 객관적으로 평가하면 나는 멜로스 학살이 정당화될 수 없다고 생각해. 규칙 공리주의자라면 좀 더 분명하게 그 학살에 반대할 거야. 그런 잔혹 행위를 억제하고 통제하면 모두가 객관적으로 더 행복한 세상에서 오래오래 살 수 있어.

무엇보다 칸트의 입장이 가장 명확할 거야. 그는 멜로스 사람들을 죽이거나 노예로 삼지 말라고 하겠지. **전쟁에서 승리하겠다는 계획에 방해가 되는 사람이 있다면, 너는 그들을 죽이고 노예로 삼아도 좋다.** 이런 정언 명언을 만들지는 않을 거야. 왜냐하면 너도 같은 운명에 처할 수 있으니까. 실제로 몇 년 후에 그와 같은 일이 아테네에서 벌어졌어. 아테네는 시칠리아 섬의 맹주 시라쿠사$_{Syracuse}$를 공격했다 참패했어. 아테네군은 거의 전멸했지. 생존자는 죽을 때까지 광산에서 일해야 했고 고통이 끝없이 이어졌으므로 비탄에 빠졌지. 그리고 그 다음에는 스파르타가 전쟁에서 승리했어."

😺 그럼, 전부 헛수고였어?

"응."

😺 업보네.

"업보지. 이제 집에 가자."

네 번째 산책

타인의 마음과 자유 의지

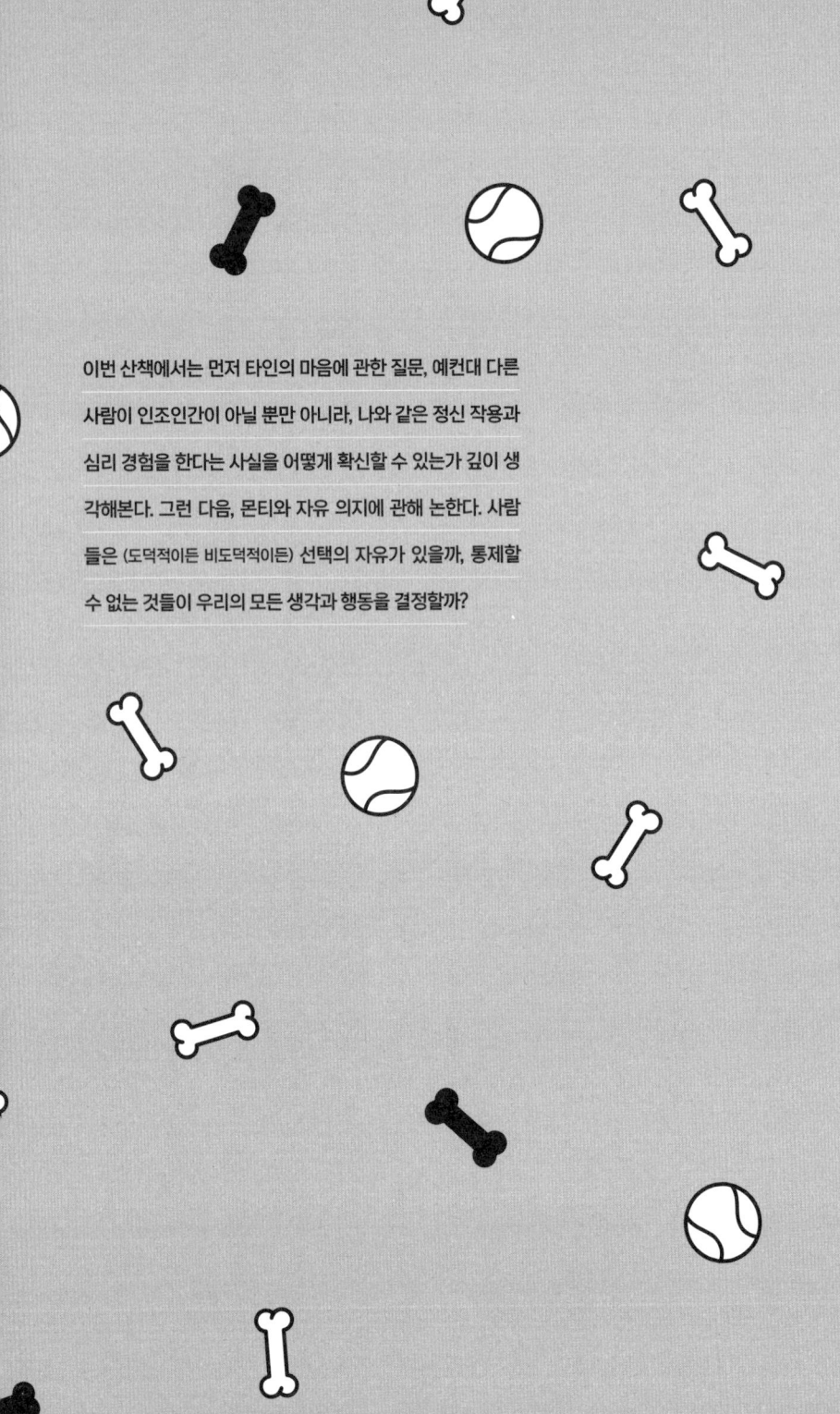

이번 산책에서는 먼저 타인의 마음에 관한 질문, 예컨대 다른 사람이 인조인간이 아닐 뿐만 아니라, 나와 같은 정신 작용과 심리 경험을 한다는 사실을 어떻게 확신할 수 있는가 깊이 생각해본다. 그런 다음, 몬티와 자유 의지에 관해 논한다. 사람들은 (도덕적이든 비도덕적이든) 선택의 자유가 있을까, 통제할 수 없는 것들이 우리의 모든 생각과 행동을 결정할까?

다음 날 나는 충동적으로 템스강을 따라 리치먼드에서 스트로베리 힐까지 몬티와 산책하기로 했다. 그러려면 리치먼드까지 기차를 타야 하지만 몬티는 대중교통을 좋아하므로 녀석 때문에 곤란해질 일은 없었다. 사람 많은 객실에서 내가 책을 읽으면 녀석은 내 무릎에 앉아 책 사이에 코를 묻곤 해서 마치 녀석이 책을 읽는 듯 보였다. 나는 주변을 슬쩍 둘러보며 이 사랑스러운 장면을 재미있게 바라보다 '그 녀석, 참 귀엽네.'라고 생각하는 사람들과 미소라도 교환할 수 있길 바랐지만 승객들은 각자 휴대폰 화면을 만지작거리며 왓츠앱WhatsApp에 올라온 재미난 글이나 유튜브에서 판다가 재채기하는 모습을 보며 웃고 있을 뿐이었다.

모든 사람이 자기만의 세계에 갇혀 있는 것 같은 이 순간은 내가 혼자서 소위 **타인의 마음에 관한 문제**를 곰곰이 생각해 보기에 좋은 시간이었다. 다른 사람이 나와 같은 마음을 가졌을까 하는 질문은 고대 그리스 철학까지 거슬러 올라가지 않아도 되는 몇 안 되는 주제 중 하나다. 19세기에 존 스튜어트 밀이 다루기 전까지는 아무도 그 문제를 고민하지 않았던 것 같다. 그런데 객실에 앉아 주변 사람들을 관찰하다 보니 다른 사람들도 나와 똑같은 방식으로 세상을 생각하고 느끼고 경험한다는 평범한 가정을 어떻게 증명할 수 있을지 새삼 궁금해졌다. 나는 당신이 느끼는 고통이나 기쁨을 경험할 수 없다. 당신이 머리를 긁거나 발에 꽉 끼는 신발을 신고 발가락을 꼼지락거릴 때 당신이 느끼는 감각을 나는 느낄 수 없다. 당신의 행복이나 슬픔은 나의 행복이나 슬픔과 비슷할까?

물론 진짜로 다른 사람이 자신과 똑같은 마음을 갖고 있다고 믿지 않는 것은 제정신이 아니라는 증거다. 조현병이나 인격 장애 환자들은 종종 주변 사람들이 영혼 없는 복제 인간이나 자동인형으로 대체됐다고 확신한다. 정상인은 인간의 의식이나 정체성의 존재를 믿고, 사람들 사이의 차이는 하나의 주제 안에서 단순 변형된 모습이라고 생각한다. 하지만 믿음과 지식은 다르다. 우리는 우리가 모두 같다는 사실을 알 수 있을까, 혹은 적어도 해부학자가 인간의 신체를 대할 때처럼 우리도 다른 사람들의 정신적 작용에 대해 확신할 수 있을까?

여기에는 미묘하게 다른 두 가지 문제가 있다. 첫 번째, 당신 머릿속에 무슨 생각이 들어있는지 내가 어떻게 알 수 있을까? 증거나 근거가 될 만한 것은 무엇일까? 두 번째는 좀 더 개념적이다. 우리가 같은 사람인지 아닌지 확실히 알려면 다른 사람의 생각과 감정을 우리가 그대로 생각하고 느껴야 하는데 이 일이 가능할까? 어떻게 해도 내 생각과 감정은 당신의 생각과 감정을 포함하거나 품을 수 없다. 그런 일은 말 그대로 공상과학 소설에서나 가능하다.

우선 이 두 번째 문제에 대해서는 철학이 아무런 답도 내놓지 못했다는 점을 말해둔다. 그리고 첫 번째 문제에 대한 답도 그리 만족스럽지 못하다. 하지만 적어도 첫 번째 문제는 답을 찾으려는 시도들이 있긴 했다. 비록 그 작업이 마른 머랭쿠키를 먹는 일만큼 퍽퍽했지만……

타인의 마음을 알 수 있을까

철학자들은 타인의 마음을 헤아리는 문제에 대해 세 가지 다른 해법을 내놓았다. 첫 번째는 유비 논증argument from analogy이다. 나는 내 마음이 이런 모습임을 안다. 나는 느끼고, 생각하고, 의도가 있고, 가려움과 통증을 느낀다. 내가 겉으로 확인한 바에 따르면 다른 사람들도 나와 같다. 따라서 이들의 내면도 분명 나와 같을 것이다. 당연히 그렇지 않을까?

우리 대부분은 본능적으로 그렇게 생각한다. 이것은 귀납적 추론의 한 종류다. 귀납법은 개별 사례들에서 일반 원리를 이끌어내는 방법이다. 당신이 수많은 사례에서 Y 다음에 X가 일어난다는 사실을 발견하면, 그 다음에는 모든 X는 항상 Y 다음에 일어난다고 귀납적 도약을 한다. 좀 전에 나는 내가 특정 과정과 경험을 거친다는 점에 착안해서 모든 사람이 같은 방식으로 같은 경험을 한다는 일반 원리를 만들었다.

귀납적 추론의 여러 문제점은 제쳐두더라도 (이 문제는 나중에 자세히 다룰 예정이다.) 유비 논증에는 한 가지 중요한 결점이 있다. 일반적으로 귀납법은 많은 사례에서 증거를 모아 일반 원리를 만든 다음 앞으로 일어날 일을 예측하는 데 그 일반 원리를 사용한다. 하지만 타인의 마음에 대한 유비 논증은 그 과정이 거의 반대로 진행된다. 여기에서는 단 하나의 사례만 가지고 일반 원리를 도출한다. 그런 다음 이 원리를 수억 명의 세계인에게 적용한다. 이 방법은 겉보기에 매력적이고 널리 이용되고 있음에도 근거가 빈약한 논증이다.

두 번째 논증은 비슷해 보이지만 사실은 꽤 다른 방식이다. 이것은 유비가 아닌 추론에 의한 논증이다. 내 마음이 이런 모습이니까 남들의 마음도 확실히 그러하다고 단순히 가정하기보다는 남들의 행동을 관찰한 내용을 토대로 타인의 마음을 가장 잘 설명할 수 있는 가설을 만든다. 가령 도로를 달리는 자동차를 보면, 우리는 그것이 마술이나 교묘히 숨어 있는 말들 덕분이 아니라 엔진 때문에 움직인다고 가정할 것이다. 사람들은 걷고, 말하고, 사랑하고, 미워하는 다양한 행동을 한다. 이런 행동들을 설명하는 방식은 여러 가지가 있다. 이미 언급했듯 어쩌면 사람들은 나와 달리 의식이 없는 인조인간일지 모른다. 그리고 컴퓨터 시뮬레이션이 이들을 움직일지 모른다. 아니면 아직까지 알려지지는 않았지만 이들을 이끌고 조종하는 다른 메커니즘이 있을 가능성도 있다. 하지만 가장 합리적인 설명은 이들에게 마음과 의식이 있다는 생각일 것이다. 왜냐하면 이 생각은 다른 설명들보다 우리가 관찰한 사실들에 잘 부합하기 때문이다.

여기에서 문제는 다른 사람들의 행동에 대한 가장 그럴듯한 설명이 기껏해야 그들이 우리와 비슷한 마음을 가졌다는 결론뿐이라는 점이다. 그러고 나서 다음 단계로 나아가려면 즉, 경험의 본질은 그들이나 우리나 같다고 가정하려면 유비 논증에 의존해야 한다. 그리고 유비 논증의 문제는 앞에서 이미 다뤘다.

세 번째 '해법'은 (어쨌든 내게) 가장 단순하고 매력적이다. 여기에서는 정신 상태란 전혀 숨길 수 없는 것이라고 말한다. 마음속에서 일어나는 일은 몸으로 나타난다. 예컨대, 가려우면 몸을 긁는다. 뭔가를 생각하면 생각에 잠긴 표정을 짓는다. 행복하면 미소 짓는다. 어떤 의미에서 이런 관점은 마음과 몸이 둘로 나누어진다는 생각을 무너뜨린다. 즉, 마음과 몸은 서로 별개가 아니라 하나이다. 생각하는 유기체인 셈이다. 이 관점은 인간이란 상대방의 마음을 읽도록 진화해 온 사회적 존재라는 것을 전제로 삼는다. 그리고 의식은 마음속에 있는 사적 공간이 아니라 우리 모두가 공유하는 개방 공간이다.

이 논증은 우리 마음이 같은 방식으로 작용해야만 언어가 유의미하다는 생각과 연결된다. 언어는 항상 집단이 공유하는 세계관에 좌우된다. 말이 생각을 표현하므로 의사소통은 당연히 가능하다. 온갖 상황이 벌어지는 이유는 명백히 정확한 정보나 지시 사항이 전달되었기 때문이다. 비트겐슈타인이 말했듯이, 사자가 말을 할 수 있다고 해도 우리는 그 사자의 말을 이해하지 못할 것이다. 그 이유는 사자의 정신세계와 공동체가 우리와 전혀 다르기 때문이다. 하지만 사람들은 말도 하고 서로의 말을 이해하기도 한다.

물론 이런 관점에도 문제는 있다. 우리는 서로 속고 속이며 몸으로 표현된 생각을 오해하기도 한다. 또한 아무 감정이나 몸짓을 드러내지 않고도 생각할 수 있다. 그러므로 얼굴만 보고는 마음속 생각을 알 수 없다.

하지만 예외는 규칙을 전제로 한다. 기만행위는 우리가 대체로 잘 속지 않기 때문에 가능한 일이다.

많은 사람들이 타인의 마음에 관한 괴상한 생각들(예컨대, 자동

인형 가설)은 부검실에서 금방 확인할 수 있다고 말한다. 원형 톱으로 능숙하게 두개골을 자르면 몇 분 만에 그 안에 반드시 뇌가 들어있음을 알게 되며, 간단히 메스를 사용해서 뇌를 조사해보면 모든 뇌가 유사한 구조로 이루어져 있고 그 안에 어떤 회로망이 숨겨져 있거나 이상한 물질이 이식되어 있지 않다는 것을 확인할 수 있다. 그런 조사는 실제 증거가 부족하더라도 대부분의 회의주의자를 만족시킬 것이다. 기계가 유기체로 둔갑할 수 있을까? 이 모든 일은 내가 꾸는 꿈 혹은 환상인가? 내가 얻은 뇌 조직 단면이 대표성을 가진다는 사실을 나는 어떻게 알 수 있지? 혹시라도 100번째 두개골에서 마이크로칩이 발견된다면? 그리고 내가 시신을 산더미처럼 쌓아 놓고 그들의 두개골을 전부 검사했다 하더라도, 내 두개골에도 이들의 두개골처럼 젤리같이 생긴 기관이 들어있음을 나는 어떻게 알 수 있지? 혹시 내 두개골 안에는 삐 소리가 나는 전기회로가 있지 않을까?

이제 타인의 마음과 관련해서 남은 문제는 뭘까? 종종 그렇지만, 철학이 제시하는 답은 다소 불만족스러운 점이 있어도 문제를 이해하는 데는 도움이 된다. 비록 타인의 고통이나 행복이 내 것과 같은지 정확히 알지는 못하더라도, 우리가 서로를 같은 사람으로 대할 수 있을 만큼은 충분히 추론할 수 있다고 나는 생각한다. 그래서 다른 산책에서는 안다는 것, 그리고 의심한다는 것의 의미를 살펴볼 예정이다……

내 무릎 위에 있던 몬티가 꿈틀대더니 바닥으로 폴짝 뛰어내렸다. 나는 주변을 둘러봤다. 객실에는 아무도 없었고 열차는 종점에 멈춰 서 있었다. 청소부 한 명이 커다란 쓰레기 봉지를 들고 우리 쪽으로 오고 있었다.

"이런, 미안. 내가 잠이 들었나봐." 나는 몬티에게 그렇게 말했다.

리치먼드의 산책로는 강 옆에 늘어선 버드나무와 자작나무 사이로 굽이굽이 나 있는 좁은 오솔길인데 입구부터 끝까지 걷는 데 약 한 시간이 걸린다. 과거에 그리 유명하지 않은 작은 대학에서 교수로 있었을 때 나는 그 길을 일주일에 두어 번 산책했다. 하지만 그 학교를 그만두었기에 마지막으로 이 길을 걸은 건 7년 전이다.

하늘은 기이하게도 구름 한 점 없는 잿빛이었고 강물은 변함없이 탁했다. 이상하게도 주변이 너무 조용했다. 대개 물은 시끄러운 소리를 내며 흐른다. 그 대표적인 예는 천둥소리를 내는 급류나 굉음을 내는 바다지만, 리치먼드의 템스강처럼 폭이 넓고 느리게 흐르는 강도 거품이나 트림 소리 같은 것을 낸다고 사람들은 생각한다. 하지만 눈을 감았을 때 저물어가는 시월에 낙엽이 바스락거리는 소리와 어딘가에서 아이들이 웃는 소리 외에는 아무 소리도 들리지 않았다.

소크라테스 이전 시대의 철학자 헤라클레이토스(몸이 붓는 수종을 치료하려고 몸에 소똥을 묻혔다가 개들에게 물어뜯겨 죽었다고 알려진 바로 그 철학자)는 우리가 같은 강에 두 번 들어갈 수 없다는 유명한 말을 했다. 전통적으로 이 말은 만물이 유전流轉하며, 변하지 않는 것은 없으며, 아무것도 궁극적으로 알 수 없다는 의미로 여겨지는데, 그 이유는 강(혹은 삶)의 한 줄기를 붙들려고 애써봐야 그것은 언제나 사라지기 때문이다. 이렇게 휘발성을 강조하는 표현은 우주의 기본 물질이자 발현된 만물의 근본적 실체를 불이라고 한 헤라클레이토스의 믿음과 일치한다. 불은 불안정하고 가변적이다. 당신은 강이 변했음을 알지만 불은 당신을 변화시킨다.

그리고 이것은 개인의 정체성 문제를 제기한다. 세월이 흐른 뒤에 같은 강을 보러 온 나는 옛날의 나와 같은 사람일까? 우리 몸 속 세포는 죽어서 새것으로 교체된다. 옛 기억은 사라지고 새로운 기억이 만들어진다. 가치관이 변하기도 하는데, 젊어서는 과격하다가도 나이가 들면 보수적으로 바뀌며 젊어서 새침하던 사람이 세월이 지나면서 온화해진다.

언젠가 런던 동물원에 갔을 때 새끼 오랑우탄들이 울타리 근처에서 장난치며 뛰어놀다가 서로 껴안거나 가짜 싸움을 벌이던 모습을 봤던 기억이 난다. 그때 한쪽 구석에는 늙은 수컷 오랑우탄 한 마리가 가느다란 양팔을 커다란 배 위에 포개 놓고 앉아 있었다. 녀석의 거대하고 납작하고 가죽 같은 얼굴은, 제물로 희생되어 아일랜드의 토탄 늪에서 발견된 켈트 족이랑 비슷했다. 녀석은 사악한 분위기를 풍겼는데, 마치 마음 한구석에 정글의 양치잎들과 야생 과일, 어여쁜 암컷과 짝짓기하던 나무 꼭대기 등 태곳적 기억을 간직하고 있으나, 이제는 그 상실감이 너무나도 싫은 모습이었다.

지나치게 흥분한 새끼 오랑우탄 한 마리가 그 늙은 오랑우탄 옆으로 굴러떨어지자, 그 늙은 폭군은 꽤나 효율적이게도 긴 손을 들어 새끼 오랑우탄의 뒤통수를 탁하고 때렸다. 하지만 한때 녀석도 새끼 오랑우탄들처럼 놀았었다. 이들을 하나로 묶는 끈은 어디에 있을까?

옛것과 새것, 청년과 노인 사이의 갈등은 헤라클레이토스의 또 다른 핵심 주제다. 전쟁은 어디에서나 일어나므로 투쟁이 곧 정의라고 그는 말했다. 세상이 유일하게 평화로운 때는 날아가기 직전의 활과 화살처럼 일시적으로 힘이 균형을 이루는 순간이다. 화살이 활시위를 떠나기 직전은 완벽하게 고요한 평형 상태다.

하지만 일부 철학자들이 헤라클레이토스의 이 견해를 계속 공격했다. 헤라클레이토스는 난해하고 음울한 철학자였으며 일부러 알쏭달쏭하게 글을 쓰고 평범한 사람들을 무시했다고 알려졌는데, 그래서인지 전해지는 그의 글들은 해석하기 어렵다. 같은 강에 두 번 들어갈 수 없다는 표현은 강이 아니라 **물**이 변한다는 의미다. 이는 단순하게도 만물이 그러하듯, 강에도 연속성과 가변성이 있고, 실제로 연속성은 변화를 **필요로 한다**는 의미일지 모른다. 흐르지 않는 강은 호수가 된다. 변하지 않는 사람은 사람이 아니라 바위다.

그런데 지금 이곳에 다시 오니 강도 같고, 나도 같다. 아마도.

몬티의 리드 줄을 풀었더니 녀석이 기차 안에서 억눌렸던 에너지를 소진하려는 듯 여기저기 바쁘게 뛰어다녔다.

"지난번에 윤리학에 관해 우리가 나눴던 대화를 생각해봤는데." 몬티가 차분해졌을 때 내가 말을 꺼냈다. 녀석이 나를 올려다보며 계속해 보라고 말하는 듯했다.

"난 우리가 어떤 결론에 도달했다고 생각해. 만약 우리가 어떤 **행위**의 도덕적 가치를 이야기하려면 당연히 결과, 목적, **텔로스**, 행위가 지향하는 것 등에 주목해야 해. 그리고 어떤 **사람**을 그의 **행**

위 때문에 칭찬하거나 비난하려 한다면, 그리고 보상이나 처벌을 하려 한다면, 당연히 그들의 의도를 파악해서 어떤 규칙이나 원칙을 어느 정도까지 따랐는지 조사해야 해. 좀 두서가 없는데, 내 말은 우리가 선악과 옳고 그름이라는 문제를 생각할 때 기본적으로 서로 다른 두 접근법에서 벗어날 수 없지만, 그게 최선이라는 의미야."

몬티가 동의한다는 듯 어깨를 으쓱했다.
"그런데 문제가 하나 있어." 내가 말했다.

❖ 그럴 거라 예상했어.

"그 두 번째, 행위가 아닌 사람을 판단할 때의 문제점은 우리가 다소 가혹하게 가정을 세운다는 사실이야."

❖ 아무도 신경을 안 쓴다는 말이야?

"아니." 내가 단호하게 말했다. "우리에게 선택권이 있고, 옳은 일이든 그른 일이든 결정할 자유가 있다고 가정해."
몬티가 당황스럽다는 표정을 지었다.
"곧 이것의 중요성을 잘 알게 될 거야. 내가 도덕적 결정을 내려야 할 상황에 처했다고 상상해봐."
나는 주변을 둘러본 다음 바닥에 떨어져 있던 얇은 나뭇가지 하나를 주웠다.

"나는, 어떤 엄격한 기준이 따로 없다면, 우리 둘 다 이 나뭇가지로 조그만 귀여운 강아지를 때릴 수도 있다는 걸 인정할 거라고 생각해."

😺 저, 예를 들면……

"흠, 더 큰 피해로부터 널 막아줘야 할 때, 이를테면 네가 도로로 막 뛰어나가려 한다든지…… 이게 중요한 건 아니고. 관건은, 우리가 살펴본 모든 윤리학에 비추어 볼 때 아무 이유 없이 널 나뭇가지로 때리는 행위는 용인될 수 없다는 사실이야."

😺 알겠어.

몬티는 나뭇가지로 때리는 예가 여전히 못마땅했는지, 내가 다른 예를 생각해내기를 바라는 눈치였다.
"따라서 일반적으로 내가 널 때리면 비난을 받거나 반감을 사거나 어쩌면 처벌을 받을지도 몰라."

😺 당연하지.

"그럼, 이제 내 행동이 자유롭지 못한 다양한 상황들을 상상해보자. 내가 속박당해서 원하는 일을 할 수 없거나, 싫은 일을 하도록 강요받고 있다고 해봐. 예컨대, 내가 몽유병 환자인데 꿈속에서 요술 지팡이를 들고 돌아다니면서 잔칫상을 차리거나 아름다운……을 불러내고, 아니 그냥 잔치를 열고 있다고 하자. 하지만 현실에서 나는 이 나뭇가지를 들고 널 때리고 있었지. 혹은 내가 폭력적이거나 비이성적인 행동을 유발하는 질병에 걸려 다른 방식으로는 전혀 행동할 수 없다고 해보자. 예컨대, 광견병에 걸려서……"

🐾 광견병이라고?

"아. 그건 개가 이상해지는……병이지. 신경 쓰지 마. 어쩌면 내가 정신이 이상해져서 너를 개가 아닌 사람을 잡아먹는 호랑이로 여기고 널 로지에게서 떼어놓으려고……"

몬티는 호랑이든 뭐든, 녀석이 좋아하는 내 딸 로지를 해치려고 한다는 말에 낮게 으르렁거렸다.

"아니면 환각에 빠진 내가 너한테 불이 붙었다고 생각해서 이 나뭇가지로 불을 끄려 한다고 해보자. 그런 상황일 때 내가 비난받아야 한다고 생각해?"

🐾 당연히 아니지.

"그러니까 이런 경우에는 너를 때리는 행동이 내 의지가 아니므로 날 비난하지 않겠다는 말이지?"

😺 그래, 맞아.

"하지만 이것들은 아주 특별한 경우야, 그렇지 않니? 보통은 개를 때리거나 거짓말을 하는 것 같은 행동을 할 때, 미쳐서 그러는 게 아니고 다른 행동을 하려고 그러는 것도 아니야. 하지만 앞서 언급한 행동들을 할 때 공식적인 제약이 없는데도 여전히 자유롭지 못하다면? 선택의 자유란 그저 환상에 불과하다면? 그럼 어떻게 될까?"

몬티는 별 관심이 없는 얼굴이었다. 녀석이 길 한쪽으로 가서 다리를 들었다 내리더니 반대쪽으로 가서 다시 다리를 들었다. 녀석은 자기 방식으로 원하는 곳에서 다리를 들 자유가 있다고 말하고 있었다.

"그러니까 네 입장은, 정상적인 상황에서, 내가 깨어 있을 때, 외부의 힘 혹은 내부의 혼란이 내가 하고 싶어하는 일을 못하게 하거나, 내가 하지 않는 일을 하도록 강요하는 경우, 나는 도덕적으로든 비도덕적으로든 행동할 자유가 있다는 얘기니?"

몬티가 동의한다는 의미로 으르렁 소리를 냈다.

"그건 상식이야. 아마 대부분의 사람들이 그렇게 생각할 거야. 하지만 그 견해는 몇 가지 난점을 해결해야 해."

😺 어서 말해 봐.

"우선, 우리는 특정 시간과 장소에 살고 있으므로 어떤 것은 생각할 수 있고 어떤 것은 생각할 수 없어. 뭐랄까 차림표가 하나 있다고 해봐. 거기에는 수많은 음식 이름이 적혀 있는데, 가령 네가 좋아하는 피자가 종류별로 다 있어. 파스타도 마찬가지고. 이제 이탈리아 음식을 시켜보자. 당연히 네게는 선택권이 있어. 콰트로 스타지오니 피자가 먹고 싶은 네게 아무도 마리나라 피자를 권할 수 없어. 차림표에 있는 음식은 전부 먹을 수 있어. 하지만 차림표에 모든 음식을 넣을 수는 없어. 주방에서 만들 수 없는 음식도 있으니까. 그러니까 커리나 아이슬란드 사람들이 먹는 삭힌 상어 요리 같은 것은 없어. 스파르타군의 전투 식량이었던, 돼지 피로 만든 검은 수프도 없고."

🐾 역겨운 음식 같다.

"맞아. 스파르타인이 아닌 어떤 사람이 검은 수프를 맛봤다가 뱉으면서 이렇게 말했대. '스파르타인들이 왜 죽음을 두려워하지 않는지 이제 알겠군.' 맛이 어땠는지 알겠지. 도덕적 선택은 다양한 방식으로 우리가 사는 시대와 장소의 제약을 받아. 300년 전에는 아무도 개를 때리는 행위를 도덕적 문제와 결부시키지 않았을 거야. 또한 남성은 여성을 지적·도덕적으로 열등하다고 생각했지. 어린이들은 광산에서 죽을 때까지 일했어. 노예제도 용인됐고 그에 따른 인종 차별 역시 거의 보편적인 현상이었지.

어쩌면 너는 몇몇 사람이 이런 전통과 관습을 깨고 독립적으로 생각할 수 있었으며, 그 덕분에 우리가 그런 명백히 부도덕한 가치관에서 벗어날 수 있었다고 말할지도 몰라. 하지만 사고방식의 혁명은 대개 사회에 근본적인 변화들이 일어날 때, 그리고 그 변화들이 점점 커지면서 새로운 사고방식이 등장할 기회가 열릴 때 일어나. 예컨대, 기술이 발전하면서 노예제는 비효율적인 제도가 됐어. 여성 노동 인구가 필요해지면서 여성 해방이 이루어졌지. 마르크스주의자는 모든 사회에서 경제 및 기술 발전 상황이 정치 제도를 결정하고 지배 사상을 결정한다고 주장해."

😺 결정한다니……?

"내 말은 정치 제도와 사상이 경제와 기술 발전에 의해 형성된다는 생각에 특별히 설명이나 해석이 필요 없다는 의미야. 우리가 숭배하는 신, 우리가 따르는 도덕 규범, 정부 형태, 예술 등 이 모든 것은 경제적 토대, 계급 구조, 현실 상황 등에 의해 결정된(야기된) 상부 구조야.

그리고 사상과 경제 제도 사이의 이런 결정론적 관계가 의심스럽더라도, 사상들이 서로 영향을 주고받는다는 점과, 자유롭게 공간을 떠도는 것이 아니라 특정 시대에 박혀 있다는 사실은 의심할 수 없어. (초기 소크라테스 이전 시대 철학자들을 제외하고) 플라톤, 아리스토텔레스, 칸트, 공리주의자 등 우리가 논했던 모든 철학자들의 업적은 과거 사상들을 계승해서 동시대 사상들과 대화하고 논쟁하는 과정에서 탄생했어. 칸트는 직업 철학자로서 과거와 당대 철학 사상을 가르치는 일을 했어. 그는 다른 철학자들의 사상을 비판했고 누구보다 앞서 있었지만, 그들이 없었다면 칸트의 사상은 존재할 수 없었을 거야. 지금 이곳에 사는 우리가 일상에서 도덕적인 판단을 내리는 경우도 마찬가지야. 우린 플라톤, 칸트, 기독교적 윤리 전통, 공리주의 등을 마음에 새기고 있지 않아도 거기에서 벗어날 수 없어."

🐾 그럼, 우리 생각이 전에 누군가가 이미 생각했던 것들이기 때문에 우리가 자유롭지 않다는 말이야? 우리 생각이 사실은 '우리' 것이 아니라서?

"그 문제를 곱씹는 중인데. 솔직히 난 그렇게 생각하지 않아. 나는 우리가 긴 윤리학의 역사에서 끝에 있기 때문에 오히려 좀 더 자유롭다고 생각해. 우리는 아리스토텔레스와 칸트와 밀의 사상을 서로 비교하고 비판할 수 있기 때문에 충분히 많이 아는 상태에서 옳은 선택을 할 수 있거든. 어쩌면 너는 그 철학자들이 같은 서양 철학의 일부이므로 내 생각이 내가 속한 문화권의 한계를 벗어나지 못한다고 주장할지 몰라. 하지만 우린 (힌두교, 도교, 불교 같은) 완전히 다른 윤리관을 제시하는 문화권의 철학 사상도 살펴볼 수 있어. 그리고 내가 주로 참고하는 서양 철학 속에도 그 전통의 토대를 비판적으로 생각할 여지가 있지. 그러니까 내 말은 비록 우리가 논리적으로는 차림표에 없는 음식을 선택할 수 없지만, 이 철학 차림표는 대단히 범위가 넓고 다양하기 때문에 어떤 선택도 가능해."

🐾 그럼, 우리는 자유네! 만세!

몬티는 강을 따라 오솔길을 잽싸게 한 바퀴만 돌았다. 녀석이 어렸을 때는 지칠 때까지 미친 듯이 8자를 그리며 여러 번 뛰어다니곤 했었다. 우리는 이것을 '몬티핏Monty-fit'이라고 불렀다. 요즘은 녀석이 한 번 다녀오는 데 시간이 많이 걸린다.

"속도가 느려졌는데." 녀석이 진정됐을 때 내가 그렇게 말했다.

🐾 뭐?

"우리는 옳고 그름을 선택할 자유를 제한하는 여러 방식 중 하나만 살펴봤어. 오늘날 결정론을 논할 때 우리가 주로 염두에 두는 생각은 우리가 선택할 수 있는 견해의 범위가 역사적·문화적으로 정해진다는 사실이 아니라, 개인으로서 우리가 아무것도 자유롭게 선택할 수 없다는 점이야."

모든 것은 결정돼 있다?

🐾 심각한 주제 같은데.

"맞아. 그런데 그 문제를 파고들려면 미안하지만 철학에서 벗어나 과학의 세계로 들어가야 해. 뉴턴Newton에서 아인슈타인Einstein까지 고전 물리학은 우주가 어떻게 돌아가는지를 아주 잘 설명했거든. 우리는 물질계에 살고 있어. 우주는 물질로 이루어져 있고.

물질은 분자로, 분자는 원자로 구성돼. 그리고 다시 원자는 그보다 훨씬 작은 양성자, 중성자, 전자 등 소립자로 이루어져 있어. 이런 아원자subatomic 입자에는 쿼크quark, 뮤온muon, 뉴트리노neutrino, 글루온gluon, 광자 등이 있어. 그리고 만물의 근본은 진동하는 에너지의 끈들일 거고.

한편, 우주에는 몇 개 안 되는 힘들이 작용하는데, 이것들이 물질의 상호 작용 방식을 좌우해. 그중 강력과 약력은 아주 가까운 거리에서만 작용하며 아원자 입자의 운동 방식을 정해. 그리고 전자기성을 띠는 입자들 사이에서 작용하는 반발력이나 인력은 전자기력이라고 해. 전류가 전선이나 자석을 타고 복사체로 흘러 들어가면 그때 전자기력이 작용해. 그리고 마지막으로 중력이 있지. 질량을 가진 모든 물체가 서로를 끌어당기는 힘이야.

우주에 관한 건 이게 다야. 과학자들은 그 네 가지 힘이 예측 가능하고 일관되게 물질에 작용하는 방식을 연구해서 법칙을 만들어. 법칙은 관찰을 통해 도출된 일반 명제인데, 특정 현상들을 설명하고 같은 조건에서는 같은 결과가 일어난다고 예측해. 예컨대, '보일의 법칙Boyle's Law'에 따르면, 기체의 압력과 부피는 반비례하지. 뉴턴은 두 물체 사이에 작용하는 중력은 두 물체의 질량의 곱에 비례(질량이 클수록 힘이 커진다.)하고, 두 물체 사이의 거리의 제곱에 반비례한다(거리가 멀수록 힘이 약해진다.)는 사실을 증명했어. 아인슈타인은 에너지E와 질량m 및 광속c의 관계를 $E=mc^2$라는 공식으로 표현했어.

물질과 힘과 법칙이 존재하는 우주에서, 발생하는 모든 현상은 반드시 선행 사건에 의해 일어나. 원인 없는 결과는 없어.

종합하면 우리가 사는 우주에 대한 이런 '사실들'은 예측력과 설명력이 대단히 뛰어나. 만약 지금 네가 우주의 상태에 대한 정보를 충분히 갖고 있다면 너는 시간을 앞뒤로 돌릴 수 있고, 특정 순간에 우주에 있는 모든 원자의 정확한 상태와 위치를 예측할 수 있어. 즉, 일식을 정확하게 예측할 수 있고, 태양계 외곽의 먼 행성 주위를 돌고 있는 작은 위성과 충돌시키기 위해 수억 킬로미터 떨어진 우주 공간으로 금속 상자를 보낼 수도 있어.

물리적 실재physical reality의 본질에 대한 이런 관점을 **결정론**determinism이라고 불러. 왜냐하면 우주의 역사에서 단계마다 모든 원자의 정확한 배열은 이전 사건에 의해 결정되기 때문이지. 피하거나 도망칠 수 없어. 자연의 법칙으로부터 숨을 곳은 없어. 어떤 원자도 '자유'롭지 못해. 우주 공간에서 원자의 정확한 운동과 위치는 그것을 둘러싸고 있고 그에 앞서 존재했던 물질적 조건에 좌우돼."

몬티는 과학에 별 관심이 없었기에 내 말을 흘려듣고 있었다. 녀석이 한 번 더 어깻짓을 했는데 '**그게 나랑 무슨 상관이야?**'라는 의미였다.

"이건 우주의 모든 원자에 해당되는 이야기야. 너와 나를 구성하는 원자들도 포함된다고. 만약 우주에 물질과 에너지만 존재한다면, 거기에는 분명 우리 마음과 생각도 있어. 다른 것들처럼 마음과 생각도 우주 안에서 달리 갈 곳이 없기 때문이지. 그리고 만약 우리가 물질계의 모든 것은 결정된다는 견해를 받아들인다면,

이는 결정론이 행성과 혜성, 모래알뿐만 아니라 우리 몸과 생각, 그리고 우리 자신에게도 적용된다는 의미야."

나는 들고 있던 나뭇가지를 구부려서 부러뜨렸다. 그리고 팔을 젖혀서 나뭇가지 한쪽을 물 위로 던졌다. 나뭇가지가 물을 튀기고 잠시 떠오르더니 물살에 휩쓸려 떠내려갔다.

"내가 나뭇가지를 던졌을 때 일어난 사건은 정확히 물리 법칙이 결정한 일이야. 나뭇가지가 움직이는 거리와 방향은 내가 던지는 힘, 나뭇가지의 질량, 바람의 방향, 공기 저항, 중력 등에 영향을 받았어. 질량과 힘에 관한 모든 사실을 아는 사람이라면 그 나뭇가지가 어디에 떨어질지 정확히 알 수 있어. 그리고 조류와 해류가 그 나뭇가지를 어디로 데려갈지도 알 수 있지."

🐾 하지만 나뭇가지를 어디로 던질지는 네가 정했잖아. 네가 강으로 던졌지. 나한테 던지지 않고……

"좋은 지적이야. 정리를 좀 해볼게. 그러니까 네 말은, 내게 선택의 자유가 있고, 인간의 의지와 마음에는 결정론의 손아귀에서 벗어나서 우주의 다른 모든 것들과 구별되는 무언가가 있다는 얘기지?"

🐾 뭐, 그렇지. 왜 아니겠어?

"인간의 마음은 물질을 지배하는 인과 관계의 사슬과, 원자와 원자가 충돌하는 법칙에서 자유롭다는 견해는 우리의 마음이 우주의 다른 것들과 같지 않다는 생각을 전제로 삼아. 여기에서는 서로 다른 두 가지 물질이 존재한다고 단정해. 하나는 앞에서 다뤘던 물질, 원자와 아원자 입자로 구성돼 있어. 그리고 다른 하나는 정신 즉, 마음이야. 이 관점은 데카르트의 이름을 따서 '데카르트의 이원론Cartesian dualism'이라고 부르는데, 그는 이 이원론을 가장 논리 정연하게 정리한 사람이야. 겉보기에 매력적인 관점이지……"

🐾 겉보기에? 왜 나는 이원론이 좋게 끝나지 않을 것 같지?

"하하, 맞아. 하지만 내가 말했듯이, 이원론은 대부분의 사람들이 가진 세계관과 일치해. 우리의 마음과 생각은 탁자나 의자, 우주 공간을 떠다니는 행성들과는 확실히 다르지. 우리가 사물에 부여하는 속성들(넓이, 질량, 무게, 색깔 등)을 생각에는 적용하지 못해. 물론 은유적인 상황은 제외해야겠지만, 현실에서는 심각한 생각과 가벼운 생각의 무게가 같아. 그래서 우리는 이런 생각들이 물질계에 의해 유발된다기보다, 오히려 그 인과 관계가 반대로 일어난다고 느끼게 돼. 그러니까 뭔가를 떠올려서 주변 사물에 어떤 상황이 일어나게 할 수 있다는 의미야. 가령 나는 이 나뭇가지를 던지기로 마음먹어. 그리고 팔을 들어서 나뭇가지를 하늘로 날려 보내."

지금 한 말을 몸으로 보여주려고 내가 남아 있던 나뭇가지를 하늘 위로 던졌다. 하지만 그것은 잎이 무성한 버드나무 가지에 걸려 힘없이 매달려 있었다.

"이원론은 다음 산책에서 좀 더 자세히 다룰 거야. 오늘 주제와는 잘 안 맞거든. 그런데 내가 하고 싶은 말은 아무도 더이상 이원론을 믿지 않는다는 사실이야. 내 말은, 그러니까, 전문가들은 그렇다고. 뇌 과학자와 심리 철학자들 말이야. 이원론이 가진 문제점들이 너무 크거든."

🐾예를 들면?

"마음이 뇌세포 망을 통해서 움직이는 단순한 전기 자극이 아니면, 정확히 마음은 무엇으로 이루어졌을까? 떠오르는 생각을 전기 자극으로 축소할 수 있다면, 우리 마음은 물질계를 지배하는 인과 관계의 사슬에 사로잡혀. 그리고 만약 마음과 물질이 근본적으로 서로 다르다면, 그 둘은 어떻게 어디에서 상호 작용할까?"

🐾쉽네. 뇌에서 하겠지.

"그건 장소지 방법이 아니잖아. 그리고 뇌 어디에서? 데카르트는 영혼(혹은 정신)과 신체는 송과선$_{pineal\ gland}$에서 만난다고 믿었는데, 송과선은 척추와 뇌가 연결되는 지점에 있는 작은 연골 덩어리야. 하지만 이런 지식이 근본적인 해결책은 되지 못하고 문제를 축소하기만 할 뿐이지. 어디서든 물질과 비물질의 교류가 일어나야 하는데 아무도 그것을 파악하는 방법에 대해 짐작조차 못해."

🐾 그래서……

"그래서 우리는 정신(혹은 선호하는 용어에 따라, 의식)이란 단순히 물리적 힘과 입자의 또 다른 작용이라고 결론 내렸어. 즉, 생각은 뇌 속의 대단히 복잡한 신경망 주변을 떠도는 전기 자극에 불과하다는 의미야. 그리고 이런 관점을 채택하면, 생각들은 결정되는 것이고 자유란 환상에 불과하다는 결론이 따라오지. 내가 어떤 선택, 예컨대 널 때릴까 말까, 거짓말을 할까 말까 등을 고민할 때 나는 아까 공중으로 날아간 그 나뭇가지만큼이나 자유롭지 못해. 그리고 자유가 없는데 어떻게 칭찬이나 비난을 받을 수 있지? 도대체 도덕성은 어떻게 갖출 수 있을까?"

🐾 난 아직도 어떻게 이야기가 원자 운동에서 착한 강아지를 나뭇가지로 때릴 인간의 자유로 넘어갈 수 있는지 이해가 안 돼.

"흠. 결정론자는 어떤 사람이 도덕적 선택을 하게 될 때 우주가 그런 상황을 조성했고, 그에게 특수한 능력과 경험을 주었다고 말해. 인간의 본성이 일부는 경험에 의해서 일부는 유전자에 의해서 형성된다고 가정해보자(하지만 이건 지금 논의에서 크게 중요하진 않아). 경험과 유전자 중 어느 쪽이든 너는 역사의 어느 한 순간 이런 특별한 상황에 존재하고, 물리 법칙이 던져진 나뭇가지의 운동 궤적을 결정하듯 네 능력과 의견과 성향은 반드시 네 행동을 결정해. 넌 네가 어떤 도덕관에 따라 행동하고 있고, 칸트 사상이나 공리주의에 따라 선택한다고 생각할지 모르지만, 그건 우리를 구성하는 물질이 어떤 원리에 따라 그런 선택을 하는 사람으로 널 만들었기 때문이야. 실은 네가 칸트주의자가 되겠다고 선택한 것이 아니라 세상이 널 위해 칸트를 선택한 거야. 혹은 만약 네가 도둑이나 살인자라면 그것도 세상이 널 그렇게 만들었기 때문이지.

그리고 수많은 범죄자의 인생사를 들여다보면 그런 주장에는 어떤 힘이 있는 걸 발견하게 돼. 이들은 성장 배경과 어쩌면 생물학적 유전 때문에 자신이 속한 삶에서 벗어날 수 없었다고 주장해. 만약 네가 거친 절도범 가정에서 자랐다면 의사보다 절도범이 되는 쪽을 선택하기 쉽기 때문에 대학에 진학한 학생이 아무도 없는 학교에 가게 돼. 만약 네가 개를 때리기로 마음먹었다면 그건 네 결정이 아니라 우주가 너를 위해 내린 결정이야.

그리고 심지어 우리의 행동이 우리의 의지에 따른 것이 아니라는 생각을 뒷받침하는 몇 가지 실험 증거도 있어. 심리학자들은 컵을 집거나 시간을 확인하는 일상적인 행동에서 '컵을 집어야지.' 혹은 '시계를 봐야지.'라는 생각이 들기 전에 먼저 필요한 근육들이 신경 자극에 의해 움직인다는 사실을 발견했어. 그래서 특이하게도 어떤 행동을 해야겠다는 의식적인 결정은 그 행동이 시작된 후에 이루어져. 만약 이것이 사실이라면, 어떻게 우리의 행동을 이성적인 존재가 자유롭게 선택한 결과라고 주장할 수 있겠어?

🐾 사실, 개들도 마찬가지야. 볼일을 볼 생각이 없었는데 어느 순간 내가 코를 킁킁대고 볼일을 보고 있더라고.

"응. 그런 것 같아. 하지만 살아온 내력과 유전적 소인이 사람의 현재 모습을 만들었다는 사실을 인정하면서도, 인간의 특성 중에는 가변성도 있다고 주장하는 사람들이 많아. 절도범이 의사가 되기는 어렵지만 절도범 가정에서 자란 사람은 절도범이 되지 않을 수 있어. 약물이나 술을 끊겠다고, 엉망인 삶을 정리하겠다고, 더 나은 사람이 되겠다고 결심하는 사람이 수백만 명이나 있다는 사실이 바로 그 증거야. 이런 사례들이 우리가 자유롭다는 증거가 아닐까?"

🐾 글쎄, 뭐. 그런 것 같지?

"이를 논박하기 위해 다른 얘기를 해볼게. 자신의 행동에 대해서 도덕적인 책임을 지려면 우리는 있는 그대로의 자기 모습에, 그리고 어찌 됐든 **이런** 사람이 되기로 선택한 것에 책임을 져야 해. 여기까진 괜찮지?"

몬티는 이의를 달지 않았다.

"즉, 네 안에 어떤 사람이 되겠다고 마음먹게 한 뭔가가 있었어. 거짓말쟁이가 정직한 사람이 되기로 하고 지금부터 칸트의 정언명령을 따르기로 결심했다고 해 봐. 이제 너는 자유를 주장하고 그 자유에 대해 책임을 지는 사람으로 바뀌었어."

몬티가 한 번 더 고개를 끄덕였다.

"하지만 이것은 선택 시점에 이미 그런 모습으로 변할 수 있는 사람이 되어 있었음을 의미해. 그리고 앞서 우리는 도덕적인 사람은 원래 자신의 모습에도 책임을 져야 한다는 사실에 동의했었지. 그러니까 기존의 너와 변하기로 결심한 너 모두 네가 선택한 모습이었을 거야. 이해했어?"

🐾 음, 나도 그렇게 생각해.

"그런데 기존의 너는 어떻게 생겨났지? 네가 통제할 수 없는 어떤 힘이 작용했거나 너의 의지의 결과였겠지. 만약 통제 불가능한 힘이 작용했다면 우리에겐 선택의 자유가 없으므로 도덕적 책임도 없지. 만약 의지의 결과라면 기존의 네가⋯⋯ 한 일이겠지. 이건 일종의 무한 후퇴infinite regress*야."

🐾 뭐라고?

"무한 후퇴는 산책을 하면서 몇 번 더 만나게 될 개념이야. 철학에서 뭔가를 믿으려면 근거가 필요한데 그 근거는 다른 근거로 뒷받침되어야 하고 이 다른 근거는 또 다른 근거로 뒷받침되어야 하고⋯⋯ 그렇게 무한 후퇴에 빠지지."

🐾 이해했어.

* 어떤 일의 원인이나 조건을 찾아 한없이 거슬러 올라가는 일

"이 경우에 무한 후퇴를 막으려면 존재할 수 없는 것을 찾는 방법밖에 없어. 그것은 신이 스스로를 창조했던 것처럼, 너의 자유 의지로 네 자신이 존재하게 된 시작점이야."

우린 잠시 말없이 걸었다. 우리가 사는, 도덕적 책임이 없는 이 세상에 새들이 실망했는지 지저귀는 것을 멈췄고 나뭇잎이 바스락거리는 소리만 들렸다. 몬티가 침묵을 깼다.

☙ 여기에서 빠져나갈 방법이 있어? 어쩐지…… 잘못된 것 같은 느낌이 드네.

"네 말은, 과연 우리가 자유 선택 의지(도덕적 판단, 저녁 식사 메뉴, 산책길 선택 등)와 인과 관계를, 그리고 결정론이 지배하는 잔인한 현실을 조화시킬 수 있겠냐는 의미지? 어쩌면 가능할지도. 일단 선택할 수 있는 안들을 정리해볼게. 물질계는 결정된 세계일까? 그렇기도 하고 아니기도 해. 만약 결정된 세계라면 우리가 자유롭다는 것이 무슨 의미가 있을까? 모든 질문을 다시 한번 보면서 재량을 발휘할 여지가 있는지 알아보자."

물질계는 결정된 세계일까?

☙ 우리 이미 물질계는 결정된 세계라고 합의했잖아. 무슨 원자들이 서로 충돌한다면서……?

"흠, 그 관점에는 몇 가지 문제점이 있어. 한 가지 문제는 물질계의 복잡성(과학이 단순화하려는 복잡성)에서 비롯되는데, 이것은 무슨 일이 일어날지 제대로 알지 못해서 결정론을 세울 수 없다는 뜻이야. 19세기에 물리학자 제임스 맥스웰James Maxwell과 루트비히 볼츠만Ludwig Boltzmann은 용기 안에 든 기체 입자의 운동을 설명하기 위해 확률에 의존해야 했어. 너무 많은 일들이 벌어지기 때문에 원자의 운동을 예측하기가 어려웠거든. 최근에는 카오스 이론chaos theory을 사용해서 날씨나 지진, 태양 폭발처럼 초기 환경에서 아주 작은 변화만 생겨도 온갖 예측 불가능한 결과가 발생하는 복잡한 현상을 설명하려 해. 카오스 이론가들은 대혼란 속에서 반복되는 패턴과 비교적 안정된 영역을 찾아낼 수 있지만, 우리가 '진짜' 과학으로 여기는 정확한 예측 같은 것은 못해. 오늘날 기상 예측 컴퓨터가 과거보다 훨씬 좋아졌다고는 해도 내일 산책할 때 우산과 너의 귀여운 우비를 챙겨야 하는가 정도만 확실히 알 뿐이야."

🐾 그 우비 싫어. 그걸 입고 있으면 다른 개들이 날 우습게 본다고.

"아냐. 너 그거 입으면 진짜 멋져. 지금 얘기하고 있는 혼돈과 복잡성 문제는 우리가 미래를 100퍼센트 확실하게 예측할 수 없다는 의미지만, 사실 이건 단순히 우리가 가진 지식의 한계와 관련돼 있어. 만약 우리에게 아주 강력한 컴퓨터가 있어서 우주와 관련된 모든 세부 정보를 받을 수 있다면 보르네오에서 나비의 날갯짓이 플로리다 날씨에 미칠 영향을 정확히 예측할 수 있어. 우린 맥스웰의 실험 용기 안에 든 모든 원자의 운동을 예측할 수 있었어. 그러므로 무지가 우리를 결정론에서 벗어나게 해주지는 않아. 우리는 우리에게 영향을 미치는 힘이 있다는 점 외에는 그 힘들이 어떻게 균형을 이루고 있는지를 정확히 알 필요는 없어.

지금까지 우리는 (아인슈타인의 상대성 이론을 포함해서) 고전 물리학의 우주론에 대해 이야기해 왔어. 아인슈타인은 시간과 공간에 대한 우리의 생각을 완전히 바꾸어 놓았는데, 원자에서 은하계까지 범위를 확대해도 그의 우주론이 가진 예측력은 여전히 완벽해. 하지만 아원자 수준으로 내려가면 상황이 꼬여. 그래서 어떤 사람들은 그런 이상 현상이 우주의 결정론적 속성을 약화시킨다고 주장해. 이 문제를 (대체로 성공적으로) 설명해 낸 것이 양자 역학이야. 여기는 양자 역학을 논할 자리가 아니니까 문제 이해에 도움이 되는 간단한 예만 몇 가지 제시해볼게. 당구공 두 개가 부딪힐 때 그 다음에 무슨 일이 벌어질지 정확히 예측할 수 있어. 하지만 전자 두 개가 충돌할 때 예측할 수 있는 결과는 '확률 구름$_{probability\ cloud}$'이 전부야. 전자들이 구름처럼 퍼져서 분포한다는 의미야. 이것은 용기 안에 든 기체 원자의 운동이나 예측 불가한 날씨와는 다른 문제야. 이런 식의 불확실성은 우리의 상대적 무지 때문에 발생해. 하지만 전자는 충돌 후 위치를 예측할 방법이 아예 없어. 양자 운동은 상대적이 아니라 **절대적**으로 예측 불가야. 이것은 악명 높은 하이젠베르크의 불확정성 원리$_{Heisenberg\ Uncertainty\ Principle}$와 연결돼. 전자의 경로를 예측하려면 전자의 위치와 운동량(질량과 속도의 곱)을 알아야 해. 자동차나 나뭇가지 같은 '우리' 세계의 모든 사물은 위치와 운동량을 파악하는 게 어렵지 않아. 하지만 양자는 위치와 운동량 중 하나는 알 수 있지만, 둘을 동시에 알 수는 없어."

😺 왜 안 되는데?

"흔히들 이를 소위 관찰자 효과 observer effect 때문이라고 생각해. 측정 행위가 측정 대상과 상호작용을 일으켜서 원래 측정하려던 내용이 바뀌는 현상을 말하는 거야. '우리' 세계에서 일어나는 흔한 예로는, 혈압을 잴 때 그 행위가 경미한 스트레스를 유발해서 결국 혈압이 올라가는 현상을 들 수 있어. 양자 단위에서 전자의 위치를 측정하려면 전자에 광양자를 쏴야 해. 그럼 전자가 광양자와 충돌하게 되는데 이때 불가피하게 전자의 위치와 운동량이 변해.

하지만 양자의 불확정성은 그보다 더 심오한 내용을 담고 있어. 이론적으로 불확정성은 양자의 파동성 때문에 불가피하게 발생하는 현상이야. 이는 여러 실험으로 입증됐는데, 심지어 측정 과정이 입자에 직접 간섭을 일으키지 않을 때조차도 측정만으로 양자의 상태는 예측 불가능하게 변해."

지금 그 말은 물질계가 결정론을 따르지 않는다는 얘기야?

"혹자는 그렇게 주장했어."

😺 혹자? 그럼, 넌 아냐?

"목적에 따라 양자의 불확정성을 피할 수 있는 방법이 몇 가지 있어."

😺 피하다니……?

"설명할게. 이런…… 먼저, 양자 효과가 우리 삶에 영향을 줄 정도로 크다는 견해는 전혀 사실이 아냐. 수소 분자부터 열기구에 이르기까지 큰 물체에서는 양자의 파동성과 불확정성이 나타나지 않거든. 양자 효과는 결어긋남decoherence이라는 현상 때문에 큰 물체에서는 사라지는데, 결어긋남이란 양자가 '정상적'인 환경과 상호작용할 때 양자의 독특한 불확정성이 약화되는 현상이야. 측정 결과, 결어긋남은 10억분의 1초에 한 번씩 너무나 자주 일어나므로 불확정성이 나타나기 어려워.

두 번째 방법은 입증되지 않은 주장인데, 양자 효과가 무작위로 발생하는 현상은 세상에 대한 예측 가능성과 결정론(아인슈타인의 견해)을 부활시킬 근본 원리를 아직 발견하지 못했다는 신호에 불과하다는 거야. 그런 주장은 한 번 더 우리를 필연성과 결정론이라는 거미줄에 걸리게 할 거야."

😺 그.래.서……?

"과학자가 아닌 나로서는 이런 반대 의견을 어떻게 이해해야 할지 잘 모르겠어. 결정론을 회복시킬 새로운 통합 이론이 어떤 모습일지 아무도 모르는 것 같아. 그저 많은 과학자들만 세상을 이해하지 못하고 예측하지 못한다는 사실에 불만을 가질 뿐이지. 비록 양자의 불확정성이 거시 세계에서는 나타나지 않는다 하더라도, 세상의 모습이 확실히 **결정되지 않았다**는 사실은 적어도 자유 같은 것이 견고한 필연론에 틈을 낼 수 있게 여지를 줘.

결정론의 문제점

만물 결정론은 불가피하게 우리의 도덕적 선택도 결정되어 있다는 결론으로 이어져. **어떤 것은 결정되어 있다**는 말은 별 효력이 없어. 그리고 결어긋남 현상에도 불구하고, 일부 과학자들은 여전히 의식이 뇌세포 속에서 벌어지는 양자 효과의 결과이며, 이것은 의식의 뚜렷한 특이성과 생각이 우주의 다른 물질들과 전혀 다르다는 느낌을 설명해 준다고 주장해.

하지만 우리가 도덕적 선택의 자유가 있는지를 확인하려 할 때, 양자의 불확정성은 제한적으로만 도움이 돼. 양자 역학은 물질계에 예측 불가능성과 우연성을 소개만 할 뿐이지. 전자가 다른 전자와 충돌한 후에 향하는 방향은 무작위로 보이고 실제로도 그래. 만약 우리가 도덕적 결정 능력의 무작위성을 읽어내려 한다면, 상황이 나아지는 모습을 파악하기 어려워. 도덕적 선택은 무작위성이 존재하더라도 우연과 무작위성만으로 설명할 수 없어. 가령 나뭇가지로 널 때릴지 말지를 선택해야 하는 상황을 상상해보면……."

🐾 방금 뭐라고 했어? 나 잠깐 졸았나봐. 왜 다시 나뭇가지 얘기로 돌아온 거야?

"가끔은 개와의 대화가 철학하는 데 도움이 안 되는…… 나는 만약 물질계가 결정론이 아닌 우연론에 따른다면 칭찬이나 비난, 처벌과 보상 등 합리적 기준에 근거해서 도덕적 선택을 하는 자유가 별 의미 없다는 얘기를 하고 있었어. 가령 널 나뭇가지로 때릴지 말지를 동전 던지기로 정한다고 해봐. 앞면이 나오면 널 때리고 뒷면이 나오면 나뭇가지를 허공에 던져 네가 그것을 쫓아가게 하는 거지."

🐾 너도 알다시피 난 그거 싫어.

"알겠어. 앞면이 나오면 때리고 뒷면이 나오면 간식을 줄게."

🐾 이제 계속 얘기해 봐. 날 때리지는 말고.

"안 때릴 거야."
내가 순진한 녀석의 귀를 쓰다듬었다.
"하지만 요점은, 넌 동전 던지기로 정해진 결과가 합리적이고 도덕적이라고 생각하니?"

🐾 당연히 아니지.

"맞아. 아인슈타인은 신은 주사위 놀음을 하지 않는다고 말했는데, 우리도 도덕적 선택을 할 때 주사위를 던지지 않을 거야."

🐾 그럼, 이제 어떻게 되는 거야?

"모든 가능성을 고려하면 물질계는 결정론을 따라. 그렇지 않다면 끝없이 도는 필연성의 바퀴를 잠시 세우기 위해 과학이 제공할 수 있는 것이라고는 우연밖에 없거든. 아무튼 다음으로 넘어가자. 우주를 거대한 기계로, 우리를 아주 작은 톱니바퀴로 바라보는 이런 암울한(또는 내 생각에는 극단적인) 관점을 받아들인다면 우리가 자유 의지론을 구해낼 수 있을까?"

🐾 계속해봐.

"결정론자들은 스스로를 과학적 방식을 지향하는 냉철한 현실주의자로 생각하고 싶어 하고, 자유나 선택을 터무니없다고 일축해. 하지만 세상을 과학적으로 설명하는 방식으로서 결정론에는 한 가지 심각한 문제가 있어. 내가 너를 나뭇가지로 때리는 문제로 돌아가면……"

🐾 이런, 바보. 너 이미 그 나뭇가지를 멀리 던져버렸잖아.

"이건 가정이니까 그 나뭇가지가 부메랑처럼 되돌아왔다고 해 봐. 내가 그 나뭇가지로 너를 때리면, 결정론자는 내가 그렇게 **행동한 것**이 결정된 일이라고 말해. 그리고 너를 때리지 않으면, 내가 그렇게 **행동하지 않은 것**도 결정된 일이라고 말해. 무슨 행동이든 결정론자는 전부 결정된 일이라고 주장하지. 그럼, 결정론이 틀렸다는 것은 대체 어떻게 증명할 수 있을까? 결정론에 따르면 모든 결과는 예측 가능해. 예외란 없어. 학창 시절에 이런 여자아이가 있었어. 그 애는 다른 사람이 무슨 말을 할 때마다 '네가 그렇게 말할 줄 알았어.'라고 했지. 만약 네가 '아니잖아!'라고 하면 그 애는 '네가 그렇게 말할 줄 알았어.'라고 답했지. 그리고 이런 대답은 네가 화가 날 때까지 혹은 쉬는 시간이 끝나는 종이 울릴 때까지 계속됐어."

🐾 짜증나네.

"정말 그랬어. 하지만 그 대답은 만물이 결정되어 있다고 말하는 것만큼 과학적이야. 이 얘기는 과학 철학에서 좀 더 다룰 거야."

🐾 좋아.

"솔직히 과학 철학 얘기는 재미있을 거야. 만약 결정론이 과학 이론이라면 옳고 그름의 입증 가능성을 예측할 수 있어야 해. 특정 결과들을 제거해서 여러 가능성을 하나로 좁혀야 하지. 하지만 결정론은 그렇게 하지 못해. 그러니까 과학 이론이 아니야."

🐾 그럼, 결정론은 실패한 거네. 야호!

"흠. 결정론자는 우리에게 완전한 지식이 있다면, 결정론이 과학 이론임을 증명하는 데 필요한 정확한 예측도 할 수 있다고 주장함으로써 그 비판에서 벗어날 수 있어. 어쩌면 언젠가는 내일 점심에 우리가 뭘 먹게 될지 정확히 예측하는 컴퓨터가 정말로 등장할지 모르지. 하지만 지금으로서는 결정론이 과학 이론이라는 주장은 그리 타당하지 않아. 그런 주장은 신학적 믿음에 가깝지.

하지만 자유에 대한 믿음을 고수할 만한 다른 이유들도 있어. 일부 철학자는 물질적 결정론을 별로 신경 쓰지 않아. 이들은 원자와 쿼크에 관한 과학적 설명은 모두 인정해도 우리가 여전히 자유롭고 의미 있는 존재라고 주장해. 이런 관점을 양립가능론 compatibilism이라고 불러."

🐾 더 얘기해 봐……

"우리가 자유 선택 능력에 영향을 준다고 동의했던 요인들을 기억하니? 정신질환이 있거나 몽유병 환자의 경우 말이야."

🐾 그걸 어떻게 잊겠어? 거기에는 나를 나뭇가지로 때리는 경우도 포함되잖아!

"그럼, 합리적 선택의 자유를 방해하는 요인들을 몇 가지 더 추가해볼게. 예컨대, 술과 오락용 약물이 있어. 우리의 자유행동 능력을 방해하는 정도를 기준으로 이것들에 순서를 매겨보면 훨씬 이해하기 쉬워. 그런 다음 도덕적 책임이 무거운 순으로 정리하는 거야. 우리 의견이 서로 다를지도 모르지만 나는 도덕적 책임이 가장 작은 쪽에서 큰 쪽으로 순서를 매겨서 이렇게 정리할게. 몽유병이 가장 낮고, 그 다음은 조현병 같은 중증 정신질환, 불안과 우울증 같은 경증 정신질환, 약물 사용 순이고 마지막으로 가장 책임이 큰 것은 술이야. 여기에 그릇된 세계관에 따른 행동이나 자기방어적 행동 등 다른 요인을 넣거나 빼도 돼. 이런 요인들이 우리의 자유행동 능력과 그에 이어지는 도덕적 책임에 영향을 주지 않는다고 생각하는 사람이 있다면 나는 그가 이상하다고 생각해.

그리고 이런 내용은 법률에도 반영되어 있어. 몽유병과 정신병은 형사법의 보호를 받는데 형사법에서는 범죄 행위와 범죄 의도가 모두 있어야 해. 하지만 결정론이 옳다면 책임의 경중이란 존재하지 않아. 범죄 유발 원인이 정신질환이냐 약물이냐는 중요하지 않아. 모두 강요된 행위일 뿐이지. 하지만 나는 도덕적 책임에 경중이 존재한다는 자명한 사실 때문에 책임과 자유에 정도가 있다는 생각 쪽으로 우리 마음이 기운다고 생각해."

몬티가 꼬리를 흔들었다.

"앞에서 나온 단어들의 의미를 짚어봐야 해. '자유 의지'라는 용어를 사용할 때 우리는 무슨 의미를 전달하고 있을까? 앞에서도 말했지만 대부분의 사람들은 무의식적으로 그 의미를 방해물이 없는 상태로 생각해. 자유로움이란 어떤 제한도 구속도 받지 않는 상태라는 의미야. 선택이 필요한 상황을 알기 쉽게 설명하기 위해 예를 들어볼게. 어떤 남자가 보석상에서 목걸이를 훔칠까 말까 고민하고 있어. 그는 정신이 온전하고, 옳고 그름과 나랏법을 이해할 수 있으며, 그의 자유행동을 방해한다고 판단할 만한 다른 상황은 전혀 없어. 즉, 그의 가족이 인질로 잡혀 있지도 않고, 누군가 옆 건물의 지붕에서 그를 총으로 겨누고 있지도 않아. 그러므로 이것은 우리가 말한, 완벽하게 자유 의지를 발휘할 수 있는 상황이야. 여기에 우리의 선택을 지배하는 더 강력한 힘이 있다고 덧붙여 봤자, 우리가 왜 무슨 행동을 하는가를 설명하는 데 도움이 되지 않아.

날마다 우리는 수백 가지 간단한 판단을 해. 누군가에게 고마움을 표시하거나 미소를 짓거나 손을 흔들고, 누군가에게 고개를 끄덕이거나 거절 의사를 밝히며, 누군가의 이기적인 행동을 비난하거나 못마땅해하지. 이런 판단은 주변 사람들의 동기와 행동을 우리가 어떻게 이해하고 있는지에 달려있어. 우리는 다른 사람의 잘못을 순식간에 판단해. 가령 어떤 사람이 실수로 네 발을 밟았어. 그럼 너는, '아야.'라고 말하고, 그 사람이 사과하면 미소를 지어 보이지. 어떤 사람이 슈퍼마켓의 장애인 전용 주차 구역에 고급 차를 주차하고 장애인처럼 보이려는 노력조차 하지 않은 채 염치없이 뛰어서 가게로 들어왔다면 너는 그 이기적인 사람을 비난할 거야. 인간이라면 당연히 이런 판단을 해. 때로 잘못 생각하기도 하고. 하지만 대부분 제대로 판단하고, 잘못된 판단은 바로잡아. 왠지 선택의 배경이 될 것 같은 다소 모호한 결정론은 우리의 삶과 전적으로 무관해 보여. 확실히 우리를 이 자리에 있게 한 건 운명이야. 또한 운명은 우리에게 지식과 지혜를 갖추게 해주었어. 난 합리적이고 도덕적인 기준을 사용해서 의사 결정을 할 수 있어. 많은 것들의 영향을 받겠지만, 나는 선택해야 하는 순간을 회피하거나 여러 안을 두고 갈등하고 갈 길을 정하는 일을 대충 해치우지 않아. 결정론은 여기저기에서 영향력이 약화됐고 설명력도 부족하기 때문에 대안에서 배제할 거야."

아래를 내려다봤다. 몬티가 나무들 사이를 돌아다니고 있었다. 녀석은 지쳐 보였다. 다리도 절뚝거렸다.

이타주의의 비밀

"쉬기 전에 마지막으로 짧게 과학 얘기 하나 할게. 오랫동안 진화생물학은 동물 세계에 나타나는 이타주의를 이해하려 노력했어. 이타주의는 다른 생물을 돕기 위해 자신의 생존과 번식 기회를 줄이는 것으로 정의해. 자손을 남길 가능성이 줄어든 생물은 시간이 지나면 도태돼. 자연계에 그런 사례가 아주 많은데, 사회성 곤충들은 흔히 집단을 보호하기 위해 자기 목숨을 희생하고, 여왕개미를 위해서 나머지 전체 개미는 번식 능력을 포기해. 하지만 그런 일은 포유류와 조류에게서도 다수 나타나. 마침내 과학자들은 동물 세계의 이타주의가 특정 환경에서만 나타나는 현상임을 알게 됐어. 그 주된 이유는 이타적 행동을 주고받는 동물이 서로 밀접한 관계를 맺으면서 유전자를 공유하기 때문이야. 이타적 모습은 사회성 곤충에게서 가장 두드러지게 나타나. 일벌이 벌집을 지키기 위해 목숨을 희생할 때 그것은 일종의 이기적인 행동인데, 집단 내 모든 암벌이 같은 유전자를 공유(사실 모두 여왕벌의 복제 생물)하므로 오히려 자신을 희생하는 것이 집단 번성에 도움이 되고 유전적 관점에서 가치 있는 일이 되지.*

이런 유전자 공유 가설은 동물의 이타적 행동 사례 중 전부는 아니라도 대부분의 경우를 설명해줘. 간혹 같은 종이지만 집단이 다른 구성원들 사이에서도 이타적 행동이 나타나. 이런 방식은 상호성reciprocity을 약속하는 행동처럼 보여. 예컨대, 사냥을 성공적으로 마치고 돌아온 흡혈박쥐는 가족이 아닌 박쥐에게 피를 나누어 주어 서식지를 떠날 수 없게 만드는데, 이는 상황이 역전됐을 때 보답을 받기 위한 행동이라고 해. 몇몇 영장류는 미래를 위한 적선 차원에서 남의 새끼를 보살피기도 하고.

이런 식의 이타주의 덕분에 동물은 유전자를 좀 더 쉽게 전달할 수 있고, 그 유전자는 자손이 이타적으로 행동하도록 명령해. 엄밀히 말해서 이타적 행동은 결정되는 거야.

물론 인간은 유전자 공유와 상호성 기대라는 두 종류의 이타적 행동에 모두 참여해. 부모는 자녀를 위해서 희생해. 사실 우리는 부모가 자신을 위해서 자녀를 희생시키는 드문 사례를 접하면 충격을 받아. 그리고 사회생활에서는 상부상조하는 관계가 있어.

* 리처드 도킨스의 『이기적 유전자』에 따르면, 일벌이 자신의 생식을 포기하고 여왕벌의 생식을 도와 자매 벌이 태어날 때, 유전자 공유 확률이 더 높아진다.

우리는 자신에게 호의를 베풀어 준 사람을 기억했다가 보답해. 만약 이런 행동이 인간의 이타성의 전부라면, 꿀벌이 벌집을 지키려고 사람을 쏘는 경우처럼, 심하게 말해서 인간의 이타성도 결정된다고 하는 편이 합리적이겠지.

하지만 인간은 친족을 돕지 않고 생식 기회를 포기하거나 스스로를 희생시키면서도 대가를 바라지 않을 때가 있어. 다른 사람에게 구명보트 자리를 양보하거나 모르는 아이를 구하기 위해 얼음물에 뛰어드는 사람들이 있거든. 소대원들을 구하기 위해 수류탄을 들고 적진으로 뛰어든 군인도 있고. 가미카제kamikaze는 폭탄을 실은 비행기를 몰아 미군 전함을 들이받았어. (진화론적 관점에서) 이런 특이 행동의 한 가지 원인은 인간이 집단의 압력에 대단히 취약하다는 사실이야. 가미카제는 집단의 압력에 부정적으로(협박에 의해) 그리고 긍정적으로(영광과 명예를 약속받고) 영향을 받은 사례지. 그런데 이것 역시 자살 폭탄 행위를 정해진 것으로 만드는 요인일까? 그렇지는 않을 거야. 일본인 비행사가 전부 가미카제의 흰색 머리띠를 매지는 않았으니까. 그리고 아이가 물에 빠졌다고 해서 모든 사람이 호수에 뛰어들지는 않아. 혹자는 이런 이타적 행동이 혈연관계가 아니더라도 유전자를 많이 공유하는 단일 민족 집단에서 자주 나타난다고 말하는데, 그렇다면 집단의 성격이 이기적 유전자의 영향력을 약화시켰을까?

하지만 그런 관점으로도 설명할 수 없는 이타적 사례들이 있어. 많은 사람들이 개발도상국을 돕기 위해 자선단체에 기부해. 개도국 국민은 우리와 가까운 관계도 아니고 그들에게 어떤 보답을 기대할 수도 없지. 오직 인간만 이런 '순수한' 이타적 행동을 하는데 진화학자들은 이런 행동에 대해 어떤 설명도 하지 못하고 있어."

문득 나 혼자 떠들고 있다는 사실을 깨달았다. 뒤돌아보니 몬티가 10미터쯤 떨어진 곳에 지쳐 누워 있었다. 내가 그쪽으로 가서 녀석을 안았다.

"네 다리가 얼마나 약한지 잊고 있었네. 아무튼 술집에 다 왔다."

이곳이 내 종착지였다. 몇 년 전까지만 해도 강변에 있는 이 예스러운 하얀 색 건물의 술집에 홀로 혹은 친구 하나와 자주 왔었다. 이 건물을 볼 때까지는 여기가 내 종착지라고 의식하지 못했었다.

"한잔할게." 내가 말했다.

❧ 과자도.

아직 시간이 일러서 야외에 자리가 많았다. 몬티를 매어 놓고 맥주와 물을 가져왔다.

❧ 과자 사왔어?

"물론이지."

❧ 양파 치즈 과자?

우린 한동안 앉아 있었다.

여덟 명이 아슬아슬하게 노를 저어 움직이는 아주 작은 배 하나가 지나갔다. 울룩불룩 튀어나온 근육을 가진 남자 여덟 명이 노를 젓고 있었지만 배는 자꾸만 뒤로 갔다. 정말 우리는 보이지 않고 통제할 수 없는 힘에 의해 움직이는 저 배와 같을까? 아니, 배 끝에 편하게 앉아 있던 체구가 작은 남자는 예외다. 그는 그들이 어디로 가는지 알고 있다.

"어떻게 생각하니, 몬티? 우리가 계속 얘기한 자유 의지 말이야."

몬티가 과자를 반쯤 해치웠다. 녀석은 입 주위에 남은 과자 부스러기를 핥으면서 생각할 시간을 벌고 있었다.

🐾 개는 달라. 우린 그냥 행동해. 집배원 아저씨를 보면 짖고 가로등 옆에서 볼일을 보고 과자를 달라고 졸라대지. 이게 옳을까 그를까 따위의 생각은 안 해. 그냥 행동하거나 말거나지. 그래서 우리가 너네보다 훨씬 지혜로워. 너희는 옛날 영화에 나오는, 그러니까 방을 가득 채우는 커다란 컴퓨터 같아. 질문이 들어오면 불이 깜빡깜빡하면서 웅 소리를 낸 다음에 답을 내놓지. 하지만 우린 최신식이야. 기다릴 필요가 없어. 데이터가 들어오면 바로 행동하지.

내가 녀석의 턱을 쓰다듬었다. 그러자 녀석이 등을 대고 누워 다리를 들었고 내가 녀석의 배를 간질였다.

🐾 이번엔 바로 답을 해봐, 친구. 너네 인간들은 정말 자유로워?

"글쎄. 내가 아까 마지막에 답을 이미 한 거 같은데. 우리 인생은 선택과 판단의 연속이라고. 그러려면 우리가 자유로운 존재여야 말이 되지. 그리고 거창하지만 모호한 **만물 결정론**은 점점 관심을 잃어가고…… 어쨌든 알겠어. 내 생각을 말해 줄 텐데, 일부는 합리적인 철학적 믿음이지만, 일부는 몽상가의 바람 같은 거야. 내 생각에, 인간은 완벽하게 양극단 사이에 매달려 있는 독특한 존재야. 우선, 인간을 순수한 윤리적 기계로 상상할 수 있어. 뭐랄까, 항상 옳은 일만 하도록 설정된 천사와 같지. 그래서 철저하게 이성적이고 냉철하고 계산적이야. 순수 이성을 가진 칸트식 기계지만 사랑은 없어. 그 반대편에는 탐욕적인 짐승이 있어. 아냐. 너 말고. 몬티, 넌 특별하지. 아무튼 이 게걸스러운 짐승은 이해할 수도 통제할 수도 없는 힘에 이끌려 충동적으로 먹고 싸우고 짝짓기해. 혐오스러운 존재지만 색다른 욕구를 가지고 있어. 사랑하는 상대에게 불필요한 친절을 베풀고 헛된 연민을 품기도 하지. 그리고 우리 인간은 그 중간에 있어. 우리는 짐승처럼 충동적으로 끔찍한 일들을 하고 싶어 하고 이따금 행동에 옮겨. 하지만 무엇이 옳은지 파악하고 그 길로 안내하는 천사도 있어. 그런데 천사만 있다면 무시무시한 일이 일어날 거야. 선을 실현한다는 명분으로 천사가 저지를지 모를 끔찍한 일에는 뭐가 있을까? 아, 미안. 이것도 자유와 관련된 이야기야. 짐승과 천사는 각각 어둠과 빛에 눈이 멀어 있기 때문에 둘 다 자유롭지 못해. 하지만 그 둘 사이에 희박하지만 자유가 존재할 가능성이 있어. 헤라클레이토스가 뭐라고 말했었지? 평형 상태를 이룬 활이었지. 다이빙 선수가 다이빙대에서 튀어 올라 공중에 머무는 순간, 잠시 동안 중력이 사라지고 철저하게 자유로운 상태……"

😺 그 다음에는 아래로 떨어지지……

내가 웃었다. "집에 갈 시간이지?"

😺 한잔 더 마셔.

"그래, 좋아."

다섯 번째 산책

초간단 논리 산책

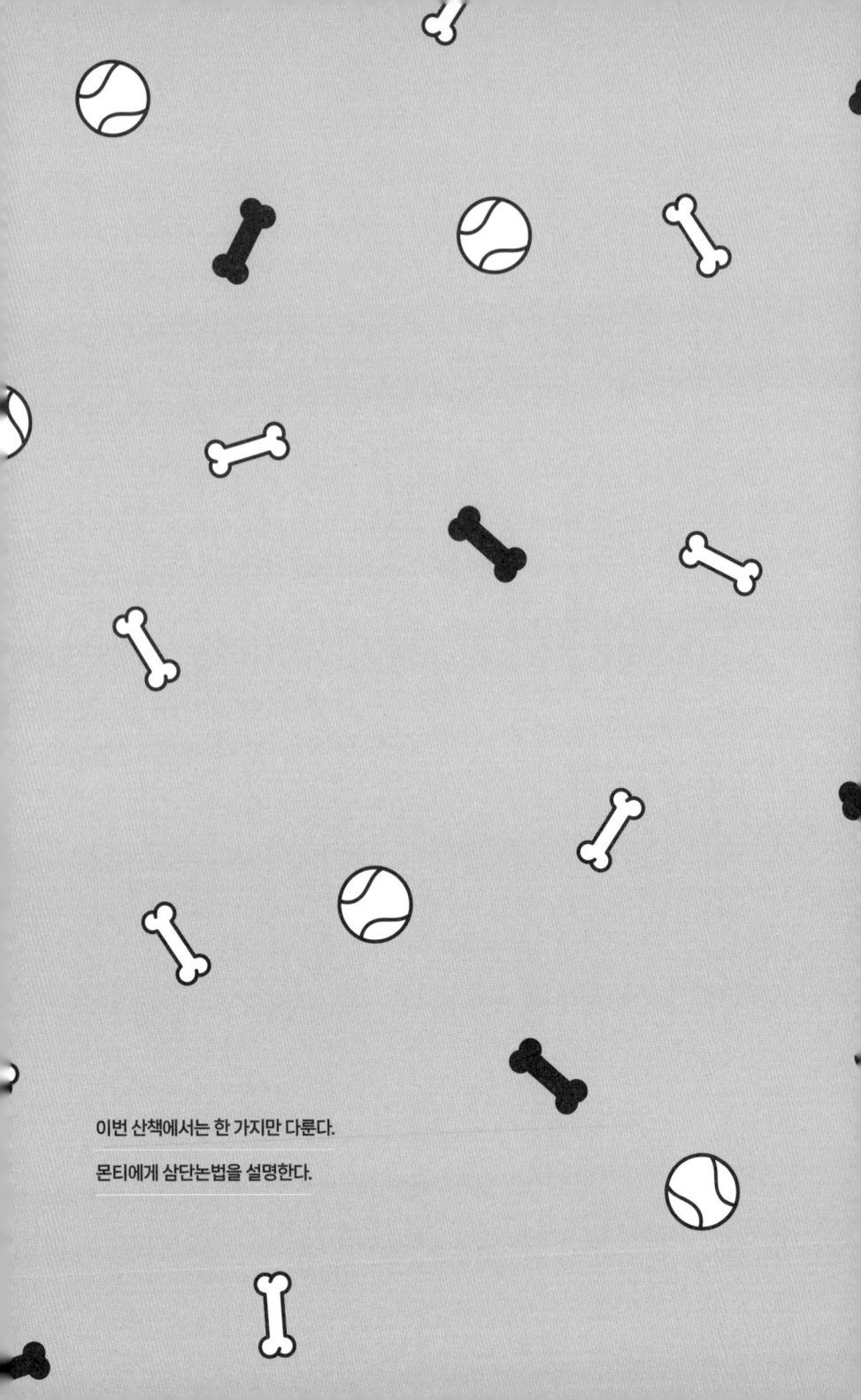

이번 산책에서는 한 가지만 다룬다.
몬티에게 삼단논법을 설명한다.

집에 우유가 떨어졌다. 우유 관리는 전등을 끄고 욕실의 거미를 인도적으로 처리하는 일과 더불어 내가 해야 할 일이다.

"뭐 하나 후딱 해치울까?" 내가 몬티에게 말했다. "같이 가게에 다녀오지 않을래?"

😺 좋아. 그런데 짧은 산책이야 긴 산책이야?

"시간 아까우니까 대화부터 시작하자."

😺 좋아. 하지만 빨리 끝내야 해.

"알겠어. 지금까지는 주로 거창한 질문들을 다뤘는데 이번 주제는 깔끔하고 자기 충족적이라고 할 수 있어. 바로 삼단논법이야."

😺 뭐……?

"아리스토텔레스가 체계화한 논법인데…… 아주 유용해."

😺 설명해봐.

이제 우리는 도로로 나왔다.
"좋아. 삼단논법은 전제 두 개와 결론 하나로 이루어져 있어. 전통적인 삼단논법에는 주로 일반 명제인 대전제와 소전제, 그리

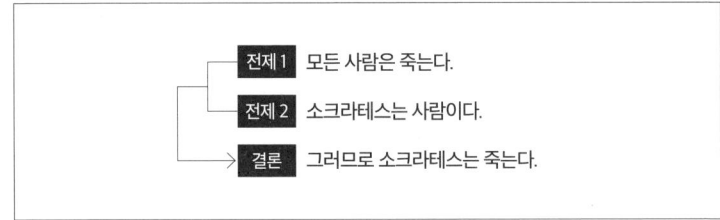

고 결론이 있지."

🐾 네가 예를 들어 주지 않으면 그냥 헛소리 같아.

"알겠어. 대표적인 예를 들어볼게.

모든 사람은 죽는다. (대전제)
소크라테스는 사람이다. (소전제)
그러므로 소크라테스는 죽는다. (결론)

이해했어?"

🐾 그런 것 같아.

"더 듣기 전에 전문 용어 몇 개를 정리해야 해."

🐾 또 시작이군.

"걱정하지마. 아주 간단한 용어들이야. 전제는 **참**일 수도 있고 **거짓**일 수도 있는데 나중에 좀 더 얘기하겠지만, 전제는 관찰이나 조사를 통해 내세울 수 있어. 결론은 **타당**할 수도 있고 **타당하지 않을** 수도 있어. 타당한 결론은 반드시 전제들에서 도출돼. 타당하지 않은 결론은……"

🐾 내가 맞혀볼게. 반드시 전제들에서 도출되지 않지?

"너 이 주제가 맘에 드는구나. 만약 전제가 참이고 결론이 논리적으로 도출됐다면 이 삼단논법은 **건전**sound하다고 할 수 있어. 이제 건전한 삼단논법의 예를 들어볼게.

    모든 개는 포유류다. (대전제)
    몬티는 개다. (소전제)
    그러므로 몬티는 포유류다. (결론)

만약 네가 모든 개는 포유류라는 전제를 인정하고, 몬티가 개라는 사실에 동의한다면, 넌 몬티가 포유류라는 결론을 받아들여야 해. 내 말 듣고 있지?"

🐾 응. 내가 포유류라는 사실을 네가 증명했지.

"너도 눈치챘겠지만, 대전제와 소전제에는 **중명사**middle term라고 하는 공통 단어가 들어가. 앞의 예에서는 '개'라는 단어가 중명사야. 그리고 결론은 대전제와 소전제에서 한 단어씩 가져오는데, 여기에서는 '포유류'를 대전제에서, '몬티'를 소전제에서 가져왔어.

어쩌면 이런 삼단논법이 화려한 궁정 무용처럼 몹시 딱딱하고 형식적으로 느껴질지 몰라. 또한 정밀한 기계와도 같은 삼단논법의 유용성이 전제의 진위에 좌우된다는 점에서 확실히 제한적이기도 하지. 말하자면, 쓰레기를 넣으면 쓰레기가 나오는 전형적인 예지. 그래서 사실상 삼단논법은 사람들이 이미 아는 것을 정리하고 거기에서 올바른 결론을 도출하도록 도울 뿐이야. 이것은 유용한 기능이며, 그 덕분에 끔찍하게 혼란스러운 상황을 깔끔하게 정리할 수 있어. 그런데 종종 전제들에서 결론이 타당하게 도출되지 않는 논증들을 접하게 돼. 혹은 전제들이 참이고 심지어 결론도 타당하게 도출됐지만 그 결론이 거부되는 상황도 있어. 두 상황에서는 상대방이 비논리적이라는 것을 지적함으로써 논쟁에서 승리할 수 있어."

🐾 멋지네. 하지만 논리에 의존하는 개가 많지는 않다는 점을 말해주고 싶은데……

"아마도 이 삼단논법은 언제 방향이 틀렸는지 보여줄 때 아주 유용할 거야. 이런 논증을 생각해 봐.

1. 몬티는 개다.

2. 몬티는 짖는다.

3. 모든 개는 짖는다.

이건 두 전제는 옳지만 결론이 타당하지 않은 예야. 1과 2로는 모든 개가 짖는다고 결론 내릴 수 없어. 이 논증은 일반 명제인 대전제 없이 '소전제' 두 개로 일반 명제인 결론을 도출했으므로 추론이 잘못됐어.

그리고 앞에서 말했듯이, 삼단논법이 참이냐 거짓이냐는 전제의 진위에 달려있어. 예를 들어볼게.

모든 개는 집배원 아저씨를 문다. (대전제)

몬티는 개다. (소전제)

몬티는 집배원 아저씨를 문다. (결론)

이 예는 대전제가 거짓이기 때문에 잘못된 논증이야. 모든 개가 집배원 아저씨를 물지는 않잖아. 그러므로 결론이 전제들에서 도출되었다는 점에서 논증이 타당하더라도 그 결론은 잘못됐어. 이제 삼단논법은 다 얘기했어. 어때, 어렵지 않았지?"

🐾 그런데 내가 그 미친 휘핏이랑 포장지를 두고 싸울 때는 별로 도움이 될 것 같지는 않아.

"나중에 인식론을 논할 때는 삼단논법이 유용할 거야. 그리고 어쨌든 전에 몰랐던 지식을 알게 된 건 좋은 일이잖아, 안 그래?"

왁자지껄 하교하는 아이들과 바쁘게 통화하는 보호자들로 거리가 채워지고 있었기에 몬티는 소리 없이 감정을 표현하는 어깻짓으로 내 질문에 답했다.

나는 와인 한 병을 샀고 우유는 잊고 말았다.

여섯 번째 산책

형이상학 개론: 새똥의 하얀 물질

이번 산책에서는 서로 연결된 두 가지 주제 중 하나인 형이상학을 다룰 예정이다. 형이상학은 실재의 본질을 묻는 다양한 질문들을 망라해서 다루는 학문이다. 먼저, 논의할 주제를 소개한 다음, 소크라테스 이전 철학자들이 세계를 구성하는 근본 물질을 무엇으로 보았고, 이 근본 물질들이 체계적으로 배열되는 방식을 어떻게 설명했는지 살펴본다. 마지막에 몬티는 '존재론'의 개념을 배운다.

간혹 목적이나 목표를 정하고 산책할 때가 있다. 이때 당신은 마음 속으로 가야 할 곳, 있어야 할 곳, 해야 할 일 등을 생각한다. 이런 목표 지향적 행동을 철학에서 **목적론**이라고 부른다는 사실이 떠오를 것이다. 앞에서 나는 목적론이라는 용어가 두 그리스 단어, **텔로스**(목표)와 **로고스**(이성)에서 유래했다고 말했다.

그런데 이 로고스는 좀 더 살펴봐야 한다. 로고스란 가장 단순하게 말하면 언어, 진술, 말한 것 등을 의미한다. 여기까지는 아무 문제가 없다. 하지만 로고스의 의미가 확대되기 시작하면 원래 갖고 있던 엄격한 개념에서 벗어난다. 소똥을 제 몸에 묻혔다던 헤라클레이토스는 남아 있는 글이 얼마 안 되는데, 그중 하나에서 로고스를 **사물의 본 모습에 대한 나의 설명 혹은 해석**의 의미로 사용했다. 그 후 로고스는 설명이라는 의미뿐만 아니라, 인간의 오성 understanding 과 이성까지 포괄하는 개념이 되었다.

그런데 이제 로고스는 전능한 존재가 되었다. 스토아학파는 전체 자연계를 지적이고 보편적인 이성을 가진 독립체 즉, 로고스 the Logos 가 통제하고 존재하는 곳으로 봤다. 기독교는 이성적 존재에 인간의 형상을 입혀 그리스도라 불렀다. 태초에 말씀(로고스)이 있었고, 그 말씀은 하나님과 함께 있었으니, 말씀이 곧 하나님이었다. 여기에서 로고스는 이해할 수 있는 말이라는 의미도 내포하는데, 이는 예수가 제한적인 이해력을 가진 우리에게 형언할 수 없고 이해할 수 없는 하나님의 존엄함을 가르쳐주기 위해 세상에 보내진 성자라는 점에서 그렇다.

😺 아, 저기요.

"아, 미안. 아무튼 산책은 따로 목적이 있을 때도 있고, 때로는……"

😺 그냥 산책이지.

그래서 몬티와 나는, 특별히 아파트에 사는 개는 반드시 산책이 필요하다는 점 외에 다른 목적은 생각하지 않고, 그냥 산책에 나섰다. 그런데 목적(몬티의 응급 화장실이 된 식탁 아래 마루를 청소하기 싫어서)이 있었다 하더라도, 목적지가 없었다는 점에서 이 산책은 목적론적이지 않았다. 그저 초저녁에 웨스트 햄스테드의 따분하고 눅눅한 거리를 따라 목적 없이 걷는 산보였다.

하지만 개의 입장에서 보면 이 거리는 전혀 따분하지 않다. 어디에서나 재즈가 들리는 뉴올리언스처럼 거리 곳곳에 흥밋거리가 가득했고 다양한 냄새가 흘러나와 주변을 감돈다. 그리고 거리에서 마주치는 개들은 끊임없이 즐거움이나 걱정거리를 제공했다. 녀석들은 서로 만나면 킁킁거리거나 으르렁거리고 입맞춤을 하거나 물며, 뒷걸음질치거나 적극적으로 공격하고, 짝짓기를 시도하거나 받아들이는 행동들을 한다. 이런 모습은 출간 기념회와 아주 비슷하다. 다만, 개 산책을 할 때는 견주들이 리드 줄을 풀어줘야 하고, 당황스러운 일이 생기면 영국인답게 경쟁하듯 사과의 뜻을 표현하느라 이리저리 움직여야 하는 번잡함이 추가된다.

형이상학은 무엇인가

😺 그래서 오늘 저녁 주제는 뭐야?

"흐음. 철학의 핵심 사상은 크게 세 가지로 나눌 수 있어. 우리가 어떻게 살아야 하는지 알려주는 철학이 있고……"

😺 윤리학 말이지. 그건 이미 다뤘잖아.

"다음으로 사물을 어떻게 알게 되는가, 무엇을 지식으로 간주할 것인가를 사유하는 철학이 있어. 이것을 인식론이라고 해. 이 주제는 다음 산책에서 다룰 거야."

😺 그럼, 오늘 저녁에는?

"마지막으로 형이상학이 있는데, 이 학문은 철학의 여러 위대한 하위 분야로 깔끔하게 분류되지 못하는 주제들을 두루 다뤄. 즉, 세상에 존재하는 것에 대한 중요하지만 모호한 질문들과 시공간의 본질, 그리고 심지어 신의 존재 같은 중요한 신학적 문제까지 형이상학의 주제라고 할 수 있어. 나는 왜 여기에 있는가, 그리고 대체 여기는 어디인가?라는 질문이 형이상학의 주제를 압축해서 보여주고 있어.

본래 형이상학의 개념은 좀 더 구체적이었어. 형이상학이라는 용어는 아리스토텔레스가 주제별로 나누어서 쓴 여러 권의 책에 후대 철학자들이 붙인 이름이었지. 문자 그대로의 의미는 '자연학 뒤after the Physics'인데, 여기에서 『자연학』은 주로 자연계에서 일어나는 운동과 변화를 설명해 놓은 아리스토텔레스의 자연과학서야. 형이상학이란 그 내용이 『자연학』의 범위를 넘어선다는 의미일 수도 있고 단순히 『자연학』 다음에 읽어야 한다는 의미일 수도 있어. 아니면 책장에 꽂을 때 그냥 『자연학』 옆에 둔다는 뜻일지도 모르고.

『형이상학』에서 아리스토텔레스가 직접 내린 형이상학의 정의는 **존재 자체**를 연구하는 **제1철학**이야. 이를 달리 표현하면, 형이상학의 주제는 존재야. 즉, 세상에 무엇이 존재하고, 어떤 사물의 범주가 있는가를 사유하지. 또한 아리스토텔레스는 '변하지 않는 것'을 연구한다고 말했는데, 이는 『자연학』에서 다루는 변화에 대한 '과학'과는 상반돼. 또한 그는 '사물의 제1원인first causes of things'도 주제로 삼는다고 말했어.

형이상학의 하위 분야로 범위를 좁혀서, 예컨대 **존재**에 관한 질문을 다루는 학문을 오늘날 주로 **존재론**이라고 부르는데, 이 멋진 용어는 입에 올리기만 해도 사람을 지적으로 보이게 해. 한번 발음해 봐."

🐾 존재론

"잘했어. 좀 더 똑똑해진 느낌 안 들어?"
몬티가 귀를 쫑긋했다.

😺 나 원래 똑똑한데……

"존재론(무엇이 있는가?)은 까다롭고 파악하기 힘든 사상(존재라는 말의 개념이 잘 다가오지 않을 거야.)이지만, 인식론(무엇을 지식으로 간주하고, 어떻게 지식을 얻는가?)과 비교해보면 도움이 될 거야. 가령 네가 '저녁거리로 뭐가 있지?'라고 묻는다면, 그 질문은 존재론의 영역에 속해. 그리고 그 질문에 내가 '글쎄. 집에 가서 선반에 뭐가 있나 보고.'라고 답한다면, 이것은 인식론적 대답이지."

😺 더 말해 볼래?

"좋아. 새똥에 있는 하얀 물질은 뭘까? 이건 존재론적 질문이야. 넌 물질의 본질을 조사할 테니까."

😺 무슨 말인지 알 거 같아.

"그런데 내가 새똥에 있는 하얀 물질이 뭔지 어떻게 알아낼 수 있을까? 이건 인식론적 질문이야. 사물의 본질이 아닌 지식의 본질을 묻고 있으니까.
하지만 존재론과 인식론은 서로 밀접한 관계를 맺고 있어. 앞으로 보게 되겠지만, 네가 존재한다고 믿는 사물들(존재론)은 어떤 도구를 사용하고 어떤 원칙을 적용해서 그것들을 찾아야 하는지(인식론)를 좌우해. 만약 네가 인식론에 대해 어떤 입장을 가지고 있다면(진리란 이성을 사용해야만 드러날 수 있다는 입장 혹은 반대로 감각을 통해서만 지식을 발견할 수 있다는 입장), 이는 저 밖에서 발견되기를 기다리는 어떤 사물에 대한 이론을 제시하는 일이야. 알겠지?"

🐾 저기, 저녁에 뭐 먹을 거야?

"새똥."

🐾 뭐라고!?!

"아, 아냐. 미안. 아까 했던 얘기를 계속 생각하느라. 처음에 내가 존재론을 이야기할 때 언급했던 새똥에 관한 질문을 생각하고 있는데. 구체적으로 말하면, 새똥에 있는 하얀 물질은 뭘까?"

🐾 무슨 말인지 모르겠어.

"너도 알다시피 어떤 사람은 별 생각 없이 그냥 새똥을 바라봐. 하지만 어떤 사람은 새똥을 주의 깊게 보면서 그 안의 하얀 물질이 뭘까 궁금해해. 이런 궁금증이 형이상학의 시작이야. 어쩌면 과학도 그렇고."

🐾 정말?

"그럼. 오늘날 우리가 초기 철학자라고 부르는 사람들을 사로잡은 질문도 이 세상에는 어떤 것들이 있고, 그것들은 어떻게 체계화되고 배열되는가였어."

🐾 좀 더 얘기해 봐……

"철학은 알다시피 기원전 6세기에 지식의 중심지 두 곳에서 발생했어. 첫 번째는 오늘날 터키의 지중해 연안을 따라 자리 잡았던 이오니아Ionia였어. 기원전 약 10세기부터, 아테네 주변에 살던 그리스인들이 이오니아를 식민지로 삼아 밀레투스Miletus, 콜로폰Colophon, 에페소스Ephesus 같은 도시 국가들을 세웠고 이 도시들은 나중에 무역과 상업으로 번성했지. 이렇게 부유해진 도시 국가들은 일부 시민에게 일을 잠시 멈추고 주변을 둘러보며 사색하도록 시간과 기회를 제공하는 문화를 형성했어. 어떤 사람은 손으로 땅을 파서 손가락 사이로 흙이 흘러내리게 했어. 어떤 사람은 햇빛이 물 위에서 반짝이는 모습을 관찰하기도 했고. 그리고 달을 바라보면서 이런 질문을 던지는 사람도 있었지. '이 모든 것은 무엇으로 이루어졌을까?'

이런 초기 그리스인들의 사색이 **철학적**이 된 이유는 당시 사람들이 현상의 원인을 기존처럼 종교나 초자연적 설명이 아닌, 이성적이고 자연스러운 설명에서 찾으려 노력했기 때문이야(그 이전에는 천둥을 제우스의 치명적인 무기라고 생각했고, 지진은 분노한 제우스의 형제 포세이돈이 삼지창으로 땅을 내려찍어서 일어났다고 이해했어). 그리고 사람들은 증거를 들어 자신들의 생각을 뒷받침했고, 증거가 없을 때는 **이성**을 동원했어.

이른바 소크라테스 이전 시대 철학자들(소크라테스 등장 이전에 활동해서 그런 이름이 붙었지만, 일부는 소크라테스와 활동 시기가 겹치고, 일부는 만난 적도 있었어.) 중 상당수는 실용적인 사람들이었어. 그중 최초 철학자인 밀레투스학파의 탈레스Thales는 노련한 정치가이면서 자연과학도이자 천문학자였는데, 기원전 585년에 일식을 예언했다고 해(사실 난 좀 의심스러워).

탈레스에 관해 재미있는 일화가 있어. 많은 철학자들처럼, 그 역시 심각한 주제들을 사유하느라 돈을 벌 시간이 없었어. 이 때문에 탈레스는 세속적인 밀레투스인들에게 재미있는 인물로 인식됐지. 그는 지저분한 옷과 산만한 태도 때문에 조롱받았어. 그는 손에 닿지 않는 포도를 시다고 주장한 여우에 비유되기도 했어. 그런데 그는 기상氣象 지식을 이용해서 올리브가 풍년이 들 것을 예상하고는, 미리 올리브 압착기를 사거나 주변에 있는 압착기를 전부 대여한 다음, 수확기가 왔을 때 사람들에게 자신이 원하는 만큼 임대료를 받고 빌려줘서 큰돈을 벌었다고 해. 여기에서 핵심은 그가 돈을 벌 능력이 없어서가 아니라 돈보다 철학을 더 중요하게 여겨서 가난했다는 사실을 증명했다는 점이야.

소크라테스 이전 철학자들의 사유 방식

하지만 소크라테스 이전 철학자들이 흥미로운 이유는 이들의 실용적 기술 때문이라기보다 사유를 이론화한 방식 때문이야. 거의 모든 초기 철학자들이 우주의 기원과 우주의 복잡한 구조를 정교하게 설명한 우주론을 제시했어. 탈레스가 보기에 지구는 광활한 물 위에 떠있는 원반이었어. 아낙시만드로스Anaximander(기원전 610~546)는 원통형의 지구가 중심에 있는 무한한 우주를 가정했지. 즉, 우리는 윗면이 평평한 원통형 지구의 표면에, 바다로 둘러싸인 광활한 땅 위에 살고 있어. 아낙시만드로스의 지구는 우주에 자유롭게 떠있는 최초의 지구였고 그 주변에는 태양과 별과 행성들이 돌고 있어. 지지대가 없는 지구가 우주 '밑'으로 떨어지지 않는 이유에 대한 아낙시만드로스의 답을 보면, 소크라테스 이전 철학자들이 문제를 어떻게 해결하려 했는지 알 수 있어. 우주는 사방으로 무한 확장되기 때문에 지구가 어느 한 방향으로 움직일 이유가 없다는 거야. 아낙시만드로스는 지구가 '무관심indifferent'하다고 표현했는데, 이는 마치 콩과 당근, 생선튀김을 거부하는 까다로운 아이와 비슷해. 아마도 이것은 철학에서 최초로 **충족 이유율**principle of sufficient reason이 등장한 사례 같은데, 충족 이유율이란 일어나는 모든 사건에는 이유가 존재하고, 어떤 원인들에 의해 **야기되며** 그 원인들로 충분히 설명될 수 있어야 한다는 원리야. 아낙시만드로스의 사례에서는 지구가 아래로 떨어질 만한 타당한 이유가 없으니 떠있다는 거지.

아낙시만드로스의 뒤를 이은 사람은 아낙시메네스$_{Anaximenes}$였어. 아낙시메네스의 지구는 공기가 농축된 납작한 원반이고 나뭇잎처럼 빈 공간에 떠있어. 파르메니데스$_{Parmenides}$(기원전 515?~?)는 실재하는 모든 것은 하나의 구$_{sphere}$이며 그 안에서는 다양성도, 변화도, 시작도, 끝도 없다고 주장했어."

😺 뭐라고?

"그래, 맞아. 파르메니데스는 다른 사람들과 아주 달랐어. 무엇보다 이오니아 출신이 아니었지. 그는 소크라테스 이전 시대에 사상의 중심지로 내가 언급했던 남부 이탈리아와 시칠리아의 여러 그리스 도시들 중 한 곳 출신이었어. 마그나 그라이키아$_{Magna\ Graecia}$라는 이름의 이 지역 주민들은 무슨 이유에선가 이웃인 이오니아 사람들보다 현실에 덜 제약을 받았어. 파르메니데스는 세상에 대한 감각 정보를 믿으면 안 되고, 처음부터 끝까지 그리고 그 끝이 아무리 이상해도 이성을 믿고 따라야 한다고 말한 최초의 철학자였어. 그리고는 우리를 기묘한 곳으로 데려갔지.

파르메니데스의 철학은 **존재**$_{being}$와 **비존재**$_{non-being}$의 핵심 차이점이 무엇인가에서 출발하는데, 여기에서 존재란 있는 것이고, 비존재란 없는 것을 의미하지. 그는 말 그대로 존재하지 않는 것을 상상하는 건 불가능하므로 비존재는 존재할 수 없다고 주장해. 잘 따라오고 있어?"

😺 뭐, 거의……

"그런데 비존재가 존재하지 않으면, 이상하지만 불가피한 어떤 결과들이 발생해. 비존재가 존재하지 않으면 존재 즉, 있는 것이 성립할 수 없게 되는데, 그 이유는 존재란 그 전에 비존재였던 때가 있었다는 의미니까(그런데 우리는 이미 앞에서 비존재는 상상할 수 없으므로 존재할 수 없다는 데 동의했었지). 그리고 그와 같은 이유로(비존재를 수반하므로) 존재에 끝이란 있을 수 없어. 따라서 우리 우주는 시작이나 끝이 없이 영원해. 우주는 시간이 앞뒤로 늘어날 뿐만 아니라 범위 역시 무한해. 세계의 크기가 유한하다는 상상은 경계 너머에 비존재가 있다는 의미이므로, 다시 한번 상상할 수 없는 것을 상상하는 일이야. 하지만 기묘한 일은 아직 시작되지도 않았어. 날마다 우리는 주변에서 형태를 갖춘 개별 사물들, 예컨대 사람, 개, 가로등, 자동차 등을 인식해. 하지만 이런 개별 사물을 '보는' 일은 틀림없이 또 다른 환영이야."

😺 정말?

"응, 왜냐하면 내가 없고 네가 있다는 건, 나도 없고 너도 없는 빈 공간이 반드시 있다는 의미이기 때문이야. 즉, 비존재가 있어야 하지. 그런데……"

😺 비존재는 존재할 수 없지!

"잘했어! 재료stuff에는 젖은 것, 마른 것, 무거운 것, 가벼운 것 등 다양한 종류가 있을 수 없어. 하얀 새똥과 검은 새똥도 마찬가지야. 뭐랄까, 물질substances도. 왜냐하면 만약 한 개 이상의 물질이 있다면, 그 하나의 물질이 존재하지 않는 빈 공간이 있어야 하니까. 그래서 우리의 우주는 끝도, 한계도, 변화도 없으며 단 하나의 재료 혹은 단 하나의 물질만 있어."

🐾 헛소리 같은데.

"아, 맞다. 그리고 운동도 있을 수 없어. 만약 우리가 움직이면, 그것은 아무것도 없는 공간 즉, 비존재의 공간으로 들어갔다는 의미거든. 그래서 운동은 독립된 물체의 존재처럼 하나의 환영이라고 할 수 있어.

파르메니데스가 시간과 운동, 그리고 다수라는 개념이 환영이라고 주장했을 때 거기에 담긴 의미 중 일부는 그의 제자인 제논Zeno의 역설에 잘 나타나 있어. 원래 제논의 역설은 40여 개가 있었지만 오늘날에는 그중 소수만 전해지고 있지. 가장 유명한 역설은 아킬레스Achilles와 거북이의 이야기야. 발이 빠르기로 유명한 아킬레스는 경솔하게도 거북이와의 달리기 시합에 응했어. 아킬레스는 거북이가 달리기를 하자고 했을 때 뭔가 비책이 있겠거니 하고 미리 알아챘어야 해. 하지만 어리석고 순진한 아킬레스는 오히려 거북이에게 자기보다 앞선 자리에서 출발하라고 했지. 출발은 두 사람이 함께했고. 아킬레스는 거북이를 쫓아가서 둘의 거리를 반으로 줄였어. 그러는 동안 거북이는 느릿느릿 걸어서 원래 거리의 반보다 조금 더 앞서 있었지. 한 번 더 아킬레스는 둘의 거리를 반으로 줄였어. 하지만 그 지점에 도달했을 때 거북이는 다시 반보다 조금 더 앞에 있었어. 또 한 번 아킬레스가 거리를 반으로 줄였지만 거북이도 조금 더 앞으로 갔지. 따라서 둘 사이의 거리는 점점 줄어들지 모르지만 아킬레스는 결코 거북이를 따라잡지 못할 거야."

몬티가 몹시 의심스럽다는 표정을 지었다.

"네가 무슨 생각하는지 알아. 물론 아킬레스는 거북이를 따라잡을 수 있어. 모든 역설은 상식으로 논박될 수 있어. 어떤 이는 날아가는 화살이 결코 과녁에 닿지 못한다고 말해. 과녁이 있는 곳의 중간 지점에 도달하려면, 먼저 4분의 1 지점에 도달해야 하고, 그 4분의 1 지점에 도달하려면, 먼저 8분의 1 지점에 도달해야 하고, 그 8분의 1 지점에 도달하려면 먼저 16분의 1 지점에 도달해야 하지. 그런 식으로 무한 반복돼.

견유학파였던 디오게네스는 제논의 강의를 듣다 조용히 자리에서 일어나 밖으로 나감으로써 그의 주장을 '반박'했어. 이 이야기를 읽을 때마다 난 늘 그 심술쟁이 현자가 격렬하게 반대한다는 표시로 제논 앞에서 치마를 들어 올리고 엉덩이를 흔드는 상상을 하곤 해. 하지만 파르메니데스 사상의 핵심은 '상식'이나 현실에 대한 인식에 의존하지 말라는 것이지. 오직 이성만 우리를 진리로 인도하므로, 역설은 치마를 펄럭이거나 강의를 박차고 나가는 행동이 아닌, 이성과 논리로 풀어야 해."

🐾 그래서 해답은……?

"사실, 오늘날까지도 그 문제는 사람들을 곤혹스럽게 하고 있어. 하지만 두 가지 해결 방법이 있긴 해. 하나는 미적분을 이용한 수학적 해결 방식인데, 이는 과거에는 없었던 방식이야. 라이프니츠Leibniz(1646~1716)와 뉴턴이 미적분을 발명하기까지 2,000년을 더 기다려야 했으니까 어쩔 수 없었지. 또 다른 해법은 수학이 아닌 물리학에 기초를 두고 있어. 제논의 역설은 운동과 시간 모두 영사기의 필름처럼 무수히 많은 정지된 순간으로 쪼갤 수 있다고 가정해. 그래서 만약 필름 구동을 멈추면 움직이던 물체는 특정 시점과 특정 공간에 멈춰 있게 되지. 하지만 현실에서는 이런 정지된 순간이 존재하지 않아. 그렇다고 운동한다는 의미는 아니야. 움직이는 물체는 늘 어딘가로 이동하는 과정에 있지. 제논이 입자처럼 상상한 운동이 유동성을 띠는 순간 무한 후퇴의 가능성은 사라지지. 하지만 이것은 파르메니데스와 제논에 대해서 필요 이상으로 깊게 들어간 내용이야. 이 둘이 다시 등장하긴 하지만……

소크라테스 이전 시대 철학자들의 공통점은 사물을 좀 더 단순한 원소로 설명하고 근본 원리나 제1원인, 혹은 사물의 구성 요소 등을 발견하고 싶은 욕구가 있었다는 것이야. 그래서 온갖 종류의 흥미로운 우주론, 무한한 우주에 떠있는 원통형 지구 등은 가장 기초가 되는 요소들이 무엇인지 먼저 규명하고, 그 다음에 이것들을 논리적으로 체계화한 사상이야. 혹은 사유를 통해 확립한 사상이었지. 탈레스에게 세상의 근원은 물이었어. 즉, 만물이 물에서 나와서 땅처럼 굳어지거나 공기처럼 엷어졌다는 얘기지. 탈레스 이후에도 소크라테스 이전 철학자들은 모두 같은 시도를 했어. 아낙시메네스는 만물의 근원을 공기라고 생각했어. 공기가 희박해지면 불이 나고 공기가 응축되면 구름이나 물, 바위가 된다고 봤지. 또 다른 이오니아 사람인 크세노파네스Xenophanes(기원전 560?~478?)는 우주의 역사를 습한 것과 건조한 것의 장대한 투쟁으로 생각했고, 두 시대가 번갈아 가며 세상을 지배하되, 생명체는 오직 습한 시대에만 존재했다고 봤지. (인간을 포함해서) 생명체는 이런 투쟁 과정을 거치면서 끊임없이 재생되었어. 아낙시만드로스는 다른 접근법을 취했어. 그는 그동안 중요하게 여겨졌던 다양한 원소들을 그 자신이 무한하다고 부른 어떤 위대한 독립체의 부산물로 봤어.

엠페도클레스Empedocles(기원전 490?~430)는 몇몇 초기 철학자들의 생각을 통합해서 이론을 만들었고 17세기 현대 과학의 탄생에 지대한 영향을 미쳤는데, 이는 아리스토텔레스가 그의 이론을 취해서 수정한 덕분이었어. 엠페도클레스는 우주가 땅, 불, 공기, 물 등 네 가지 원소로 이루어져 있고, 사랑과 투쟁이라는 두 영원한 힘에 의해 하나로 합쳐지거나 해체된다고 생각했어. 이 두 힘은 원소들을 끊임없이 결합했다가 쪼개는 과정을 반복해.

소크라테스 이전 철학자들은 물질계에 대한 이론뿐만 아니라 신성에 대해서도 흥미롭고 도발적인 견해를 제시했어. 그리스 신들은 늘 의인화됐는데……"

🐾 뭐라고?

"아. 의인화란 인간이 아닌 대상에 인격을 부여하는 것을 말해."

🐾 이상한 일 같아.

"맞아. 하지만 신들을 이야기할 때 의인화하지 않는 건 어려워. 그리스인들은 신들을 신성한 힘을 가진 영웅적 모습과 욕망, 탐욕, 분노 같은 인간의 나약한 속성이 뒤섞인 존재로 봤어. 소크라테스 이전 철학자들은 현상 이면의 진리를 밝히려 했던 사람들이므로, 이들이 고니로 변신해서 여성을 유혹하거나 질투심 많은 아내들에게 휘둘리거나 재미로 인간들을 괴롭힌 신들을 좋아하지 않았다는 사실은 별로 놀랄 일도 아니지. 탈레스는 신성으로 채워진 우주를 상상했는데 달리 해석하면, 만물을 신들의 소유라고 생각했지. 그런데 동물과 식물에만 생명이 있다는 생각은 실수가 아니었을까? 자석은 철을 끌어당기는데, 이것이 혹시 자석에 생명력이나 영혼이 있다는 증거가 아닐까? 크세노파네스는 신은 오직 하나이며 육체가 없는 존재라고 주장했어. 그는 인간이 자신의 모습대로 신을 창조하려는 성향을 비웃었지. 그러면서 만약 소나 말, 사자가 손이 있어서 그림을 그릴 수 있다면, 이것들 역시 제 모습대로 신의 모습을 표현할 것이라고 말했어."

🐾 개들은……?

"글쎄. 크세노파네스가 명확히 개를 언급하지는 않았지만 개도 마찬가지겠지. 그리고 좀 다른 얘기지만, 우리 친구 엠페도클레스는 **자신**이 신이며 병자를 치료할 수 있고 날씨를 화창하게 만들 수 있으며 죽음의 손아귀에서도 벗어날 수 있다고 주장했어."

🐾 그럼, 그가 아직 우리랑 같이 있다는 말이야?

"하하, 아니지. 난 엠페도클레스에게 약간 사기꾼 기질이 있었다고 생각해. 그에 관해 놀라운 이야기가 하나 있어. 그는 자신이 신이기 때문에 죽지 않는다고 주장했는데, 늙어서 병이 들었을 때도 그 생각이 뇌리를 떠나지 않았나봐. 고대 그리스인들은 사후의 명성을 중요하게 생각했지. 앞에서도 봤지만 아리스토텔레스는 개인의 행복이라는 개념이 무덤에 들어간 이후에 벌어지는 일까지 포함할 정도로 광범위하며, 사후에 비웃음을 사는 사람은 절대 행복할 수 없다고 생각했지.

그러니까 만약 엠페도클레스가 평범하게 죽어서 품위 없이 부패한 시신으로 발견된다면 신으로서의 명성은 큰 타격을 받게 되겠지. 그래서 엠페도클레스는 죽음이 임박했음을 느꼈을 때 자취를 감춰서 신성을 증명해야겠다고 생각하고, 에트나산(동네에 있던 화산) 정상에 몰래 올라가 분화구에 몸을 던졌어. 하지만 안타깝게도 엠페도클레스의 독특한 청동 신발 한 짝이 발견됐는데, 이 신발은 분화구에서 튀어 올랐거나 사람들이 현관 앞에 진흙투성이 신발을 벗어두는 것처럼 그가 분화구로 뛰어들기 전에 입구에 얌전하게 벗어 놓았기 때문이지. 엠페도클레스의 죽음을 덜 냉소적으로 다룬 문헌에는 그가 환생에 대한 자신의 신념을 증명하고자 분화구에 몸을 던졌다고 적혀 있어. 그가 불구덩이 속으로 뛰어내리면서 '돌아오겠다.'고 외쳤대."

몬티가 고개를 들어 '의심하는 도마Doubting Thomas'처럼 날 쳐다봤다. 그리곤 이렇게 말하는 것 같았다.

🐾 안다고 말하기에는 너무 옛날 사람들 아냐.

"맞아. 지금 나는 그 철학자들의 사상을 자신 있게 설명하고 있지만, 실은 그들 대부분의 생각을 오직 일부만, 그것도 간접적으로 전해 들었을 뿐이야(예외적으로 파르메니데스는 『자연에 관하여On Nature』라는 방대한 저서를 남겼고, 엠페도클레스는 몇 백 줄로 이루어진 장편시 두 편, 「정화Purification」와 「자연에 관하여On Nature」를 남겼어). 우리가 소크라테스 이전 철학자들에 대해 알고 있는 내용 대부분은 후대 철학자들이 이들의 사상을 인용하고, 옹호하고, 논박한 결과물이지. 이런 후대 철학자들 중 가장 중요한 인물은 아리스토텔레스였는데, 그는 주로 고대 철학자들이 틀렸다는 점을 지적하기 위해 이들을 언급했어."

🐾 그 사람들의 생각은 대부분 잘못된 것 같은데……

"그래도 소크라테스 이전 철학자들의 급진적 사상이나 물질계를 이해하려는 이들의 노력을 과소평가하면 안 돼. 그들은 분석을 통해 세상을 이해하려고 했는데, 정확하게는 복잡한 것을 구성 성분들로 나눈 다음 이것들이 결합하거나 변형될 때 어떻게 주변의 익숙한 사물들로 바뀌는가를 보여주었지. 그리고 여러 면에서 이들의 업적은 대단히 인상적이었어. 그들은 동시대인들이 대부분 믿었으며 대대로 전해내려 온 세계관을 거부했고, 관찰과 사유와 추론을 통해 '신들이 그렇게 만들었다.'라는 말 대신 더 나은 답을 찾으려 애썼지. 그들의 행동은 철학보다 과학에 더 가까웠다고 말할 수 있어. 그리고 그 점은 이들의 업적임과 동시에 비극이야. 아무도 그들의 매혹적이고 기이한 우주론과 공간에 매달려 있는 원통형 지구, 물 위에 떠있는 원반 등을 믿지 않았거든. 제논의 역설은 여전히 똑똑한 사람들을 괴롭히고 있지만, 오늘날 스포츠 과학을 공부하는 사람은 운동 능력을 향상시키기 위해 아킬레스를 앞질렀던 거북이의 방식을 사용할 수 없어. 과학은 철학이 하지 못하는 방식으로 낡은 이론들을 제치고 계속 발전해. 하지만 철학에서는 낡은 사상일지라도 사라지지 않아. 낡은 사상들이 제시한 답은 만족스럽지 않아도, 그것들이 던진 질문은 여전히 신선하지."

🐾 그건 좋은 거 아냐?

"철학적 질문들이 명확한 답을 내놓지 못한다는 점이 좋으냐고? 아니. 난 그게 좋다고 생각하지 않아. 하지만 그렇다고 완전히 나쁜 것도 아냐. 너, 그렇게 눈알 굴리지마. 어쩌면 철학이 던지는 질문은 단 하나의 간단한 답이 있는 질문이 아닐지 몰라. 그리고 우주의 본질처럼 사실에 근거한 답을 수용할 수 **있었던** 질문들은, 글쎄, 이런 질문들은 답을 얻었지. 현대 물리학자들은 우주의 구성 물질에 대해 우리가 알아야 할 지식을 충분히 알려주고, 현대 천문학자들은 우주가 어떤 모습이고 어떻게 시작되었으며 어떻게 끝이 나게 될지를 알아.

현대 과학은 한때 철학의 한 분파였던 수학 덕분에 발전할 수 있었어. 소크라테스 이전 철학자들 중에서 아마도 가장 수수께끼 같은 사람은 피타고라스Pythagoras(기원전 570?~500/490)야. 오늘날 그는 주로 수학자로 기억되지 환생을 믿고 콩 섭취를 해롭게 여긴 사람으로는 기억되지 않아. 플라톤은 피타고라스의 영향을 많이 받았는데 자신의 철학 아카데미 입구에 '기하학을 모르는 자는 들어오지 말라.'고 써놓았다고 해. 데카르트와 라이프니츠도 훌륭한 수학자였고.

어쩌면 철학은 일종의 정신병원일지 몰라. 환자들이 들어왔다가 건강해지면 떠나지. 하지만 그들은 생산적으로 살기 위해 세상으로 나가기 때문에 철학은 그렇게 많은 사람을 치료하고도 공을 인정받지 못해."

몬티는 아무 말도 하지 않았지만, 나는 녀석이 이런 추론 방식을 거부한다는 느낌이 들었다. 그러다 또 다른 소크라테스 이전 철학자가 생각났다.

너무도 현대적인 데모크리토스

"우리가 논한 유사 과학의 대부분은 오늘날 자주 언급되지 않아. 하지만 예외가 한 명 있어. 또 다른 이오니아 출신 철학자 데모크리토스Democritus(기원전 460?~370?)는 마그나 그라이키아와 그 밖의 다른 지역에 살면서 좀 더 사색적이었던 철학자들보다 근거를 중요하게 생각했어. 그는 스승인 레우키포스Leucippus의 사상에 착안해서, 물질은 작고 보이지 않으며 허공에 떠다니는 소립자들로 이루어져 있다고 주장했어. 그에 따르면 세계의 만물은 그런 **원자들**로 만들어졌어. 원자란 물질을 상상 속 칼로 자르고 잘라서 어떤 날카로운 칼로도 더이상 쪼갤 수 없는 상태를 말해. 원자는 분해할 수 없고 파괴할 수 없으며 변하지 않아. 원자는 모양이 다양하고, 이 모양이 원자들로 이루어진 물질의 속성을 결정해. 가령 철과 금처럼 무겁고 밀도가 높은 금속은 원자들이 서로 긴밀하게 연결되어 있어. 그와 반대로 물을 이루는 원자들은 미끈거리고 서로 헐겁게 연결되어 있어. 그리고 불과 영혼을 구성하는 원자들은 활동적이고 순환적이지.

데모크리토스는 유물론자였는데, 그 의미는 원자와 원자들이 움직이는 공간이 그에게 전부라는 뜻이야. 그의 우주는 비물질도, 천국도, 신들도 인정하지 않았지. 실제로 데모크리토스는 신이 인간을 만든 것이 아니라 인간이 신을 만들었다고 말한 최초의 사람이기도 해.

어떻게 보면 데모크리토스의 이론은 대단히 현대적이고 현실을 정확히 설명하는 과학과 확실히 비슷하지만 현대적 의미에서 과학 이론은 아니야. 데모크리토스는 실험을 하지 않았고 엄격한 기준에 따라 가설을 검증하지도 않았거든. 그는 세상을 관찰하고 추측했을 뿐이야.

그의 논증은 이런 식이야. 우리 주변의 모든 것은 쇠퇴해. 생명체는 죽고, 바위는 부스러지며, 물은 증발하고, 나무는 썩지. 그러나 여전히 생명체와 바위와 물과 나무가 있어. 그 확실한 이유는 이것들을 구성하고 있는 궁극적 물질이 사라지지 않기 때문이야. 그리고 시간이 가면서 그 궁극적 물질은 개량될 것이므로 생명체, 바위, 물, 나무 등 모든 것도 재생될 거야. 데모크리토스는 끊임없이 파괴되고 개량되는 세계들로 채워진 우주를 상상했어.

만약 데모크리토스의 이론이 고전 철학 사상들과의 경쟁에서 승리했다면 현대 과학의 탄생에 버금가는 업적을 이루었을지 몰라. 하지만 그의 이론은 패했어. 우주론은 세상이 엠페도클레스의 4원소인 불, 물, 흙, 공기로 이루어졌다는 견해에, 우주 공간이 '에테르$_{ether}$'라는 물질로 채워졌다는 내용이 추가돼 정설이 되었고 뉴턴에게로 이어졌어.

그렇게 된 주된 이유 중 하나는 아리스토텔레스가 그 이론을 지지했기 때문이야. 아리스토텔레스의 『자연학』(그는 정말 거의 모든 것을 연구했어.)은 고대와 중세의 세계관을 확립했어. 천재성과 영향력 면에서 아리스토텔레스의 경쟁자는 딱 한 명밖에 없었어. 이제 플라톤을 이야기할 때가 됐다."

🐾 저녁 식사에 관해 얘기할 때가 됐어.

아, 그러고 보니 너무 오랫동안 뒷골목을 배회했다. 가로등과 차량 불빛이 드리운 그림자들이 사방에 얽혀 있었다. 퇴근하기 시작한 사람들이 바쁘게 도로를 오갔다. 더는 철학을 논할 시간이 없었다.

"좋아. 이제 집에 가자."

🐾 그리고 저녁밥도.

"그리고 저녁밥도 먹어야지."

🐾 그런데, 잠깐.

"왜?"

🐾 새똥의 하얀 물질은 뭐야?

"아. 그것도 그냥 새똥이야."

일곱 번째 산책

형상론과 보편 논쟁

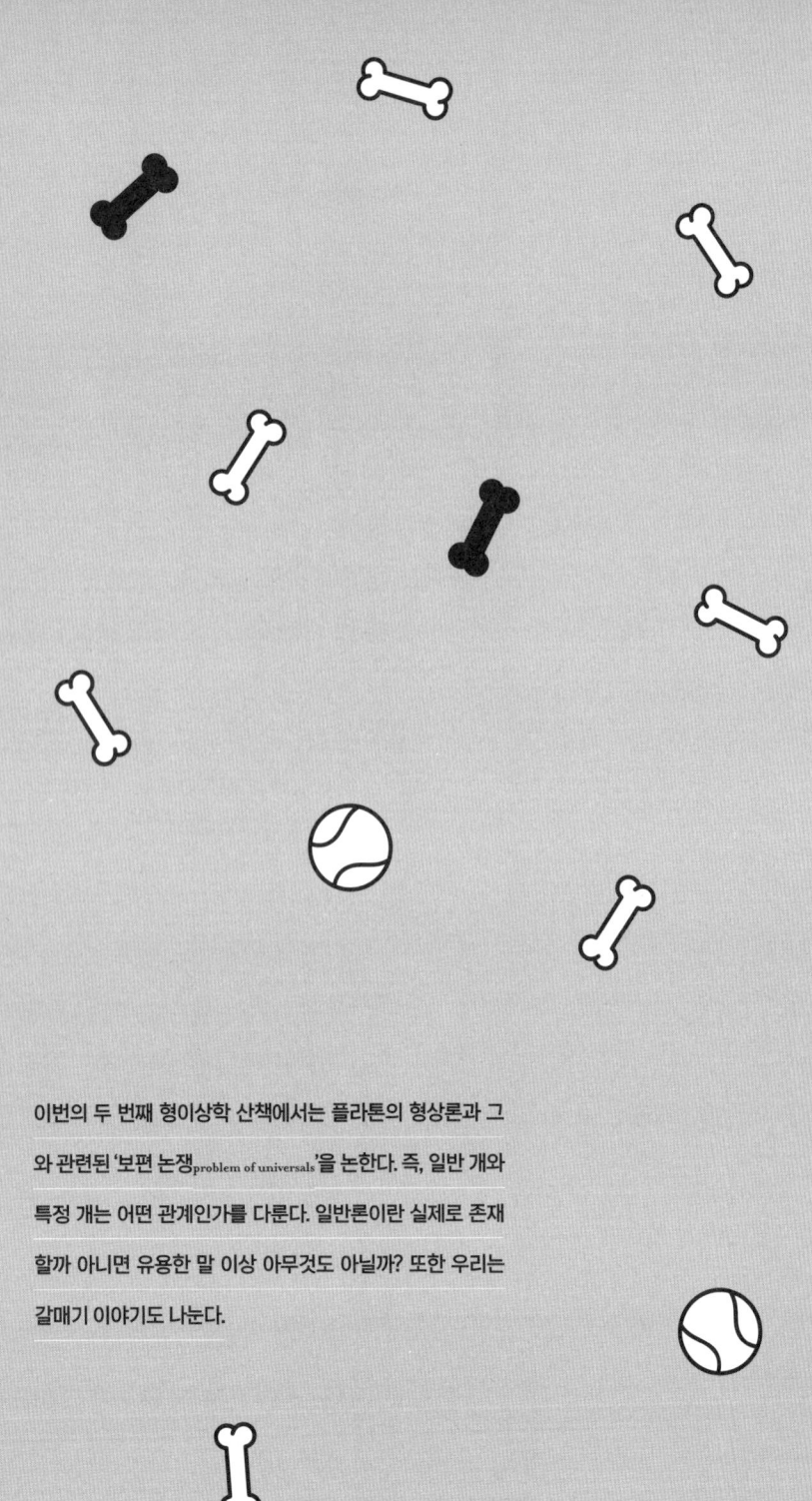

이번의 두 번째 형이상학 산책에서는 플라톤의 형상론과 그와 관련된 '보편 논쟁problem of universals'을 논한다. 즉, 일반 개와 특정 개는 어떤 관계인가를 다룬다. 일반론이란 실제로 존재할까 아니면 유용한 말 이상 아무것도 아닐까? 또한 우리는 갈매기 이야기도 나눈다.

몬티는 어리고 명랑했을 때도 지난번 산책에서처럼, 그것도 겨울철에 그렇게 열정적인 모습을 보였던 적이 없었다. 요즘 녀석은 추운 날씨에 끌려 나오는 일을 격렬하게 싫어했다. 나는 여느 때처럼 밝은 목소리로 "산책가자!"고 외쳤지만 녀석이 신나게 바닥을 긁는 소리는 들리지 않고 주변이 조용했기에 내가 녀석의 자리로 가야 했다. 몬티는 내 침대에서 자고 있었다. 내 잠옷을 보금자리 삼아 녀석이 제일 좋아하는 씹기용 장난감인 치실 상자와 양 인형을 옆에 둔 채 잠을 자고 있었다. 나는 치실을 더 사야겠다고 속으로 생각했지만, 아마도 까맣게 잊고 있다가 몬티 냄새가 나는 치실을 쓰고 나서야 치실을 구입하기로 한 걸 기억해 낼 것이다.

"이리 와, 친구. 형이상학 얘기를 마저 해야지." 내가 말했다.

몬티가 애절한 표정을 지었는데, 이렇게 궂은 날씨에 자신을 밖으로 끌고 나가려 하다니 너무 심하지 않냐는 의미였다.

우리는 이 시간이면 인적이 끊기고 어두워지는, 모퉁이의 그린 파크로 걸어갔다. 그곳은 더운 여름철이면 부랑자들이 나무 아래에 납작한 판지로 자리를 만들어서 잠을 자는 곳이었다. 하지만 지금은 우리밖에 없었다. 나는 근처 가로등에서 나오는 희미한 네온 빛에 휩싸인 벤치에 앉았고, 몬티는 오래된 나무들 사이를 쿵쿵거리고 이리저리 돌아다니며 볼일을 봤다. 그러더니 돌아와서 내 무릎에 앞발을 올려놓았다.

"자, 일어나." 나는 나머지 길을 녀석이 뛰어다니리라 기대하며 그렇게 말했다. 하지만 녀석이 가로등 불빛에 반짝이는 검은 눈을 들어 나를 쳐다만 봤기에 나는 녀석을 무릎에 올려놓고 밤 추위를 막아주었다.

"따뜻하니?"

녀석이 한숨을 쉬며 내 재킷을 들추고 그 속으로 파고들었다.

"지금까지 우린 소크라테스 이전 철학자들이 세계를 원소나 성분으로 나누어서 이해한 다음, 우주에서의 우리 자리를 설명하기 위해 다양하고 정교한 우주론을 확립했다는 내용을 살펴봤어. 그중 일부는 흥미로웠고 일부는 정신 나간 생각 같았지. 그중 오랫동안 살아남은 사상은 별로 없었어. 그리고 전에 우리는 플라톤과 그의 스승인 소크라테스도 만났어. 윤리학을 논하면서 우린 플라톤이 세상 밖의 불가사의한 영역에 선이라는 독립체가 존재한다는 사상을 어떻게 설명했는지 봤어. 그는 우리의 행동이 '선의 형상'이라는 독립체에 '관여'하는 경우에만 오직 선하다고 주장했어. 그때 우리는 플라톤의 형상론이 어떻게 윤리적으로 행동할지를 정하는 일에는 실질적으로 유용하지 않다고 결론 내렸는데, 여기에서는 플라톤의 윤리관과 잘 연결되는 일반론을 고찰하려고 해.

그리고 플라톤의 사상과 연관되는 문제도 하나 다룰 텐데, 사실 그의 형상론은 이 문제를 풀려는 노력에서······."

개는 왜 개라고 부를까?

🐾 그래, 어떤 문제······?

"개에 관한 거야."

🐾 뭐라고?

"개는 모양과 크기가 매우 다양해. 어떤 동물도 그렇게 형태학적으로 풍부하고 다양하지 않아. 개를 잘 모르는 사람이라도 이렇게 다양한 네발 동물을 생김새만 가지고 종을 분류하지는 않을 거야. 너희에게는 고유한 유전자 암호가 있는데, 내 생각에 너희의 적극적인 친밀감은……"

🐾 쑥스럽네.

"……너희의 공통 성향이야. 그러니까 질문은 무엇이 개를 개로 만드는가."

🐾 뭐?

"말하자면, 왜 우리는 너희를 하나로 묶어서 개라고 부르고 여우나 고양이는 다른 집단으로 분류할까?"

🐾 뻔하지. 개는 개니까. 나랑 같은.

갑자기 몬티가 컹컹하고 짖었는데 나한테 그런 건지 아니면 숨어 있는 여우의 냄새를 맡아서 그런 건지는 잘 모르겠다.

"좋아. 내가 해석해줄게. 너는 짖는 네발 동물로 개를 정의했어. 첫 시도치고 아주 훌륭해. 하지만 네 정의를 오래된 변증법적 방법으로 따져볼게. 만약 이곳에 샌들과 키톤$_{chiton}$*만 걸친 소크라테스가 왔다 갔다 하고 있다면, 그는 짖지 않는 개의 예를 들면서 네가 내세운 조건이 **필요적**$_{necessary}$이지 않다고 말할 것이고, 바다사자처럼 개는 아니지만 짖는 네발 동물을 증거로 제시하며 네 조건이 **충분**$_{sufficient}$하지 않다고 지적할 거야.

이제 **필요조건**과 **충분조건**으로 살짝 넘어가도 괜찮을 것 같은데, 그 둘은 철학뿐만 아니라 일상에서도 생각보다 훨씬 유용해. 그럼 짖는 개의 이야기에 집중해 보자.

개가 일반적 의미의 개가 되려면 그에 해당되는 속성들을 가지고 있어야 해. 예를 들면, 반드시 포유류여야 해. 그리고 친척뻘인 자칼이나 여우와 함께 **개과**$_{Canidae}$의 **개속**$_{Canis}$에 속해야 하지. 또 너는 적어도 살아 있는 상태여야 한다고도 말하고 싶을 거야. 즉, 존재해야 하지. 이런 속성들이 개가 되기 위한 **필요조건**이야. 이런 속성들이 없다면 우린 그것을 개라고 말할 수 없어.

하지만 이런 속성 중 어느 것도 **충분조건**은 아니야. 내 말은 어느 조건도 그것 하나만 가지고는 확실히 개라고 말할 수 없다는 뜻이야. 살아 있다고 전부 개는 아니고 포유류라고 다 개는 아니니

---

* 고대 그리스인의 의복

까. 개과 중에도 개가 아닌 동물이 있고.

그런데 지금 생각해보면, '정확한 개 유전자를 가진 개'라는 동어 반복 말고는 개가 되기 위한 **충분**조건이 있기나 한지 잘 모르겠어."

😺 잠깐! 동어 반복이라니……?

"동어 반복이란 용어를 달리해서 같은 말을 두 번 한다는 의미야. 그런데 이것은 '우리는 단결하기 위해 힘을 합쳐야 합니다.'라는 미국 대통령의 말처럼 어색하고 바보 같을지 모르지만, 반쯤 감춰진 진실을 파헤치거나 정의를 명확히 하는 데는 유용할지 몰라. 예컨대, 모든 인간은 죽는다는 말도 동어 반복인데, 그 이유는 죽음이 인간을 정의하는 조건 중 하나이기 때문이지. 하지만 여전히 그런 표현은 인간이 어떤 존재인가를 떠올리는 데 유용해."

😺 이해했어. 고마워.

"짖는 개의 이야기로 돌아갈게. 유일하게 짖는 동물이 개였다고 가정해봐. 이 경우에 '짖는다는 것'은 몬티를 개라고 판단하는 충분조건일 거야. 충분조건이 뭔지 이해하려면 잠시 개 이야기는 잊어야 해. 가령 10으로 나누어지는 숫자는 2로 나누어지는 숫자의 충분조건이야. 알겠어. 좀 딱딱했지. 리즈는 요크셔 주에 있어. 그러니까 리즈에서의 출생은 요크셔 주민이 되기 위한 충분조건이야. (하지만 이때 리즈에서의 출생이 요크셔 주민이 되는 필요조건은 아닌데, 그 이유는 요크셔 주가 리즈보다 크기 때문에 브래드퍼드나 신의 도우심으로 셰필드에 태어난 사람도 요크셔 주민이 될 수 있거든.)

우리 어디까지 얘기했지? 아, 맞다. '개'의 추상적 개념에 관해 이야기하고 있었지. 시추나 래브라도 같은 특정 개가 아니라 일반 개를 가리키는 '개'라는 단어에는 어떤 뜻이 있을까? 만약 그런 것이 있다면, 그것은 개별적이고 특정한 개와는 아주 다른 특징이 있을 거야. 왜냐하면 일반 개는 동시에 여러 장소에 있을 수 있기 때문이지. 개는 여기 런던에도 있고 베이징에도 있어. 그런데 여러 장소에 개가 있더라도 개는 여전히 하나지 여럿이 아니야. 벌써 흥미롭지 않아?"

몬티가 동의하는 것 같았다.

"특정 개로서 몬티 너에게는 어떤 특성이 있는데 미모와 용기 같은……"

🐾 빈정댈 것까진 없잖아.

"그리고 우리가 히스에서 만난 로트와일러는 다른 특성이……"

🐾 소름 끼치고 멍청하고 냄새가 고약하지.

"그럼 그린에서 만난 푸들은……"

🐾 걔는 자기 오줌 냄새를 좋아하더라고.

"맞아. 개들마다 거의 무한대로 성향이 달라. 그런데 그 모든 개들에게 '개다움$_{\text{dogness}}$'을 보여주는 공통된 특징이 있을까? 만약 개다움에 관한 일반적인 **형식**$_{\text{form}}$이나 **개념**$_{\text{idea}}$이 있다면, 그건 무엇이고 어디에 있을까? 개다움의 개념과 실제 개의 관계는 무엇일까?"

🐾 나야 모르지만, 네가 곧 말해줄 거 같은데.

"해볼게. 이것은 거의 철학이 등장한 순간부터 지금까지 철학자들을 당혹스럽게 하는 문제야. 이것을 **보편 논쟁**이라고 불러. 지금까지 어떤 해법이 나왔고, 썩 만족스럽지는 않지만 최선책으로 보이는 해법은 무엇이었는지 설명해볼게. 하지만 산책이 길어질 텐데……"

몬티가 반대하지는 않았기에 나는 설명을 시작했다.

"초기 대화편에서 봤듯이, 소크라테스는 논쟁 상대자가 용기, 덕, 아름다움 같은 핵심 개념들을 정의하려 할 때 이들을 곤경에 빠뜨렸어. 이들은 모든 사례를 아우르는 공통점이나 하나의 정의를 찾으려 할 때마다, 끝도 없이 등장하는 복잡한 문제와 반박 근거들 때문에 논쟁에서 패하고 낙담해서 집으로 돌아갔어. 하나를 찾았지만, 발견된 건 여럿이었지.

일반 용어를 정의하려 할 때 빠지게 되는 이런 혼란에 대해 플라톤은 우리가 잘못된 곳에서 답을 찾고 있다고 주장했어. 뒤죽박죽인 이 세상을 바라봤자 아무 소용도 없다는 거야. 실제로 이런 혼란은 저 너머에 '**더 나은**' 그리고 '**더 참된**' 무언가가 있다는 단서를 제공해. 이 다른 세계와 우리 세계의 관계에 대한 플라톤의 가장 유명한 설명은 『국가』에 나오는 동굴의 비유야. 이 책에서 그는 인간이 동굴의 뒷벽만 바라보고 있는 결박당한 죄수와 같다고 말했어. 동굴 입구에는 불이 타오르고 있지. 다른 사람들이 불 앞을 지나가면, 이들의 일그러진 그림자가 잠깐씩 벽에 어른거리고 이를 보는 죄수는 당혹스러워져.

　우리가 감각을 이용해서 파악하는 대상은 그런 그림자 즉, 우리의 이해력을 뛰어넘는 곳에 숨어 있는 참된 실재true reality의 복제물이야. 이런 참된 실재를 구성하는 **실질적** 독립체(동굴 밖에서 지나가는 사람들)가 바로 '형상' 혹은 '이데아Ideas'야. 형상은 단순히 우리 마음속에 있는 이데아가 아니라 외부에 실재하는 것이야. 형상은 영원히 변하지 않고 완벽해. 우리가 참된 지식과 지혜를 얻고 그와 더불어 행복해지는 때는 형상을 알게 되는 순간뿐이야."

　내가 몬티에게 시선을 주었다. 녀석도 나를 바라봤다. 플라톤의 형상론을 재미있게 설명하려면 좀 더 노력해야겠다는 생각이 들었다.

플라톤의 형상론

"『파이돈』에서 소크라테스는 세 가지 나뭇가지를 상상해 보라고 했어."

😺 또 나뭇가지 얘기구나. 강박 수준이네.

"집중해. 이거 중요하단 말이야. 철학 전반에서 가장 중요한 논증 중 하나에 나뭇가지가 포함된다니 좀 멋지잖아. 아무튼 나뭇가지 세 개를 상상해 보지 않을래?"

😺 올바르게 상상하기 전에 그 나뭇가지들에 대한 정보가 좀 더 필요해.

"두 개는 이 정도 길이고 하나는 좀 더 길어."

😺 알겠어.

"자, 길이가 같은 나뭇가지 두 개를 떠올려봐. 이제 우리는 두 나뭇가지의 길이가 같다고 말하거나, 다른 식으로 표현해서 둘 다 나무로 만들어졌고 갈색이며 같은 나무에서 떨어져 나왔으니 둘의 속성이 같다고 말할 수 있어. 이제 내가 전문 용어를 몇 개 사용할 텐데 그렇게 어렵지는 않을 거야. 나중에 유용하기도 하고. 철학(특히 논리)에서는 말할 수 있는 내용을 가리킬 때 '술어$_{predicate}$'라는 용어를 사용해. 한 문장에는 주어와 술어가 있어. 예를 들면, '몬티는 흰색이다.'라는 문장에서 몬티는 주어이고, 흰색은 우리가 너에 대해 말하고 싶은 내용 즉, 술어야. 나뭇가지 이야기로 돌아가서, **나무**wood, **갈색**brown, **같다**equal는 술어들(과 다른 많은 술어들)을 그 나뭇가지에 붙일 수 있어. 괜찮지?"

🐾 그런 것 같아. 어쨌든 그 두 개는 같으니까……

"좋아. 하지만 이제 너도 눈치챘겠지만, 똑같은 두 나뭇가지와 길이가 좀 더 긴 나뭇가지를 비교하면, 그것들은 서로 **다르지**unequal. 그러니까 **다르다**는 술어도 **같다**는 술어처럼 나뭇가지에 붙일 수 있어. 그럼 이제 한 사물이 어떻게 한 가지 속성과 그 반대되는 속성을 동시에 가질 수 있는지 궁금해질 거야. 플라톤은 열heat을 예로 들어서 비슷한 주장을 했어. 한 사물은 어떤 것보다는 뜨겁고, 어떤 것보다는 차가울 수 있어. 그러니까 열은 그렇게 간단한 술어가 아니야. 이것은 순식간에 복잡한 관계망에 휘말려.

이제 겉보기에 길이가 같은 나뭇가지 두 개를 다시 살펴보자. 그 둘의 길이를 정확히 재보면, 당연하게도 길이가 조금 다르다는 사실을 알게 돼. 하나는 22센티미터이고 다른 하나는 21.5센티미터 정도야. 심지어 자나 줄자로 쟀을 때 길이가 같았던 나뭇가지들을 좀 더 정확한 측정 도구로 다시 재면 근소하게나마 차이가 있음을 발견하게 될 거야.

그리고 몬티야. 주변에 기하학적 모양들이 보이지. 여기 집들의 처마가 삼각형인 게 보이니? 그리고 창문들의 모양은 직사각형이나 정사각형이지?"

몬티가 주변을 휙 둘러보더니 내 말을 수긍했다.

"저것들은 삼각형이나 정사각형으로 보이지만 실제로 측정해 보면 약간 **벗어난다**out는 사실을 발견하게 될 거야. 각도가 조금씩 다를 수 있거든. 보이는 게 다가 아냐.

이제 수많은 질문들이 등장해. 우선, 이 두 나뭇가지의 길이가 다르고, 저 처마들이 삼각형이 아니라면, 왜 우리는 처음에 그것들을 서로 같다거나 삼각형이라고 인식했을까? 사실, 우리는 **참된** 같음을 경험한 적도, **진짜** 삼각형을 접한 적도 없어. 하지만 우리가 품고 있는 삼각형에 대한 이데아는 **모호한** 삼각형이 아닌 **완벽한** 삼각형이야. 그리고 우리에게는 사물들을 비교하는 데 필요한 완벽한 삼각형이나 사각형, 같음에 대한 이데아가 있으므로, 우리가 이 모든 비슷한 사물들을 삼각형이나 사각형, 같은 나뭇가지로 인식하는 것은 당연해. 그런데 우리가 사는 세상이 불완전하다는 점을 고려할 때, 완벽한 삼각형에 대한 이데아는 어디에서 왔을까?"

몬티가 '모르지.'라고 대답했거나, 대답한 것 같았다.

"플라톤의 대화편 중 『메논Meno』에서 한 등장인물(사실, 메논 본인)이 소크라테스를 역설에 빠뜨려. 가령 나는 사자가 무엇인지 알고 싶어. 내게는 사자에 대한 이데아가 없기 때문에 나는 사자를 찾으러 세상 곳곳을 돌아다니지. 그러다 사자를 만났는데 나는 그게 사자인 줄 어떻게 알까?"

🐾 사자를 알아보려면, 사자가 어떻게 생겼는지 미리 알고 있어야 해. 간단하잖아.

"다르게 표현해서, 답을 안다면 왜 질문을 할까? 그리고 답을 모른다면 질문을 아무리 많이 해도 정답을 찾지 못하겠지.

플라톤이 형상론을 답으로 제시한 문제는 이런 것들이야. 우리가 어떻게 지식을 얻는가. 그리고 좀 더 구체적으로는 일반 용어들$_{\text{general terms}}$을 어떻게 정의하는가. 우리가 무언가를 아름다운 것, 큰 것, 같은 것, 삼각형 등으로 인식할 때, 이는 우리가 그 대상의 완벽한 형상을 사전에 알고 있기 때문이며, 눈앞의 그림자들도 마찬가지로 그렇게 인식할 수 있기 때문이지."

🐾 마치 선의 형상처럼? 윤리학 산책에서 나왔지?

"맞아."

🐾 그럼, 이 형상들은, 가령 우리는 여기에 있고 그것들은 저기에 있다면, 형상들이 어디에 있든 여기에 있는 우리가 가진 것이라고는 그림자밖에 없는데, 어떻게 우리는 형상들이 무엇인지 알 수 있어?

"좋은 질문이야. 솔직히 말하면, 거기에 대한 플라톤의 답은 철학사에서 가장 당혹스런 답 중 하나야."

😺 뭐라고?

"사실이야. 솔직히 나는 그 답이 분별 있는 사람의 논증으로는 최악이었다고 생각해. 이 논증은 플라톤의 또 다른 강박 관념과 연결되는데, 그것은 우리의 영혼이 형상처럼 영원하다는 생각이야. 그는 수많은 종교인처럼, 우리의 영혼이 우리보다 앞서 존재했고 우리가 죽고 난 후에도 계속 존재한다고 믿었어. 이런 믿음은 플라톤이 소크라테스의 죽음을 별로 비관적으로 받아들이지 않은 이유 중 하나였지. 소크라테스의 육체는 사라져도 그의 중요한 일부 즉, 참된 소크라테스는 온전한 모습으로 남는다고 플라톤은 생각했어.

하지만 그것을 어떻게 입증할까?

간단해. 『파이돈』에서 소크라테스는 교육을 받지 못한 노예 소년에게 난해한 수학적 개념들을 물었어. 아주 세심하고 인내심이 필요한 심문 과정을 거쳐야 했지만, 마침내 소크라테스는 그 가여운 소년에게서 현실의 가난한 삶 때문에 배울 수 없었던 복잡한 이론을 끌어냈지. 소크라테스의 주장에 따르면, 이런 일이 가능했던 유일한 이유는 그 소년이 태어나기 전부터 이런 수학 원리를 알았기 때문이야. 그의 영혼이 형상과 만났던 순간이 있었으며, 비록 태어날 때 그 순간에 대한 기억은 사라지지만, 형상에 대한 지식은 남는다고 해. 이것이 메논의 역설에 대한 플라톤의 답이야. 우리는 아니 우리의 영혼은 분쟁과 혼란이 가득한 이 세상에 태어나기 전에 이미 사자의 형상을 접했기 때문에 세상에 나와서 사자를 찾을 수 있다는 얘기야."

🐾 네 말이 맞네. 짜증나지만.

"그렇지? 플라톤은 문학 작품에서 등장인물을 창조하고 그의 입을 빌려서 뭔가가 존재한다고 '입증'했어. 마치 이것은 네가 앞발을 들고 서서 「아무도 잠들지 말라Nessun Dorma」를 부르는 모습을 내가 묘사함으로써, 개도 오페라 아리아를 부를 수 있음을 증명하는 것과 같아."

🐾 말도 안 돼. 그건 테너의 아리아인데, 너도 알다시피 난 바리톤이라고.

"그러니까 우리는 정말 이상한 명제를 옹호하기 위해 설득력 없는 논증을 내세운 셈인데, 가령 어떤 추상적인 이데아들이 다른 영역에 실존하고 있으며, 우리는 그런 실체들에 대한 사전 지식에 근거해서 세계를 이해한다는 거야.

하지만 아직은 플라톤의 형상론을 버리지 말자. 형상론에는 진짜 수수께끼에 대한 해법처럼 보이는 내용이 있거든. 완벽한 삼각형이나 완벽한 같음처럼 우리 주변에 존재하지 않는 것들에 대한 이데아에 어떻게 닿을 것인가는 정말 어려운 문제야. 모든 수학 연구는 완벽한 원, 완벽한 삼각형, 완벽한 사각형 등을 조작하는 과정이 포함돼. 심지어 숫자 자체도 이데아야. 3이라는 숫자는 세상에 있는 **3의 속성**threeness을 가진 다른 사물들과 구별되는 듯 보여. 이것은 태양이 지구를 삼키고 마침내 우주가 스스로 붕괴하고 난 후에도 영원히 그대로 남아. 3이라는 숫자가 이렇게 완벽하게 존재할 수 있다면 아름다움과 사랑과 정의의 이데아는 왜 안 그렇겠어?

하지만 지금까지는 형상이 무엇이고, 형상이 우리 주변의 물질계와 어떤 관계를 맺는가에 대해서 다소 모호한 관념만 있을 뿐이야. 그리고 플라톤은 문제를 해결하지 못한 채 대화편을 통해 생각의 단서들을 흩뜨려 놓았다고 말할 수 있어. 아마도 가장 좋은 시작점은 『파르메니데스』일 거야. 여기에서 젊은 소크라테스는 늙은 파르메니데스와 초기 형상론의 내용을 논했어. 파르메니데스는 열심히 여러 문제점과 모순을 지적했지."

🐾 그러니까 소크라테스에게 당한 대로 갚아 줬구나!

"맞아. 그리고 사실 이것은 플라톤이 나중에 자신의 사상이 혹독하게 비판받을 것을 대비했다는 증거이기도 해. 철학사를 통틀어서 그런 예는 많지 않아."

🐾 오호, 어쩐 일로 플라톤에게 친절한 거야!

"나는 공정한 태도를 유지하려고…… 아무튼 파르메니데스는 세 가지 전술을 구사했어. 먼저 소크라테스에게 형상을 가지는 것들에는 무엇이 있는지 정확히 말해 보게 했어. 그리고는 '일체 Oneness', '정의', '아름다움'을 언급했지. 뭐, 좋아. 하지만 좀 더 평범한 예는 없을까? 예컨대, 인류애는? 인간의 형상도 있을까? 아니면 불은 어때?"

🐾 개의 형상은?

"그런 언급은 없었지만, 맞아, 그렇게도 답할 수 있겠지. 여기에서 소크라테스는 확답을 하지 않았어. 다른 대화편에서 형상은 침대나 의자처럼 다소 일상적인 것까지 포괄하는 개념으로 확대되었지만 『파르메니데스』에 등장하는 젊은 소크라테스는 아직 거기까지 가지는 않았어. 그런데 좀 더 기본적인 것들은 어떨까? 흙이나 머리카락은? 소크라테스는 그런 것들은 확실히 아니라고 답했는데, 소크라테스를 지나치게 까다로운 사람이라고 생각했던 파르메니데스는 그 답을 재미있게 여겼지. 만약 형상이 특정 사례에 의미를 부여하는 일반 용어라면 큰 집단의 일부를 이루는 모든 것들은 하나의 형상을 가져야하는 걸까?

파르메니데스의 반격

하지만 파르메니데스는 훨씬 중요한 비판을 했어. 형상론에 따르면 형상은 영원한 영역에 존재해. 그리고 현실에서는 형상의 그림자들이 우리 주변에 있어. 그런데 정확히 형상과 그림자는 어떻게 연결될까? 그리고 기존의 선의 형상에 아테네에서 일어난 개별 선행이 합쳐지면 선의 형상에 무슨 일이 벌어질까? 파르메니데스는 큼largeness을 예로 들었어. 우리 주변에는 산, 코끼리, 바다 등 큰 것들이 많이 있어. 만약 이 커다란 것들의 큼이 '큼의 형상Form of the Large'으로 설명된다면, 이것은 정확히 무슨 의미일까? 큼의 작은 조각이 어쨌든 현실에서 이런 큰 사물들 안에 존재할까? 만약 그렇다면 큼의 작은 조각은 어떻게 커다란 것들을 크게 만들 수 있을까? 아니면 큼은 모든 큰 것들을 덮는 커다란 돛과 같을까? 이런 설명 중 어느 것도 그리 매력적이진 않아 보여. 우리는 큼의 개별적인 사례가 어느 정도 큼의 형상에 '관여'하거나 그것과 '닮았다'는 만족스럽지 못한 개념만 얻게 된 거야.

그런데 닮음은 물질의 형태를 갖추지 못한 어떤 실체를 말할 때 사용하는 이상한 단어야. 나는 플라톤의 모호한 예를 색깔로 대체하면 도움이 된다고 생각해. 즉, 세상의 모든 푸른 것들은 푸름의 형상과 공통점이 있기 때문에 푸르다고 말하는 식이지.

하지만 지금 파르메니데스에게는 형상론에 대한 강력한 반증이 있어. 이것은 아주 훌륭한 철학적 논증이므로 우리가 집중해서 살펴볼 텐데, 사실 내용을 알고 나면 꽤 간단한 논증이야."

😺 그럴 리가.

"이것을 '제3의 인간 논증Third Man Argument'이라고 부르는데, 그 이유는 아리스토텔레스가 인간의 형상을 예로 들어 그 내용을 설명했기 때문이야. 『파르메니데스』에서 플라톤은 큼을 사용했지만, 나는 푸름을 예로 사용할 거야. 가령 푸른 것들의 목록을 작성해보자. 여기에는 바다, 하늘, 사파이어 목걸이, 아내의 눈동자, 물총새의 날개, 스틸턴 치즈의 푸른곰팡이 등이 포함되겠지. 형상론에 따르면 이런 것들은 푸름의 형상이 지닌 푸른 속성에 **관여하거나 닮았기** 때문에 푸른색이야. 이해했어?"

몬티가 동의한다는 의미로 끙 하는 소리를 냈다.

"하지만 지금 이것들은 푸름의 형상과 닮았기 때문에 푸른 것들이야. 그리고 우리에게는 푸름의 형상도 있어. 하지만 푸름의 형상이 이 푸른 것들과 닮았다는 사실을 어떻게 알 수 있을까? 푸른 것들을 모을 때 사용한 논리에 따라, 이제 우리에게는 첫 번째 푸름의 형상과 모든 푸른 것들을 결합한 더 큰 개념의 두 번째 푸름의 형상이 생겨야겠지. 계속 듣고 있지?"

몬티가 날 쳐다봤으나 내가 녀석을 방치했다는 신호는 확실히 아니었다.

"지금 한쪽에는 첫 번째 푸름의 형상과 푸른 것들의 집합이 있고, 다른 쪽에는 두 번째 푸름의 형상이 있어. 이것들은 분명히 서로 닮았겠지? 그리고 이것들이 서로 닮았다면, 당연히 또 다른(세 번째) 푸름의 형상과도 관계가 있을 거야. 이런 식으로 형상은 영원히 무한 후퇴할 거야. 잘 따라오고 있니?"

🐾 솔직히 내가 이해했는지 잘 모르겠어. 좀 더 노력해줄래? 알아듣기 쉽게?

"알겠어. 그럼 맛있는 뼈다귀들이 있다고 가정하자. 우린 그게 모두 뼈다귀인줄 알고 있는데, 그 이유는 만화에서 개가 뼈다귀를 핥고 있는 그림을 봤기 때문이야. 그건 아주 이상적이고 완벽한 뼈다귀지. 우리는 뼈다귀처럼 생긴 다양한 사물이 진짜 뼈다귀인지 확인하기 위해 그 그림을 사용해. 그런데 지금 확인용 그림뿐만 아니라 진짜 뼈다귀들도 있어. 우린 그 그림과 뼈다귀들이 닮았다는 사실을 어떻게 알까? 그런데 뼈다귀와 뼈다귀 그림이 닮았음을 보여주는 또 다른 그림이 있어. 그럼, 이제 진짜 뼈다귀와 뼈다귀 그림, 두 번째 뼈다귀 그림이 서로 관계가 있음을 어떻게 알 수 있지? 자, 이제 또 세 번째 뼈다귀 그림이 만들어져."

몬티가 머리를 흔들면서 말도 안 된다고 말했다.

"그래, 맞아. 말도 안 되지. 그게 바로 플라톤이 헤어 나오지 못한 논증이야. 푸른 것들이 더 큰 독립체인 푸름의 형상과 닮았기 **때문**에 푸르다고 말하자마자 무한 후퇴에 빠지게 되지. 이 대화편에서 소크라테스는 그에 대한 답을 했을까? 못했어. 다만 파르메니데스는 소크라테스가 훗날 뭔가를 발견할 가능성이 있으며, 자신의 반박이 전부 뒤집힐 수도 있다고 말하면서 끝을 맺었어."

🐾 넌 어떻게 생각하는데?

"글쎄…… 너도 알다시피 이런 식의 논쟁에서 난 거의 항상 주저하는 태도를 보였지. 하지만 플라톤의 형상론은 터무니없다고 확실하게 말할 수 있어. 그것이 오랜 역사를 자랑한다는 주장도 근거가 없고. 형상론은 플라톤 사후에 몇 백 년간 인기가 사라졌는데, 그때는 철학의 중심지가 아테네에서 로마로 옮겨 갔을 때였어. 하지만 형상론은 플로티노스Plotinus(204/5~270)와 기독교 신학의 기초를 확립하는 데 중요한 역할을 했던 신플라톤주의자Neoplatonists와 함께 다시 부흥하기 시작했어. 다른 세계에 완벽한 형상이 존재한다는 생각은 초대 교부들Church Fathers의 견해와 조화를 이루었고, 신은 선의 궁극적 형상이라는 개념과 연결되었지. 비록 아리스토텔레스의 사상과 경쟁해야 했지만, 신플라톤주의는 르네상스 철학에 깊은 영향을 미쳤고, 수많은 위대한 예술 작품에도 교묘히 숨어 있어. 존 던John Donne이나 셰익스피어의 작품처럼, 단조로운 일상 세계와 참된 고차원적 존재가 사는 세계가 대비되는 곳이면 어디에서든 신플라톤주의를 발견할 수 있어. 하지만 신플라톤주의는 기본적으로 헛소리이므로 세상의 본질을 이해하는 데 전혀 도움을 주지 못해."

😺 저런. 그럼 다음은 뭐야?

"지금까지 많은 얘기를 했으니까, 잠깐 앞 내용을 짚어 보면…… 여전히 우리는 '개'나 '삼각형' 같은 일반 용어의 의미를 파악하기 위해 노력 중이야. 플라톤은 시도했지만 실패했어. 그리고 플라톤 다음에는……"

😺 혹시 아리스토텔레스?

"드디어 패턴을 파악했구나! 일단 플라톤에 따르면, 우리는 오직 사물의 개별 예들만 이해할 뿐인데, 실제로는 그 사물의 종류로 사물을 인식할 뿐이야. 그 이유는 우리가 그 사물에 대한 추상적 관념을 이미 갖고 있기 때문이지. 나는 완벽한 뼈다귀 사진을 가지고 있고, 뼈다귀를 생각할 때마다 그 사진과 비교해서 닮았으면 그것을 뼈다귀로 인식하게 되지. 그런데 보편 논쟁에 대해 아리스토텔레스는 보편적이고 일반적인 관념 같은 것은 있지만, 그 관념이 존재하는 방식과 우리가 그것을 얻는 방식은 아주 다르다고 생각했어."

😺 계속 얘기해봐.

"바티칸 미술관에 있는 라파엘로Raphael의 유명한 프레스코화 「아테네 학당The School of Athens」은 지적 토론의 즐거움이 가득한 현장을 묘사하고 있어. 그림에는 수많은 위대한 고대 철학자들이 등장하는데 우리가 이미 만난 파르메니데스, 헤라클레이토스, 에피쿠로스, 소크라테스를 포함해서 모든 사람이 즐겁게 대화를 나누고 있지. 이것은 네가 정말 좋아할 철학 파티인데 현장에 여자는 거의 없었고(한 명이 있었는데, 그녀는 이교도이자 위대한 여성 철학자였던 히파티아Hypatia야. 415년에 기독교인 폭력배들에 의해 날카로운 굴 껍데기로 피부가 찢긴 후 살해당했어.) 와인도 아직 따기 전이었어.

그림의 한가운데에는 진지하게 대화를 나누는 두 사람이 있어. 한 명은 플라톤인데, 그는 형상이 존재하는 천상계 쪽을 손으로 가리키고 있어. '보게. 저곳에 진리가 존재하네.'라고 말하는 듯해. 다른 한 명은 아리스토텔레스야. 그는 손바닥으로 아래를 가리키면서 '천국이 아니라 지상에서 진리를 발견할 수 있습니다.'라고 말하는 듯해. 이 모습은 두 사람의 상반된 형이상학을 멋지게 요약해서 표현하고 있어.

아리스토텔레스는 고대 철학자 중 가장 현대적인 사상가야. 그는 다방면으로 관심이 많았어. 그는 논리학·형이상학·윤리학 등 전통적인 철학 분야뿐만 아니라 생물학·지질학·자연학·천문학 분야의 글도 썼지. 그는 항상 감각 증거에 근거해서 연구했어. 그에게 지식이란 우리가 볼 수 있는 것에서 시작돼. 감각을 통해서 기초 자료들을 모은 후에 논리와 이성을 동원해서 법칙을 세우고 일반화하지.

보편 논쟁

그러므로 당연히 아리스토텔레스는 우리가 지각할 수 있는 세계에서 일반 용어의 기원을 찾았어. 그는 여러 주어에 적용할 수 있는 술어(이 용어 기억나지?)로서 보편자 universals를 재고하기 시작했어. 그러니까 몬티, 너에 대해 말할 수 있는 여러 가지 중에서 몇 개는 네게만 특별히 해당되는 내용이야. 네 이름, 네 몸무게와 키, 너만의 냄새 등 이런 것들은 너를 너로 만드는 속성이지. 하지만 너뿐만 아니라 다른 사물들에게도 적용되는 술어들이 있어. 예를 들면 종으로서 개나 흰색 같은 말들이 거기에 해당돼. 이것들을 **보편자**라고 해. 플라톤은 이런 보편자가 지상계 밖에 독립적으로 실존한다고 말했어. 간혹 이런 입장을 **극단적 실재론**extreme realism이라고 부르지만, 내가 보기에 이 견해는 극단적으로 비현실적이야. 한편, 아리스토텔레스는 힘whiteness과 개다움dogness이 실제로 존재하지만 대상 안에서 구체화될 때에만 존재한다고 봤어. 그러므로 우리가 '개'에 관해 말할 때 그 의미는 개의 속성을 가진 네발 동물을 의미하지만, 개다움은 오직 현실의 특정 개에게만 존재해. 푸름도 마찬가지야. 푸름은 실제로 존재하지만, 플라톤의 형상이 있는 특수 영역이 아니라 푸른 하늘, 푸른 바다, 푸른 눈 안에서만 존재해. 게다가 일반적인 개나 삼각형, 푸른 것을 이야기하려면 실제 대상들에서 나타나는 속성들을 추출해야 해."

🐾 완전히 터무니없는 얘기는 아니네.

"플라톤에 따르면 우리는 주변의 불완전한 삼각형들을 인식할 때 우리가 존재하기 전부터 기억하고 있던 완벽한 삼각형과 그것들을 비교해. 아리스토텔레스에 따르면 우리는 불완전한 삼각형들을 보고 그 자료들을 토대로 이상적이고 완벽한 삼각형을 이해하고 인식해. 아리스토텔레스의 관점은 **엄격한 실재론**hard realism이라고 부르는데, 이것은 고대부터 중세 시대까지 가장 널리 인정되는 보편자의 개념이 되었지.

잠시 철학의 역사를 짧게 들여다볼게. 우리가 다룬 철학자들(소크라테스 이전 철학자, 소크라테스, 플라톤, 아리스토텔레스)은 하나의 확실한 전통에 속해. 이들은 다른 철학자들의 사상을 알고 있었고 서로 친구와 경쟁자 혹은 스승과 제자로 직접 알고 지냈어. 그리고 이런 전통은 계속 이어져 플라톤학파와 아리스토텔레스학파와 더불어 수백 년간 번성하고 에피쿠로스학파, 스토아학파, 회의주의, 냉소주의 등과 경쟁을 벌였지. 이렇게 거의 1,000년간 왕성하게 활동하던 철학은 서로마제국의 멸망, 내분, 외부의 비난, 끔찍한 전염병 등으로 고난을 겪으며 긴 잠에 빠져들었어. 아테네 학당은 이들의 철학이 옛 이교도의 방식과 교묘히 연관되어 있다고 생각한 기독교인들에 의해 폐쇄됐어. 더구나 야만인들이 문 앞에 와서 위협하는데 뼈다귀의 일반 개념과 특정 뼈다귀의 관계를 두고 논쟁한들 무슨 소용이 있었겠니?

하지만 줄이 완전히 끊어지지는 않았어. 일반적으로 알려진 바에 따르면 야만족의 침략으로 고대 사회가 멸망하고 좀 더 안정된 중세가 시작된 고대 후기에 성 아우구스티누스 St. Augustine (354~430)와 보에티우스 Boethius (477~524) 같은 몇몇 완고한 보수주의자들이 보편 논쟁에 다시 불을 지폈는데, 플라톤주의자인 두 사람은 초기 철학자들을 사로잡았던 문제들을 두고 계속 토론했어. 무슬림 학자들은 자칫 소실될 뻔한 수많은 문헌을 보존했으며 아리스토텔레스의 철학을 전문적으로 연구했어. 중세 유럽에서 철학자들에게 갑자기 배움의 열망이 솟아날 때 아랍어로 된 글들이 이들을 고전 문헌의 세계로 안내하곤 했어. 철학적 탐구 역시 비잔티움 Byzantium 에서 계속 이어졌는데, 이 도시는 동로마 제국이 1453년에 오스만 제국에게 점령될 때까지 영욕의 세월을 보낸 곳이야. 아랍과 페르시아의 학식 높은 학자들이 있었음에도 불구하고 소실됐던 플라톤과 아리스토텔레스의 수많은 문헌들은 동로마제국에서 구출됐어.

그런데 철학적 문제들은 해결하기 어려운 만큼 쉽게 사라지지도 않았어. 중세 시대에도 위인들을 지속적으로 괴롭혔던 문제는 우리가 앞에서 다룬 보편 논쟁이었어. 스콜라 철학은 파리, 옥스퍼드, 케임브리지 등 유럽에서 이름이 알려지기 시작한 신생 대학들에서 번성한 철학이었는데, 이들은 '핀 끝에서 춤을 출 수 있는 천사의 숫자' 같은 논쟁 외에도 많은 이슈를 두고 논쟁을 벌였어. 신학적 문제는 당연히 스콜라학파에서 대단히 중요했어. 비록 핀과 천사 이야기가 중세 사상을 비웃기 위해 훗날 날조된 근거 없는 믿음이었음에도, 토마스 아퀴나스Thomas Aquinas(1225~1274)를 포함한 위대한 스콜라 철학자들은 천사가 물질적 형상을 가질 수 있는지, 천사가 음식을 먹거나 성관계를 하는지 등에 관해 토론을 벌였던 것은 사실이야. 하지만 스콜라 철학에는 신학적이지 않은 내용도 많았어. 아퀴나스가 명확하게 체계화한 교리는 교회의 가르침으로 다스려야 할 신앙의 문제와, 이성이 과학적 관찰과 결합해서 판단 기준이 되어야 할 영역을 구분했어.

주로 아리스토텔레스 사상에 토대하고, 그보다는 적게나마 플라톤 사상을 받아들인 스콜라 철학자들은 논리학과 윤리학부터 지식론에 이르기까지 모든 철학 분파에 크게 기여했어. 거의 모든 현대 철학 사상은 스콜라 철학에 뿌리를 두고 있지. 그리고 이들이 지속적으로 곱씹는 한 가지 문제는 바로 보편 논쟁이었어.

보편 논쟁의 한 가지 해법은 플라톤과 아리스토텔레스의 실재론을 결합하는 방식인데 기독교가 매개 역할을 해. 플라톤처럼 보에티우스와 아우구스티누스, 그리고 후기 스코틀랜드 철학자 던스 스코터스Duns Scotus(1266~1308)도 형상이나 일반 개념을 실질적 독립체로 여겼어. 하지만 이들은 순수한 '아름다움', '선함', '큼', '개다움' 등이 모호한 초자연적 세계에 있다고 대충 얼버무리기보다는, 그것들을 신의 마음속에 있는 관념으로 간주했어. 이들은 아리스토텔레스처럼 주변 사물들에게서 본질을 추출함으로써 관념을 발견할 수 있다는 입장을 취했어.

그 다음부터는 수정된 형태의 실재론이 세상을 지배하는 듯했어. 하지만 스콜라학파는 달리 하는 일 없이 논쟁만 일삼았어. 이들에게 성서에 명시되지 않은 내용은 전부 해체와 분석, 그리고 파괴적 비평의 대상이었어. 철학사에서 가장 강력한 파괴자 중 하나는 프란체스코회 수도사 윌리엄 오컴William of Ockham*(1287~1347)이었는데, 그는 무의미한 가정들을 잘라내는 훌륭한 도구를 고안했지.

오컴의 면도날

'오컴의 면도날'은 오늘날 일상에서 사용하는 철학 용어 중 하나야. 대부분의 사람들은 의미가 모호한 관념을 가지고 있어. 주로

---

* 흔히, '윌리엄 오컴'으로 불리지만, 본래 '오컴'은 성이 아니라 윌리엄 수도사의 출신지다.

이 용어는, 두 가지 설명이 존재하지만 여러 이유로 둘 중 하나를 정할 수 없을 때는 항상 덜 복잡한 쪽을 택해야 한다는 의미로 사용돼.

예를 들면, 내가 아침에 일어나서 찬장을 열었는데 좋아하는 비스킷이 없어졌고, 포장지가 아무렇게나 뜯겨져 있고, 소파 여기저기에 비스킷을 먹어 치운 흔적이 남아 있다면……"

🐾 난 답변을 거부할……

"……몬티가 먹을 것을 가져간 곳에는 항상, 그러니까, 커튼 뒤 구석에는 토사물이 있어. 그러므로 우리 집에 들어온 도둑들이 배가 고파져서, 몬티가 좋아하는 소파 자리에 앉아 비스킷을 허겁지겁 훔쳐 먹다가 커튼 뒤에 토한 다음, 우리 집을 털려는 마음을 바꿔 조용히 돌아갔으리라 예상하기보다는, 몬티가 그 모든 일을 저질렀다고 말하는 편이 낫겠지."

🐾 넌 내가 비스킷을 훔쳐 먹고 커튼 뒤에 실례를 했다고 생각하는구나.

"이렇게 보면 오컴의 방식은 여러 상황에서 유용해. 하지만 가장 간단한 설명이 현실에서 틀리는 때도 있어. 내가 모자를 쓰는 것은 머리가 추워서가 아니라, 낮술에 취해 귀밑머리 몇 가닥만 손톱가위로 잘라내려다 실수로 너무 많이 잘라서 머리 모양이 엉망이 되었기 때문이지. 또 다시 말이야.

원래 오컴의 면도날은 어떤 문제에 대해 가장 간단하거나 확실한 해결책을 선택한다는 의미가 아니었어. 그는 자신의 글에서 뭔가를 설명하려 할 때 '실체가 필요 이상으로 늘어나면 안 된다.'고 썼어. 바꿔 말하면 불필요한 내용을 덧붙이지 말라는 뜻이야. 만약 네가 어떤 현상을 설명하고 싶을 때 불필요한 내용은 무엇이든 면도날로 잘라내라는 얘기지.

오컴은 이 방법을 보편 논쟁에 적용했어. 오컴이 보기에 세상을 바라볼 때 볼 수 있는 것은 개체밖에 없었어. 각각의 개, 각각의 푸른 물질, 각각의 아름다운 것 등. 이것이 우리가 말할 **가능성**이 있고, 말할 **필요**가 있는 전부야. 여기에 다른 수수께끼 같은 요소(푸름, 개다움, 아름다움 등의 영원한 형상)를 덧붙이면 실익 없이 문제만 복잡해지지. 사물이 이데아나 형상이나 보편자 같은 것에 관여하거나 이것과 닮음으로써 서로 묶인다는 주장은 불필요하고 혼란을 주는데, 이때 이데아나 형상이나 보편자가 아리스토텔레스의 말처럼 모든 사물에 존재하든 다른 세계에 있든 신의 마음에 있든 아무 상관없어.

그런데 만약 보편자가 실존한다는 관념을 제거하기 위해 오컴의 면도날을 사용하면 무엇이 남게 될까? 보편자가 단어에 불과하다는 답이 나올 수 있는데, 이런 이론을 **유명론**nominalism이라 불러. 우리는 네발이 달린 수많은 육식 동물을 '개'라고 통칭하는데, 그 이유는 그것들이 서로 닮았기 때문이야. 또한 '고양이'라고 부르는 집단도 있어. 이런 단어는 편의상 붙인 이름이야. 세상에는 무수한 개체들이 있으니까."

🐾 좋아. 내가 정리해볼게. 오컴의 면도날은 개든 뭐든 거창한 개념은 필요 없다는 뜻이야. 세상에는 서로 닮은 개체들이 있지만, 그게 뭘 의미하지는 않아. 그러니까, 특정 사물이 있기 전부터 일반 개념이 존재한다는, 그 뭐더라? 극단적 실재론은 펑하고 사라진 거군. 그리고 특정 사물 안에 일반 개념이 자리한다는 엄격한 실재론도 사라졌고…… 이 정도면 될 거 같아. 나 피곤해. 집에 가지 않을래?

"거의 다 왔어. 하지만 아직 아냐. 실재론이 참패했다고 해서 유명론이 승리했다는 의미는 아니거든."

🐾 내가 이걸 두려워했는데.

"유명론은 개, 붉음, 푸름이라는 이름을 해당 사물의 집단에 할당하는 방식을 설명하려고 노력했어. 한 가지는 집합론 set theory을 사용하는 방식이야. 예를 들면, '개'라는 단어를 서로 닮은 특정 동물 집단에 적용한다고 해보자. 이때 우리는 서로 닮았다는 점 외에 다른 공통점이 있다고 주장하지 못해. 그리고 닮음을 기준으로 이 '개'라는 집합을 모으기 시작해. 얼마 후 개들이 잔뜩 모일 거야. 유명론자는 '개'라는 일반 용어의 의미가 바로 이 개들의 집합이라고 말해. 하지만 골치 아픈 문제가 또 있어. 우리가 만든 '개' 집합에서 한 녀석이 나머지와 어떤 면은 비슷하고 어떤 면은 달랐어. 그 녀석은 대체로 개처럼 생겼고 크기도 비슷하지만 귀와 주둥이가 뾰족했거든."

🐾 그 녀석 꼬리에 털이 많아?

"맞아."

🐾 붉은 색이고?

"응."

🐾 그럼, 여우네, 맞지!

몬티는 여우 생각만 하면 몹시 흥분한다. 길에서 여우 냄새가 나면 흥분해서 코를 킁킁대고 바닥을 긁고 컹컹 짖기 일쑤다. 몬티가 진짜 여우를 해칠 수 있다고는 생각하지 않지만 녀석의 마음속에서 녀석은 여우에게 악몽 같은 존재다.

"너는 좀 더 생각한 후에 모습이 서로 닮아도 붉은 동물은 개가 아니므로 너는 개의 집합에서 그것을 제외하기로 할 거야. 그럼 무슨 근거로 어떤 속성이 다른 속성보다 더 중요하고, '개'라는 단어에 더 적합하다고 생각했을까? 분명히 개의 일반 개념 혹은 견본 같은 게 있었겠지? 그럼 이건 실재론이지 않아?"

🐾 무슨 말인지 모르겠어. 그럼, 실재론은 바보 같은 생각이고, 유명론은 타당하지 않거나 결국은 실재론으로 돌아간다는 얘기야? 아니면 세 번째 방법을 곧 얘기할 참이야?

"왕좌를 노리는 경쟁자가 또 하나 있지. 실재론과 유명론 사이에 제3의 이론이 있어. 중세 플라톤주의자들의 주장처럼, 일반 개념이 신의 마음이 아니라 인간의 마음에 있다고 하면 어떨까? **개념론**conceptualism이란 보편자가, 그러니까, **개념**으로 존재한다는 사상이야. 개념론은 둘 이상의 대상에 일반 개념을 적용하는 방식이야. **개**라는 개념은 몬티 너와 모든 다른 개들을 아우르는 말이야. **녹색**이라는 개념은 나뭇잎과 라임, 내가 좋아하는 의자의 색깔들에 사용할 수 있고. 우린 이런 개념들이 있다는 사실을 부인할 수 없어. '녹색'은 실재하지. 그것은 사물이나 천상계에만 있지 않고 우리 머릿속에도 존재해."

🐾 제발 이 방식이 정답이라고 말해줘……

"내 생각에는 피상적으로……"

🐾 난 그 '피상적으로'라는 말이 정말 싫어.

"……개념론은 아주 매력적이야. 이것은 조금만 생각해도 당연히 의심스러운 실재론, 당연한 것(**푸름, 개, 아름다움**이 뭔가를 의미한다는 생각)을 의심하게 해서 당혹스럽게 만드는 유명론, 그 둘 사이에 정확히 자리하고 있어. 즉, 개념론은 이데아가 우리 머릿속에 있다고 주장해. 몬티, 너 같은 특정 개의 이데아와 일반 개의 이데아 모두 말이지. 그럼 이제 이 만족스러운 타협안을 받아들여도 될까?"

🐾 제발, 제발, 그렇게 해……

"안타깝지만, 안 돼. 가령 나는 **개**라는 개념이 머릿속에 들어 있기 때문에 이 개념을 너와 거리에서 만난 닥스훈트에게 적용할 수 있어. 하지만 네 그릇에 남아 있는 핫도그~hot dog~는 일반 개~dog~와 의미가 달라. 만약 그 개념을 올바르게 적용하려면 나는 너와 닥스훈트의 공통점이 핫도그에는 없다는 점을 말해야 해. 그런데 이것은 정확히 실재론이 주장하던 내용이야. 즉, 너와 닥스훈트는 관여하지만, 다른 것과는 구별되는 어떤 것이 있다는 주장 말이야. 그렇다면 개념론도 다시 실재론으로 돌아가는 거야."

🐾 머리가 아프네. 전부 틀렸다니. 너 지금 나한테 개란 없다고, 내가 존재하지 않는다고 말하려는 거야?

"나는 너무나 복잡해서 완벽하게 포착할 수 없는 세상에 언어로 표현된 개념을 적용하려 한다는 점이 문제라고 생각해. 너 더미의 역설을 기억하지? 더미를 만드는 데 얼마나 많은 모래알이 필요하지?"

🐾 네가 힐다와 키스하기 위해 얼마나 많은 희생을 치렀는지……

"사실 그건 내가 얼마나 많이 돈을 받아야 하는가의 문제였지. 아무튼 내 말은 더미의 역설이 역설인 이유는 '더미'라는 단어가 애매한 용어이기 때문이라는 거야. 더미의 의미는 '대머리'와 그 단어처럼 명확하지 않아."

🐾 키스?

"……'개'라는 단어! 이 단어들 모두 어떤 식으로든 불분명하고 모호해. 대부분의 상황에서 우리는 모호한 단어라도 맥락을 통해 그 단어의 의미를 이해하는 데 필요한 정보를 얻을 수 있어. 우리가 이런 단어들을 사용하는 다양한 상황에는 (비트겐슈타인의 표현처럼) 가족 유사성family resemblance이 존재할 거야. 그래서 '개'라는 단어는 짜증은 좀 내지만 귀여운 몰티즈 테리어를 언급할 때 사용하지만, 크고 별로 영리하지 않은 로트와일러나 닥스훈트sausage dog를 가리킬 때도 사용하며, 핫도그를 말하거나 모욕적인 말을 할 때도 쓰고, 누군가를 바싹 따라간다는 의미의 동사로도 사용해. 비록 각각의 예가 가족(집단) 내 다른 항목들과 연결된다고 하더라도 모든 상황을 아우르는 단 하나의 정의를 제공하기란 불가능해. 상황이 너무나 복잡하기 때문이지. 바깥세상도 복잡하고, 그런 세상을 이해하려는 인간도 복잡하며, 그 둘을 중재하는 언어도 복잡해. 이 문제는 나중에 인식론을 다루는 산책에서 좀 더 얘기할 거야."

🐾 잠깐만. 너 지금 이 모든 활동이 무의미했다고, 보편자라는 관념이 너무나 모호하므로 우리가 결코 '개란 무엇인가?'라는 질문에 답할 수 없다고 말하는 거야?

"어찌 보면 그렇지. 하지만 다르게 보면……"

🐾 또 시작이군.

"집에 가면서 이야기를 마저 끝낼게. 안아 줄까?"

🐾 걸어갈 수 있어. 하지만, 뭐, 안아 주면 고맙고……

나는 몬티를 팔로 안고 집으로 돌아가는 내내 녀석의 축 처진 귀에 대고 속삭였다.
"만약 네가 내게 단도직입적으로 **실재론자**(극단적이든 엄격하든)인지 **개념론자**인지 **유명론자**인지 묻는다면 나는 솔직하게 대답할 수 있어. 하지만 예를 들어서 답하려고 해. 철학적 문제들은 세상에서 일어나는 사건들을 자세하고 꼼꼼하게 연구함으로써 해소되는 경우가 꽤 자주 있거든. 중세 철학자들이 보편자를 믿은 이유 중 하나는 세상에 온갖 동물이 있고, 이것들을 신이 창조했다고 믿었기 때문이야. 만약 신이 동물을 창조했다면, 그것들은 하나의 관념으로서 신의 마음에 최초로 존재했을 거야. 그러므로 보편자는 반드시 존재하지."

🐾 신이 먼저 '개'라는 것을 생각해 냈고, 그 다음에 일반 개들을 창조했다. 나는 그렇게 이해했어.

"좋아. 그리고 다윈이 나타날 때까지 모든 종이 다른 종들과 분리된다는 생각은 여전히 보편자 이론을 뒷받침하는 강력한 논증이었어. 물론 흑곰, 흰곰, 회색곰도 서로 완전히 별개이기는 하지."

😺 일리가 있어 보이는데……

"내가 재갈매기 얘기를 해줄게. 재갈매기는 옅은 잿빛 등과 노란 부리, 매서운 눈을 가진 크고 인상적인 갈매기야. 그런데 갈매기 중에는 작고 등이 검은 줄무늬노랑발갈매기가 있어. 이 갈매기는 재갈매기와 약간 비슷하게 생겼는데, 한 가지 다른 점은……"

😺 내가 맞혀볼게. 검은 등이지?

"맞아. 두 갈매기는 서로 완전히 다른 종이어서 영국에서는 이종 교배를 시키지 않아. 하지만 그 두 종이 북반부에 어떻게 분포되어 있는가를 살펴보면 이상한 점을 발견할 수 있어. 이들의 서식지 대부분에서 줄무늬노랑발갈매기와 재갈매기가 명확히 구분되지 않고 다양한 중간 종들이 발견되었지. 아무도 종의 수를 확신하지 못하는 것 같은데, 몇몇 조류학자는 재갈매기와 줄무늬노랑발갈매기, 이렇게 둘밖에 없다고 하고 몇몇은 여덟 종이 있다고 말하거든. 어쨌든 중요한 점은 완전히 섞이지도 완전히 구분되지도 않는 잡종이 하나 있다는 사실이야."

🐾 **흥미롭네. 하지만 난 잘 모르겠는데……**

"나는 이 사례로 우리의 일반 범주가 얼마나 자의적인가를 알 수 있다고 생각해. 우리는 정확하고 깔끔하게 종을 구분하고 싶어 하지. 많은 생물이 그런 인상을 주고, 어느 정도 생식 격리reproductive isolation*를 일으키기도 하지. 하지만 진화는 모든 종이 서서히 섞인다는 사실을 알려주고 있어. 우리는 계속 일반 용어를 사용하고 보편자를 생각하겠지만 사실 이것들은 단어에 불과해."

몬티가 머리를 들더니 내 얼굴을 핥았다. 내게 고마워하는 눈치였다.

---

* 개체 간 유전자 교류를 방해해서 종 분화를 유도하는 현상

여덟 번째 산책

나는 무엇을 아는가?

이번 산책에서는 인식론 혹은 지식론을 논한다. 먼저 피타고라스, 플라톤, 아리스토텔레스 등 그리스 철학자들의 다양한 지식론을 살핀 다음, 세상에 관한 확실한 지식은 얻을 수 없다고 주장한 회의주의자들을 논한다. 그 후에는 데카르트, 스피노자, 라이프니츠 등 합리주의자들의 사상을 들여다본다.

"산책 가자!"

내가 복도에서 외쳤다. 또 실수를 했다. 몬티가 어딘가에 숨어 있다가 껑충껑충 달려왔다. 아니, 실은 껑충껑충 달리지 않았다. 녀석이 껑충거리던 시절은 지나갔다. 그래도 절뚝이기는 하지만 여전히 뛸 수는 있다. 녀석이 입에 리드 줄을 물고 와서는(녀석의 장난이 아닐까 의심스러운데. 만약 그렇다면, 이것은 녀석의 유일한……), 흥분한 채 나를 쳐다보며 기타 줄을 퉁기듯 제 몸으로 바닥을 통통 쳤다.

문제는 내가 지갑, 열쇠, 강아지 배변 봉투, 신발 등을 챙기는 데 5분이 걸린다는 점이다. 나는 큰 소리로 가족들에게 물건들의 위치를 물었다. 아무도 대답하지 않았다. 이럴 때는 내 딱한 외침을 무시하는 게 상책임을 가족들은 잘 알고 있다. 잔뜩 짜증이 난 내가 여기저기 쿵쾅쿵쾅 돌아다니면서 '열쇠 어딨지?', '지갑 어딨지?' 등을 외치는 모습을 보고 아내는 '어딨지 외침'이라고 불렀다.

마침내 필요한 물건들을 다 찾았다. 열쇠는 늘 놓여 있던 정리함에 있었다(물건이 제자리에 있을 리가 없다고 생각한 나는 늘 다른 곳을 뒤지느라 지친 다음에야 원래 장소를 찾아본다). 지갑은 내가 몇 개월 동안 입지 않았다고 맹세할 수 있는 재킷 주머니에 있었지만, 아마 그 재킷을 입은 적이 있었을 것이다. 신발은 현관 밖에 있었는데 그 이유는 모르겠다. 혹시 몰라서 밑창을 확인했는데……그럭저럭 깨끗했다.

내가 물건들을 찾는 동안 몬티의 짜증과 불만이 커지는 것이 느껴졌다. 녀석은 짜증을 섞어 애처롭게 낑낑댔다.

🐾 넌 왜 항상 물건들이 있는 장소를 모르는 거야?

"뭐? 아, 안다고 생각이 바로 떠오르는 건 아냐. 바로 여기에 오늘의 주제가 들어 있지. 산책은 어디로 갈까?"

🐾 동물들이 있는 장소……

"좋은 생각이야. 오늘은 인식론을 다룰 예정이라 기분 전환도 좀 필요하지."
"누구한테 말하고 있어?"
주방에서 날카로운 목소리가 들렸다. 아직은 정상 어조지만 언제든 질책 투로 바뀔 수 있는 목소리였다. 물론 나는 그 목소리의 주인을 안다.
"아무도 아냐. 그냥 혼잣말이야. 이따 봐."
"당신도 알다시피, 녀석은 그냥 듣는 척하는 거라고."
"누구 얘기야?"
"몬티 말이지."
몬티와 나는 서로 바라보며 어깻짓을 한 다음 조용히 밖으로 나왔다.
'동물들이 있는 장소'란 골더스 힐 파크다. 그곳은 히스에서 관리와 조경이 잘 되어 있는 지역으로 놀이터와 근사한 카페, 그리고 규모가 큰 동물원이 있다. 다양한 동물을 모아 놓은 곳이므로 전에는 왈라비와 화식조도 있었겠지만 내가 갔을 때는 (물론 자연적 원인으로) 사라지고 없었다.

아이들이 어릴 때는 놀이터가 구원자 역할을 했다. 나는 아침마다 그곳에 아이들을 데려갔고, 아이들은 작은 플라스틱 삽으로 모래밭의 얼어붙은 곳을 파내곤 했다. 잠시 후에 아이들의 손에 감각이 없어지고 지저분해진 얼굴에 눈물 자국이 생기면 우리는 카페로 가서 따뜻한 코코아를 마셨다.

골더스 힐은 몬티의 리드 줄을 풀어주지 못한다는 단점이 있었지만 대신 온갖 신기한 냄새와 소리가 있었다. 그래서 자주는 아니었지만 응석받이 영국 강아지 우리 몬티는 바람결에 카피바라 냄새를 맡거나 신성한 따오기의 구슬픈 울음소리를 들었다.

골더스 힐로 가면서 몬티가 살짝 절뚝였다. 나는 딱한 생각이 들어서 나머지 길은 녀석을 코트 안에 품어 안고 갔다.

"너 검사 좀 받아야겠다."

몬티는 아무 말도 하지 않았다. 녀석은 동물병원을 싫어했다. 하긴……

공원에 도착했을 때 이국적인 물새들로 가득한 새장이 내려다보이는 벤치를 발견했다. 새장 너머 울타리 안에는 다마사슴들이 느긋하게 서있었는데, 녀석들의 숨결이 차가운 공기 속에 흩어졌다. 실제로 보니 녀석들은 생각보다 작았다. 나는 로데오에서처럼 다마사슴 위에 올라탄 모습을 상상했다가, 내 다리가 거의 지면에 닿을 테니 모습이 아주 우습겠다는 생각이 들었다. 아니, 우습기보다 잔인하려나. 사슴들 틈에 남아메리카에 서식하는, 타조와 비슷한 레아가 두세 마리 있었다. 레아는 놀란 눈과 꽉 다문 입술을 하고 있어서 마치 도덕적 분노를 표출하는 듯했다.

안다는 건 무엇인가

"물론 거기에는 이름이 있지."

몬티가 나를 쳐다봤는데 우리가 철학 산책 중임을 잊은 듯했다.

"인식론 혹은 지식론이라고 해. 사물을 알게 되는 방식, 알 수 있는 사물의 종류, 앎의 의미, 내가 안다는 사실을 어떻게 아는가? 뭐, 그런 것들을 다뤄. 앎의 문제는 늘 철학의 핵심 관심사였어. 간혹 이것을 '기초 작업under-labouring'이라고 표현해. 대저택을 짓기 전에 부지에서 돌무더기와 쓰레기를 치우는 작업 말이야. 그렇다고 작업의 중요성을 과소평가한다는 의미는 아냐. 지식의 기초를 확실히 세우지 못하면 그 위에 무엇을 건설하든 결국 붕괴되고 말아. 또한 인식론은 기초적인 원리에도 근본적인 이견이 존재하는 학문 중 하나야."

🐾 그런 학문 중 하나라고? 너희 인간들의 학문에 이견이 없는 부문도 있어?

난 그 말은 무시하기로 했다.

"어떤 사람들은 지식이란 기본적으로 수학과 기하학을 이용해서 순수한 사유를 거쳐 얻는 것으로 생각했어. 이들은 이성을 숭배하기 때문에 일반적으로 합리주의자라고 불러. 그리고 경험주의자가 있는데, 이들은 감각적 경험을 통해 얻는 것이 지식의 전부라고 생각했어. 그 다음에 지식이란 불가능한 꿈이라고 생각하는 회의주의자가 있어."

😺 설마 그것들도 그리스에서 시작됐어?

"물론이지."

😺 플라톤?

"좀 더 과거로 거슬러 가서, 내가 먼젓번 산책에서 언급했던 소크라테스 이전 시대 철학자 중 하나인 피타고라스 얘기부터 할 거야. 피타고라스는 수학과 기하학이 지식의 이상적인 형태이며, 지식을 얻는 최선의 방법은 자유롭게 사유하면서 현실 세계에서 마음을 어지럽히는 헛소리를 제거하는 것이라고 주장한 최초의 철학자였어.

피타고라스학파는 수학이 그 자체로 영원한 진리를 전할 뿐만 아니라 그 진리를 '바깥 over there' 세상에도 적용할 수 있다는 사상을 체계화했어. 삼각형과 사각형, 원의 비밀을 알면 현실 세계에 대한 지식을 얻을 수 있어. 왜냐하면 세상은 기하학의 원리에 따라 이상적인 도형과 숫자로부터 만들어졌기 때문이지. 세상의 사실들을 파헤치는 구질구질한 작업보다 순수한 사유를 우선시한 후대의 시도들은 전부 피타고라스에서 출발했다고 할 수 있지만, 사실 그 주된 이유는 피타고라스 사상이 플라톤 사상에 통합되었기 때문이야."

🐾 알겠어. 그럼, 플라톤은 그 모든 것에 대해 뭐라고 말했어?

"『테아이테토스』라는 중요한 대화편에서, 플라톤은 **지식이란 무엇인가**라는 질문에 초점을 맞췄어. 이 대화편에서 소크라테스의 대화 상대는 책 제목과 같은 테아이테토스야. 젊고 똑똑한 수학자인데 외모가 소크라테스만큼이나 못생겼다고 묘사되어 있어. 소크라테스는 자신이 산파처럼 다른 사람들의 철학적 생각을 끄집어내는 역할을 한다고 말하면서, 지식이 무엇인지 알게 도와달라고 테아이테토스에게 부탁했어. 테아이테토스는 지식이라고 생각하는 것의 목록을 제시했는데, 여기에는 산술, 기하학, 천문학, 음악뿐만 아니라 신발 제작 같은 특수한 기술과 공예 등도 포함됐어."

🐾 내가 추측해볼게. 소크라테스는 테아이테토스가 지식이 무엇인지 정의하지 않은 채 지식의 예만 나열했다고 말했겠지?

"맞았어! 그런 다음에 소크라테스는 산파가 되어서 테아이테토스에게 다양한 의견을 제시하게 했는데……"

🐾 소크라테스가 인정하는 의견이 나오면 그 즉시 웃고 춤추며 대화가 끝나는 거야?

"그 의견들을 소크라테스가 거부했어. 우선 지식이 인식과 같다는 생각 즉, 뭔가를 안다는 의미가 어떤 식으로 그것을 보거나 느낀다는 것 외에 아무것도 아니라는 생각을 먼저 해결해야 했지. 우리는 동굴의 비유를 통해 플라톤이 이런 관점을 좋아하지 않는 이유를 알고 있어. 인식은 그림자들의 세상에서만 가능하니까. 『테아이테토스』에서 플라톤은 지식이 인식과 같다는 생각을 무시함으로써 공격을 시작했는데, 그 생각은 '인간은 만물의 척도'라고 말한, 소크라테스 이전 철학자인 프로타고라스Protagoras 사상과 관련이 있어. 여기에서 '인간은 만물의 척도'라는 말은 모든 판단이 '내 관점'에서 주관적으로 이루어져야 한다는 의미야."

지식과 인식의 차이

😺 지식과 인식이 서로 같아?

"플라톤은 하나가 다른 하나를 논리적으로 뒤따른다고 주장했어. 만약 우리가 각자 인식할 수 있고, 인식이 진리의 유일한 기초라면, 우리는 모두 자신만의 진리를 가지게 되므로 진리나 현실에 대한 객관적 기준은 사라져. 만약 진리와 지식이 개인의 관점 하고만 연결된다면 틀린 사람은 존재할 수 없어. 가령 내가 하늘이 녹색이고 나무가 파랗다고 말한다면, 이 말은 내가 마지팬이나 초밥을 좋아한다고 말하는 것처럼 내게는 진리야. 그러니까 플라톤은 힘껏 프로타고라스의 견해를 반박했어. 그리고 거기에 재미가 들렸어. 일례로, 플라톤은 만약 우리 모두 자신만의 진리를 가지고 있다면 프로타고라스에 반대하는 사람도 역시 옳다고 주장했어. 그러므로 프로타고라스의 생각이 옳다면, 그에 반대하는 사람도 옳은 거니까 결국 프로타고라스는 틀린 셈이지!"

🐾 멋지군.

"플라톤은 앞 내용과 비슷하지만 좀 더 광범위한 다른 주장도 했어. 만약 우리 모두가 자신만의 진리를 가지고 있다면, 이는 아무도 틀릴 수 없거나 잘못된 믿음을 가질 수 없다는 의미가 돼. 하지만 몇몇은 세상에 잘못된 믿음이 존재한다고 생각해. 만약 이들이 옳다면, 잘못된 믿음이 **존재**한다는 의미이므로, 사람들의 생각이 곧 지식은 아닌 것이지. 만약 이들이 틀렸다면 이들은 잘못된 믿음을 가진 셈이므로, 결국 잘못된 믿음의 존재가 증명된 것이고.

또한 플라톤은 우리가 알고 싶어 하는 것들 중 상당수는 인식할 수 없다는 것을 증명하려고 노력했어. 이런 것들에는 대다수가 인식보다는 추론을 통해서 결과를 얻는 순수 수학뿐만 아니라, 존재의 본질과 의미 같은 '거창한 주제'도 포함돼. 우리는 장미의 색깔을 구분하고 그 향기를 맡을 수 있어. 그런데 우리는 향기와 색깔 말고도, 실제로 장미가 존재한다고도 말하고 싶지. 하지만 이런 '존재'의 속성은 우리의 감각으로는 알 수가 없어. 같음이나 다름도 마찬가지지. 이런 것들은 우리의 감각으로 파악할 수 없다고 플라톤은 주장했어. 이는 나중에 논할 칸트의 인식론과 비슷한데, 칸트에 따르면 존재라는 관념은 우리가 세상에서 취하는 것이 아니라 우리가 세상에 부여하는 것이지.

또 다른 주장은 제 몸에 오물을 묻혔던 늙고 가여운 헤라클레이토스와, 물질계에서 만물은 늘 움직인다는 그의 사상과 관련이 있어. 움직인다는 것은 '바깥' 세상과 인식 주체에게도 적용되지. 그런데 우리가 인식 주체나 대상이 단 1초도 그대로 있지 않고 끊임없이 급변하는 우주에 살고 있다면, 어떻게 사물에 대한 지식이 존재할 수 있을까? 나도 변하고 대상도 변해. 그럼 뭔가를 파악했다고 생각하는 순간 그것은 사라지고 말겠지."

😺 납득하기 좀 어렵지만. 아무튼, 좋아. 그런데 강은 흐르고, 아까 봤던 사슴도 그대로 있지는 않겠지만 지속하는 것도 있잖아. 가령 우리가 앉아 있는 이 벤치는 움직이지 않아, 그렇지 않아? 이건 내일도 여기에 있을 테고……

"몇 가지만 짚어볼게. 이 벤치는 원자로 이루어져 있어. 원자는 늘 움직이고 사방으로 날아 다녀. 원자가 분자를 이루면 내일 이 벤치는 더이상 오늘과 같은 벤치가 아닐지도……"

😺 말도 안 돼!

"그래, 네 말이 맞아. 나도 너와 같은 생각이지만 이 얘기는 나중에 다시 할 거야. 하지만 만약 네가 이 벤치에 대한 완벽한 지식 즉, 플라톤이 생각하는 유일한 진리를 원한다면, 이 벤치를 구성하는 모든 원자를 알아야 하는데 그건 불가능해. 그리고 또 다른 문제도 있어. 내일이면 너와 나는 달라질 것이고 우리가 앉아 있는 이 벤치도 달라질 거야. 다른 공원에 있는 다른 벤치를 떠올려 보자. 두 연인이 그 벤치에 앉아 있어. 여자가 남자에게 헤어지자고 말해. 이제 그 아름답던 벤치는 남자에게 쓸쓸하고 괴로운 장소가 되어버려. 또한 남자가 그 벤치를 볼 때마다 벤치도 계속 변해. 시간이 갈수록 고통이 무뎌지듯 벤치가 떠올려주던 슬픔도 약해져. 아니 어쩌면 시간이 갈수록 고통이 더 커질지도 모르겠다. 너는 이런 감정들을 전혀 모를 거야. 어떤 고통은 시간이 가면 약해지지만 어떤 고통은 더 심해지는데…… 어떤 경우든 벤치는 같은 벤치가 아니야."

몬티는 특별히 감수성이 풍부한 개는 아니었지만 지금은 나를 쳐다보며 위로하듯 내 얼굴을 핥았다.

"그러니까" 내가 목소리를 가다듬고 말을 이었다. "앎과 인식은 같을 수 없어. 그 다음으로 플라톤은 지식이란 실제 사실을 사실로 믿는 것을 의미한다는 젊은 테아이테토스의 주장을 고찰했어. 가령 네가 좋아하는 씹기용 장난감이 소파 쿠션 아래에 있다고 생각해서 그곳을 살폈는데 거기에 진짜로 장난감이 있었다면 그것은 확실히 지식이지, 안 그래?"

🐾 치실도 오랫동안 찾고 있는데…… 아무튼 그 얘기 괜찮다. 사실로 생

각한 것이 사실이면, 그것을 안다는 의미라는 말이지.

"그 생각이 좋아 보이기는 하지만 플라톤은 즉, 플라톤처럼 생각하는 사람은 거기에 별로 만족하지 않았어."

😺 그럼, 그렇지.

"뭔가를 믿는 것과 그것이 사실이라는 두 조건이 일치하더라도, 그것이 진짜 지식인지는 명확히 말하기 어려워. 가령 친구가 전화를 해서 오랫동안 연락이 없었던 나를 나무란다고 해보자. 그러자 내가 친구의 전화번호가 적힌 주소록을 잃어버려서 전화하지 못했다고 대답하지."

😺 뻔뻔스러운 거짓말 아냐?

"맞아. 그런데 전화를 끊고 주소록을 찾아봤는데 정말 주소록을 잃어버린 걸 알게 됐어. 내가 친구에게 주소록을 잃어버렸다고 말했을 때 친구는 내 말을 그대로 믿었는데 알고 보니 내가 **진짜로** 잃어버렸던 거야. 하지만 엄밀히 말하면 그 친구는 지식을 얻지 못했어, 안 그래?"

😺 그 얘기는 전에 우리가 나눴던 어떤 대화의 예처럼 들리는데. 윤리학 말이야.

"좋아. 좀 더 간단한 예를 들어볼게. 내가 동전을 던져. 난 앞면이 나올 거라고 확신해. 이유는 몰라. 그냥 감이야. 그런데 정말 앞면이 나왔어. 반복하지만, 믿음이 현실이 됐다고 해서 그 믿음이 지식이라고는 말할 수 없어, 안 그래?"

🐾 맞아. 그건 그냥 요행수였지.

"그래서 플라톤은 우리에게 세 가지가 필요하다고 말했어. 그 세 가지는 뭔가를 사실로 믿는 마음과 그 믿음의 진실성trueness, 그리고 그 믿음에 대한 합리적 근거야. 바로 이 세 번째 요소에서 '궁극적 지식은 영원불변의 형상에 대한 지식'이라는 플라톤의 형상론이 등장해. 앞에서도 말했지만 나는 그 주장이 터무니없다고 생각하기 때문에 여기에서 더 거론하지 않을 거야. 하지만 플라톤이 지식이라는 문제에 관심을 집중시켰으며 그 자신의 해결책은 결함이 있었지만 다양한 접근법을 제안해서 후대 철학자들에게 도움을 준 공은 인정해야 해."

아리스토텔레스의 인식론

🐾 왠지 이제 아리스토텔레스가 나올 듯······.

"날 너무 잘 아는구나. 아리스토텔레스는 지식을 찾는 방법이 여러 가지라고 생각했어. 우선, **귀납법**induction과 **증명법**demonstration이 있는데 이 둘은 서로 밀접해. 귀납적 추론 과정은 감각적 인식에서 출발하는데, 플라톤과 달리 아리스토텔레스는 기본적으로 감각적 인식을 믿었지. 이런 감각적 인식이나 관찰이 쌓이면 일반 명제를 도출할 수 있게 돼. 이렇게 특수 사례들에서 일반 원리를 이끌어내는 방식이 바로 귀납법이야. 가령 죽는 사람들을 많이 봤다고 해보자. 즉, 사람들이 살아 있다가 나중에 죽음을 맞이하는 사례들을 다수 보게 되면, 넌 모든 인간은 죽는다는 일반적인 결론에 도달해. 그게 귀납법이야."

😺 이대로 괜찮아? 귀납법에 대한 비판이 나올 것 같은데……

"모든 것에는 다 때가 있어. 지금은 일단 그 생각을 받아들이자. 그러니까 우린 특수 사례에서 일반 명제를 도출했어. 이런 일반 명제들과 좀 더 구체적인 관찰 결과들에 삼단논법을 적용해 볼 수 있는데, 그럴 때 갑자기 지식이 튀어나오지. 너 삼단논법 기억하지?"

😺 물론이지. 대전제, 소전제, 결론. 간단하잖아.

"그러니까 지식은 관찰과 논리의 합이야. 그리고 지식의 목표는 가능한 한 일반적인 방식으로 사물을 이해해서 광범위한 원리와 법칙을 만드는 거야.

이제 그 과정을 살펴보자. 네가 동물의 생식 습성에 관심이 있는 생물학자라고 해 봐. 넌 다양한 관찰을 하겠지. 이 관찰 결과들을 삼단논법으로 정리해볼게.

오직 포유류만 새끼에게 젖을 먹인다.
개는 새끼에게 젖을 먹인다.
개는 포유류다.

여기까지는 괜찮아. 그럼 다른 예를 들어볼게.

모든 포유류는 새끼를 낳는다.
오리너구리는 알을 낳는다.
오리너구리는 포유류가 아니다.

그런데 좀 더 관찰해보니 오리너구리는 파충류나 조류보다 포유류와 훨씬 공통점이 많아. 즉, 오리너구리는 포유류에 속해야 하지. 그래서 너는 이렇게 삼단논법을 수정해.

오리너구리는 알을 낳는다.
오리너구리는 포유류다.
모든 포유류가 새끼를 낳는 것은 아니다.

이것이 **증명법**이야. 너는 관찰 결과물을 재정리해서 새로운 일반 명제를 만들었어.

고대 사회에서 아리스토텔레스의 사상은 수많은 경쟁자가 있었고, 에피쿠로스학파와 스토아학파보다 인기도 별로 없었어. 하지만 반격에 성공해서 중세시대에는 지배 사상이 되었고, 16세기에 근대 과학이 태동하기 전까지 계속 그 자리를 유지했어. 먼저 관찰을 통해 얻은, 신뢰할 만한 원리들에 건전한 삼단논법을 적용하면 보편 진리에 대한 지식을 얻을 수 있지.

증명법과 귀납법 외에 아리스토텔레스는 지식에 이르는 방법을 두 가지 더 생각해 냈는데 이것들은 앞의 두 방법의 부속물이라고 생각하면 돼. 첫 번째는 **변증법**dialectic이야. 이 단어에는 지식을 갖춘 사람들이 문제를 논의한다는 의미가 들어 있어."

🐾 너와 나처럼……

"맞아, 딱 너와 나처럼. 변증법에 따르면 논쟁을 주고받는 과정에서 진리가 드러난대. 아리스토텔레스가 민주주의 신봉자는 아니었지만 사실상 그는 결정 과정에 더 많은 사람이 참여할수록 더 나은 결과를 얻는다는 대중의 지혜를 언급한 최초의 철학자였어.

마지막으로 **아포리아 유도법**aporetic method이 있는데, 이것은 기존 이론이 가진 문제점들에 초점을 맞추고 있어. 문제나 모순, 지식 격차 같은 난관(아포리아)이 발생하는 경우 아포리아가 길잡이 역할을 한다는 거야. 아포리아에 빠지는 때가 정확히 우리의 관심을 집중해야 하는 순간이지.

이 마지막 두 방법론은 근대 과학의 두 핵심 분야의 등장을 예고했어. 변증법은 공동 심의 과정peer-review process과 같아. 이것은 실험 결과나 새로운 이론이 발표되면 과학계에서 자유롭게 토론을 거치는 과정이야. 쟁점이 광범위하고 토론이 자유로울수록 진리가 나타날 확률이 높아져. 그리고 기존 이론이 **아포리아**에 빠지기 시작할 때에만 새로운 이론이 등장한다는 생각은 우리가 나중에 다른 산책에서 다루게 될 현대 과학 철학의 핵심이야.

아리스토텔레스와 그를 계승한 스콜라학파에게 앎이란 무엇인가에 관해 마지막으로 한두 가지만 더 얘기할게. 사물을 제대로 이해하려면 그 **원인**cause을 알아야 해. 아리스토텔레스는 대단히 복잡한 방식으로 원인을 고찰했어. 그는 질료인material cause, 형상인formal cause, 동력인efficient cause, 목적인final cause 등 네 가지로 원인을 구분했어. **질료**인은 대상이 **물질**matter로 만들어졌다는 의미야. 그러니까 몬티, 너의 질료인은 피, 뼈, 근육, 그리고 네 몸속의 모든 세포야. 무척 간단하지. **형상**인은 물질이 배열되는 형식이야. 네 몸속의 모든 세포들이 어떤 식으로 모여서 작고 귀여운 강아지가 되는가를 다루지. **동력**인은 우리가 보통 생각하는 바로 그 원인과 아주 비슷해. 즉, 무언가를 존재하게 하는 것을 말하지. 말하자면 몬티 너의 경우는 네 엄마와 아빠가 되겠지."

🐾 누구라고? 그분들이 어떻게……?

"아. 우리 한 번도 그 얘기를 해본 적이 없었구나. 일단 넘어가서 **목적인**은 대상의 목표나 목적이야. 흠. 이건 개에게 적용하기는 좀 어려운데. 아마도 네 목적인은 내 가장 친한 친구가 되는 것이겠지."

😺 에이.

"그럼 좀 더 단순한 예를 들어볼게. (아리스토텔레스가 직접 언급한 예이기도 한데) 탁자를 생각해 봐. 탁자의 질료인은 나무, 형상인은 모양과 구조, 동력인은 그것을 만든 목수, 목적인은 내가 저녁 식사를 할 때 이용하는 것이 되겠지. 탁자에 관해 안다는 것은 이 모든 원인을 안다는 의미야. 알겠니?"

😺 알겠어.

"그러므로 아리스토텔레스와 중세 스콜라학파에게 지식이란 상당히 복잡하지만 얻을 수 있는 대상이었어. 관찰, 논리, 귀납 추론, 논쟁 등을 통하면 사물의 원인을 알 수 있게 되며, 그것이 곧 지식이지."

😺 좋네. 그럼 이제 끝이야?

"전혀 아니야. 지식 획득 가능성을 의심한 사상가들이 항상 있었거든. 앞선 산책들에서 고대 철학자들을 거의 모두 다뤘지만 내가 좋아하는 회의주의자들은 아직 만나지 않았어. 고대 회의주의자들은 여러 종류가 있지만 대부분 목표는 같았어. 이들의 목표는 만물에 대한 판단을 의도적으로 미룸으로써 평정심을 유지하는 것이야. 즉, 이들에게 행복이란 **무지**not knowing 혹은 유보였어.

회의주의자들

많은 회의주의자들이 소크라테스를 지적 선배로 생각했어. 초기 대화편에서 소크라테스는 대화 상대자를 짜증나게 해서 이들의 논리가 빈약함을 폭로했지. 그런데 일반적으로 최초의 회의주의자로 인정받는 사람은 엘리스의 피론Pyrrho of Elis(기원전 360~270, 소크라테스가 죽고 약 40년 후에 태어났다.)이야. 피론은 자기 풍자적이고 엉뚱한 철학자였어. 그는 회의적 사고 훈련을 너무나 철저히 한 나머지 감각을 통한 명백한 증거조차 거부한 탓에, 절벽이나 소달구지로 붐비는 길을 향해 태평하게 걸어가는 일도 있었지. 제자들이 막지 않았다면 아마도 그는 절벽 아래로 떨어졌거나 소달구지 바퀴에 깔렸을 거야.

피론을 비롯한 회의주의자들은 지식을 얻는 비결을 찾았다고 주장하는 당대 여러 철학자들에 맞섰어. 아리스토텔레스와 플라톤의 추종자는 물론이고 스토아학파에도 반대했지. 이미 살펴봤지만 스토아학파는 유일하게 물질만 존재한다고 믿는 유물론자야. 그리고 물질은 감각을 통해서 인식할 수 있어. 이따금 감각이 오도

할 때도 있지만, 어떤 때는 너무나 강렬하고 선명해서 대상을 명확하게 이해할 수 있기도 해. 스토아학파는 이런 현상을 **인지적 인상**cognitive impressions이라고 불렀고, 이것은 지식의 토대를 확실하게 제공했어.

하지만 회의주의자들은 그 어느 것도 인정하지 않았어. 그들은 독단주의자들의 철학적 논증을 해체하는 도구 같은 것을 개발했어."

😺 독단주의자라고? 좋은 단어 같은데.

"안됐지만, '카타스트로피catastrophe'가 고양이에게만 일어나는 재앙이 아니듯이, 독단주의란 뜻의 '도그마티즘dogmatism'도 개와 아무 상관없어. 이 용어는 **도그마**dogma라는 그리스어에서 유래했고 그 의미는 **진리로 인정한 것**이야. 회의주의자가 보기에 독단주의자는 너무나 경솔하게 거의 모든 것을 굳게 믿는 사람들이지. 회의주의자의 도구는 수많은 '논변 형식modes'으로 나누어져. 회의주의자들은 토론장에서 독단적인 사람을 만날 때마다 그들의 논증을 톱밥 제조기에 넣어야 한다고 생각했어. 일부는 상대주의적 논증을 택해서 감각 증거의 신뢰성에 대한 믿음을 약화시키려 했어. 예를 들면, 우리가 좋아하는 향수 냄새를 쇠똥구리는 싫어해(물론 그 반대의 경우도 마찬가지야). 건강한 사람에게는 꿀이 달콤하지만 황달이 있는 사람에게는 쓰지. 지금은 비도덕적(혹은 도덕적)으로 간주되는 문화적 관습이 시대와 장소를 달리하면 도덕적(혹은 비도덕적)으로 여겨져. 여기에서 핵심은 동일한 논증으로든 반대되는 논증으로든 반박할 수 없는 명제란 단 하나도 없으며, 조사를 충분히 하면 얼마든지 반증을 찾을 수 있다는 거야.

그리고 내 의견에 반대하는 논증을 무너뜨리는 방법을 알려주는 논변 형식도 있어. 가령 독단적인 사람에게 하나의 문제에 다양한 관점이 존재한다는 사실을 가까스로 증명했다고 해보자. 그 다음에는 어떻게 합의에 이를 수 있을까? 독단주의자는 다양한 반응을 보일 거야(가족이 있는 사람이라면 누구나 이런 상황을 다양하게 접해봤을 거야……). 그저 턱을 처들고 자신이 옳다고 주장할 수 있는데, 이것은 전혀 논증이 아니므로 패배를 인정한 셈이야. 아니면 독단주의자가 이유를 댈지 모르는데, 그럼 회의주의자는 그 이유에 대해 반박해. 여기에 다시 독단주의자가 근거를 제시하면, 회의주의자도 그 근거에 대한 반박 증거를 찾아. 이런 식으로 논쟁이 계속되면 우리는 무한 후퇴에 빠지게 되고 최초 주장에 대한 근거는 결코 찾을 수 없게 돼."

🐾 예를 하나 들어주면 도움이 될 거 같은데……

"좋아. 내가 인간이 개보다 훌륭하다고 말했어. 그러자 네가 나와는 달리, 개를 인간보다 훨씬 훌륭하게 생각하는 사람들이 있다고 말하지. 그럼 나는 **아니**라고 말하는 너에게 기존 입장을 반복하며 **인간이 더 훌륭하다**고 주장하거나 이유를 대겠지. 그때 나는 인간이 개보다 훨씬 지능이 높으며, 지능이 높을수록 더 훌륭하다고 말해. 넌 이 말에 반박하며, 인간이 개에게 먹이를 주고 작은 봉지를 들고 다니며 개의 배설물을 치우는데 이것은 개가 더 지능이 높다는 것을 의미한다고 주장할 수 있어. 아니면 내가 지금 종류가 다른 자질('지능'과 '훌륭함')을 비교했다고 지적할 수도 있지. 누가 '높은 지능'과 '훌륭함'을 같다고 말할 수 있겠어? 두 경우 모두 나는 내 주장에 대한 근거를 제시할 때마다 네게 반박당함으로써 우리는 무한 후퇴에 빠지게 되지.

또는 내가 무한 후퇴를 피하기 위해 순환 논법을 쓰는 방법도 있어. 가령 내가 인간이 개보다 훌륭하다고 말해. 그럼 너는 증거를 요구하겠지. 그래서 내가 인간이 개보다 지능이 높다고 말해. 넌 그것을 어떻게 증명할 거냐고 물을 테고, 그럼 나는 인간이 더 훌륭하기 때문이라고 말해. 이런 식으로 출발지와 종착지가 같아져. 아니면 회의주의자들이 실제로 사용했던 이런 예도 있어.

신이 세상을 창조했어요.
어떻게 알죠?
이곳이 신이 창조한 세상이니까요.
신이 이곳을 창조했다는 것을 어떻게 알죠?
이곳이 완벽하니까요.
이곳이 완벽한 건 어떻게 알죠?
신이 이곳을 창조했고, 그가 창조한 모든 것은 완벽하니까요.

회의주의자들의 논증 중에 하나만 더 검토하고 싶어. 일종의 철학적 난제야. 그것은 **기준의 문제**problem of the criterion라고 부르는데, 지금도 여전히 사람들을 괴롭혀. 대개 이 문제는 다음 두 가지 질문으로 표현할 수 있어.

1. 우리가 무엇을 아는가? (혹은 우리가 가진 지식의 **범위**extent는 어디까지인가?)
2. 우리가 어떻게 아는가? (혹은 앎의 **기준**criterion은 무엇인가?)

여기에서 문제는 1번 질문 즉, 무엇을 아는가에 답하려면 2번 질문인 앎으로 간주되는 것이 무엇인가에 답해야 해. 그런데 2번 질문에 답하려면 1번에 대한 답이 필요하지."

몬티가 내 무릎 위로 올라오더니 당혹스럽다는 듯 작은 얼굴을 찌푸렸다.

"당연히 예를 들어 달라는 거지? 알겠어.

1. 최우량 견종은 무엇인가?
2. 최우량 견종을 어떻게 판단하는가?

1번 질문에 답하기 위해 최우량 견종을 파악하려면 어떤 가설이나 최우량 견의 기준이 필요해. 그건 2번 질문에 대한 답이야. 하지만 2번에 답하려면 즉, 최우량 견의 기준을 마련하려면 그 기준의 근거가 될 만한 최우량 견의 예가 필요하지 않겠어? 그리고 이것은 개에게만 국한되는 얘기가 아니야. 지금까지 쓰인 소설 중 가장 위대한 소설을 정하는 문제도 마찬가지야. 그것을 정하려면 위대한 문학의 기준이 필요하지. 하지만 그 근거가 될 만한 위대한 소설이 없다면 어떻게 그 기준을 마련할 수 있겠어? 그러니까 그런 소설들을 어디에서 찾을 수 있겠어? 이런 식으로 계속 돌고 도는 거야."

🐾 나 애태우지 마. 답이 있지. 그렇지?

"불완전한 답들만 몇 개 있을 뿐 아무도 그 문제를 해결하지 못했어. 일반적으로 이런 불완전한 답들에는 각 질문에 임시로 답을 제시하고, 만족스러울 때까지 그 답을 계속 수정하는 과정이 포함돼. 하지만 내가 보기에 이것은 그저 지식에 대한 믿음을 약하게 하려고 회의주의자들이 채택한 전략의 일부야."

🐾 사람들을 짜증나게 한 사람은 소크라테스였다면서. 그런데 이 회의주의자들도……

"아. 네 말뜻은 알겠어. 그래도 하던 얘기를 계속할게. 고대 회의주의자들의 목적은 다른 사람을 짜증나게 하고 좌절시키는 것이 아니었어. 이들은 평화롭고 달콤한 위안을 주려 했지. 만약 분쟁에서 쌍방이 같은 조건에서 논쟁할 수 있다면 서로 흥분할 일이 없어. 일단, 호흡을 가다듬고 긴장을 풀어. 편하게 토론을 즐기되 궁극적으로 토론으로는 아무것도 바뀌지 않는다는 사실을 기억해야 해. 그러면 고요한 상태 즉, 침착함이나 평정심으로 번역되는 그리스어, **아타락시아**ataraxia에 도달하게 될 거야. 네가 긍정적으로 생각했던 상황이 나쁜 것으로 밝혀지기도 하고, 부정적으로 생각했던 상황이 결국은 최선이 되기도 해. 우리는 알 수가 없지. 피론은 바닷가에서 아타락시아를 유지하며 폭풍우에 맞섰으나 그 주변인들은 공포에 떨었어. 그는 개에게 공격을 받고 한 번 움찔한 적은 있었지만 이런 말을 했지. '인간의 나약함에서 완전히 벗어나기란 쉽지 않지만' 그럼에도 '가능한 한 행동으로, 그렇지 않으면 말로라도 전력을 다해 사실들과 다투어야 한다.'"

🐾 어쩌면 피론이 뼈다귀의 실체를 부정해서 그 개가 짜증이 났는지도 모르지.

"피론이 개의 공격을 받은 이유에 관해서는 안타깝게도 기록이 없어. 회의주의자들은 처음에는 스토아학파에 의해, 나중에는 아리스토텔레스학파에 의해 추방됐지만, 16세기에 이들의 문헌이 재발견되면서 영향력을 회복했어. 위대한 에세이스트인 몽테뉴Montaigne(1533~1592)는 그가 사는 동안 프랑스를 분열시킨 끊임없는 종교 분쟁에 자극을 받아 회의주의가 부활하는 데 도움을 줬어. 광적인 종교 개혁파와 보수적인 가톨릭교회에 맞서 몽테뉴는 피 흘리며 지켜야 할 절대 진리란 없음을 인정하고, 판단을 유보하며 분쟁에 초연하라는 옛 회의주의자들의 명령에서 위안을 찾았어. 몽테뉴는 한 면에 '나는 자제한다'는 의미의 그리스어 '**에페코**Epecho'

를, 다른 면에 '나는 무엇을 아는가?'라는 의미의 프랑스어, '끄세주 Que sais-je?'를 새긴 메달을 가지고 다녔지.

데카르트의 회의론

몽테뉴가 신봉한 고대 회의주의는 의심하는 사람이 차분히 수용하는 상태에 이르도록 돕는 목적으로만 의심을 사용했지만, 이와 달리 개를 괴롭힌 사람으로 알려진 데카르트는 회의주의를 과격하고 혼란스러운 방식으로 사용했어. 데카르트에게, 모든 것을 의심하는 행동은 진리에 이르는 길을 막고 있는 헝클어진 잡초와 들장미를 제거하는 일과 같았어."

🐾 지금 개를 괴롭힌 사람……이라고 말했어?

"저기, 지금 그게 중요하진 않잖아. 아마도…… 그 얘기는 건너뛰는 편이 좋겠다. 그러니까 데카르트는 역사적으로 위대한 천재인데 철학뿐만 아니라 수학과 과학에서도 뛰어났어. 그는 이차원 공간에 X축과 Y축을 교차시켜 좌표를 표시하는 좌표 기하학을 발명했고 뉴턴 물리학에서 정점을 이룬 아리스토텔레스의 낡은 과학 이론과 우주관을 뒤엎었지. 그런데 이렇게 다양한 분야에서 수준 높은 지식을 가졌던 사람이 모든 것을 의심하는 데서 출발했다니 참 아이러니한 일이지."

🐾 모든 것이라고?

"그래. 모든 것. 데카르트는 감각이 알려 준 모든 것을 의심하는 데서 출발했어. 그의 표적은 아리스토텔레스가 체계화한 지식 체계였어. 앞에서 살펴봤듯이, 지식을 생성하기 위한 삼단논법은 전제들이 참이어야 하고, 전제가 참이려면 우리의 인식이 정확하다는 가정이 있어야 하지. 그런데 멀리서 탑을 보면 작아 보이지만 가까이 다가가면 굉장히 크지! (내가 완벽하게 이해한 내용은 아니지만, 원근법에 따르면 여기에서 느끼는 감각이 사물의 실제 모습을 정확하게 전달한다고 해. 하긴 멀리서 크게 보이던 탑이 가까이 다가갔을 때 작았다면 우린 확실히 감각을 의심했을 거야.) 데카르트가 방 안에서 실내복 차림으로 난롯가에 앉아 있는 자신을 바라보고 있어. 이건 확실하지? 그는 난롯불의 온기와 실내복의 촉감을 느낄 수 있고 벽과 지붕을 볼 수 있지. 하지만 그가 잠에서 깨어 정신을 차려보니 꿈을 꾸었던 거야. 사실 그는 벌거벗은 채 침대에 누워 있었어. 정신이 나간 사람들은 현실에 없는 것들이 보인다고 상상해. 우리도 한 번쯤 벌거벗은 채로 사람들 앞에서 말을 하거나 하늘을 나는 꿈을 꿔봤잖아."

🐾 그래. 하지만 대체로 우린 그게 꿈인 줄 알지, 안 그래? 내가 꿈속에서 토끼들을 쫓다가 잡을라치면, 걔들은 하늘로 붕 떠서 새처럼 날아가 버리지. 그때 난 걔들이 평범한 토끼가 아님을 깨닫지……

"물론 일반적으로 우리는 꿈과 현실을 구분할 수 있어. 그런데 우리가 항상 그럴 수 있을까? 만약 둘을 구분하지 못하거나 혼란을 느낄 때가 있다면, 우리 앞에 보이는 나무나 개, 왈라비 같은 사물을 어떻게 확신할 수 있을까? 데카르트는 안다고 완벽하게 확신하지 못하면, 그리고 자신이 미쳤거나 꿈을 꾸고 있어서 감각을 믿을 수 없는 가능성이 조금이라도 있으면, 감각을 통해 인식한 모든 것을 거부하기로 결심했어. 그리고 감각은 사라지기도 하지.

하지만 수학이나 기하학적 지식은 어떨까? 2 더하기 2는 4라는 사실은 속기 쉬운 감각에 좌우되지 않잖아, 그렇지? 삼각형의 각은 항상 세 개야. 이런 지식은 감각과 무관하고, 용어를 정의할 때 결정되는 분석적 진리야."

😺 그건 의심할 여지가 없어, 안 그래?

"하지만 악령이 우리 머릿속에 틀린 생각을 심어줬을 수도 있지 않아? 내 뇌 속에 터무니없는 생각들이 공급되지 않는다는 사실을 나는 어떻게 알 수 있을까? 가령 원래 삼각형의 각의 수는 여덟 개인데, 내가 그 수를 셀 때마다 악령이 내 머릿속을 뒤죽박죽으로 만들어서 각의 수를 세 개로 생각하게 할 수도 있잖아. 한 번 더 말하지만, 데카르트는 다양한 속임수가 있을 수 있다고 말한 것이 아니라, 속임수를 완전히 제거하진 못한다고 말했을 뿐이야.

데카르트의 과격한 회의주의는 정말 도발적이야. 그의 목적은 우리가 당연시하는 거의 모든 것들이 견고한 땅이 아닌 무르고 위험한 습지에 토대하고 있음을 보여주는 것이었지. 이것은 고대 회의주의자들의 입장이기도 했어. 이들은 그 사실을 인정하라고 말했지. 세상을 알 수 없으니 무지의 삶을 즐기라고 했어.

하지만 데카르트의 의심은 시작이지 최종 단계가 아니야. 그는 우리를 의심의 구렁텅이에 빠뜨렸다가 다시 끄집어내어서 확실한 지식이 있는 밝은 세계로 인도했어."

🐾 야호!

"그리고 데카르트가 빛을 발견한 장소는 불확실하고 변화하는 인식의 세계에 있지 않고, 순수한 사유의 세계에 있었어. 모든 것을 의심할 수 있지만, 우리가 의심하고 있다는 사실은 의심할 수 없어. 네가 의심하고 있는지 의심하는 것도 여전히 의심하는 행동이기 때문이야. 의심한다는 것은 생각한다는 의미야. 네가 사실이 아닌 것을 생각하고 있어도 그것 역시 생각하는 행위지. 그리고 생각은 독립적으로 이루어질 수 없어. 생각하는 주체가 반드시 있어야 해. 그리고 그 주체는 바로 자기 자신이야. **코기토 에르고 숨**Cogito ergo sum. 나는 분홍색이다. 고로 나는 스팸이다."

🐾 뭐라고?

"그냥 해 본 말이야. **코기토 에르고 숨**. 나는 생각한다. 고로 나는 존재한다."

😼 좀 낫네. 그건 그렇고, 스팸이라니?

"흠, 그건 음식이 있기 전에 우리가 먹던 거야. 즉, 정신은 외부 세계의 존재보다 그리고 물질보다 더 확실한 것이지. 여기에서 출발한 데카르트의 핵심 사상은 바로 정신과 물질이 서로 완전히 별개라는 것이야. 나중에 보겠지만, 이 사상은 데카르트에게 여러 문제를 일으켜. 하지만 어쨌든 지금, 그는 자기 철학의 본질이 사유임을 보여줬어. 자기 자신이 생각하는 주체라는 의미지.

하지만 여기서 끝이 아니야. 데카르트는 자기 자신의 존재를 증명했지만 더 많은 것을 원했어. 자신을 의심할 수 없는 존재로 만든 **코기토**란 대체 무엇일까 궁금해 했어. 그 '특징'을 파악할 수 있다면 같은 속성을 지닌 생각들을 찾아낼 수 있으니까. 그는 어떤 것이 **코기토**로 구별되려면 **명석**clear하고 **판명**distinct해야 한다고 결론 내렸어. 그래서 기준은 이것이야. 명석하고 판명한 관념을 발견할 수 있다면 그 관념은 사실이다.

그 기준에 부합하는 관념은 다소 놀랍게도, 데카르트의 마음속에 완벽히 자리 잡은 신 관념이었어. 이런 신 관념은 어디에서 나왔을까? 데카르트가 만들어냈거나, 감각을 통해서 파악했거나, 선천적으로 그냥 알았겠지. 만들어진 관념 속의 신은 완벽하고 무한하며 전능한 존재야. 완벽하고 무한하다는 관념은 불완전하고 유한한 존재로서는 상상할 수 없는데, 그 이유는 같은 것끼리만 서로의 원인이 되고(이것은 과거 아리스토텔레스가 만든 개념으로, 운동은 운동으로만, 열은 열로만 전달될 수 있다는 의미야.), 인간이 불완전한 존재임은 자명한 사실이기 때문이지. 따라서 인간은 신을 만들어낼 수 없어. 또한 신 관념은 감각을 통해서도 나올 수 없는데, 그 이유는 이미 앞에서 감각을 통해 얻는 모든 지식은 의심할 여지가 있다고 결론 내렸기 때문이지.

그럼 이제 내가 태어날 때(혹은 수정될 때) 신 관념이 내 마음속에 심어졌다는 가능성만 남아. 이것이 신의 존재에 관한 데카르트의 '상표trademark 논증'이야. 신이 우리 마음에 상표를 찍어서 자신이 거기에 있음을 알려준다는 의미지. 전에도 신의 존재를 증명하는 문제를 다뤘었지."

🐾 어, 그랬나?

"신의 존재에 관한 데카르트의 여러 논증은 그 자신과 수많은 동시대인은 만족시켰지만 오늘날에는 많은 사람들을 설득하지 못하고 있어. 데카르트가 신의 존재에 스스로 만족했다고 가정해 보자. 그러면 그의 회의주의는 사라져 버려. 선한 신이 악령의 자리를 빼앗아서, 수학과 기하학적 추론 결과와 인식 결과물의 타당성을 약화시키기보다 보강해주지. 그는 (**연장성**이 있다고 정의한) 물질계가 마음속에 관념을 일으키고, 이 관념들이 외부 세계를 정확히 표현하고 있음을 확인하고는 이렇게 만족해하지. 다 잘 됐다. 의심이 패배했다! 우리에게 견고한 토대가 있다. 우리는 안다!"

🐾 어째 너무 간단해 보이는데……

"맞아. 그리고 대부분의 근대 철학자들은 데카르트 사상의 긍정적인 면보다 그의 회의주의에 더 깊은 인상을 받았어. 데카르트 사상의 비회의주의적 측면은 신 관념에 토대하므로, 이런 긍정 논증은 해체될 수밖에 없었어. 존 로크John Locke(1632~1704, 이 사람은 조만간 자세히 다룰 예정……)는 우리에게 신에 대한 본유 관념innate ideas이 있다는 주장은 사실이 아니라는 입장이야. (곧 다루겠지만) 로크는 우리 안에 본유 관념이란 전혀 없으므로, 당연히 신에 대한 본유 관념도 없다고 생각했어. 어떤 부족과 문화는 신이라는 개념 자체가 없으며 신적 존재에 대해 매우 다양한 생각들이 존재하는데, 이런 존재는 무한하거나 완벽하지 않지. 또한 불완전한 사람이 완벽한 존재에 대한 관념을 만들어낼 수 없다면, 이와 마찬가지로 완벽한 존재가 관념을 심었더라도 불완전한 사람이라면 그것을 이해할 수 없다는 주장도 맞지 않을까?

신의 도우심 없이는, 데카르트가 너무도 설득력 있게 내세웠던 회의주의로부터 그 자신을 구출해 줄 인식론은 별 볼 일 없는 것이 되고 말지.

데카르트 사상의 가장 강력한 유산은 진리(와 가능한 확실성)에 이르는 길로서 순수 이성의 중요성이야. 자기 자신의 마음이나 신의 존재와 같은 '참된 관념true idea'을 규정하는 속성은 명석하고 판명해야해. 명석하고 판명한 관념의 전형적 예는 수학과 기하학에 있으며, 이것들은 진리의 모델일 뿐만 아니라 진리를 얻는 수단으로 여겨지게 되었어. 이 전통을 계승한 철학자들(합리주의자를 가리키며, 그중 가장 유명한 사람은 스피노자와 라이프니츠)은 데카르트처럼 인간의 감각을 불신했기에, 수학과 기하학을 이용해서 순수한 정신의 작용을 통해 지식을 얻으려 노력했지.

데카르트는 후대의 합리주의자들에게 골칫거리를 남기기도 했어. 저번에 자유 의지와 더불어 심신 문제mind-body problem를 논했던 산책을 기억하니?"

🐾 그런 것 같아.

"내가 요약해볼게. 데카르트가 보기에 육체와 정신은 근본적으로 달라. 심신 이원론mind-body dualism이라고 부르는 이 사상은 어느 정도 일리가 있어. 사유와 샌드위치는 완전히 다르니까. 샌드위치는 질량과 색깔과 향이 있지만, 사유는 그렇지 않아. 사유는 형체가 없는 정신적 실체야. 문제는 서로 다른 이 둘이 교류해야 한다는 점이야. 물질적 실체가 사유의 세계로 가는 길을 찾아야 하지. 예컨대, 밖에 있는 샌드위치가 내 마음속에서는 샌드위치라는 관념이 되어야 해. 그래야 내 마음(정신적 실체)이 팔(물질적 실체)을 움직여 샌드위치를 입속에 넣게 할 수 있어.

이 문제(어떻게 정신과 물질이 상호 작용할 수 있는가)에 대한 데카르트의 해법은 끔찍하기로 유명해. 그는 우리에게 '어떻게how'가 아닌 '어디로where'를 알려줬어. 평범한 사상가라면 당연히 그런 상호 작용이 '뇌 속에서' 일어난다고 말하겠지만, 생체 해부 옹호자인 데카르트는 해부학적 지식에 능통해서 그런 세련되지 못한 표현을 쓰지 않았지. 그는 그것이 송과선에서 일어난다고 주장했어."

🐾 그래. 지금 기억났어. 그 뇌에 있는 것 말이지.

"맞아. 그런데 데카르트의 답은 문제를 해결하지 못하고 축소하는 일만 했어. 송과선도 여전히 정신적 실체와 접속을 시도해야 하는 물질적 실체야. 사실 실체 문제는 훨씬 복잡한데, 데카르트는 육체, 정신, 신 이렇게 셋으로 실체를 구분했어. 신의 실체는 신이 전능하다고 정의하는 한 쉽게 해결돼……하지만 여전히 세 가지 서로 다른 실체가 세상에 떠돌고 있으므로 정말로 세상을 알려면 어떻게든 그 실체들을 이해해야 해.

스포츠에 빗대어 설명해볼게. 데카르트에게 세상은 축구팀과 같아. 선수는 '육체'에 해당하는데, 그 특징은 공간을 차지하는 연장성이야. 그 다음에 공이 있어. 그런데 이 공은 가죽이 아니라 빛으로 이루어져 있는, 일종의 홀로그램hologram이야. 마지막으로 팀을 감독하는 신이 있지. 홀로그램 공을 찰 때 큰 문제가 하나 있어. 홀로그램 공은 질량이 없는데 어떻게 선수가 공을 찰 수 있겠어? 이에 대한 데카르트의 해법은 발로 움직이지 말라는 거야. 발가락도 마찬가지고. 그런데 발과 공은 서로 다른 실체인데, 하나는 물질이고 하나는 물질이 아니면, 홀로그램 공은 전혀 움직이지 않는다는 것을 우리는 모두 알고 있지.

데카르트의 계승자 중 가장 머리가 좋고, 개를 발로 찬 사람으로 악명 높은 니콜라 말브랑슈는……"

🐾 뭐라고?

"아, 아무것도 아냐. 그건 중요하지 않거든……"

🐾 그 사람이 철학자를 발로 차서 악명이 높았다면, 넌 그렇게 말하지 않겠지.

"알겠어. 어쨌든, 말브랑슈는 자신에게 답이 있다고 생각했어. 그는 데카르트의 이원론Cartesian dualism을 받아들였기 때문에 문제가 무엇인지 명확히 알고 있었어. 물질계의 발은 정신계에 속하는 공을 결코 움직일 수 없어. 그래서 말브랑슈는 감독(신)이 마술을 부려서 발이 공에 닿았을 때 공을 움직이게 한다고 말했지. 한 인간의 몸 안에서 정신과 육체가 아주 가까이 있을 때에도, 둘의 상호작용은 신에 의해서 일어나. 넌 네가 손가락을 꼼지락거렸다고 생각하겠지만, 말브랑슈는 신이 **꼼지락거려야겠다**는 생각을 일으켰고 그 의도가 근육에 전달되어 손가락이 꼼지락거리게 되었다고 말해. 만약 네가 네 손가락을 바늘로 찌르면, (정신이 느끼는) 고통은 (육체에 해당하는) 바늘이 아니고 신이 일으킨 거야(고통과 바늘의 상호작용은 불가능하니까)."

🐾 난 잘 이해가 안 되네.

"그럴 거야. 신이 이런 우스운 일을 한다는 생각을 받아들이기 힘들지. 그리고 만약 네가 기독교가 등장하기 전에 태어난 사람들은 전부 지옥에 떨어졌을 거라고 생각하는 기독교적 가치관을 받아들인다면, 말브랑슈의 주장은 신이 오랫동안 인간을 살아 있는 인형처럼 가지고 놀다가 지옥 불에 던져 버렸다는 의미가 되지. 이와 같이 심신 이원론에는 불합리한 점들이 있었어.

너무도 매력적인 스피노자

바뤼흐 스피노자Baruch Spinoza(1632~1677)의 해법은 다소 교묘했어. 그는 실체를 셋이 아닌 하나로 정했어(자기 방식대로 증명한 셈이지). 축구 선수와 공을 감독의 다른 면이라고 생각했지. 팀이 있고, 그 안에 감독과 선수, 공이 전부 모여 있다고 봤어."

😺 점점 이상해지는데……

"날 믿어. 곧 괜찮아질 거니까. 사실 스피노자는 철학사에서 몹시 매력적인 인물이야."

😺 개를 발로 찼다는 사람?

"그 사람 아니야. 스피노자의 과격한 종교관은 그가 자신의 유대인 공동체에서 배척당했고, 비교적 관용적이었던 17세기 네덜란드 기독교 사회에서조차도 진정으로 받아들여지지 않았어. 그는 평생 가난하게 살았지만 친구들에게서 어떤 재정적 도움도 받지 않았고, 과학 실험용 렌즈를 깎는 일을 하면서 저렴한 집에서 독립적으로 사는 쪽을 택했지. 그는 겸손하고 용감하고 탁월했으며, 무엇보다도 결과에 아랑곳하지 않고 이성이 이끄는 대로 살려 했어. 그런데 이성은 그를 아주 이상한 장소들로 데려갔지.

스피노자는 지식에 네 가지 유형 혹은 수준이 있다고 주장했어. 어떤 지식은 들었기 때문에 믿지만, 한 번도 경험한 적이 없어. 그리고 경험으로 배우는 지식이 있는데, 이는 계단에 발가락을 부딪치면 통증을 느끼고, 냉수로 갈증이 해소되는 경우와 같지. 또한 다소 이성적이지만 여전히 경험에 토대한 지식이 있는데, 가령 어떤 것은 멀리 있어서 작게 보이고 어떤 것은 원래 작아서 작게 보인다고 판단하는 경우야. 이런 세 가지 지식 습득 방식은 불만족스럽고 오류에도 취약해. 따라서 사물의 본질을 이해하고 파악해서 얻은, 반드시 참이 되는 네 번째 지식이 필요해. 그리고 물론 여기에서 이상적인 지식은……"

😺 내가 맞혀볼게, 산수?

"맞아! 그러니까, 기하학. 기하학은 틀릴 리 없는 진짜 지식을 제공하지. 스피노자는 유클리드Euclid의 『원론Elements』(2,000년 동안 기하학의 고전으로 자리매김하고 있는 책)처럼 확실한 지식을 철학에서도 찾고 싶었기에, 그의 사후인 1677년에 출판된 걸작 『윤리학』의 모델로 기하학을 선택했어."

🐾 잠시만, 윤리학이라고? 전에 다뤘던……?

"스피노자는 우리가 다뤘던 사상가들보다 훨씬 더 많이 윤리학과 연결돼 있어. 『윤리학』은 윤리 문제를 다루지만, 그의 도덕 원리는 확실히 형이상학과 인식론에 토대하고 있어. 일단 유클리드의 『원론』은 다양한 정의('점이란 위치는 있고 면적은 없는 것이다.')와 공리('동일한 것과 같은 것들은 서로 같다.')와 공준('두 점을 연결하는 직선은 하나다.')을 정리하는 것으로 시작해. 유클리드는 합리적인 사람이라면 참으로 여길 언명들에 근거해서, 컴퍼스나 자 외에 복잡한 도구는 전혀 사용하지 않은 채 직선을 긋고 원을 그렸으며, 논리적 단계를 거쳐 대단히 멋지게 기하학 체계를 구축했어.

스피노자도 철학의 기본 정의와 공리를 정리했고, 복잡한 명제들을 만든 다음, 이 명제들을 '증명'했어. 여기에서 정의와 증거는 모두 정신적인 내용이야. 스피노자는 주장을 예증할 때 외부 사물을 예로 들지 않았는데, 이는 삼각형에 대한 유클리드 명제를 확인할 때 외부에 존재하는 실제 삼각형을 가져와서 비교할 필요가 없는 것과 마찬가지지.

『윤리학』은 난해하고 복잡하며 수학적 내용이 독해를 방해하지만 개요는 꽤 간단해. 실체$_{substance}$란 스스로 존재하는 것으로 정의되는데, 말하자면 외부의 어떤 것도 그것에 영향을 주지 못하고, 그것의 원인도 되지 못해. 무한하고 변하지 않는 실체는 딱 하나뿐인데, 그것은 바로 신이야. 신은 존재하는 모든 것이야. 신에게는 사유$_{thought}$와 연장성$_{extension}$이라는 두 가지 속성이 있어. 우리는 신의 일부야. 일어나는 모든 사건은 미리 정해져 있으며, 이는 자유 의지가 없다는 의미지. 인간은 이기적으로 사익을 추구하려 애쓰지만, 그런 노력은 궁극적으로 아무 소용이 없는데 그 이유는 우리가 아무것도 바꾸지 못하기 때문이야. 따라서 우리가 할 수 있는 최선은(그리고 이것은 『윤리학』에서 윤리를 다룬 부분인데) **있는 그대로의 자기 모습**what is 을 받아들이는 일뿐이지."

🐾 뭔가가 떠오르는데……

"스피노자의 사상은 결정론에 의해 세계와 정신과 신이 하나로 묶여 있다는 스토아학파의 세계관과 아주 비슷해. 그리고 그의 종교관은 기독교나 유대교와는 많이 달라. 사실 스피노자가 말하는 신은 진정한 의미에서 신이 아니야. 그에게 신은 자연이야. 자연에 존재하는 모든 것은 신의 일부지. 그러므로 평생 그가 종교계에서 환영받지 못한 것도 당연해.

스피노자의 사상이 몹시 낯설고 당대에는 굉장히 충격적이었지만 지금은 처음 세상에 등장했을 때보다는 덜 놀라우며 우리가 이미 아는 내용을 재개념화한 정도이지. 스피노자는 육체에서 유사점을 찾았어. 한편으로, 육체는 장기, 혈액, 머리카락, 피부 등 수많은 독립체로 구성되어 있어. (세포의 존재는 스피노자 사후에 발견되었으므로 그가 세포에 관해서 알지는 못했지만, 알았다면 세포라는 개념이 그의 논증에 도움이 되었을 거야.) 하지만 우리는 당연히 육체를 여러 성분으로 구성된 하나의 실체로 여기지. 그와 같은 방식으로, 우리가 다양한 물질과 정신이 존재하는 세계에 살고 있음을 인식하고 있더라도, 가치관이 바뀌면 세계를 하나(신 혹은 원한다면, 자연)로 보기도 하지.

정신과 육체가 별개의 실체가 아니라, 신(혹은 자연)의 속성에 불과하다는 관념은 가치관에 변화를 가져올지 모르지만, 그것이 현실에서 얼마나 중요한가는 명확하지 않아. 다만 그 관념은 사유와 물질의 거리를 좁힘으로써 데카르트의 이원론이 제기한 문제들을 피할 수 있어. 심신 이원론의 문제에 대한 현대적 해법은 사유와 물질을 별개로 보지 않고, 사유를 물질의 부수 현상으로 보는 방식이야. 말하자면, 사유와 물질을 동전의 양면으로 보는데, 이것은 스피노자의 주장과 비슷해."

🐾 스피노자는 좀 멋진 사람 같아.

"맞아. 그런데 그는 상당히 흥미로운 사람이지만 어두운 면도 있어. 스피노자라는 사람은 매력적이지만 그의 철학은 별로 매력적이지 않아. 그가 설정한 세상은 우리라는 존재를 신경 쓰지 않아. 그런 세상에서 우리는 무력한 부품들로 이루어진 거대한 기계 혹은 유기체일 뿐이지. 이런 상황에서 최선은 세상의 작동 방식을 이해하고 거기에 순응하는 방법밖에 없어."

내 무릎에 있던 몬티가 바닥으로 뛰어 내려가서 기지개를 폈다. 녀석의 리드 줄이 저 멀리 어린 자작나무가 있는 곳까지 늘어났고 녀석은 그 나무 아래에 재빠르게 볼일을 봤다.

🐾 나 집중이 좀 안 되네. 우리가 지금 무슨 얘기를 하고 있는지 다시 정리해 줄래?

"우린 **지식이란 무엇인가**에 대한 답을 찾고 있어. 고대 그리스 사상을 확인했고, 지금은 인식론의 전통에서 위대한 두 명의 근대 사상가 중 한 명에 대해 이야기하고 있어. 그 둘은 순수한 사유가 진리에 이르는 방법이라고 생각한 합리주의자이기도 해. 그 다음에는 인식과 경험을 길잡이로 생각한 경험주의자들에 관해 알아볼 거야."

🐾 그 말은 우리가 아직 가야 할 길의 반밖에 오지 않았다는 의미야?

"반은 넘었지. 그런데 슬슬 배가 고프네. 일단 합리주의만 마무리하고 집에 가자. 준비됐니?"
몬티가 다시 내 무릎 위로 올라왔다.
"세 번째로……"

🐾 그리고 마지막……

라이프니츠의 핵심 사상

"……위대한 합리주의자인 고트프리트 빌헬름 라이프니츠는 스피노자와 성격이 아주 달랐는데, 그는 굉장히 박식한 사람이었고, 역사학자이면서 외교관이었으며, 아마 당대 가장 뛰어난 수학자였을 거야. 붙임성 있고 싹싹했던 그는 주로 하노버 궁 안에서 부유층과 권력층의 비위를 맞추면서 안락한 생활을 했어. 그는 주변 시선에 아랑곳하지 않고 우스꽝스러운 행동으로 지배층의 환심을 사려 했던 궁정 신하 같은 사람이었던 듯해. 그리고 좀 인색했어. 궁정에서 일하는 한 젊은 여성이 결혼하게 되자, 그는 선물로 새 신부에게 필요한 조언과 정보가 담긴 소책자를 주었다고 해."

😺 멋있네!

"말년에 라이프니츠는 누가 먼저 미적분을 발명했는가를 두고 뉴턴과 긴 혈투를 벌이느라 무척 힘들었어. 홍보전에서는 뉴턴이 이겼는데, 그 이유는 뉴턴이 은밀하게 분쟁 심사 위원회의 위원장을 맡았기 때문이라고 해. 하지만 두 사람이 같은 아이디어를 독립적으로 떠올렸을 가능성이 더 큰데, 위인들이 동시에 비슷한 사유를 한, 역대 가장 충격적인 사례로 기록될 거야(그리고 어쨌든 두 사람은 정말 위대했어).

라이프니츠는 의심할 여지 없는 천재였지만, 그의 형이상학은 아마도 가장 황당하고 비현실적인 사상일 거야. 네가 합리주의적 지식론을 받아들였다면, 라이프니츠의 시작점은 충분히 합리적이라고 느껴질 거야. 그는 모든 진리가 분석적이라고 생각했는데, 이는 모든 참인 전제가 이미 그 주어에 들어 있다는 의미야."

🐾 휴. 너도 알겠지만, 주어와 전제만 나오면 난 늘 헷갈려……

"알겠어. 그럼, 쉬운 예를 들어볼게. 네가 직각 삼각형에 관해 말할 수 있는 모든 진리는 이미 직각 삼각형의 개념에 들어 있어. 즉, 변이 세 개고, 세 각의 합은 180도이며, 빗변의 제곱은 남은 두 변의 제곱의 합과 같다 등등. 따라서 직각 삼각형에 관한 모든 진리는 분석이 가능해. 말하자면, 모든 진리가 개념 안에 들어 있지. 혹은 '몬티는 개다.'로 시작되는 삼단논법을 떠올려 봐. **몬티는 개다. 모든 개는 죽는다. 그러므로 몬티는 죽는다.** 이 결론에서 모든 '진리'는 분석적이야. 그러니까 우리는 숨어 있는 진리를 끄집어내기만 하면 돼.

하지만 우리가 생각하기에, 세상에 있는 대부분의 사물은 그렇지 않아. **몬티**라는 단어의 개념에는 없는, 너에 대한 사실들이 있잖아. 이것들을 **우연적**contingent 진리라고 하는데, 말하자면 네가 할 수도 있고 하지 않을 수도 있는 그런 일들이야. 가령 내가 너한테 공을 던져 주면 네가 그것을 쫓아갈 때가 있고……"

🐾 퍽도 그러겠다.

"아니면 내일 너는 네 음식이 싫어질지도 몰라. 저쪽 가로등이 아니라 이쪽 가로등 옆에서 볼일을 볼 수도 있고. 그 모든 진리 혹은 전제는 **종합적**synthetic인데, 이는 진리가 주어 안에 있지 않고 그 밖에 있다는 의미야. 라이프니츠는 아무리 우연적이라도 모든 진리는 분석적이라고 생각했어."

🐾 응?

"그러니까 가령 네가 정원 담장이든, 개든, 사람이든, 어떤 대상을 충분히 알고 있다면, 그 대상에게 일어났거나 일어날지 모를 모든 일을 이해할 수 있다고 라이프니츠는 말했어. 지식이 충분하면 모든 진리는 분석이 가능해져. 언젠가 일어날 일에 대한 모든 지식이 우리 안에 있기 때문이지. 그런데 실제로 그런 지식은 오직 신만 이용할 수 있지만, 여전히 논리적으로는 현실에 존재해. 이 때문에 오히려 자유 의지가 방해를 받게 돼. 만약 우리가 뭘 하든 그것이 이미 우리 안에서 기다리고 있다면 무슨 자유를 바랄 수 있겠어? 하지만 스피노자와 달리 논란을 두려워했던 라이프니츠는 적어도 공개적으로 발표한 글들에서는 이런 결정론적 사상을 밝히지 않았어.

라이프니츠의 두 번째 핵심 사상은 우리에게 익숙한 실체와 관련돼 있어. 라이프니츠는 실체의 본질은 유일성(모든 실체는 반드시 하나)이라고 주장한 스피노자(와 아리스토텔레스)에 동의했어. 그것이 실체의 의미라는 거야. 하지만 라이프니츠는 (데카르트가 물질이나 육체의 본질이라고 말한) **연장성**이 복합적$_{\text{multiple}}$이라고 생각했어. 즉, 탁자, 의자, 빗방울, 개, 고양이, 사람처럼 각양각색이고 서로 분리된다는 거지. 스피노자는 여러 개를 집중해서 보았을 때 하나가 보였지만, 라이프니츠는 여러 개를 집중해서 보았을 때, 그러니까……여러 개가 보였어.

라이프니츠가 보기에 팀 내 모든 선수**와** 공**과** 신은 모두 별개의 실체야. 이제 데카르트의 심신 문제(서로 독립적인 실체가 어떻게 상호 작용하는가)는 대단히 복잡해졌어. 그리고 포괄적인 문제가 되었지. 라이프니츠의 세계는 무수한 독립체들로 이루어져 있어. 그는 이것들을 단자monad라고 불렀어. 한 사람은 하나의 단자지만, 그의 몸속 세포들도 전부 단자야. 당연히 모든 물체가 단자니까. 그리고 각 단자는, 라이프니츠의 용어로 표현하면, 창이 없어windowless. 그러니까 단자끼리는 서로 연결되거나 상호 작용하지 못해. 그리고 단자에게는 물리적 특성이 없다고 생각해야 해. 왜냐하면 단자는 실질적으로(우리가 일반적으로 떠올리는 의미로) 어떤 공간도 차지하지 않거든."

❦ 괴상한 얘기라고 너한테 이미 경고를 받긴 했지만, 그래도 이건 너무……

"맞아. 라이프니츠의 단자는 계층 구조를 이루는데 꼭대기에는 인간의 정신이 있어. 그리고 이 정신은 모든 지식의 원천이야. 라이프니츠는 지식이 감각을 통해 정신으로 들어온다는 생각에 단호히 반대했어. 그의 체계에는 '들어온다coming in'는 개념이 없거든."

❦ 창이 없으니까.

"그렇지. 그래서 우리가 중요하다고 알고 있는 모든 것은 정신이 스스로 내용을 분석해서 이해하고 알게 된 결과물이야. 정신은 실체가 있기 때문에 자아 성찰을 통해 실체에 대한 관념을 가질 수 있어. 그리고 정신은 존재를 갖고 있으므로 존재에 관해서도 알 수 있지. 또한 수학과 기하학처럼 추론 능력도 있어. 따라서 우리는 우리의 정신이 그 안에서 헤엄칠 수 있는, 어항처럼 작은 세상만 필요할 뿐이야.

하지만 단자들이 상호 작용할 수 없다면 축구팀은 어떻게 될까? 이들은 어떻게 점수를 내지? 축구공을 상대편 골문 쪽으로 몰아가야 해. 그런데 **정말** 공이 움직였어. 관중은 함성을 지르고 공은 골문 깊숙이 박혔지. 그런데 만약 단자들이 서로 연결되지 못하면 어떻게 될까? 또한 내가 앞을 못 보는 단자라면 어떻게 해야 그 공을 볼 수 있을까?"

🐾 내가 맞혀볼게. 신?

"오, 맞아! 정답이야. 이것은 라이프니츠의 가장 유명한 개념이지. 아니, 두 번째로 유명해. 첫 번째는 잠시 후에 만날 거야. 세상이 특정 방식으로 작동하는 것처럼 보이는데, 사람들은 서로 대화를 나누고, 당구공들은 서로 부딪치며, 개는 고양이를 보면 짖고, 바닥에 떨어진 접시는 산산조각이 나지. 하지만 라이프니츠는 꼼꼼한 논증을 통해 세상의 작동 방식이 그와 다르다고 증명했어. 즉, 무수한 개별 실체들이 실은 우리가 생각한 방식대로 교류하지 않는다는 거야.

이런 딜레마에 대한 해법은 한 가지밖에 없어. 신은 사물이 다른 사물의 원인이 되는 우주를 창조했지만, 사실 그 사물들은 그저 **조화**를 이루고 있을 뿐이야. 라이프니츠는 두 시계를 상상해 보라고 말했어. 두 시계는 서로 연결되어 있지 않아도 동시에 시간을 알려줘. 관찰자에게는 두 시계가 서로 연결된 것처럼, 한쪽 시계의 종소리가 다른 쪽 시계의 종소리를 일으키는 것처럼 보일지 모르는데, 이건 마치 깃털이 몸을 간지럽히는……"

🐾 말이 나온 김에, 이쪽 턱 좀 긁어 줄 수 있을까…… 맞아, 거기. 고마워.

"하지만 이건 단순히 신에 의해 **예정된 조화**pre-ordained harmony야. 신은 각 요소들이 인과적 상호 작용을 통해 세상이 돌아가도록 보이게 설계했지만, 그것은 그냥 보여주기용이야."

🐾 그럼 신은 왜 그렇게 했는데?

"그 생각은 라이프니츠의 가장 유명한 사상으로 이어져. 라이프니츠의 신은 오직 논리 법칙에만 제약을 받아. 논리 법칙만 지킨다면 신은 얼마든지 많은 세상을 만들 수 있어. 그가 택한 세상에는 거기에 어울릴 만큼만 선이 들어 있어. 지금은 모든 가능한 세계 중에서 최선의 세계야."

🐾 하지만 세상에는 형편없는 것들도 있잖아. 전쟁이나 질병, 고양이……

"신은 형편없는 것들이 없는 세상도 만들 수 있었어. 하지만 그런 악도 결국은 선이 돼. 악은 선을 위한 기회를 제공해. 질병 없는 세상은 간병인 없는 세상과 같아. 모든 악은 선에 의해 상쇄될 뿐만 아니라 선에게 압도되기도 해.

또한 신은 인간을 선행만 하는 로봇으로 만들 수도 있었어. 우리 모두를 선한 사마리아인으로 설정할 수 있었지. 우리에게서 이기적이고 악하고 어리석은 행동을 할 능력을 제거할 수 있었어. 유명 TV 드라마「버피 더 뱀파이어 슬레이어 Buffy the Vampire Slayer*」에는 반쯤 교화된, 스파이크 Spike라는 인물이 등장해. 그가 교화된 이유는 뇌 속에 이식된 칩 때문인데, 이 칩은 스파이크가 악마나 뱀파이어가 아닌 사람을 공격하려고 할 때마다 극심한 충격을 가해. 신은 우리 모두에게 이런 미덕 칩을 심을 수도 있었어. 하지만 그럴 경우 우리는 자유 의지가 없는 세상에 살게 되고 세상엔 선이 실현될 가능성이 사라져 버려. 그러니까 신이 우리에게 준 세상은 완벽한 세상이 아니라 악을 누르고 선이 넘쳐흐르는 세상이지."

🐾 쓰레기가 넘친다는 말로 들리네.

"당연히 그런 주장은 비웃음을 샀어. 1759년에 볼테르는『캉디드』에서 라이프니츠의 사상을 이렇게 비판했어. 1755년에 리스본

---

*   뱀파이어를 처단하는 운명을 지닌 십대 소녀와 그를 돕는 이들의 활약상을 그린 작품

에서는 지진으로 수십 만 명이 사망했지. 사망자 중 상당수가 교회에 대피해 있던 사람들이었어. 그런데 이 피해가 정말로 구조원들의 자선 행위 같은, 선의 실현으로 상쇄됐을까? 한 아이의 고통스러운 죽음을 무엇으로 상쇄할 수 있지?

그래, 맞아. 라이프니츠의 주장은 많은 사람들을 설득하지 못했어. 하지만 그의 주장은 논리적으로 잘못되지 않았어. 지금이 정말 최고의 세상인지 우리는 확인할 길이 없어. 그것은 결론을 낼 수 있는 문제가 아니야. 하지만 그럴 가능성은, 뭐랄까, 낮지……

지금이 모든 가능한 세계 중 최선이라는 사상은 사실, 눈먼 단자와 예정 조화에 관한 라이프니츠의 논증과 논리적으로 무관하다고 나는 말하고 싶어. 많은 현대 신학자들은 라이프니츠의 사상을 제대로 알지 못하더라도, 지금이 선과 악의 균형이라는 측면에서 볼 때 최선의 세계라고 생각하니까.

하지만 지금까지 우리는 오늘의 주제인 인식론에서 벗어나 있었어. 라이프니츠의 사상은 멋진 한 편의 이야기 같고, 그의 실체론과 진리관에서 논리적 추론을 거쳐 결론이 도출되었으나, 그 결론이 어이없는 걸 보면 그의 관점이 터무니없다는 것은 분명한 사실이지.

또한 마치 잘못된 위성 항법처럼 우리를 이런 이상한 장소로 데려온 라이프니츠의 인식론에도 질문을 제기해야 해. 우리가 창 없는 뇌라는 생각에 의존해서, 외부의 어떤 것도 받아들이지 않고 오직 우리 안에 이미 들어 있는 것만 사유할 수 있을까? 이는 마치 광장공포증 환자가 외출이 두려워 커튼도 젖히지 않은 채 집안에 있는 것들, 예컨대 부엌에 먹다 남은 음식과 벽난로 위의 낡고 부서진 장식물, 죽은 사람들의 빛바랜 사진들에만 의존해서 사는 것과 같아.

그런데 흥미롭게도, 스피노자는 소수지만 아직 추종자들이 있고, 데카르트 사상은 수많은 철학 논쟁에서 핵심 주제로 다뤄져. 다음에 살펴볼 칸트는 늘 중요한 철학자로 연구되고 있어. 하지만 오늘날 라이프니츠의 제자는 전혀 없어. 그러니 이제는 커튼을 열고 안으로 들어오는 것을 살펴보기로……"

🐾 그 얘기는 다음 산책에서 한다고 했잖아. 내 작은 뇌가 이미 다 찼다고.

"아, 미안. 당연히 다음에 얘기할 거야. 이제 혼자서 걸어갈래?"

🐾 이따 상황 봐서.

우리는 왈라비와 카피바라, 신성한 따오기들을 뒤로하고 집으로 향했다. 집에 도착할 때까지 몬티는 내게 안겨 있었다.

아홉 번째 산책

경험주의: 느낀 대로 믿다

이번 두 번째 인식론 산책(이라기보다 실내 휴식)에서는 경험을 통해서만 지식을 얻을 수 있다고 생각한 17, 18세기 경험주의자 로크, 버클리, 흄에 대해 논한다.

다음 날 우리는 창문을 내리치는 거센 빗줄기 때문에 몬티가 좋아하는 나무가 있는 데까지만 짧게 산책한 후에 아무도 없는 아파트로 돌아와 소파에 몸을 기댔다. 사실 몬티는 활력 넘치는 강아지 시절을 지났기 때문에 이런 식으로 시간 보내는 것을 더 좋아했다. 내가 소파에 눕고 그 위에서 몬티가 내 가슴뼈와 나란히 누우면 우리 둘은 마치 한 마리의 거대한 털북숭이 민달팽이처럼 보인다. 나는 읽던 책이 그리 무겁지 않을 때는 녀석의 등에 살짝 올려놓기도 한다. 하지만 내가 너무 많이 꼼지락거리면 녀석은 눈을 뜨고 재빨리 불만을 표시한다.

"인식론 2부 들을 준비됐니?"

소파에 자리를 잡은 다음 내가 말했다. 몬티가 무거운 숨을 내쉬었다. 한숨이라기보다는 씩씩거림에 가까웠다. 하지만 녀석이 소파에서 내려와 다른 방으로 숨지 않았기에 나는 녀석이 **동의**한 것으로 받아들였다.

"어제 우리는 고대 시대의 인식론을 살펴본 다음 회의주의를 다뤘고, 마지막에는 합리주의자들이 순수한 사유의 힘으로 어떻게 회의주의를 추방했는지 알아봤어. 오늘은 합리주의의 경쟁자인 경험주의가 사유가 아닌 경험에 토대해서 어떻게 지식의 기반을 확고히 구축했는지 살펴볼 예정이야.

이미 우리는 아리스토텔레스 사상에서 경험주의적 요소를 확인했고, 르네상스 시대의 몇몇 이탈리아 사상가와 예술가들은 고대 시대 권위자나 이성보다 경험이 진리를 더 잘 판단한다고 말했지만, 사실 경험주의는 영국 사상가 프랜시스 베이컨^{Francis}

Bacon(1561~1626)과 함께 시작됐어. 하지만 나는 다른 산책에서 베이컨을 다룰 생각인데, 그 이유는 그를 주로 과학 철학의 창시자로 보기 때문이야.

토마스 홉스는 자신의 역작인 『리바이어던』(1651)에서 조잡하지만 명쾌한 정치 이론을 제시했어. 그는 책에서 우리 머릿속에 든 모든 지식은 본래 우리의 감각을 통해 얻어진다고 주장했어. 기억, 상상, 이성은 감각을 통해 최초로 입력된 정보에 의존해. 여기에서 지식이란 사실들 즉, 바깥세상에 있는 사물들에 관한 지식을 의미하지. 따라서 사물을 알려면 그것을 직접 관찰하는 방법밖에 없어.

홉스의 계승자인 위대한 존 로크는 경험주의를 타당한 상식의 수준으로 바꾸어 놓았어. 그의 주요 철학서인 『인간 오성론』(1689)은 비교적 내용이 간단하고, 그 내용을 (대부분) 명료하게 서술하고 있어서 너도 읽다 보면 연신 고개를 끄덕이며 이렇게 생각할 거야. '아, 정말 그런 것 같네.'

하지만 로크의 경험주의는 치명적인 결점이 있었고, 이 결점은 그의 계승자인 버클리와 흄을 거치면서 합리주의자의 경이로운 상상만큼이나 이상해졌지."

타불라 라사 tabula rasa

🐾 너 지금 실제보다 좀 더 재미있게 이야기하려고 노력하는 중이지?

"그럴지도. 그저 약간…… 로크는 합리주의의 확실성을 거부했지만 그렇다고 회의주의자는 아니었어. 로크의 사상은 세상에 명확한 지식이 존재하므로 우리가 그 지식을 어떻게 얻을까를 질문하는 데에서 출발해. 그의 주된 표적은 데카르트야. 앞에서 봤듯이, 데카르트는 우리 마음에 자기 자신의 존재와 신에 관한 본유 관념이 들어 있어서, 이것들이 외부 세계에 대한 확실한 지식으로 인도한다고 생각했어.

하지만 (홉스처럼) 로크도 우리가 머릿속에 아무 생각도 담지 않은 채 세상에 태어난다고 봤어. 그는 태어나는 순간 우리의 마음은 **백지**tabula rasa 상태라고 말했어. 그리고 지식이 없더라도 어떤 능력은 가지고 있지. 그건 생각하고 추론할 수 있는 능력이야. 하지만 **관념**ideas은 전혀 들어 있지 않아. 여기에서 관념이란 로크가 우리 머릿속에 든 모든 것을 가리킬 때 사용한 용어야. 관념은 정신적 대상mental objects으로, 이것을 일으키는 바깥세상의 물리적 대상physical objects과 일치해.

본유 관념에 대한 로크의 논박은 신과의 관계를 논할 때 이미 살펴봤었지. 하지만 도덕관이나 고상한 취향, 값이 같다 다르다 같은 수학적 개념들이 본유 관념이라고 주장하는 사람들에게도 같은 논증을 사용했어. 로크는 자신이 회의주의자가 아니라고 말했지만, 본유 관념을 반박할 때는 기본적으로 회의주의자들의 전략을 이용했어. 그는 만약 이런 관념들이 본유적이라면, 이것들은 (1) 보편적이어야 하고, (2) 어디에서나 동일해야 하며, (3) 태어날 때부터 가지고 있어야 한다고 지적했지. 그런데 간단하게 인류학 조사를 해보니, 문화에 따라 종교와 선행, 그리고 심지어 수학 지식 등에 대한 관념이 크게 다르다는 점이 명확히 드러났어. 더구나 어린 아이를 잘 아는 사람이라면 누구나 아이들이 그런 관념들을 배우기 전까지는 그것들을 알지 못한다고 단언할 거야. 플라톤이라면 소크라테스가 노예 소년의 마음에 잠재해 있던 기하학 지식을 끄집어낼 수 있다고 주장했을 테지만, 로크는 사람의 마음이란 채워지길 기다리는 빈 양동이와 같다고 말했어.

그럼, 관념이 태어나면서부터 가지고 있는 것이 아니라면 그 출처는 어디일까? 로크 역시 다른 경험주의자들처럼 경험을 지목했어. 몸으로 받아들인 감각이 마음에 전달되면, 이때 관념이 형성돼. 거기에서 마음이 적극적으로 관념들을 음미하고 결합하면, 감각의 직접적인 결과물인 **단순**simple 관념은 **복합**complex 관념으로 변형되지. 가령 내가 내 가슴에 기댄 몬티 너를 바라보고 있어. 그리고 너를 쓰다듬으면……"

🐾 쓰다듬는 거 좋아……

"네 냄새가……"

🐾 저기요!

"……널 쓰다듬는 행동을 통해 내 마음속에 네 체중과 몸집, 따뜻하고 부드러운 느낌, 회백색의 덥수룩한 털과 살짝 퀴퀴한 냄새 등과 같은 단순 관념이 생겨. 이런 단순 관념들이 모여 개와 널 **목욕시켜야겠다는** 복합 관념들이 형성되지."

🐾 저번 달에 목욕했잖아!

"로크는 좀 더 간단한 예를 들었어. 원형, 빨간색, 달콤함 등은 모두 단순 관념인데 이것들이 모여 사과라는 복합 관념을 형성한다고 했지."

🐾 별로 복합적이지 않은데. 심지어 나도 사과가 뭔지 아는 걸.

"복합적이라는 말은 여러 단순 관념이 결합되어 하나의 관념을 형성한다는 의미야. 그런데 단순 관념과 복합 관념의 관계 외에, 로크는 단순 관념들끼리도 서로 구별했어. 로크의 주장에 따르면, 몬티 너를 계속 예로 들었을 때, 네 체중과 생김새, 너의 지위, 네가 기체가 아니라 고체라는 사실, 네가 지금 가만히 앉아 있다는 사실 등 너에 대해 내가 지각한 내용이 실제로 네 **안에** 있거나 네 소유라고 말할 수 있어. 그리고 다른 관념들, 가령 네 색깔과 냄새, 네가 내 다리에서 느끼는 따뜻함, 그리고 좀 이상하지만, 너를 핥으면 느껴질 네 맛 등은 **내 안에** 있다고 보는 편이 적절하겠지."

🐾 뭐? 네 안에 나에 관한 관념이 있다는 생각은 정말 싫은데…… 그리고 솔직히 핥는 행위는 역겹다고.

"곧 이 모든 얘기가 이해될 거야. 로크는 네 것이라고 생각한 성질들 즉, 네 몸집, 체중, 생김새, 고체 등을 1차 성질primary qualities이라고 불렀어. 실제로 이런 성질들은 관찰하는 대상물 안에 존재하며, 그 대상물과 분리될 수 없어. 로크에 따르면, 네 몸집과 생김새를 생각하지 않고는, 난 너를 떠올릴 수조차 없지.

하지만 그런 성질들은 냄새, 맛, 색깔 등과는 몹시 달라. 이를테면, 새하얀 털을 가진 몬티나 냄새가 고약하지 않은 몬티는 상상할 수 있어. 이런 성질은 본질적이지 않으니까. 그리고 실제로 이런 성질은 너보다는 내 마음속에 더 많이 있는 것 같고. 만약 내게 '어디에서 몬티 냄새를 맡지?'라고 물으면, 나는 내 마음속에서 몬티의 냄새를 느낀다고 해야 말이 돼.

그래서 로크는 이것들을 2차 성질secondary qualities이라고 불렀어. 2차 성질은 1차 성질에 의해 발생하는 결과물이지만, 냄새나 색깔에 대한 실질적인 감각 작용은 내 마음속에서 일어나. 전에 다른 산책에서, 주관성과 객관성의 차이를 말했었지. 로크가 보기에 1차 성질은 객관적이야. 특정인이나 특정 집단의 견해와 무관하지. 우리가 존재하지 않아도, 석탄은 여전히 일정한 무게와 부피를 가진 석탄이지. 만약 어떤 두 사람이 이 석탄의 무게를 다르게 생각한다면, 얼마든지 공정한 조사를 벌여서 양측이 그 결과에 따르도록 강제할 수 있어. 하지만 석탄의 검은색은 인지하는 사람이 필요한데, 그 이유는 검음이란 오직 그것을 인지하는 사람의 뇌 속에만 존재하기 때문이지. 그리고 석탄이 탈 때 발생하는 주황색 불꽃이나 온기 역시 마찬가지야. 2차 성질은 개별 관찰자의 지각에 좌우

되므로 주관적이야. 그리고 만약 어떤 사람이 석탄은 검다고 말하고, 어떤 사람은 석탄이 검은색이 아니라 사실 농도가 무한대로 변하는 흥미로운 색깔의 세계를 보여준다고 말하더라도, 둘의 견해를 공평하게 다루어야 해. 그것이 주관성의 본질이야.

1차 성질은 하나 이상의 감각으로 인식할 수 있으므로 어느 정도 파악이 가능해. 가령 너는 사물의 움직임을 볼 수도 있고 느낄 수도 있지만 간식의 맛은 눈으로 볼 수 없지……"

🐾 아, 말이 나온 김에, 간식 좀 줄 수 있을까……

"당연하지……찾아볼게…… 자, 여기 있어."

🐾 고마워.

"그런데 경계가 모호한 경우가 한두 개 있어. 가령 열은 1차 성질로 간주되는데 불 자체가 확실히 뜨거우니까. 그런데 로크는 불 안에 따뜻함이라는 **관념**이 내재되어 있다는 생각은 실수라고 했어. 이건 마치 내가 핀에 찔렸을 때 핀 안에 고통에 대한 관념이 내재한다는 말과 비슷하지.

그러니까 뇌는 단순 관념과 복합 관념들로 채워져 있지만, 로크가 보기에 이것이 '지식을 가진$_{\text{having knowledge}}$' 상태는 아니야. 지식을 얻으려면 관념들 사이에 연관성을 찾고, 관념들의 일치 여부를 파악하려는 적극적인 능력이 필요해. 예컨대, 눈은 검은색과 흰색이라는 단순 관념들을 마음에 전달해. 그러면 마음은 그 두 관념을 비교해서 서로 다르다고 인식하지. 이런 다름에 대한 이해가 바로 지식이야. 합리주의자는 **다름**이나 **같음** 같은 개념들을 본유 관념으로 생각했어. 즉, 그것들은 감각 자료들로 채워지길 기다리는 범주에 불과했지. 하지만 로크가 보기에 경험이 없으면 개념도 없어.

다양한 감각을 통해 개와 고양이에 관한 복합 관념이 형성되면, 우리는 두 동물의 차이점은 물론 유사점도 파악할 수 있어. 개와 고양이 모두 체온이 일정하고 새끼에게 젖을 먹인다는 사실로부터, 우리는 두 동물이 같은 **강綱** 즉, 포유류라고 판단할 수 있지. 또한 두 동물의 이빨을 보고, 둘 다 같은 **목目** 즉, 육식 동물임을 알 수 있어. 그리고 차이점을 파악할 수 있는 사실로는……"

🐾 고양이는 사악한 사이코패스 킬러고, 개는 네 사랑스러운 친구라는?

"하하. 차이점이 무엇이든, 너와 고양이는 다른 **과科**에 속해. 고양이는 고양잇과, 너는 갯과지. 이것이 바로 감각이 독점 제공한 자료들을 적절히 분류하고 배열해서 형성된 지식이야."

🐾 멋지네. 그런데 뭐가 문제야?

"로크의 '야망'은 합리적으로 들리고 상식에 호소하고 있는데다, 역설과 생소함은 피하려는 것이었지만, 바로 그런 지나친 합리성이 그를 혼란에 빠뜨리고 말았어. 그리고 경험주의는 한 번도 그런 혼란을 제대로 해결한 적이 없지. 로크가 우리 마음속 관념들이 외부 대상과 연결된다고 말했을 때 어떻게 그런 생각을 하게 됐는지에 대해서 나는 살짝 얼버무리고 지나갔어. 『인간 오성론』에서 로크는 우리 마음에는 관념밖에 없으며, 이런 관념들이 서로 일치하는가를 비교하는 과정에서 지식이 형성된다고 말했어. 나는 내 뇌 속의 작은 인간이 일렬로 늘어선 컴퓨터 화면에 떠오른 다양한 이미지들을 주의 깊게 감시하는 모습을 늘 상상해. 이런 이미지들은 로크가 말한 비교 및 판단 행위를 위해 저장되고 검색돼. 하지만 문제는 이런 우스운 광경이 전적으로 철학자의 마음속에서만 일어난다는 점이야. 화면 속 이미지들이 바깥세상과 관계가 있는지 어떻게 알지? 또한 판단 근거로 삼을 만한 것이 마음속 관념들밖에 없다면, 그 관념들과 바깥세상이 연관된다는 것은 무엇을 근거로 말할 수 있지?

나중에 로크는 단순 관념들이 그것들이 표현하는 대상에 **의해 발생될** 뿐만 아니라 그 대상과 **닮는**다고 주장했지만, 이를 컴퓨터 화면의 이미지들로부터 어떻게 알 수 있을까? 이미 봤지만, 마음에는 화면의 이미지들밖에 없는데 말이지. 로크는 지식을 우리가 경험한 것으로 제한함으로써 스스로 악순환에 빠졌어. 경험이 알려 줄 수 있는 것은 경험을 했다는 사실 뿐이야. 지식을 그렇게 정의함으로써, 우리는 경험의 **원인**이 되는, 경험 이외의 것은 알지 못하게 됐어. 곧 살펴보겠지만, 데이비드 흄에게 이런 맹점에서 벗어날 방법이 있었는데, 그것은 사실 철학적 방법은 아니었어. 로크의 해법은 그 문제를 슬쩍 숨기는 방식이었고.

하지만 로크의 문제는 경험의 근거가 무엇인가로 끝나지 않아. 흔한 일이지만, 이론에서 최대 장점이 곧 최대 약점이 되기도 하지."

🐾 정말 그렇게 생각해?

"흠, 꼭 그렇진 않아. 데카르트 사상의 최대 약점은 당연히 신 관념이야. 그리고 라이프니츠 사상은 대부분이 약점이고. 그 얘긴 나중에 하기로…… 아무튼 로크 사상의 최대 약점은 1차 성질과 2차 성질을 지나치게 엄격하게 구분한다는 점이야. 이 작업의 어려움을 지적한 사람은 아일랜드 출신의 젊고 똑똑한 철학자, 조지 버클리George Berkeley(1685~1753)였어.

버클리의 주관적 관념론

처음에 버클리는 로크와 홉스(와 나중에는 흄)처럼 경험주의의 전통을 고수하는 것처럼 보였어. 그는 2차 성질의 주관성에 대한 로크의 견해를 다시 언급하면서 자신의 주장을 펴기 시작했어. 로크가 마음이 접근할 수 있는 것은 관념밖에 없으며, 이런 관념은 바깥세상에 있는 사물들에 의해 발생한다고 주장했다는 점을 기억하면 도움이 될 거야. 그러니까 지식의 대상은 그 대상 자체가 아니라 우리 머릿속에 들어있는 대상의 표상이야.

그런데 버클리는 로크의 견해를 좀 더 확장했어. 크기, 강도, 무게, 운동 등의 1차 성질도 관념처럼, 우리가 그것들을 인식해서 마음속 이미지로 저장하지 않을까? 1차 성질이 색깔이나 맛, 냄새 등과 달리 우리와 독립적으로 존재한다는 주장의 논리적 근거는 무엇인가? 그리고 사람마다 색깔과 맛을 다르게 느낀다는 것을 증명하고자 로크가 사용한 예들은 1차 성질이 지각하는 사람에 좌우된다는 것을 증명하는 데에도 똑같이 사용할 수 있어. 석탄 덩어리가 개미에게는 산 같지만, 코끼리에게는 작은 조약돌이나 다름없지.

그럼, 이제 1차든 2차든 모든 성질이 지각하는 사람의 마음에만 존재한다고 하면, 지각 대상 자체는 어떻게 될까? 버클리에 따르면, 그것은 정말 **아무 데도** 없어. 놀랍고 당황스럽게도 버클리는 의식 밖에는 어떤 대상물도 없다고 주장했어. 탁자나 의자, 흰색 강아지가 존재한다고 말할 때, 우리가 말할 수 있는 전부는 그 순간에 우리 마음속에 그런 관념들이 있다는 것뿐이야. 지각할 수 없는 것을 말한다는 것은 앞뒤가 맞지 않아. 존재란 지각된다는 의미야."

🐾 하지만 그건…… 그건……

"정말 이상한 말이지만, 만약 네가 로크의 극단적으로 논리적인 입장을 받아들인다면, 당연한 주장이야. 상식적으로 만약 버클리가 옳다면, 내가 눈을 감았다 뜨는 동안 세상은 잠시 존재하지 않는 상태가 돼. 정말 이런 식으로, 존재했다 순간적으로 사라지는 세상이 있을까?

이 질문에 버클리는 누군가 늘 세상을 관찰하고 있으므로, 세상이 사라지는 일은 결코 일어나지 않는다고 답했어. 그의 견해는 철학에서 가장 유명한 다음의 오행시로 재치 있게 요약됐어. (첫 번째 시는 로널드 녹스Ronald Knox가 썼고, 두 번째는 작자 미상이야.)

옛날에 한 남자가 말했어.
'안뜰에 아무도 없는데
이 나무가 계속 존재하는 것을
신이 아시면,
그는 무척 이상하게 생각하시겠지.'

친애하는 분께.
당신이 놀라다니 이상하군요.
난 항상 안뜰에 있어요.
내가 지켜보고 있어서 나무는 계속 존재하는 거예요.
당신의 충실한 신으로부터.

그러니까 모든 인간이 눈을 감고 있거나 외면하고 있을 때에도 외부 세상이 계속 존재할 수 있는 이유는 전지적인 신이 세상을 지켜보고 있기 때문이지."

🐾 참 편하네.

"실재하는 것들은 마음속 관념뿐이라는 견해를 **관념론**idealism이라고 불러. 그 반대로, 물질계가 반드시 존재한다는 견해는 **실재론**realism이라고 부르지. 짜증스럽게도, 이것은 전에 우리가 산책에서 논했던 유명론 대 실재론 논쟁과 조금 관련이 있어. 유명론은 개라는 일반 용어가 실재한다는 생각을 거부하지만, 개가 오직 머릿속에만 존재한다는 믿음을 수반하지는 않아.

우리는 왜 버클리의 견해가 늙은 라이프니츠에게 매력적으로 보였는지 이해할 수 있어. 라이프니츠처럼, 버클리도 실재성reality이 '밖'이 아닌 마음속에 존재한다고 생각했어. 그리고 그에 못지않게 중요한 점은, 세상을 지속하게 해주는 존재를 신이라고 생각했다는 사실이지.

흄의 극단적 회의주의

위대한 경험주의자 중 마지막 철학자인 데이비드 흄은 어떤 면에서, 저 밖에 실재하는 세상이 없다는 생각은 거의 받아들이지 않았어. 흄은 상식을 신봉했어. 철학자라면 당신이 방 밖으로 나갔을 때 그 방은 더이상 존재하지 않으며, 마음 밖에는 사물들이 실재하는 세계가 없다는 생각을, 잠시 동안이나마 할 수 있을 거라고 흄은 인정했어. 하지만 그 철학자는 그 견해가 터무니없음을 깨닫고 나서는 웃으면서 예전처럼 탁자, 의자, 강아지 등이 실재한다고 가정해.

그런데 감각이 세상에 대해 실제로 알려 주는 것에 대한 흄의 분석은 버클리의 엉뚱한 관념론보다 훨씬 불안정했어. 흄의 경험주의는 『인간 본성에 관한 논고 A Treatise of Human Nature』(1738~1740)에서 처음 주장되고, 나중에 『인간 오성에 관한 탐구 An Enquiry Concerning Human Understanding』(1748)에서 수정됐는데, 내용 대부분이 익숙한 로크 사상을 반복하고 있어. 흄은 마음속에 있는 모든 것을 **지각**perception이라고 불렀어. 지각에는 **인상**impressions과 **관념**ideas이 있어. 인상은 감각에 의한 지각이나 정서 혹은 느낌으로, 좀 더 생생해. 가령 사과나무에 손을 뻗어 빨간 사과를 딴 다음 아삭한 과육을 베어물면 사과의 달콤한 맛이 느껴져 기분이 좋아지지. 여기에서 빨강, 아삭함, 달콤함, 즐거움 등이 전부 인상이야. 나중에 사과를 먹었던 경험을 떠올리면, 처음 먹었을 때 강렬하게 느꼈던 빨강과 그 밖의 성질들이 희미해져. 이것들이 관념이야. 하지만 관념들에 첫 인상의 강렬함과 생생함이 부족하다 하더라도, 우리는 상상력을 이용해서 다양한 방법으로 관념들을 조작하고 결합할 수 있어. 상상을 통해 경험하지 못한 일, 예컨대 말과 뿔을 결합해서 유니콘이라는 관념을 만들어낼 수 있지. 상상으로 관념들을 자유자재로 조작하고 결합할 수 있더라도, 이는 오직 감각에 의해 전달받은 재료들이 있어야 가능한 일이야."

🐾 머릿속 사물을 가리키는 용어가 제각각이라니, 좀 짜증스럽네.

"네 말은 로크와 흄이 생각한 **관념**의 의미가 서로 좀 다르다는 의미지? 신경 쓰지 마. 둘의 차이는 중요하지 않아. 그들 모두 우리가 대략 관념이라고 생각하는 것이 마음속에 있다고 생각했어. 지금까지는 흄과 로크가 거의 비슷하지. 그런데 흄의 사상이 과격해지기 시작해. 그가 모든 지식을 두 가지 범주로 나눌 수 있다고 주장해. 하나는 **사실 문제**matters of fact인데, 말하자면 이것은 우리가 세상 밖에서 감각을 통해 지각한 것이야. 다른 하나는 **관념들의 관계** relations of ideas야. 이것은 앞에서 논했던 분석적 진리, 수학 및 기하학 법칙, '모든 인간은 죽는다.'와 같은 동어 반복법 등을 의미해.

그 두 지식을 구분하는 한 가지 비결은 참인 사실 문제나 관념들의 관계를 부정했을 때 모순이 발생하는가를 따지는 방식이야. 가령 네가 삼각형의 변이 3변이 아니라 4변이라고 말하거나 9의 제곱근이 3이 아니라 4라고 한다면, 너는 그 개념들의 의미를 모른다는 사실을 증명한 셈이야. 하지만 사실 문제를 부정하는 일에는 이런 종류의 모순이 포함되지 않아. 반증 가능성이 있을 때 사실을 확인하려면 경험을 사용하는 방법밖에 없어. 어떤 경험으로도 삼각형의 변의 수를 바꾸지 못할 것이므로 4변을 가진 삼각형을 찾기 위해 히말라야나 아마존으로 과학 탐험대를 보낸들 아무 의미가 없지. 하지만 털이 파란 개나 윈스턴 처칠과 똑같이 생긴 감자를 발견할 확률은 낮지만 전혀 없지는 않지.

관념들의 관계와 사실 문제를 이런 식으로 구분한 것을 '흄의 포크'라고 부르는데, 포크의 갈래 중 어느 하나로도 찌를 수 없는 대상은 흄이 보기에 알 방법이 전혀 없어. 그런 것을 **인과 관계** causation라고 해. 인과적 사건은 우리 주변에서 흔하게 볼 수 있어.

발로 찬 돌은 길 저쪽으로 날아가. 성냥을 그으면 불이 붙어. 그 외에도 수많은 일들이 인과 관계를 따르지. 모든 과학은 인과 관계를 가정하고 있어. 인간의 삶도 인과 관계에 의존하지. 바로 우리 눈앞에서 인과적 사건들이 벌어져. 그런데 인과 관계를 의심하는 사람은 정말 아무도 없을까? 아니나 다를까, 흄이 의심했지."

❧ 그럴 거라고 생각했어.

"무엇보다 흄은 인과 관계가 수학적 진리와 다르다고 지적했어. 인과 관계를 부정해도 삼각형의 변이 4변이라고 말하는 것과 달리, 모순을 일으키지 않아."

❧ 그렇긴 한데, 그거는 다른 종류의 지식, 그러니까 포크의 다른 갈래인 사실 문제 아냐?

"흠, 그렇게 생각할 만도 하지만, 흄은 달랐어. 그가 말하길, 당구공이 다른 당구공을 칠 때 먼저 한 가지 일이 일어나고(접근하는 공이 표적 공에 부딪혀), 그 다음에 다른 일이 일어나지(표적 공이 멀어졌다 되돌아와). 성냥개비를 성냥갑에 그으면 성냥개비 머리에 불이 붙어. 리모컨 버튼을 누르면 텔레비전이 켜져. 인과 관계는 눈에 보이지 않아. 보이는 것은 흄이 **항구적 연속성**constant conjunction이라고 부른 현상이야. 이것은 A 다음에 항상 혹은 거의 항상 B가 일어난다는 의미야."

😺 이건 그냥 말장난이잖아!

"흄은 그렇게 생각하지 않았어. 그는 A 다음에 B가 일어난다고 예상하면 안 된다고 말하지 않았어. 인간은 습관과 관습에 지배를 받아. 우리는 두 사건이 연이어 일어나는 현상을 수없이 봤기 때문에 그런 일이 늘 일어난다고 예상하지. 흄은 그것이 멋지다고 생각했어. 상식과 습관과 관습은 정확히 우리의 행동을 지배하는 것들이야. 하지만 그렇다고 인과 관계가 사실 문제나 관념들의 관계는 아니라는 사실이 바뀌지는 않아. 인과 관계는 그저 그렇게 기대하도록 학습된 것이야.

흄에게 인과 관계는 좀 더 광범위한 현상의 특수 사례라고 할 수 있어. 전에 아리스토텔레스를 다루면서 귀납법이라는 개념을 언급했었지. 귀납법은 미래가 과거를 닮는다는 생각에 기초해. 고니 같은 예는 아주 많아. 모든 고니는 하얗다는 일반 법칙을 세우고 나면, 미래 사건들 즉, 다음 고니도 하얄 것이라고 예상할 수 있어. 하지만 반복하자면 귀납적 추론은 관념들의 관계가 아니야. 흑조를 가정해도 모순은 아니거든. 또한 흑조를 관찰할 수 없는 것도 아니고. 귀납법으로 미래를 예측할 수 있지만, 미래는 우리가 관찰할 수 없어."

😺 하지만 결국 미래를 알 수 있지 않아? 내 말은, 네가 계속 '냠냠이라고 말하면 나는 밥그릇이 있는 곳으로 달려가고 거기엔 항상 밥이 있잖아, 안 그래?

"그럼, 이 문제를 생각해 보자. 귀납적 추론이 결론을 도출하기에 좋은 방법인지 알아보고 싶어. 바꿔 말하면, 미래는 과거와 비슷할까? 우리는 다양한 사례에서 귀납적 추론이 효과적임을 확인했어. 그러므로 그것은 확실히 미래를 예측하는 데 유용해."

🐾 에……?

"그러니까 우리가 처음에 증명하려 했던 바로 그 문제를 가정한 셈이지."

🐾 다시 말해 줘.

"귀납법은 미래가 과거와 비슷하다는 가정하에 법칙을 만들고 예측을 하는 방법이야. 이해했어?"

🐾 이해했어.

"우린 귀납법이 수많은 사례에서 효과가 있다는 사실을 알고 있어. 그러므로 미래에도 여전히 효과적일 거라고 가정하지."

🐾 그래.

"그건 바로 우리가 처음에 증명하려고 했던 점이야. 그러니까 귀납법을 증명하기 위해 귀납법을 이용한 셈이지."

😺 아, 알겠어. 하지만 어쨌든 내 밥은 늘 그 자리에 있잖아……

"이번에는 논리적 반박이 효과가 있어. 귀납법이 항상 맞는 것은 아냐. 유명한 예로, 해마다 수백만 마리의 흰색 고니가 관찰되지만 고니가 전부 흰색이라는 이론은 누군가 오스트레일리아에서 검은 고니를 발견했을 때 틀렸다는 것이 입증됐지. 그리고 버트런드 러셀Bertrand Russell은 먹이를 기다리는 동물들에 관해서 흥미로운 이야기를 들려주고 있는데……"

😺 별로 듣고 싶지 않은 얘기일 것 같은데……

"보통은 칠면조로 바꿔서 얘기하는데, 사실 러셀의 원래 이야기에서는 닭이었어. 아무튼 날마다 칠면조는 오전 9시에 먹이를 먹어. 364일 동안은 그래. 합리적인 칠면조라면 귀납법을 사용해서 늘 오전 9시에 먹이를 받으리라는 결론을 얻을 거야. 그런데 크리스마스 날 아침에 농부가 칠면조의 목을 비틀었어."

😺 고맙군.

"별말을. 귀납법에 대한 흄의 비판은 고대 회의주의자들의 문헌에 영향을 받았다고 해도 과언이 아냐. 사실 흄 자신은 이따금 부인하지만, 그는 고대 회의주의의 진정한 화신이었어. 섹스투스 엠피리쿠스Sextus Empiricus는 독단주의에 맞서기 위해 귀납적 추론을 논박한 바 있지. 만약 독단주의자가 여러 특정 사례들로 일반 법칙을 만들려고 한다면, 두 가지 가능성이 있어. 몇 가지 사례만 추리는 방법과 모든 사례를 포함시키는 방법이야. 독단주의가 첫 번째 방법을 택할 경우, 너는 그들이 반증 사례들을 고의로 누락했다고 지적하면 돼. 그리고 모든 사례를 포함시키는 방법을 택할 경우에는 가능한 사례의 수가 무한대이므로 전부 포함하는 건 불가능하다고 말하면 되지. 이것이 흄의 논증과 완전히 일치하는 것은 아니지만, 그가 귀납법에 의문을 품도록 자극했다는 것은 분명해.

그러니까 흄은 인과 관계(와 일반적으로 귀납법)가 사실 문제일 리가 없다고 생각했어. 즉, 인과 관계는 직접 관찰이 불가능하고, 오직 추론만 가능하다는 거야. 또한 인과 관계는 관념들의 관계도 될 수 없어. 성냥갑을 긋는 행위가 성냥개비에 불이 붙은 '원인'이라거나 내일 해가 떠오른다는 말은 수학이나 기하학 같은 분석적 진리가 아니며, 이는 귀납적인 칠면조의 슬픈 이야기에서 확인됐지. 긋는 행위만으로 성냥개비에 불이 붙는 건 아니라는 생각에는 논리적 모순이 생기지 않아.

그럼 이제 어떻게 될까? 늘 그렇듯, 흄에게도 관습과 습관이 구원자로 나타나. 우리는 한 사건 다음에 다른 사건이 일어나는 상황에 익숙해졌어. 이런 습관은 계속 유용할 거야. 우리는 세상에 대한 사실들을 파악하는 방식으로 인과 관계를 '알' 수 없고, 유클리드 기하학의 증명처럼 그것을 증명할 수 없지만, 그것을 '이용'

할 수는 있어.

　일반적 추세에 대한, 혹은 바꿔 말하면 **자연 법칙**에 대한 흄의 온건한 회의주의는 존재론적이라기보다 인식론적이야. 그는 자연 법칙에 의문을 제기하지 않았으며, 그저 우리가 자연 법칙을 안다고 주장하는 근거를 약화시켰을 뿐이야. 흄이 좀 더 근본적인 수준에서 자연 법칙이라는 관념을 공격하지 않은 이유 중 하나는 역설적으로 그의 회의주의에 자연 법칙이 필요하기 때문이야."

🐾 뭐?

"아, 너 아직 안 잤어? 이따금 내가 혼잣말을 하고 있다는 느낌이 들어서 말이야."

🐾 그래. 난 그냥 눈만 감고 있었어. 그런데 너 역설적⋯⋯이라고 말했어?

"응, 너도 알다시피, 흄은 엄청난 종교 비판가였는데, 적어도 당대의 종교에 대해서는 몹시 날카로운 비판을 했지. 그는 특별히 기적을 싫어했어. 그는 기적을 자연 법칙에 반하는 사건으로 정의했지. 물보다 무거운 물체는 가라앉아. 죽은 사람은 부활할 수 없고. 빵 다섯 덩어리와 물고기 일곱 마리로는 오천 명을 먹일 수 없고, 처음보다 더 많은 양의 부스러기를 남길 수 없어. 이제 흄이 무엇보다 자연 법칙을 필요로 한 이유를 이해할 수 있어. 자연 법칙이 없으면 기적을 무너뜨릴 수 없거든. 경험을 통해서는 자연 법칙이 옳다고 말할 수 없지만, 습관과 관습이 결합된 항구적 연속성은 우리가 자연 법칙에 의존하고 있음을 의미하지.

흄은 현명한 사람이라면 증거에 맞게 자신의 믿음을 조절할 줄 안다고 주장했어. 그럼, 우리가 의존하는 법칙을 무너뜨리는 기적의 증거를 어떤 기준으로 판단할까? 흄이 제시한 기준은, 수많은 사건에서 입증된 법칙이 깨진 것을 믿기보다는 목격자를 불신하기가 더 어렵고 더 **기적적**이라는 사실이야. 그리고 우리는 정직한 사람이라도 목격자로서 실수를 할 수도 있음을 잘 알고 있어. 대부분의 기적이 대중을 속이기 쉬운 시절에, 교육받지 못한 사람들 사이에서 혹은 과장이나 거짓말하기 좋은 핑곗거리가 있는 사람들 사이에서 일어났다는 점을 덧붙이면, 당연히 합리적인 사람은 기적을 진짜라고 인정하지 않겠지. 또한 기독교가 기적을 믿는 종교임을 고려하면, 흄이 평생 무신론자라고 비난받았다는 사실은 별로 놀랄 일도 아니야."

🐾 그가 무신론자였어?

"응, 난 그렇게 생각해. 어쨌든 흄은 경험주의의 전성기에 종교를 입증되지 않은 헛소리로 여겼고, 인과 관계와 자연 법칙에 대한 우리의 믿음은 관습에 불과한 것에 토대했다고 생각했어. 도덕적·미학적 아름다움이란 세상에 '실재'하지 않고 인간의 마음속에만 살아 있는 단순한 정서라고 간주했어.

이번 산책의 시작은 로크의 상식적 실재론이었는데, 로크는 우리의 감각이 믿을 만한 지식을 전달할 수 있다고 생각했어. 우리 논의는 완벽한 회의주의에 가까워지면서 끝맺지만, 습관과 관습이 우리를 도와주리라는 생각을 흄이 기꺼이 수용해줘서 다행이야."

몬티가 내 가슴에 대고 있던 머리를 들었다.

🐾 누가 오나봐.

"뭐, 정말?"

🐾 응.

녀석이 큿큿댔다.

🐾 센 암캐인데.

"나중에 다시 얘기하자."

🐾 다음은 누구야?

"칸트."

🐾 꿀꺽.

열 번째 산책

칸트와 퍼지 논리

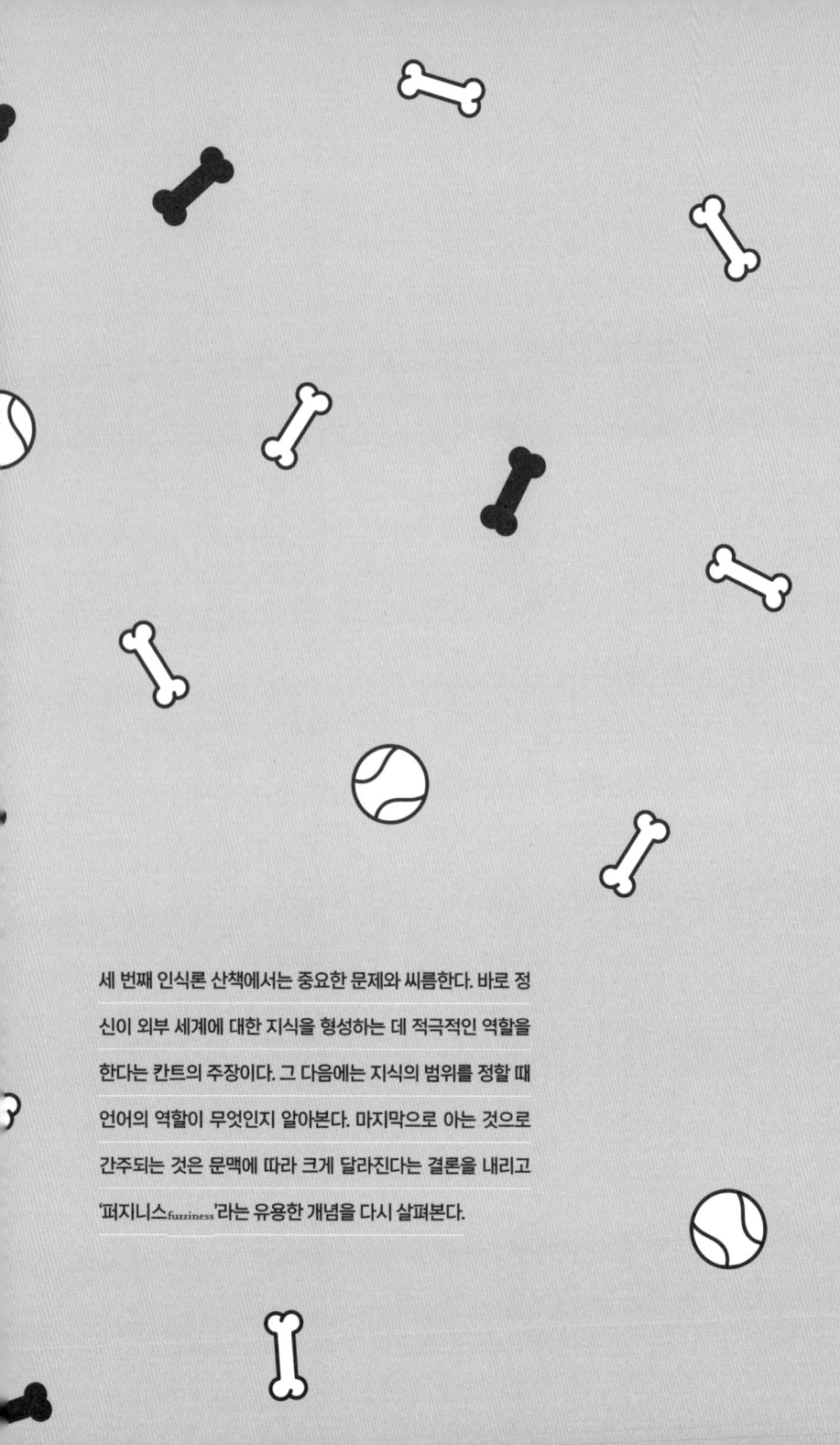

세 번째 인식론 산책에서는 중요한 문제와 씨름한다. 바로 정신이 외부 세계에 대한 지식을 형성하는 데 적극적인 역할을 한다는 칸트의 주장이다. 그 다음에는 지식의 범위를 정할 때 언어의 역할이 무엇인지 알아본다. 마지막으로 아는 것으로 간주되는 것은 문맥에 따라 크게 달라진다는 결론을 내리고 '퍼지니스fuzziness'라는 유용한 개념을 다시 살펴본다.

우리가 제대로 된 산책을 나가기 며칠 전에 사건이 하나 있었다. 내가 몇 차례 타운 미팅에 참석해야 해서 맥지 부인이 대신 몬티를 돌봐줬다. 부인은 몬티를 동물병원에 데려가서 녀석의 엉덩이를 비롯해 몇 가지 검사를 했다. 결과가 좋지 않았다. 생각하고 싶지 않을 정도로. 나는 몬티의 기분을 풀어주려고 어느 화창한 날 아침에 녀석을 버스에 태워 프림로즈 힐로 갔다. 녀석은 그곳을 좋아했는데 가만히 앉아서 저 너머에 있는 텅 빈 글라스 타워와 오래된 교회들의 우아한 모습을 바라보곤 했다. 우리는 바람 부는 언덕의 꼭대기에 올라가 비탈길에 담요를 깔고 함께 누웠다.

"우리가 어디까지 얘기했는지 기억나니? 얼마 전에……"

🐾 칸트 같은데. 네가 하도 얘기해서 머릿속에 계속 맴돌거든.

"좋아. 정리해 보자. 합리주의자들은 인간의 마음이 모든 실질적인 지식의 원천이라고 믿었고, 감각 증거는 불신하고 거부했어. 경험주의자들은 수학 같은 일부 지식은 마음의 독립적 작용을 통해 얻어진다는 견해를 받아들였지만(로크는 그것조차 부인했지만), 대부분의 경우는 감각이 세상에 대한 정보를 백지 상태였던 우리 마음에 전달하기 때문에 우리가 현재 알고 있는 것들을 알게 된다고 믿었어. 합리주의자들은 믿을 수 없는 것에 대한 확실한 지식을 제공했고, 경험주의자들은 우리가 안다고 생각했던 것에 의문을 품게 했어.

위대한 철학자 칸트의 인식체계

당연히 이제 필요한 작업은 두 입장의 중요도를 고려해서 그 둘을 결합하는 일이야. 이 작업을 훌륭하게 해낸 사람이 바로 임마누엘 칸트야. 인간의 마음이 세상을 알게 되는 방식과 그런 지식의 한계에 대한 칸트의 설명은 철학사에서 가장 위대한 업적 중 하나야. 그가 자신의 사상을 정리해서 발표한 『순수 이성 비판』(1781)은 지금까지 출판된 책 중 가장 어려운 책 중 하나인데, 그 이유는 심오하고 복잡한 사상을 이리저리 꼬아 놓은 난해한 언어로 설명했기 때문이지. (독일어판은 정말 도움이 안 되고, 많은 독일 학자가 오히려 영어판이 더 쉽게 이해된다고 주장했어.)"

😼 설마 그 말을 믿으라는 얘기는 아니겠지……

"칸트의 문제점 중 하나는 그가 사용한 전문 용어야. 칸트는 오해의 소지를 없애고자 대단히 독특하고 새로운 방식으로 단어들을 사용해서, 가능한 한 명료하고 정확하게 내용을 서술하려 했어. 하지만 오해를 피하려다 내용이 너무나 난해해져 버린 경우가 많았어. 그는 기존 형이상학의 전통 속에서 사유했는데 아리스토텔레스, 데카르트, 라이프니즈 등으로부터 용어를 가져와서 거기에 자신이 만든 용어들을 추가했어. 대개 이 용어들은 그의 글 안에 정의되어 있지만, 이해를 돕기는커녕 오히려 독자를 멀어지게 했지. 그래서 철학 전공자가 아닌 사람이 칸트의 글을 읽어 내는 건 정말 어려워. 물론 칸트의 핵심 사상을 왜곡하지 않으면서 단순화해서 설명할 방법은 있는데, 그러려면 기절초풍할 정도로 난해하지만 훌륭한 그의 사상을 상당 부분 생략해야 해.

칸트는 흄을 읽고 나서 '독단의 잠dogmatic slumbers'에서 깨어났다고 말했어. 무엇을 알 수 있는지 정확히 설명해줄 방법을 찾도록 흄의 회의주의가 칸트를 자극했기 때문이야. 칸트는 흄의 회의주의뿐만 아니라, 흄이 감각 자료를 이해할 때 마음에 부여한 역할에도 흥미를 느꼈어. 하지만 칸트는 저 밖에 진짜 세상이 있다는, 라이프니츠와 버클리의 관념론은 피하고 싶었어. 어떻게 우리가 그런 세상을 파악하겠느냐고 질문했지. 그래서 칸트는 확실히 알 수 있는 것이 무엇인지 찾고, 앎의 과정에서 인간의 의식이 하는 정확한 역할을 이론화하겠다고 계획을 세웠지.

나는 칸트의 난해한 전문 용어들을 피하고 친숙한 용어들을 사용하려고 애쓰겠지만, 일단 몇 가지는 정의하고 넘어가자. 앞에서 살펴봤듯이, 칸트가 등장하기 전에는 지식이라고 할 수 있는 것에 두 가지 유형이 있다고 가정했었지. 하나는 경험을 통해 알 수 있는 지식인데, 칸트는 이를 **아포스테리오리**a posteriori('나중에'라는 의미)한 진리라고 불렀어. 그리고 경험하지 않고도 추론을 통해 알 수 있는 지식을 **아프리오리**a priori('먼저'라는 의미)한 진리라고 불렀지.

아프리오리한 진리는 대부분 분석적이야. 이런 진리는 이미 명제 안에 들어 있고, 추론은 그 진리를 끄집어내는 과정에 불과하지. 앞에서 다뤘던 삼단논법이 바로 여기에 속해. 아프리오리한 진리는 아는 것을 명확히 하는 데 도움을 주기는 하지만, 사실 '새로운' 것은 아니야. 가령 삼각형에 관한 (직각 삼각형의 빗변 같은) 흥미로운 사실은 이미 그 정의 안에 들어 있어서 누군가 끄집어내기만 하면 돼. 아포스테리오리한 진리는 경험에서 나와. 이것은 칸트의 용어로 표현하면 **종합적**synthetic인데, 이는 **새로운** 지식을 창조한다는 의미야. 즉, 전에 없던, 사물에 대한 이해가 생겼다는 거지. 칸트는 『순수 이성 비판』에서 종합적인 아프리오리한 지식이 있음을 증명하는 어려움에 도전했어.

🐾 저, 전문 용어는 안 쓴다고 했잖아!

"최소로 줄이겠다고 했지……하지만 조금만 집중하면 내용은 아주 간단해. 종합적이라는 말은 새로운 지식을 포함한다는 의미이고, 아프리오리는 경험으로 배운 적이 없다는 의미야."

🐾 그런데 그런 게 있긴 해?

"칸트가 성공했냐고? 그럼! 난 그가 해냈다고 생각해.
칸트가 보기에 마음에는 지식 생산에 관여하는 두 가지 능력이 있어. 첫 번째 **감성**sensibility은 외부 세계에서 감각 정보를 받아들이는 능력 즉, 마음의 수용작용을 가리켜. 다음 **오성**understanding은 감성을 통해 얻은 관념들을 체계화하고 조작하는 능력을 말해. 감성과 오성 모두 흄이 상상한 지식의 생성 방식과 비슷해 보이지. 하지만 칸트의 의도는 마음과 세상의 관계에 대한 흄의 다소 피상적인 설명의 한계를 넘는 것이었어.

첫 단계로, 칸트는 지각과 이해를 정확히 **행위**로 봤어. 감성과 오성은 수동적 수용이 아닌 적극적 과정이지. 그 둘은 칸트가 다양성manifold이라고 부른, 잡다하게 뒤섞인 감각적 인상들을 논리적이고 이해 가능한 경험의 세계로 바꾸는 일을 해.

감성부터 이야기하면, 칸트는 마음에 들어온 감각 자료와 **실재**하는 사물이 서로 관련된다는 주장에 반대하지 않았어. 그는 실재하는 사물이 없으면 그 사물에 대한 관념이 아무 의미가 없다고 주장했어. 즉, 그는 버클리의 관념론을 받아들이지 않아. 버클리는 지각하는 사람의 마음 밖에서는 지각이 일어나지 않는다고 주장했었지. 세상에 있는 색깔과 소리와 냄새는, 로크가 보기에도 그랬지만, **밖**에 있는 무언가를 표상해. 로크와 흄이 보기에 우리의 마음은 들어오는 자료를 다양한 방식으로 결합하고 해석해. 그런데 칸트는 마음이 이미지를 받아들였을 때, 로크와 흄이 말한 마음의 작용이 수동적으로가 아니라 적극적으로 일어난다고 주장했어. 처음부터 우리에게는 인식 체계가 있었으며, 뭔가를 지각하는 순간 우리의 의식이 그 인식 체계를 강제로 작동시킨다는 거야.

그럼 이 인식 체계는 뭘까? 칸트는 먼저 원시 자료와 색깔, 움직임 같은 찰나의 감각을 배제했고 나중에는 관념들을 조작하고 체계화하는, 오성의 복잡한 작업도 제거했어. 그러면 시간과 공간이라는 개념만 남게 되는데, 전에 이 둘은 늘 세상 '밖'에 있었지만 이제는 칸트에 의해 인간의 의식 속으로 들어왔지."

🐾 와우! 그럼 우리 머릿속에 시간과 공간이 있는 거야?

"맞아. 우리는 시간이나 공간을 관찰하진 못해. 그것들은 경험에서 얻어지는 개념이 아니니까. 칸트는 시간과 공간이 각종 지각 경험의 **전제 조건**이라고 주장했어. 칸트식으로 표현하면, 시간과 공간은 **아프리오리한 직관**이야. 대상을 보려면, 이미 그 대상 안에 시간과 공간에 대한 관념이 들어있어야 해. 시간적·공간적으로 아직 정리되지 않은 사물을 상상하는 건 불가능해. 즉, 공간을 차지하지 않고, 단절이나 연결 같은 속성이 없는 사물을 생각할 수는 없지.

이것이 칸트의 **종합적인 아프리오리**의 개념이야. 대개 경험보다 앞서 있는 사물은 오직 분석적으로 혹은 동어 반복적으로만 사실이야. 하지만 여기에서는 경험보다 앞서지만 진짜 지식이 들어 있는 사물이 있어.

우리가 단지 '밖'에서만 공간을 지각한다고 주장하는 사람에게, 칸트는 공간이 외부에 존재한다는 관념조차 안과 밖이라는 공간적 개념을 전제해야 하므로, 그 주장은 순환적이라고 답했어. 그와 유사하게, 사물이 순차적으로 혹은 동시에 존재한다는 생각도 세상을 이해하는 데 도움을 주는 일종의 구조적 원리 structural principle 이지, 우리가 실제로 밖에서 발견하는 것이 아니야."

🐾 이해하려고 애쓰고는 있는데 내 뇌가 용량이 작아.

"너만 그런 게 아냐. 시간과 공간을 수동적으로 지각되는 대상이 아니라 의식이 강제한 관념으로 생각하는 건 정말 어려워. 시간과 공간을 게임의 법칙이라고 생각하면 도움이 될지도 모르겠다. 가령 네가 규칙을 알고 축구 경기나 체스 게임을 본다면, 규칙을 모르는 사람과 달리 선수나 말의 변칙적 움직임을 제대로 이해할 수 있을 거야. 그리고 이것은 어떤 사람이 공을 차거나 퀸을 움직이는 이미지를 수동적으로 받아들인 다음 그 행동들을 해석하는 경우와는 달라. 우리 의식 속에 이미 게임 구조가 들어있으므로 우리는 시합에 **맞게** 규칙을 해석하기만 하면 돼.

그리고 이렇게 적극적으로 세상을 이해하는 방식은 현대 심리학과 잘 맞아. 현대 심리학은 혼란스럽고 어수선한 감각 지각에 형태와 의미를 부여하기 위해 뇌가 열심히 일한다는 견해를 전적으로 지지해. 간단하고 기초적인 예를 하나 들어볼게. 우리가 어떤 사물을 보면, 그것의 이미지가 우리 망막에 닿아. 눈의 구조 때문에 망막에 닿은 이미지는 거꾸로 맺혀 있지. 이때 가장 먼저 뇌가 할 일은 재빨리 이미지를 똑바로 뒤집는 일이야. 그런데 이 뒤집는 작업은 우리에게 공간 관계에 대한 본유 지식이 있다는 것을 암시하지.

우리는 시간이나 공간이 없는 세상을 생각할 수 없어. '빅뱅Big Bang' 이전에는 없었던 시간과 공간은 언제 생겨났을까? 우리는 전혀 상상할 수가 없어. '빅뱅 이전'이라는 말이 무언가를 의미하는 것 같지만, 그 말에 상응하는 이미지 같은 것이 우리 마음에 전혀 존재하지 않아. 우리가 떠올리는 사물은 공간을 차지하고 있어. 움직이는 사물을 상상할 경우에는 공간뿐만 아니라 그것이 움직일

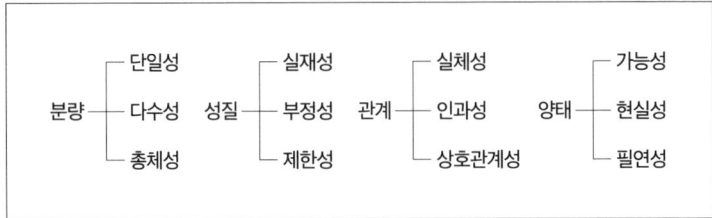

때 흐르는 시간에 대한 관념도 개입하지.

그러므로 감각 정보로 지식을 얻는 첫 단계인 **감성**조차도 마음의 속성qualities of the mind에 의해 구조화돼. 이제 앎의 과정의 두 번째 단계인 **오성**이 등장해. 직관(시공간적으로 체계화된 원시 자료에 칸트가 붙인 단어)이 우리에게 어떤 의미를 가지려면, 오성을 통해 그것들을 추가로 해석해야 해.

그러니까 원시 감각 자료를 시간과 공간 속에 배열해서 우리가 알 수 있는 것으로 바꾸는 작업은 감성이 해. 하지만 자료들을 분류하고, 체계화하고, 결합하고, 판단하는 등 정말로 힘든 작업은 오성이 맡아. 이 작업을 위해, 마음은 칸트가 **범주**categories라고 부른 것을 이용하는데, 범주란 들어온 감각 자료를 이해하기 위해 마음이 사용하는 다양한 개념들을 의미해.

범주를 이용해서 세상 '밖'의 사물들을 분석할 수 있다는 생각을 처음 한 사람은 아리스토텔레스였어(말해, 뭐해……). 범주라는 말은 본래 그리스어 **카테고리아**kategoria에서 나왔는데, 이것의 의미는 법정에서 누군가를 대상으로 제기하는 혐의 혹은 고소야. 아리스토텔레스는 범주를 일종의 술어(네가 무언가에 대해서 말할 수 있거나 제기할 수 있는 질문) 같은 의미로 사용했어.

아리스토텔레스는 자기 생각에, 대상을 완벽하게 설명할 수 있는 열 개의 범주를 만들었어. 먼저 사람, 개, 나무같이 대상의 종류를 의미하는 **실체**substance가 있어. 그리고 이 실체가 얼마나 많은가를 의미하는 **양**quantity이 있지. **질**quality은 좀 모호한 개념인데, 색깔, 질감, 냄새 같은 성질을 의미해. 그 다음에 **관계**relation는 사물들이 서로 연결되는 방식을 말하는데, 가령 몬티 네가 나보다 작다거나 내가 너보다 크다고 말하는 경우지. 그리고 **장소**place는 예컨대, 우리가 지금 깔고 앉은 담요 위를 가리켜. **시간**time은, 그건 '오늘이네!'라고 말하는 경우지! 그리고 **위치**posture는, 가령 난 여기에 앉아 있고 넌 내 가슴에 기대어 있다고 말할 때야. **상태**state는 조금 난해한 개념인데, 아리스토텔레스에 따르면 네가 어떤 상황에 처해 있는 것이야. 그는 우리가 신발을 신고 있거나 갑옷을 입고 있는 상황을 예로 들었어. 즉, 몬티는 작고 귀여운 외투를 입고 있다와 같은……그럼, **능동**action은 뭘까? 우리가 생각하고 말하는 일 따위지. 마지막으로 능동의 반대인 **수동**passion은 무언가의 작용을 받는 것을 의미하는데, 발에 차이다 혹은 야단맞다 같은 예가 있어."

🐾 좀 지루하네.

"미안. 네 심정은 이해하지만 중요한 얘기야. 우리는 지금 아리스토텔레스가 생각하기에 대상에 관해 말할 수 있는 모든 항목을 배웠어! 만약 그 범주들을 사용해서 너를 분석하면, 말 그대로 너에 대해 모든 것을 말할 수 있지. 널 완벽하게 범주화할 수 있다고!"

🐾 야호!

"반드시 기억할 점은 아리스토텔레스가 이것들을 주어의 속성으로 여겼다는 사실이야. 즉, 그 속성들은 우리가 말하고 있는 대상이 무엇이든 그 대상의 객관적 실재에 속해. 하지만 칸트는 이것을 180도 뒤집어. 그는 사물을 범주화하는 방식을 세상에서 마음으로 이동시켰어. 또한 아리스토텔레스가 제시한 열 개의 범주를 열두 개로 늘리고, 이를 다시 네 개의 소집단으로 묶어서 **계기**moments라고 불렀어. 계기는 '양', '질', '관계', '양상' 등 네 가지가 있어. 칸트의 범주에 빠져 허우적대고 싶지는 않지만, 대충 설명하면 '양'이라는 집단은 한 사물에 얼마나 많은 것들이 들어있는가의 문제야. '질'은 사물의 존재 유무, 혹은 어떤 제한을 받는가의 문제고. '관계'는 세상의 사물들이 서로 관계를 맺는 방식을 말하는데, 예컨대 원인과 결과가 여기에 해당하지. 그리고 '양상'은 사물의 존재 방식, 예컨대 그것이 실제로 존재하는가, 존재할 가능성이 있는가, 반드시 존재하는가 등의 문제지. 세상에서 무언가를 지각할 때 즉시 마음은 칸트가 말한 **종합**synthesis 행위로서 그 대상을 범주화하는데, 이렇게 대상과 범주의 관계 속에서 불현듯 그 대상을 파악하게 되는 것이 바로 오성 혹은 앎의 진정한 의미야."

🐾 저, 그거 좀 헷갈려. 사실, 무의미한 얘기 같기도 하고. 나 같은 개가 이해하기 쉽게 설명해 줄래?

"노력해볼게. 일단, 칸트가 '양'이라고 부른 계기에서, 예컨대 나는 몬티는 짖는다, 혹은 몇몇 개는 짖는다, 혹은 모든 개는 짖는다고 말할 수 있어. 하나, 몇몇, 전부라는 표현이 수나 '양'에 대해 생각할 수 있는 모든 가능한 범주야. 그러니까 '양'이라는 계기 안에는 '단수', '복수', '전체'라는 범주가 있어. '질'이라는 계기에 속할 수 있는 범주는 '실재Reality(몬티가 여기 있다.)', '부재Negation(몬티가 여기 없다.)', '한계Limitation(우리가 떠날 때까지만 몬티는 여기 있다.)'가 있어."

🐾 나 아직도 이해가…… 수의사가 나한테 준 약들……그것 때문에 집중하기 힘든가봐.

내가 녀석의 코를 톡톡 쳐줬다.
"내가 널 바라볼 때, 내 마음은 자동으로 네게 다양한 범주를 (관련 있을 때만) 적용해서 판단하기 때문에, 몬티라는 존재에 대한 내 지식은 모든 잠재의식적 행동이 합해진 결과야. 좀 나아?"

🐾 그런 것 같아. 대충. 아마도. 아냐, 모르겠어.

"꼭 기억할 내용은 너를 알아가는 과정에 내 마음이 적극적으로 개입한다는 점이야. 즉, 나는 물밀듯 들어 온 감각 인상들에 일정한 형식을 부여해. 우선, 시간과 공간을 부여하고 다양한 범주들에 너를 끼워 맞추지. 그리고 이 시간과 공간, 범주는 세상이 아니라 내 머릿속에 전부 들어 있어."

🐾 잠시만, 이거 다시 종합적인 아프리오리, 어쩌고로 다시 돌아가는 거야?

"맞아! 시간과 공간, 범주는 아프리오리한 지식이지만, 참된 지식이기도 해서 제 한계를 뛰어넘고 새로운 인식의 땅을 정복하기도 해. 사실, 그것들은 모든 지식을 알기 위한 전제 조건이지. 더구나 범주는 합리적 판단의 기초를 이루기 때문에, 인간이라면 누구나 그것을 가지고 있을 거야. 이는 인간의 인식 대상인 세상이 누구에게나 동일하고, 공유와 파악이 가능하다는 의미야. 그러니까 우리는 라이프니츠의 단자 같은, 사적인 세상에 갇혀 있지 않아."

🐾 뭐, 다행이네. 여기 좀 간질여 줄래…… 아, 그래, 거기 맞아.

"지금까지 우리는 현상 이면의 세상은 다루지 않았어. 전에 내가 사물을 보고 파악하는, 일련의 사건들을 주도하는 뭔가가 밖에 있다는 생각을 칸트가 전혀 무시하지 않았다고 말했었지. 로크는 1차 성질과 2차 성질이 있다고 가정하고, 1차 성질은 사물에 속하며, 어떤 의미에서는 사물 **그 자체**라고 생각했어. 버클리(와 라이프니츠)는 바깥세상에는 사물이 없고, 네 머릿속에는 단지 관념만 있다고 생각했고······."

😺 설마, 칸트도 완전한 중도, 아리스토텔레스의 용어로 하면, 중용을 택했다는 말이야?

"꼭 그렇지는 않아. 칸트는 사물 그 자체를 **예지체**noumenon(물자체Ding an sich)라고 불렀어. 그리고 이것은 모든 철학에서 가장 불가사의한 독립체이며, 저 밖에 있는 **무언가**something라서 그야말로 우리로서는 전혀 알 길이 없어. 그것이 존재한다는 사실 말고는. 그것은 형태도, 무게도, 질감도 없어. 그것의 모든 속성은 우리 마음에서 일어나는 적극적인 창조 작업에 의해 생성돼. 그러니까 어딘가에 존재하지만, 인간의 지식과 이성은 궁극적으로 한계가 있으므로 결코 예지체에 닿을 수 없다고 칸트는 말했어. 범주는 경험할 수 있는 것에만 적용되고, 경험할 수 없는 예지체에는 도달할 수 없어. 같은 논리를 신에도 적용할 수 있어."

😺 아, 또 무신론이야?

"칸트가 신을 어떻게 생각했는지는 아무도 몰라. 칸트는 신을 자주 언급했고, 기초적인 도덕 교육을 위해서 신을 믿어야 한다고 말했지만, 신이 존재하는지는 결코 알 수 없다고 했어. 그에 따르면, 신은 논리적·과학적으로 입증 가능한 대상이 아니므로 종교의 영역에 두어야 해."

🐾 너는 기본적으로 칸트가 옳다고, 우리가 세상에서 지각하고 파악하는 대부분의 것들은 마음이 작용한 결과라고 생각하는 거야?

"뭐, 대체로 그래."

🐾 그럼, 이제 인식론은 마무리됐네.

"그렇지 않아. 조금만 더 참아 줄 수 있어?"

🐾 아까 거기를 계속 간질여 주면, 뭐, 노력해볼게.

"인식론이 칸트로 끝나지는 않았지만 내 생각에, 그때부터 인식론의 문제는 칸트와 벌이는 싸움이 되었어. 그리고 주로 칸트가 이겼지. 하지만 내가 간단히 언급하고 싶은 사상이 하나 더 있는데 이 얘기를 한 후에 내 진짜 생각을 말해줄게.

철학의 신상품 실용주의

실용주의는 고대 그리스 시대 이후에 새롭게 등장한 몇 안 되는 철학 사상 중 하나야. 고대 세계에는 실용주의와 비슷한 사상이 전혀 없었거든. 실용주의는 찰스 샌더스 퍼스Charles Sanders Peirce, 윌리엄 제임스William James, 존 듀이John Dewey 등 주로 19세기 후반과 20세기 전반에 활동한 소수의 미국 사상가들과 관련이 깊어. 실용주의자들은 진리가 '실재하는real' 바깥세상에서 경험적으로 발견되거나 머릿속에서 순수한 이성에 의해 도출된다는 사유에서 완전히 탈피했어. 그들에게 지식이란 자기 생각과 진리의 관련성을 따지는 문제가 아니었어. 진리란 그저 주어진 상황에서 최선의 역할을 하는 것이라고 생각했지. 실용주의는 본질적으로 진화론의 일종이야. 즉, 우리는 도전으로 가득한 세상에서 생존하고 번식하기 위해 노력하는 동물이지. 우리가 가진 신념은 우리의 번영을 돕는 역할을 하고. 그래서 도움이 되지 않는 신념은 병약한 생물처럼 제거되기 마련이야. 진리의 의미는 그게 다야.

가령 내가 5,000년 전에 살았던 매머드 사냥꾼이라고 해보자. 나는 매머드 무리가 특정 시기에 특정 계곡 주변을 돌아다닌다는 사실을 알고 있어. 그리고 이것은 연중 이맘때 내 조상의 영혼이 제사상을 받으러 오는 길에 매머드 무리를 계곡 아래로 몰았기 때문이라고 나는 믿고 있지. 나는 조상이 언제 오는지 알기 때문에, 거기에 맞춰 창을 준비해야 한다는 사실도 알아. 이런 믿음 덕분에 나는 구운 매머드로 거한 식사를 할 수 있지.

실용주의자들이 보기에 조상을 향한 내 믿음은 '진리'야. 이들은 조상이 정말로 매머드를 몰아주었다고는 생각하지 않아. 그것은 진리가 아니니까. 진리란 실제 거기에 있는 것이 아니라('실제'라는 것은 없어.), 내가 하루를 무사히 보낼 수 있게 돕는 것이지.

아니면 내가 버스를 타야 하는 상황을 생각해 보자. 나는 버스가 화요일마다 늦게 온다고 믿기 때문에 화요일에는 버스 정류장까지 천천히 걷지. 그런데 어느 화요일에 버스를 놓쳤어. 그럼, 버스에 대한 내 믿음은 틀렸는데, 그 이유는 단지 내가 버스를 놓쳤기 때문이야. 신을 믿으면 마음이 행복하고 삶이 나아질까? 만약 그렇다면 신은 '진리'야.

실용주의는 형이상학과 인식론의 오랜 문제점들을 해결했어. 실용주의는 그 둘은 아무런 상관이 없다고 말함으로써 그 문제들을 해결해. 즉, 우리는 더이상 실재reality의 궁극적 본질을 탐구하거나 마음의 범주 혹은 개념을 이론화하지 않아도 돼. 중요한 건 내가 버스를 탔냐는 거야. 버스를 탔다면 무엇이든 진리가 될 수 있다는 의미에서 버스에 대한 내 믿음은 진리가 돼.

나는 약간 실용주의에 애착을 느끼기 때문에 내 견해의 일부는 실용주의 사상에서 가져 왔어. 하지만 철학자 버트런드 러셀(1872~1970)은 실용주의를 만신창이로 만들어버렸어. 러셀에 따르면, 만약 믿음의 결과가 좋다는 이유만으로 그 믿음이 '진리'라면, 우리는 먼저 무엇이 좋은가를 알아야 하고 그 다음으로 믿음의 결과가 무엇인가를 알아야 해. 이런 내용들을 찾지 못하면 무엇이 진리인지 전혀 알 수 없어. 하지만 그런 과정은 문제를 단순화하기보다 오히려 더 어렵게 만들어. 러셀은 1492년에 콜럼버스Christopher Columbus가 아메리카 대륙을 발견한 사건에 대한 믿음이 진리인지 알아보는 경우를 예로 들었어. 실용주의로 이 문제를 해결하려면 역사 전문가를 찾아가거나 인터넷을 뒤지거나 역사서들을 읽는 대신, 어떻게든 그 믿음의 결과를 알아내야 해. 콜럼버스가 1492년에 대서양을 횡단했다고 믿으면, 그가 1493년에 횡단했다고 믿을 때보다 내게 더 도움이 될까?

실용주의자는 1492년 횡단설에 대한 믿음이 역사 시험을 치르는 경우처럼 확실하게 도움이 되는 상황들이 있다고 주장하겠지. 그럼 그 믿음은 '진리'가 돼. 그런데 그 사람이 시험에 합격해서 기분이 좋은 나머지 주변을 살피지 않고 걷다가 버스(어쩌면 아까 놓친 그 버스)에 치였다면? 이 사람은 콜럼버스가 1492년에 대서양을 횡단했다는 사실을 '앎'으로써 목숨을 잃었으니, 이제 그 믿음은 거짓이 될까?

결과가 좋다는 이유만으로 그것을 진리라고 믿는 것, 그러니까 이 실용주의에 대한 내 믿음이 진리가 되려면 이 믿음의 결과도 반드시 좋아야겠지. 다시 이 믿음의 결과가 좋으면 실용주의에 대한 내 믿음이 진리가 된다는 믿음이 진리가 되려면, 이 믿음의 결과도 좋아야하고. 또 다시 이 믿음의 결과가……"

🐾 그만해!

"좋아, 이제 너도 알겠지. 그런 식의 논증이 끝도 없이 이어져. 여기에서 문제는 진리가 내 주관적인 경험 밖에 있는 어떤 것에 밀착되지 못한 채 내 경험과의 관계로만 정의된다는 점이야. 우린 산타클로스의 존재를 어떻게 알 수 있을까? 그가 많은 이들을 슬프게 하지 않고 행복하게 하기 때문이지."

🐾 하지만 아직 뭔가 더 있겠지……

"이제 진리와 지식에 관한 내 생각을 말할 차례야. 내 생각이 '퍼지니스(모호성)'라는 개념과 관련된다는 사실이 놀랍진 않을 거야. 내 생각에, 지식을 논하기 어려운 이유는 다양한 유형의 담론을 혼동하기 때문인데, 이런 담론들은 각각 지식의 기준이나 확실성을 요구하는 정도가 달라. 따라서 우리가 할 일은 지식이 필요한 각 상황을 두루 살피고 나서, 상황에 따라 무엇이 참이고 거짓인가를 정하는 작업이야. 이 말은 '진리'란 조건을 특정하지 않으면 아무 의미가 없다는 뜻이야.

가령 내가 정류장에서 버스를 기다리고 있어. 버스는 11시 55분에 도착해. 내 옆에서 줄 서 있던 남자 한 명이 버스를 놓칠까봐 살짝 걱정을 하고 있었어. 그가 시계를 찬 내 모습을 보더니 지금 몇 시인지 알려줄 수 있냐고 물었어. 나는 여러 가지 대답을 할 수 있어. 우선, '잠시만 기다리세요, 시간을 확인할게요.'라고 말할 수 있지. 사실 나는 유럽원자핵공동연구소the European Organization for Nuclear Research, CERN에 아는 사람이 있어서 그 연구소에 세계에서 가장 정확한 시계가 있다는 것을 알기 때문에 그곳에 전화를 걸어 전화 교환대를 거친 다음 통화 대기를 할 수도 있는데, 그러는 동안 내게 시간을 물었던 남자는 버스에 올라타고 내가 이렇게 말하지. '지금은 오전 11시 54분 17.21345621초에요!'"

🐾이런.

"아니면 이렇게 말할 수도 있어. '아니요.'"

😺 뭐? 네 시계가 고장났어?

"아니. 시계는 정상이야. 하지만 어떤 시계도 심지어 실험실에서 사용하는 원자시계도 정확한 시간을 알려주지 못해. 내 손목시계는 대체로 정확하지만 몇 초 정도는 틀릴 거야. 유럽원자핵공동연구소에 있는 시계는 1나노초* 혹은 2나노초 정도 틀릴 거고. 말하자면 나는 **정확한** 시간을 몰라."

😺 그 남자가 너를 우산으로 쳐도 내가 너를 보호해주리란 기대는 하지 마셔.

"아니면 그 남자가 내게 시간을 물었을 때 내가 '12시쯤 됐어요.'라고 말할 수도 있지. 하지만 그 답은 아무 쓸모가 없는데, 그 이유는 대답이 너무 모호해서 그 남자가 버스를 놓쳤는지 그렇지 않은지를 전혀 확인해주지 못하기 때문이야. 이런 상황에서 적절한 답은 가장 정확한 답('모르겠네요.')도, 가장 구체적인 답('오전 11시 54분 17.21345621초에요.')도, 가장 모호한 답('12시쯤 됐어요.')도 아닌, 적당히 정확한 답('5분 안에 버스가 와요.')이야.

진리가 상황에 좌우된다는 이 견해는 진리란 유용성과 관련된다는 실용주의와 다소 비슷해. 하지만 이 견해는 진짜 시간real time

---

*　10억분의 1초

이 있음을 인정하는데, 그 이유는 진짜 시간이 행복을 주기 때문이 아니라 진짜 시간과 같이 세상에 대한 객관적인 사실들이 있다고 믿기 때문이지.

말할 수 없는 것은 침묵하라

퍼지니스가 심해지는 상황들이 있는데 이때는 정말 진리에 닿기 어려워. 이런 상황은 주로 언어의 속성 때문에 발생해. 아마도 언어는 뭔가를 얻기 위한 실용적 도구로서 발달했을 텐데, 예컨대 조상들은 언어를 이용해서 사냥 기술을 개선하고, 사회적 유대 관계를 돈독히 했으며, 음식과 배우자를 두고 타인과 경쟁할 때 우위를 점했어. 하지만 곧 언어는 다른 목적으로 이용되기 시작했지.

확실히 언어는 ('호랑이다! 도망가!'처럼) 현실적인 정보를 전달하는 데 유용했지만 언어가 조잡하고 부적절한 도구가 되는 때도 있었어. 너는 뭔가에 대해서 기분이 어떻냐는 질문을 받아봤을 거야. 그럴 때 낯선 생물학적·심리적 과정을 말로 표현해야 하는데, 네가 아무리 달변가이고 정직하게 답하겠다고 마음을 정했다고 해도 그 기분을 정확히 표현하지 못할 수도 있어."

🐾 감정이란 늘 교묘한 구석이 있어. 하지만 사람들은 대개 그럭저럭 기분 파악을 잘하던데. 안 그래? 내가 기분이 안 좋아 보이면, 네가 산책 가자고 하거나 밥을 주잖아. 어렵지 않아.

"그게 쉬운 일일지 모르지만 언어는 생각보다 교묘하고 낯설고 난해해. 우리는 단어가 바깥세상의 사물과 직접적이고 단순한 관계를 맺고 있다고, 언어를 쉽게 생각하는 경향이 있어. '버스'라는 단어는 승객을 가득 태운, 네 바퀴가 달린 커다란 빨간 물건을 가리켜. 이런 관점에서 언어는 세상을 묘사한 그림이며, 이 그림이 고성능 컴퓨터로 그린 것처럼 세상과 비슷할수록 우리는 진리에 더욱 가까워지지.

우리가 전에 만난 비트겐슈타인은 『논리철학논고』(1921)에서 좀 더 복잡한 이론을 전개했어. 『논리철학논고』는 각 문단에 일련번호를 매기고 이 문단들을 수학처럼 항목별로 배열했다는 점에서 스피노자의 『윤리학』과 다소 비슷해. 각 항목은 스피노자의 명제와 유클리드의 공리처럼 자명하다고 인정되는 대담한 언명으로 시작해. 그 다음에는 일련번호가 매겨진 하위 문단에서 명제를 설명하고 확장해. 즉, 이런 식이야.

1. 세계는 실제로 일어나는 일들의 총체다.
1.1 세계는 사물이 아닌, 사실들의 총체다.

현실은 일련의 사실 혹은 사태$_{\text{states of affairs}}$로 이루어져 있어. 언어는 이 사실들을 정직하게 묘사하는 역할을 하지. 네가 차 사고를 당했다고 해 봐. 넌 무슨 일이 벌어졌는지 설명해야 해. 네게 자동차, 도로, 건물 등의 모형이 주어져."

🐾 버스는?

"버스도 있어. 각 모형은 세상에 있는 사물들을 나타내. 너는 이 장난감 모형들을 정확한 위치에 놓으면서 신중하게 사건을 재구성해야 해. 모형이 '참'인가는 세상에서 일어난 사건과 모형의 위치가 얼마나 비슷한가에 좌우돼.

이제 모형을 말과 글로 바꿔 봐. 그것이 언어가 세상을 묘사하는 방식이야. 모형을 사용하는 대신 나는 이렇게 말하지. '캐넌 힐에서 남쪽으로 달리던 차가 북쪽으로 달리던 버스와 충돌했다.' 이 문장의 모든 구가 세상의 사실과 일치해. 어쩌면 언어는 그림에 기원을 두었을지 모른다는 견해가 있어. '차가 버스의 왼쪽에 있다.'라는 문장에서 '차'라는 단어는 정말 '버스'라는 단어의 왼쪽에 있어. 물론 초기 문자들은 그림을 사용해서 사물을 표현했고.

하지만 언어와 세상의 '사실들'이 회화적 관계를 맺고 있다고 생각하면 말할 수 없는 것들이 많아.『논리철학논고』의 유명한 마지막 말을 보면, 비트겐슈타인도 그 점을 인정했음을 알 수 있어. 모든 철학자가 외우는, 몇 안 되지만 유명한 문장은 바로 이거야. '말할 수 없는 것에는 침묵해야 한다.'

말할 수 없는 것들이 (비트겐슈타인이나 우리에게) 중요하지 않다는 의미가 아냐. 비트겐슈타인의 말할 수 없는 것들이란 종교, 윤리, 아름다움, 존재의 의미 등이야. 비트겐슈타인이 보기에 그것들은 단어와 명제들을 배치할 수 있는 사실 문제가 아니기 때문에 언어로 표현할 수 없어. 그는 자신이 이미 말할 수 있는 것의 범위를 정했다고 생각했어. 그 범위 안에서 말할 수 있는 것만 명확하게 이해될 수 있어. 그 범위를 넘으면 무의미하고 장황한 말이 되는데, 비트겐슈타인은 예술과 철학과 종교에 관한 대부분의 말이 거기에 해당된다고 생각했어."

🐾 그런데 그 생각이 맞아? 언어란 세상에 있는 사물에 관한 사실들의 목록이야?

"언어란 단순히 '밖'에 있는 사실과 명제를 연결한 것이라는 생각은 어떻게 보면 매력적이야. 진실과 거짓이 쉽게 구분되니까. 갑자기 평범한 언어가 수학처럼 기능하기 시작하는데, 수학의 세계에는 기호의 의미가 애매한 경우가 전혀 없어. 『논리철학논고』에서 비트겐슈타인은 퍼지니스에 대한 해법을 제시했어. 만약 언어가 정말로 그의 예상과 같다면, 말할 수 있는 모든 것은 수학처럼 명확하게 말할 수 있지. 하지만 문제는 말로 표현할 수 없지만 말하고 싶은 것들이 너무 많다는 점이야.
정말로 비트겐슈타인은 철학이 자신의 책과 더불어 끝났다고 생각했어."

🐾 그가 틀린 것 같은데……

"맞아. 그는 틀렸어. 안타깝지만 불가피하게 누락되는 빈틈은 무시하더라도 그의 언어관에는 여러 문제가 있어. 언어가 그림처럼 기능한다는 이론은 명사, 동사, 부사, 형용사에는 잘 맞아. '빨간 버스가 빨리 달렸다.'는 문장은 사태를 잘 묘사하고 있어. 하지만 '그리고', '또는', '그러나', '왜' 등의 단어는 어떨까? 이것들을 그림으로 묘사할 수 있을까?

결국 비트겐슈타인은 자신의 초기 언어관이 불충분함을 깨달았어. 그의 초기 언어관은 세계와 언어를 원자론적으로 바라보는 관점이었어. 여기에서 경험은 아주 작은 독립 단위로 나누어져서, 각각 단어나 구에 대응되었어. 이 초기 언어관은 분리되지 못하고 복잡하게 얽혀 있는 세계와, 단어들이 얽혀 상호 작용하는 과정에서 의미가 등장하는 언어 모두를 지나치게 단순화했어.

비트겐슈타인의 후기 사상은 (그의 사후인 1953년에 출간된) 『철학적 탐구』에 담겨 있는데, 이 책은 우리가 언어를 사용하는 여러 방법 중 일부를 상세하게 다뤘어. 언어의 의미 생성 능력은 케밥처럼 단어와 사물이 한 꼬챙이에 꽂힌 상태가 아니라 우리 삶에 박힌 복잡한 규칙과 미묘한 언어 사용 양식에서 생겨.

그런데 비트겐슈타인의 후기 언어관이 훨씬 다채롭고 의미심장한데, 내 생각에는 좀 더 정확하더라도, 그가 이 언어관을 제시했을 때는 언어학이 발달해서 세계와 사상과 언어의 관계를 완전히 뒤바꾸기 전이었어."

🐾 쳇. 지금 막 내용을 이해했는데.

기표와 기의

"전통적으로 언어학은 시간에 따른 단어의 변화 모습을 연구했어. 한 단어의 의미는 단어와 그것이 표현하는 사물의 관계가 역사적으로 변화하는 과정에 영향을 받는다고 생각했어. 이런 **어원학적** 견해는 종종 그 자체로도 매력적이야. 예를 들면, 아르헨티나 작가인 호르헤 루이스 보르헤스Jorge Luis Borges는 은유에 관한 강의에서 '위협threat'이라는 영어 단어가 군중을 의미하는 앵글로 색슨어Anglo-Saxon 'ðreatt'에서 유래했다고 말했어. 군중이 모이면 위험한 장소가 되기 마련이므로, 오늘날 '위협'이라는 단어가 군중을 의미하는 옛 단어에서 어떻게 변했는지 이해하기란 별로 어렵지 않아.

하지만 스위스 언어학자 페르디낭 드 소쉬르Ferdinand de Saussure(1857~1913)는 매우 다른 접근법으로 언어의 작용을 분석했어. 그는 단어의 의미가 시간에 따라 변하는 과정을 추적하는 대신(이를 **통시**diachronic 언어학이라고 부른다), 특정 시기에 하나의 의미 체계로서 기능하는 언어를 분석(**공시**synchronic 언어학)해야 한다고 생각했어.

위협이라는 단어가 'ðreatt'에서 유래했다는 사실은 상당히 흥미로우며 어쩌면 앵글로 색슨 사회를 설명해주는 것처럼 보이지만, 오늘날 그 단어를 어떻게 사용할지에 대해서는 아무런 정보도 주지 않아. 가령 내가 너에게 풀밭에서 뱀의 위협이 있을지 모른다고 경고한다면, 네가 알아야 할 것은 위험이지 군중이 아니니까."

🐾 난 뱀을 잡을 수 있어. 내가 보기에 뱀은 그냥 혀가 달린 소시지나 같

다고.

"구조주의 언어학structuralist linguistics의 기본 단위는 기호야. 기호의 종류는 두 가지인데, 하나는 종이에 인쇄된 표시나 음성언어 같은 물질적 부분이고, 다른 하나는 그 물질적 부분으로 표시되는 관념 즉, 정신적 부분이야. 이때 물질적 부분을 기표signifier라고 부르고, 정신적 부분을 기의signified라고 불러. 그 둘은 기호 안에서 결합돼. '개'라는 단어는 'ㄱ'과 'ㅐ'라는 글자와 개라는 동물에 대한 관념으로 이루어진 기호야. 신호등의 빨간불을 떠올려 봐. 여기에서 기표는 빨강색이고, 기의는 '정지'야. 그 둘이 모여 기호가 되지. 네가 컹컹하고 짖을 때 기표는 컹컹이고, 기의는……"

🐾 소시지를 달라?

"그럼 내가 너에게 소시지를 준다고 상상해봐. 여기에서 기표는 소시지고 기의는 '널 사랑해.'야."

🐾 다정하기도 해라. 그런데 그 소시지는 정확히, 어디에……?

"지금은 그냥 예를 든 거야. 기호는 결코 홀로 움직이지 않고 언어 안에서 함께 기능해. 의미는 항상 다른 기호와의 관계로 정의되고. 빨간색은 녹색(진행)과 노란색(대기)이 같이 있을 때만 정지라는 의미가 생겨.

기표와 기의의 관계는 대개 자의적이야. 영어 단어 'dog'와 프랑스어 단어 'chien'은 뜻이 같아. 그리고 모든 사람이 합의할 경우 개를 다른 소리나 물결 기호로 표현할 수 있어. 기표와 기의의 관계가 임의적이라는 말은, 시간이 지나면서 단어의 뜻이 사라져 버리거나 예상하지 못한 방식으로 바뀜으로써 의미 체계가 불안해진다는 의미야.

기호를 연구하는 학문을 기호학이라고 부르는데, 이것은 인간의 문화를 연구하는 학문으로서 여전히 유익하고 매력적이야. 나는 실용주의자인 찰스 샌더스 퍼스(1839~1914)의 기호 연구를 아주 좋아해. 퍼스는 기호를 도상$_{Icon}$, 지표$_{Index}$, 그리고 기표와 기의의 다양한 관계로 정의되는 상징$_{Sign\ proper}$ 등 세 유형으로 구분했어. 도상에서 관계란 닮음을 의미해. 예컨대, 몬티 네 사진은 하나의 도상이야. 초상화나 나무 그림, '쾅'이나 '쿵' 같은 의성어도 마찬가지야. 지표의 경우는 연결 관계는 덜 뚜렷하지만, 물리적 관계는 여전히 맺고 있어. 당황하면 얼굴이 빨개지고, 폭풍이 다가올 때 먹구름이 끼는 현상이 모두 지표의 예야. 세 번째 상징은 대부분의 음성 및 문자 언어에서처럼 관계가 철저하게 형식적이야. 주위를 둘러보면서 머릿속으로 사물에 어울리는 기호를 배치하는 작업은 꽤 재미있어. 곧 너는 주변의 모든 것들이 뭔가를 의미한다는 사실을 알게 될 거야. 예컨대, 자동차는 부의 지표이고, 화장실 문에 표시된 도상도 미묘한 차이를……"

🐾 변태같아.

"세상에는 온갖 사람이 있어. 비트겐슈타인이 보기에 세계의 구조가 언어의 구조에 영향을 줘. 바깥세상에서 벌어진 사태를 설명하려면 단어나 구가 필요하지. 구조주의 언어학에서는 이런 관계가 뒤바뀌거나 적어도 대단히 복잡해. 언어는 우리가 세상을 보고 이해하는 방식을 구체화해. 기표(우리가 관념에 대해 사용하는 용어)가 자의적이듯, 언어가 세상을 잘게 쪼개는 방식 역시 자의적이거나 주관적이야. 즉, 객관적 사실이라기보다 문화에 따라 달라지는 것이지.

그 흥미로운 예가 보르헤스의 에세이 「존 윌킨스의 분석적 언어The Analytical Language of John Wilkins」(1952)에 나와. 보르헤스는 '중국의 한 백과사전'인 『천상에 있는 자비로운 지식 창고Celestial Emporium of Benevolent Knowledge』를 언급했는데, 그 책에서는 동물들을 '황제에 예속된 동물들', '박제된 동물들', '미친 듯 날뛰는 동물들', '방금 꽃병을 깨뜨린 동물들', '멀리서 보면 파리로 보이는 동물들' 등 기발한 이름이 붙은 범주로 구분했어."

🐾 맘에 드네. 나 좀 간질여줘.

"여기에서 핵심은 동물을 범주화하는 기준이 형태학적 유사성과 공통적인 진화 역사가 아닌 동물의 용도나 엉뚱한 생각이었다는 점이야. 언어가 세계의 단순한 반영이기만 한 것이 아니라 우리의 세계관을 책임진다는 생각의 대표 사례가 있어. 인류학자인 프란츠 보아스Franz Boas가 제기하고, 나중에 사피어 워프 가설Sapir-Whorf hypothesis에 포함되어 널리 알려진 견해야. 이 가설에 따르면, 이누이트 족Inuit은 눈을 표현하는 단어를 50개나 갖고 있어. 이누이트 족은 대단히 섬세한 언어를 가진 덕분에 우리가 보지 못하는 눈의 다양한 형태를 '볼' 수 있다고 해. 이 견해는 다소 신빙성이 부족했지만, 최근 연구에서 보아스는 오히려 이누이트 족의 식별력이 과소평가되었을지 모른다고 주장했어. 예를 들면, 캐나다 누나빅 지역에서 사용되는 이누이트 족 방언은 눈을 표현하는 단어가 최소 53개였는데, 그중 썰매의 활주부를 얼릴 때 사용하는 젖은 눈은 'matsaaruti'로, 소금처럼 입자가 고운 눈은 'pukak'으로 불렀어.

색깔처럼 명백히 객관적인 대상조차도 여러 방식으로 잘게 쪼갤 수 있어. 각 문화권에서 사용하는 기본 색깔의 수는 두 개에서 열한 개로 다양한데, 색깔을 표현하는 단어가 부족한 사회는 구성원들이 이름 붙이지 않은 색깔을 볼 수 없어. 이와 마찬가지로, 아마존을 비롯한 세계 여러 지역에 사는 외딴 부족들은 4(혹은 그 정도로 적은 수)를 넘는 숫자가 필요하지 않아. (자녀를 포함해서) 4보다 큰 사물이 모이면 이들은 '많다'고 표현해. 큰 수를 표현하는 단어가 없으니 굳이 큰 수를 이해할 필요도 없지.

페미니스트들은 남성이 권력과 문화를 독점함으로써 우리 언어 속에 남성성이 각인되었고, 그 때문에 여성이 열등한 존재로 인식되었을 뿐만 아니라 여성에 대한 부정적인 고정 관념이 강화되어 여성의 지위가 약화될 수밖에 없었다고 설득력 있게 주장하고 있어. 그리고 인종 차별적 언어는 다른 인종 집단을 타자화othering하고 비하하도록 도왔다고 하지."

🐾 그럭저럭 흥미롭긴 한데 여기서 지금 우리가 뭐하고 있었는지 까먹은 것 같아.

"아, 미안. 나는 언어가 단순한 지식 습득 도구가 아니라 이미 아는 것을 통제하고 구체화하는 수단이라는 것을 증명하는 중이야.

진리와 현재성

구조주의는 20세기 유럽의 주요 사상 중 하나인데 인류학부터 영화학까지 다방면에 두루 영향을 끼쳤어. 구조주의의 핵심은 인간의 모든 의미 있는 행동은 그가 속한 구조 안에서만 이해될 수 있다는 거야. 그 구조는 어느 정도 문법과 어휘가 있는 언어처럼 기능하고, 구조 안의 개별 사물의 의미는 다른 사물들과의 관계에 따라 결정된다는 생각이야.

비록 구조주의가 어느 정도 의미 변화를 허용하고 있지만 기본적으로 안정적인 이론이었기 때문에 소쉬르를 포함한 여러 구조주의자들은 구조주의가 과학적이고 객관적이라고 생각했어. 하지만 그 확신을 자크 데리다Jacques Derrida(1930~2004)가 멋지게 무너뜨렸어. 데리다는 구조주의 언어학(과 플라톤 시대까지 거슬러 올라가, 객관적 진리란 무엇인가를 명확히 정의하려는 거의 모든 사상)이 진리와 언어의 관계에 대한 특정 관념에 기초한다고 주장했어. 그에 따르면, 진리란 내 안에 있는 단순하고 유일한 무언가야. 언어의 목적은 그 단순하고 유일한 진리를, 촛불 옮기듯 다른 사람에게 전달하는 일이지. 진리를 전달하는 가장 믿음직하고 직접적인 방법은 연설이야. 연설은 진리의 진정성을 보장하는데, 그 이유는 연사가 지금 **이 자리에 있기**$_{present}$ 때문이지. 진리와 현재성은 밀접한 관계를 맺고 있어. 내가 너에게 나에 관한 진실을 말할 때 나는 그 내용을 통제할 수 있기 때문에, 내가 이해하는 대로 너를 이해시킬 수 있어. 하지만 연설 내용을 글로 적으면 직접 통제는 어려워져.

플라톤은 『파이드로스』에서 말에서 글로 옮겨가는 현상을 안타까워했는데, 말이 진리이고 글은 거짓이라는 생각은 철학사에서 반복적으로 등장하곤 했지. 요컨대, 소쉬르는 말과 현재성이 기표와 기의 사이의 위험한 불일치를 막는 최선책이라고 생각했어.

데리다는 이런 식의 의사 전달 방식을 하나의 신화로 여겼어. 그 대신에 진리란 각자 마음속에서 불꽃을 피워 다른 사람에게 전달하는 대상이 아니라, 언어로 규정하기 어려운 것이라는 언어관을 가지고 있었어. 간단히 말하면, 그의 언어관은 단어들이 항상 다른 단어들을 가리킨다는 점을 강조해. 단어를 정의하려면 반드시 다른 단어를 사용해야 하므로, 그 의미는 항상 단어들에 좌우되어 '**내부**$_{in-house}$'에서만 돌고 돌아. 언어는 무한 사슬이므로 우리는 그 끝에 닿을 수 없고, 누군가의 머릿속과 언어 밖에 있는 최후의 진리에 결코 도달할 수 없어.

이런 견해를 설명할 때 데리다는 『파이드로스』에서 언급된, **파르마콘**$_{pharmakon}$이라는 그리스어를 사용했어. 파르마콘은 독을 의미해. 플라톤은 글을 **파르마콘**이라고 말했어. 하지만 **파르마콘**은 치료제를 의미하기도 해. 이런 점에서, 파르마콘은 우리가 흔히 '약물 drug'이라고 부르는 단어와 다소 비슷해. 약물은 페니실린 같은 치료제뿐만 아니라 헤로인 같은 향정신성 의약품도 포함하는 단어야. 플라톤의 의도가 무엇이든, 언어는 사용되기 시작하면 그 의미가 통제 불가능한 상태로 돼. 플라톤이 파르마콘이라는 단어에서 치료제의 의미를 제거하고 싶었더라도 두 의미가 완전히 사라지지는 않아.

세상을 이해하려는 모든 시도가 언어학에 기초를 두는 한(그리고 그런 시도들이 언어학에 기초를 두지 않는다고 생각하긴 어렵지.), 우리는 자신이 무엇을 아는가라는 질문에 최종 답변을 내놓지 못할 거야. 진리는 언제나 우리 손에서 벗어날 테니까. 마치 미끄러운 새끼 돼지처럼……"

❈ 잠깐만, 회의주의자들이 옳았다는 말을 하려고 여기까지 왔단 말이야? 우리는 아무것도 알 수 없다는 말을 하려고?

"아냐. 꼭 그렇진 않아. 난 평범한 언어로 이루어진 질문에는 최종 답변을 찾을 수 없다고 한 데리다의 주장이 옳다고 생각해. 평범한 언어는 수학적 언어와 다르니까. 하지만 '최종 답변'은 답이 **없다**는 의미가 아니야. 앞에서 말한 버스 시간을 묻는 이야기를 다시 예로 들면, 그 의미는 **만족스러운** 답을 하지 못한다는 의미가 아니야. 왜냐하면 '버스'와 '시간'의 의미가 승객마다 조금씩 다를 테니까."

🐾 그럼 우리는 뭘 아는 거야?

"나는 개략적 합의가 존재한다고 생각해. 저 밖에 실재하는 예지계 noumenal world가 있다는 칸트의 가정은 별 도전을 받지 않았어. 신비주의자와 종교 사상가들을 제외하면, 외부 세계를 환영으로 생각하는 이상주의자들은 대부분 사라졌고. 이제 우리는 그 난해한 예지체를 보거나 적어도 이해하는 단계에 점점 가까워진 듯해. 양자 역학은 칸트가 알면 좋아했을, 현실의 궁극적 본질에 대한 통찰을 우리에게 제공했어. 하지만 예지체가 특이하고 낯설게 느껴지는 걸 보면, 여전히 그 개념이 이해할 수 없는 영역에 있다는 것을 의미하기도 해.

남은 부분 즉, 색깔과 무게와 냄새와 맛을 가진 사물들이 있는 현상계는 대단히 창의적인 인간의 마음에 의해 형성돼. 우리는 '안다 know'는 것을 적절히 정의할 수 있을 때 한해서 "안다 know it"고 할 수 있어. 그러자면 사례별 특수성을 감안해서 올바른 기준을 적용해야 하지. 그리고 수학적 지식 이외의 모든 진리를 놓고 봤을 때 언어의 본질은, 진리가 냉장고의 내부등과 같다는 걸 의미한다는 사실만큼은 계속 염두에 둬야겠지. 냉장고 문을 닫으면 내부등이 꺼진다고 '알고 know' 있지만 그게 참된 지식은 아니라는……

그러니까 이게 바로 인식론이야. 회의주의자는 우리가 아무것도 알 수 없다고 생각했어. 합리주의자는 우리가 모든 것을 알 수 있지만 그 모든 것은 우리 머릿속에 있다고 봤지. 경험주의자는 우리의 감각이 마음 너머의 세상에 대한 믿을 만한 이론을 형성하도록 강력한 증거를 제공한다고 믿었고. 그리고 칸트주의자는 지식이란 인간의 마음이 적극적으로 활동해서 얻어진 결과물이고, 인간의 마음은 세상에 있는 원료들을 이해 가능한 덩어리로 빚어낸다고 생각했어.

하지만 흐릿하게 아는 것이 대단히 부적합해 보이는 분야가 하나 있어. 거기에서는 정확한 지식이 확실하게 생성돼. 이 지식은 수학처럼 **분석적**일 뿐만 아니라 **종합적**이기도 해서, 실재의 본질을 객관적으로 확정할 수 있다는 대담한 주장을 했어."

🐾 멋지네. 하지만 다른 날에 하자. 계속 그 소시지만 생각나서……

"좋아. 과학 철학은 내일 얘기하자."

열한 번째 산책

개미와 거미, 그리고 과학 철학

이번 산책에서 몬티와 나는 인식론에서 갈라져 나와 독립된 학문으로 자리매김한 과학 철학을 살펴본다. 먼저 프랜시스 베이컨의 귀납법을 다룬 후 포퍼, 쿤, 라카토스, 파이어아벤트가 제안한 현대 과학 이론을 논한다.

춥고 청명한 겨울 아침이다. 푸른 하늘에 비행기 구름 자국이 선명했다. 이곳은 런던에서 비교적 고지대인데다 우리 집은 아파트 꼭대기 층이었기 때문에 주방에서 밖을 보면 온통 하늘뿐이다. 내가 어렸을 때는 여름마다 길게 자란 풀밭에 누워서 비행기 구름을 바라보곤 했지만 요즘 젊은이들은 텔레비전이나 휴대폰을 본다. 나는 우리가 비행기 구름에서 어떤 의미를 읽어냈다고는 생각하지 않는다(물론 지금 나는 그것들을 하나의 지표로 보기는 하지만……). 우린 그저 흰색과 푸른색의 아른거림에서 미학적 즐거움을 발견했을 뿐이다. 심지어 하늘에 나타난 선들을 비행기가 채색했다고 생각하지 않았던가? 어쩌면 그때 우리는 장엄한 현상을 신과 괴물의 행위로 여기던 과학 이전의 원시 시대에 살았는지도 모르겠다. 나는 비행기 구름이 푸른 하늘 속으로 사라지는 정확한 순간을 포착하려 애쓰며 하늘로 가는 길을 갈망했던 기억이 난다. 하지만 이것 역시 '더미의 역설'의 또 다른 예라는 것을 그때 알았으면 좋았을 텐데.

과학 철학을 논하며 산책하기 좋은 날이라는 생각이 들었다. 나는 몬티가 입에 리드 줄을 물고 복도를 깡충거리며 달려오기를 기대하며 녀석의 이름을 불렀다. 하지만 아무 일도 일어나지 않았다. 나는 온 방을 뒤진 끝에 마침내 커튼 뒤에 몸을 반쯤 숨기고 누워 있는 녀석을 발견했다. 녀석의 표정이 애절했다.

🐾 피곤해. 엉덩이도 계속 말썽이고.

"그래도 신선한 공기를 좀 쐬어야 하는데……"

🐾 그 가방 아직도 있어?

"가방이라니?"

🐾 너도 알지만, 내가 새끼였을 때 혼자서는 언덕 위에 있는 학교 운동장까지 걸어가지 못했잖아.

몬티가 말하는 가방은 불용 군수품처럼 생긴 녹색 캔버스 가방이었다. 그 가방에 들어가면 머리만 밖으로 나오고 몸은 편하게 있을 수 있어서 몬티에게 안성맞춤이었다. 가방 속 몬티는 무척 귀여웠었다.
"너 그 가방을 싫어했잖아."

🐾 그랬지. 하지만 그건 그때고. 우리도 배우면서 자라거든. 전에 자주 가던 카페 있잖아……거기 아늑하더라고.

전에 나는 햄스테드 하이 스트리트에 있는, 와이파이 연결이 잘되는 한 체인점 카페에서 글을 써보려고 했었다. 하지만 아침에 두 아이를 학교에 데려다주느라 한바탕 야단법석을 떨고 나서인지 정작 카페에서는 그저 멍하니 앉아 있기만 했다. 그때 나는 파자마 위에 청바지를 겹쳐 입고 낡은 점퍼를 걸치고 있을 때가 많았다.

나는 그 가방을 우리 가족이 다시 찾지 않을 물건들을 넣어 둔 벽장 선반에서 찾았는데 아직은 그것을 버리고 싶지 않았던 모양이다. 몬티가 그 가방 안으로 쏙 들어갔다. 나는 녀석에게 담요를 덮어 주고 햄스테드 빌리지로 향했다.

"어제 우린 지식에 관해 얘기했었지. 오늘은 우리 문화에서 특수한 위치를 차지하는 지식에 관해 이야기할 거야. 바로 과학 지식이야."

🐾 좋은 거네!

"종종 그렇게들 생각해. 대개 과학은 순수하고 확실하고 특별한 진리를 생산하는 기계로 여겨지지. 그것은 **누군가**의 진리, 특수한 관점에서 바라본 진리, 어떤 입장이 담긴 진리가 아니야. 그것은 '절대 진리 The Truth'야. 그리고 그것은 순수 진리이기 때문에, 그저 누군가에게 흰색 실험복을 입힌 다음 그에게 과학적인 화장실 청소용품이나 치약을 팔게 하면 그만이야."

🐾 이제 과학을 비판하려는 거지, 안 그래?

"흠. 과학 지식과 관련해서 사람들이 공통적으로 오해하는 개념 몇 가지를 언급하려 해. 하지만 난 과학을 좋아하는 편이야! 과학은 가장 작은 입자부터 거대한 우주까지, 찬란하고 장엄한 세계의 모습을 우리에게 보여주고 있어. 우리가 어떤 존재이고 왜(혹은 어떻게) 여기에 있는가와 같은 근본적인 질문에 최선의 답을 제공해주었어. 하지만 과학이 객관적인 진리를 발견하는 간단하고 공정한 방법인가 하는 문제는 글쎄, 아직 증명해야 할 부분이 남아 있어. 그래서 지금부터는 과학이 하는 일을 철학자들이 어떻게 이해하려 했는가를 설명하고, 과학이 무엇을 **해야 하는가**에 대한 일련의 처방을 살펴볼 예정이야.

먼저 사람들이 생각하는 과학적 방식을 약간 희화화해서 말해볼게. 이런 희화화된 이미지가 수십 편의 영국과 미국의 옛 흑백 영화에 근거하긴 했지만, 과학을 재미있게 보여주려고 미디어가 온갖 노력을 기울임에도 불구하고, 이것이 대부분의 사람들이 과학을 생각할 때 떠올리는 이미지인지는 잘 모르겠어. (거의 항상) 흰색 실험복을 입은 사람들이 실험실에서 연구를 하고 있어. 이들은 현미경을 들여다보거나 뭔지 모를 장비들을 만지작거리며 시간을 보내. 주의 깊게 데이터를 모으고 컴퓨터에 실험 결과를 기록하거나 스프레드시트에 데이터를 입력해. 마침내 오랜 '진리' 탐구로 건강을 해친 주인공의 얼굴에 놀라움과 경외심, 환희 등이 교차하고. 바로 이 순간 유레카를 외치지!

이제 과학자들은 그 감격적인 결과물을 복제하느라 분주해져. 결과물을 광범위하게 시험해 본 후에 기쁘고 안도하는 마음으로 그것을 확정해. 그런 다음 과학자들은 결과물을 기업에게 넘기고 기업은 그것을 활용해서 신약이나 신형 폭탄 같은 물건을 제조하지.

귀납법의 아버지 베이컨

과학이란 신중하게 수집되고 배열된 데이터가 과학자의 머릿속에서 결합되어 하나의 이론으로 탄생한 것이라는 견해는 베이컨이 처음 제안했어.

베이컨이 활동하던 시기는 물리학과 생물학이 획기적으로 발전할 무렵이었으나, 당시 지식 사회는 아리스토텔레스의 철학과 자연학에 심취해 있던 스콜라 철학이 여전히 지배하고 있었어. 베이컨은 이런 전통에 격렬하게 반항했어. 그는 아리스토텔레스주의자들을, 집을 짓고 그 안에만 머물며 실을 잣는 거미에 비유했어. 또한 이들의 비논리적이고 선언적인 주장과 생각 없이 정보를 수집하는 행동도 비난했는데, 이는 마치 개미가 닥치는 대로 모래알을 모으는 모습과 같다고 말했어. 그에 따르면, 우리는 벌처럼 정원과 들판의 꽃에서 원료를 모아 소화한 다음 참된 지식이라는 꿀로 바꾸는 일을 목표로 삼아야 해."

🐾 베이컨, 꿀, 그 단어들을 들으니 배가 고파지네.

"카페에 도착하면 간식 줄게. 일반적으로 베이컨은 귀납법의 아버지로 알려져 있지만, 사실 그의 입장은 기본 귀납법에서 한 걸음 더 나아갔어. '개미'처럼 단순하게 자료를 축적하는 방법을 종종 단순 열거 귀납법이라고 불러. 개미형 과학자들이 사실들을 수집해서 일단 충분한 자료가 축적되면 거기에서 필연적으로 이론이 등장하는데, 이는 우유에서 크림이 분리되는 모습과 같아. 확실히 베이컨은 사실을 중요하게 생각하는 사람이었어. 그는 논리와 수학에 집착하는 스콜라주의를 비난하면서, 과학은 경험적 자료들에 토대해야 한다고 생각했어. 하지만 그는 단순 열거법의 약점을 알고 있었고 그것을 극복하려 했어.

단순 열거법처럼 베이컨도 먼저 사실들을 축적했어. 그는 수많은 현상을 관찰하고 그 결과를 체계적으로 기록했어. 또한 사실들을 단순히 한곳에 모아두지 않고 세 가지 표로 정리했어. '존재표Table of Essence and Presence', '부재표Table of Absence', '정도표Table of Degrees'가 바로 그것이야. 베이컨은 이 방법을 설명하면서 예를 하나만 들었지만 그것으로 충분했다고 나는 생각해. 그는 열이 발생하는 원인에 관심이 있었기 때문에, 화재부터 말똥에 이르기까지 자연과 인위적 환경에서 열이 발생하는 다양한 사례들을 관찰했어. 그리고 이것들을 '존재표'에 기록했어. 그 다음에는 열기가 완전히 사라진 사례들을 관찰했고 이것들을 '부재표'에 넣었어. '정도표'에는 다양한 온도에서 열기가 존재하는 상황들을 정리했지. 베이컨은 이 표의 내용을 연구해서 열의 진짜 원인 혹은 열의 '형상'에 관한 이론을 정립할 수 있었어. 정도가 달라지는 현상들(예컨대, 모루를 망치로 때렸을 때 증가하는 열)을 기록한 세 번째 표는 열의 근본 원인을 찾는 데 가장 큰 도움이 되었지.

과학자들은 일람표를 작성해서 수많은 관찰 결과들을 좀 더 일반적인 명제로 변형시킬 수 있었는데, 나중에 이런 일반 명제들은 좀 더 정교한 일반화 과정을 거쳐 궁극적 목적인 자연법칙이 되었지. 즉, 발열 사례는 불로 일어나는 경우, 마찰로 일어나는 경우, 생물학적 과정에 의한 경우 등으로 분류할 수 있어. 베이컨은 이 방법을 이용해서 궁극적으로 열이란 물질을 구성하는 가장 작은 부분들이 불규칙적으로 빠르게 움직이면서 발생한다는 사실을 증명했어.

일람표 작성법이 사실들을 체계화하는 방법으로서 좀 더 정교해 보이긴 하지만, 축적된 자료에서 필연적으로 이론이 등장하는 문제를 확실히 극복하지는 못했어. 단순 열거법처럼 베이컨의 귀납법에도 한쪽에는 정보가 다른 한쪽에는 일반 이론이 있지만, 그 둘을 논리적으로 연결하지는 못했어. 그저 관련 사실들을 올바른 범주로 분류하기만 하면 거기에서 '올바른' 이론을 만들 수 있다고 가정할 뿐이지."

🐾 저기, 전에 다뤘던 내용으로 잠깐 돌아가 볼래? 이름이 뭐더라, 그 흄이라는 사람이 귀납법은 존재하지 않는다고 증명하지 않았어? 그 칠면조를 떠올려 보면……

"잘했어, 몬티! 귀납법이 **논리**적이지 않다고 흄이 증명했었지. A현상 다음에 B현상이 일어나는 사례가 아무리 많아도, A 다음에 항상 B가 일어난다는 사실을 증명할 수는 없어. 하지만 흄은 우리가 현실에서 귀납법을 사용하는 것에 반대하지 않았어. 오히려 우리는 진리를 필연적인 것이 아니라 우연적인 것으로 생각해야 해. 칠면조 머리는 아무 날에나 잘릴 수 있고, 어느 날은 해가 뜨지 않을 수도 있으니까.

관찰인가 이론인가

귀납법의 또 다른 문제는 무엇을 사실로 간주할 것인가에 대해 다소 순진한 입장을 보인다는 점이야. 귀납법은 경험적 자료는 전적으로 신뢰할 수 있으며, 자료 수집 과정은 객관적이고 외부 요인에 의해 오염되지 않는다고 단순하게 가정하고 있어. 하지만 앞선 산책들에서 봤듯이, 경험적 자료는 결코 단순하지 않아. 귀납법의 재료로 간주되는 관찰 결과물은 맛없는 스테이크의 연골처럼 이미 이론적으로 검토된 것들이야. 과학자들은 아무 자료나 수집하지 않아. 이들은 특정 공간을 특정 방법으로 들여다보기 때문에 이들이 관찰하는 장소와 방법, 그리고 자료로 간주되는 사실들은 이미 과학자들이 알고 있는 내용에 영향을 받아.

예를 들면, 해왕성은 19세기 초에 천문학자들이 천왕성의 궤도에서 이상한 점을 찾아낸 후에야 발견됐는데, 이는 그 이상 현상의 원인을 다른 행성이라고 생각한 천문학자들의 추측이 들어맞은 경우였지. 섭동攝動의 정확한 특징이……"

🐾 섭동이라고? 진짜?

"그렇다니까. 천왕성의 궤도에 나타난 **떨림** 현상이 하늘의 어느 부분을 관찰해야 하는지를 알려 주었고, 그 덕분에 여덟 번째 행성인 해왕성이 발견될 수 있었어. 여기에서 행성 운동에 관한 뉴턴의 기존 이론은 천왕성의 불규칙 운동을 '보기seeing' 위해서 뿐만 아니라, 밤하늘의 어디를 관찰해야 하는지를 알려주는 배경 지식이 되었지. 그러니까 관찰에 앞서 이론이 있었고, 그 이론은 관찰에 지시를 내리는 동시에 이론이 없었으면 불가능했을 의미도 부여했어. 사실 해왕성은 이미 200년 전에 갈릴레오가 발견했지만, 그는 해왕성을 항성으로 잘못 생각했는데 그 이유는 발견한 결과물을 올바르게 해석하도록 돕는 이론이 없었기 때문이야.

종종 갈릴레오는 스스로를 완벽한 귀납주의자라고 주장했는데, 자신의 역학론과 우주론을 정립하고 근거를 마련하기 위해 점점 실험과 관찰을 통해 자료를 수집했어. 하지만 그는 자신이 관찰한 내용에 지식으로 간주할 수 있는 충분히 발전된 이론을 도입했지. 그는 『분석자The Assayer』(1623)에서 자신의 방법론을 설명하면서, 전통과 종교를 숭배하는 아리스토텔레스주의와 스콜라주의를 거부하고, 우주의 비밀이 수학과 기하학을 통해 드러난다는 생각으로 대체했어. 자연은 '수학적 언어로 쓰여 있으며, 그 글자는 삼각형이나 원 같은 기하학적 도형이므로 수학의 도움 없이는 단 한 글자도 이해할 수 없다. 수학이 없으면 어두운 미로를 방황하게 된다.'고 갈릴레오는 말했어."

🐾 그런데 맞는 말 아냐? 과학은 숫자를 다루는 학문이잖아, 안 그래?

"물론이야. 하지만 핵심은 갈릴레오가 기하학적 도형에 대한 사전 지식이 없으면, 현상계는 어떤 바보가 시끄럽게 떠들어대는 아무 의미없는 이야기에 불과하다고 주장했다는 점이야. 그리고 그가 아리스토텔레스를 피했다는 얘기는 플라톤과 피타고라스 편에 섰다는 뜻이야. 이런 플라톤주의는 요하네스 케플러Johannes Kepler(1571~1630)에게서 훨씬 뚜렷하게 드러나. 케플러는 행성들의 궤도를 원형에서 타원형으로 대체함으로써 결국 코페르니쿠스의 이론을 수정했고, 우주의 비밀을 푸는 열쇠가 다섯 개의 정다면체, 정육면체, 사면체, 팔면체, 십이면체, 이십면체라고 확신했어. 그것들이 행성의 숫자 및 행성과 궤도의 관계를 결정한다고 생각했지. 플라톤과 마찬가지로, 케플러도 신이 기하학에 토대한 종합 계획을 세워 우주를 창조했다고 확신했으며, 인식한 현상들을 전력을 다해 (실은 대단히 잘못된 방식으로) 양식화하며 평생을 보냈어.

갈릴레오와 케플러가 처음부터 이론에 몰입한 채 현상을 관찰했다는 사실을 지적한다고 해서, 이들의 관찰 결과가 당연히 무효라거나 그것에 토대한 이론들이 잘못됐다고 주장하는 것은 아니야. 하지만 그렇게 함으로써 '순수한' 자료란 신화임을 증명하고, 관찰 결과가 귀납주의자의 기대처럼 늘 신뢰할 수 있는 건 아니라는 것을 부각시켰지."

❖ 예를 들면?

"베이컨이 살았던 시대에 의학은 체액설體液說이 지배했어. 체액설에 따르면, 정신 건강과 신체 건강은 모두 몸 안에 있는 혈액, 점액, 황담즙, 흑담즙에 좌우돼. 비장에서 분비된다고 여겨진 흑담즙이 과다 분비되면 우리가 우울증이라고 부르는 증상을 유발하는데, 당시에는 멜랑콜리아melancholia라고 불렸던 이 병은 침울하고 병적인 생각을 유발하고 통증과 결림, 소화불량과 변비, 대사 기능 저하로 생긴 독소 때문에 나타나는 일반적인 증상들을 동반한대."

🐾 네 얘기 같은데……

"그 말은 못 들은 걸로 할게. 베이컨은 종종 글에서 체액들을 언급했어. 당시 의사들은 다른 체액들과 함께 흑담즙을 수없이 관찰했어. 하지만 문제가 하나 있었어. 흑담즙은 존재하지 않았거든. 혈액이나 점액, 황담즙과 달리, 흑담즙이라는 것은 아예 없었어."

🐾 의사들이 관찰했다면서.

"그들이 검은색 체액을 본 건 맞아. 하지만 그것은 혈액 혹은 소화의 산물이었어. 여기에서 중요한 사실은 의사들이 관찰해서 얻은 수많은 결과물이 멜랑콜리아 환자에게 흑담즙이 있다는 사실을 확인해주었고, 결과적으로 체액설을 발전시켰지. 하지만 그 많은 관찰들은 완벽하게 사실인 동시에 완벽하게 거짓이었던 거지.

실제로 과학자들이 유용한 이론을 창안할 때 베이컨의 표가 도움이 되었는가는 분명치 않지만, 베이컨이 설명한 과학의 기본 체계 즉, 신중한 관찰을 통해 다량의 자료가 쌓이면 기본 법칙이 드러난다는 입장은 과학에서 지배적인 방법론이 되었어. 그리고 그저 분명히 해두고 싶어서 얘기하자면, 이 과정은 세 부분으로 이루어져 있어. 우선 자료를 수집해. 그럼 여기에서 규칙성이 드러나. 이런 규칙성은 법칙으로 간주될 거야. 이것이 바로 귀납적 과정이야. 이제 그 법칙들은 세상을 예측하는 데 사용돼. 이건 연역적 요소지. 가령 내가 흰색 고니 천 마리를 봤어. 그래서 나는 모든 고니가 흰색이라는 가설을 세워. 그리고 이 가설을 이용해서 내가 나중에 보게 될 고니도 흰색일 것이라고 예측해. 내가 흰색 고니를 볼 때마다 처음 세웠던 가설이 입증되고 이렇게 보강된 가설은 법칙의 자리에 오르게 돼.

내가 개략적으로 설명했던 귀납법은 단순히 과학적 방법론으로만 가정했지만, 사실 17, 18세기에 자연과학이 이룩한 놀라운 업적의 중심에는 귀납법이 있었어. 당시는 갈릴레오와 케플러와 뉴턴이 활약하던 시대였고, 이때 물리학과 우주론에서 이루어진 중요한 연구는 아인슈타인의 상대성 이론으로 2차 과학 혁명기가 도래할 때까지 우주에서 인간의 위치를 생각하는 틀을 마련해주었어.

궁극의 귀납법, J. S. 밀

그래서 귀납법은 우리 기대보다 다소 약한 논리적 토대를 갖추었음에도 계속 과학적 방법론의 표준이 되었어. 귀납법은 19세기에 J. S. 밀(기억하는지 모르겠다만, 밀은 공리주의자야)에 의해 좀 더 발전됐어. 밀은 흄의 의심으로부터 귀납법을 가능한 한 차단하려 했기 때문에, 일반적으로 그의 이론은 궁극의 귀납법으로 여겨지고 있어. 밀은 관찰한 사실과 그 원인을 연결시키는 방법을 다섯 가지로 정리했어(인과 관계 분석은 과학적 설명 방식의 기본 특징이지).

첫 번째는 다양한 자료를 살펴보고 모든 사례에 공통적으로 존재하는 요소가 무엇인지 파악하는 방법이야. 모든 사례에 있는 공통 요소가 바로 원인이지. 이것을 '일치법Method of Agreement'이라고 불러. 루이 파스퇴르Louis Pasteur는 자신이 분석한 모든 시큼한 와인에는 박테리아가 풍부하다는 사실을 발견했고 거기에서 박테리아가 신맛을 유발한다는 결론을 도출했어.

두 번째는 '차이법Method of Difference'인데, 이것은 일치법과 동전의 양면 같은 관계야. 즉, 연구한 모든 대상물에서 빠진 요소를 찾는 방법이지. 가령 바다에 상어 천 마리의 사체가 떠있는 걸 봤다고 해봐. 너는 상어의 등지느러미가 모두 잘려 있는 걸 알았어. 그래서 너는 상어가 죽은 원인이 상어 지느러미 수프 때문이라고 결론 내려······"

🐾 진짜야?

"진짜지. 세 번째는 너도 예상했겠지만, 앞의 두 방법을 합친 '일치차이병용법Joint Method of Agreement and Difference'이야. 이 방법은 수많은 입증 사례와 반증 사례를 수집해서 소거消去 과정을 통해 특정 결과가 나타날 때는 늘 존재하지만, 그 결과가 나타나지 않을 때는 존재하지 않는 요소를 찾으려고 한다는 점에서 일치법과 달라. 가령 내가 기니피그를 가지고 실험을 하는데, 그중 반은 괴혈병이 있고 반은 건강하다고 해보자. 나는 건강한 녀석들에게는 있지만 아픈 녀석들에게는 없는 요소들을 찾아봤어. 그리고는 괴혈병이 있는 기니피그는 과일을 먹지 않는다는 사실을 발견했지. 그래서 나는 과일을 먹지 않는 것이 괴혈병의 원인이라고 단정하게 돼.

네 번째는 '공변법共變法, Method of Concomitant Variation'인데, 이것은 한 요소의 수준을 변화시켰을 때 이와 연동해서 결과의 수준도 변하는 상황을 조사해. 가속 페달을 밟는 경우가 여기에 해당돼. 아니면 의학 얘기로 돌아가서, 설탕을 많이 먹으면 치아가 상하고 비만이 될 확률이 커지는 경우도 있고."

🐾 치즈케이크 사오는 거 안 잊어버렸지?

"마지막으로 '잉여법Method of Residues'은 현상에 대한 연구가 상당히 진전됐을 때 사용하는 방법이야. 가령 치즈케이크를 너무 많이 먹으면 어떤 일이 벌어지는지 생각해 보자. 치즈케이크는 기본적으로 설탕, 지방, 식이섬유로 이루어져 있어. 그리고 치즈케이크를 먹었더니 주로 이런 세 가지 현상이 일어나는 걸 알았어. 치아가 상하고 살이 찌며 배에 가스가 차."

🐾 점점 인신 공격성 발언이 되어 가는군.

"우리는 앞의 방법들을 통해서 설탕이 치아를 상하게 하고 지방이 비만을 유발한다는 사실을 알아. 이제 잉여법에 따라 가스의 원인은 식이섬유가 돼."

🐾 멋진데.

앙상한 논리실증주의

"이것은 20세기가 시작되었을 때 과학 철학에서 아주 흔한 풍경이었어. 이 방법들을 좀 더 다듬은 사람들은 논리실증주의자들이었는데, 이들은 주로 1920년대 빈에서 활동했기 때문에 빈학파 Vienna Circle라고 불러. 논리실증주의자들은 철학과 사회과학을 '자연 hard' 과학처럼 만들려고 했어. 이들의 출발점은 언어 철학인데, 그 핵심 내용은 '한 문장의 의미는 그것을 검증하는 방법에 있다.'는 표어로 요약할 수 있어."

🐾 엥?

"그것은 하나의 구획 원리 demarcation principle로 만들어졌어."

🐾 뭐라고?

"말하자면, 나쁜 것에서 좋은 것을 걸러내는 방법이야. 한쪽에 검증 가능한 문장이 있는데, 말하자면 그 문장을 뒷받침할 증거를 찾을 수 있다는 얘기고, 여기에서 증거란 논리실증주의자들이 경험적 관찰을 통해 얻은 결과물이야."

🐾 그럼 다른 쪽에는?

"대부분의 철학이 여기에 속하지! 직접 관찰로 입증될 수 없는, 검증verified되지 못한 모든 진술은 논리실증주의자들에게 무의미해."

🐾 누가 떠오르는데……

"비트겐슈타인! 맞아. 그는 젊었을 때 빈학파와 긴밀했어. 과학 철학의 하나로서 논리실증주의는 사실 귀납법을 좀 더 명확하게 다듬은 방법론이야. 과학의 역할은 경험에서 일정한 양식을 발견해서 이것들을 예측에 사용할 수 있는 규칙(혹은 법칙)으로 일반화하는 일이지. 대개 이론은 반복 사례로만 검증될 뿐, 완벽하게 증명되지는 못한다고들 말해. 하지만 그런 검증만으로도 충분히 과학이라고 할 수 있어. 하지만, 맞아, 이것도 귀납법에 속하기 때문에, 앞에서 언급했던 귀납법에 대한 여러 비판들에 똑같이 취약해. 특히 논리실증주의자는 (과학이든 언어든) 모든 명제는 개별적으로 검증되어야 한다고 주장했어. 하지만 과학적 관찰에서 얻어진 결과물은 이미 이론의 영향을 받은 것들이지. 달리 말하면, 모든 검증은 전체론적holistic이어야 해. 한 가지 사실을 이해하는 일에는 그 사실과 관련된 전체 사상들을 두루 이해하는 일도 포함돼."

😺 예를 좀 들어주면 좋겠는데……

"1860년대 초에 대단히 아름다운 시조새 화석이 독일 남부의 석회암 채석장에서 발견됐는데, 당시 독일 수집가와 과학자들 사이에서 그 화석이 무엇이고, 무엇을 의미하는지를 두고 의견이 분분했었어. 다들 화석은 오래전에 죽은 동물의 모습을 보여준다고 막연하게 알고 있었는데, 화석화된 동물 중 일부는 멸종되었으므로 관련 이론을 이렇게 정리했어. 그것들은 고대 동물이고 지금 있는 동물들에는 없는 형태를 보여준다고. 그런데 그 멸종 동물이 무엇이며, 이것을 어떻게 성경의 창조론에 맞출 수 있는가를 두고 18세기 중반부터 격렬한 논쟁이 벌어졌어. 프랑스 동물학자 조르주 퀴비에 Georges Cuvier(1769~1832)는 (노아의 홍수를 포함해서) 대재앙 후에 몇몇 창조 사례가 있었으며, 멸종 화석은 대재앙들을 거치면서 멸종된 동물들의 유해라고 주장했어. 퀴비에는 한 동물이 다른 동물로 변형될 수 있다는 생각을 단호히 거부했고 이런 그의 견해는 다윈이 등장하기 전까지 학계를 지배했어.

1859년에 출간된 다윈의 『종의 기원』은 논쟁의 성격을 완전히 바꾸어 놓았지만 문제를 해결하지는 못했어. 다윈 이론의 주된 문제점은 다윈이 확실히 존재한다고 예측한 중간 형태 intermediary forms 가 드물다는 점이었어. 그래서 초기 수집가와 과학자들은 진화론 이전 이론, 다윈의 진화론, 종교적 관점, 단순한 기술적 관점 등 다양한 사상에 둘러싸여 사물을 판단해야 했어. 석회암층에서 발견된 깃털 달린 이상한 생물의 화석을 자세히 조사하던 과학자들 중 일부는 그것을 조류로, 일부는 파충류로 생각했어. 화석이 가짜라고 생각한 과학자들도 있었고.

하지만 다윈과 그의 지지자들에게 그 화석은 매우 귀중했어. 제일 상태가 좋은 화석은 대영박물관이 구매했는데, 곧바로 이 화석은 새로운 이론을 위한 강력한 증거가 되었어. 그리고 다윈주의자가 보기에 이 화석의 의미는 명확했어. 즉, 조류가 파충류에서 진화했다는 증거였지. 진화 과정에서 어떤 단계에서는 새처럼 생겼지만 파충류의 특성을 가진 동물이 등장할 수 있어. 시조새는 날개와 깃털이 있었지만 이빨이 있었고 파충류에게 있는 꼬리도 있었지. 짜잔!

다윈주의 관점에서 시조새의 '진짜' 의미는 분명했지만, 그 화석들은 논리실증주의자들의 예상과 달리 독립된 원시 자료는 결코 아니었어. 그 화석들은 채석장에서 파내어진disembedded 순간 이론에 묻혀embedded 버렸지.

🐾 파내어진? 이런 단어가 진짜 있어?

"와, 여기 좀 봐. 머핀 나올 시간을 딱 맞췄네."

우리는 카페에 도착했다. 내 바람대로 카페엔 사람이 거의 없었다. 자녀를 등교시킨 부모들이 우르르 왔다 사라진 뒤였고 점심 손님들은 아직 몰려들기 전이었다. 편집증 환자처럼 헤드폰을 끼고 세상을 차단한 채 등을 구부려 노트북을 들여다보는 사람만 몇 있었다. 전에는 늘 필터 커피를 마셨는데 그게 제일 저렴하기도 했고 너무 써서 천천히 마실 수 있었기 때문이다. 하지만 이번에는 거품 같은 것을 느끼고 싶었기에 미소를 짓고 있던 바리스타에게 라테 한 잔을 주문했다. 나와 몬티는 카페 뒤쪽에서 조용한 자리를 찾았다.

"가방에서 나오고 싶어?"

🐾 여기 계속 있으면 바보지.

"알겠어. 우리 어디까지 얘기했지?"

🐾 파내어진다는 말……

"아, 그래. 비록 흄이 백만 마리의 흰 고니를 보는 것과 '모든 고니는 흰색이다.'는 명제 사이에서 논리적 허점을 밝혀냈지만, 일단은 그나마 귀납법이 가장 괜찮은 방법론처럼 보여. 그래서 귀납법은 결점에도 불구하고 과학적 연구 방법으로 간주되었어. 그러다 곧 모든 것이 바뀌어버렸지.

칼 포퍼의 반증가능성

그 공격자는 빈학파의 일원인 칼 포퍼였는데 귀납법은 포퍼의 공격으로 다시는 명성을 회복하지 못했어. 포퍼는 자신의 주요 과학 철학서인 『과학적 발견의 논리』(1934)에서, 흄이 지적한 귀납법의 허점을 심각하게 받아들였어. 사실 귀납법은 과학 법칙을 만들 수 없어. 반복이 확실성을 보장하진 않으니까. 게다가 포퍼는 과학사를 조사해서 위대한 과학자들이 가설을 세울 때 귀납법을 사용한 적이 없다는 사실을 찾아냈어. 객관적이고 열린 사고를 가진 과학자가 꼼꼼하게 자료를 수집해서 이론으로 발전시킨다는 생각은 비논리적일 뿐만 아니라 상상력의 산물이라는 거야. 코페르니쿠스, 케플러, 뉴턴, 아인슈타인 등 위대한 과학자의 발견 중 어느 것도 귀납법을 통해 이루어진 것은 없었지. 베이컨의 일람표와 밀의 다섯 가지 방법은 둘 다 쓸모가 없었을 **뿐만 아니라** 사용되고 있지도 않아."

❖ 좋아. 이제 구미가 당기는군. 그래서 다음은 뭔데?

"기다려. 다 때가 있어. 포퍼의 첫 번째 통찰은 현상을 여러 번 관찰해도 가설 하나를 증명해낼 수 없지만, 반증 사례는 하나로도 충분하다는, 완벽하게 논리적인 생각이었어."

❖ 난 좀 부정적인데. 반증 사례를 찾는 게 무슨 도움이 되겠어? 가령 나는 씹기용 장난감이 어디 있는지 알고 싶은데, 그것이 바구니에 있을 거라는 가설이 틀렸음을 입증하는 게 무슨 의미가 있어? 여전히 장난감을 못 찾았는데 말이지.

"그것은 포퍼의 과학 철학에서 긍정적인 면으로 이어져. 포퍼는 과학자를 헌신적이지만 다소 미련하게 자료를 뒤지는 사람이 아니라 좀 더 극적이고 심지어 영웅적인 사람이라고 단정했어. 과학자는 새로운 이론을 향해 천천히 걷지 않고 도약을 해! 그리고 이런 도약은 즉, 혁신적인 위대한 생각들은 거의 갑자기 등장해서 기존 지식 체계를 위협하지. 포퍼는 천재 과학자들이 어떻게 새로운 생각을 떠올리는지 우리로서는 알 길이 없다고 말했어. 아우구스투스 케쿨레August Kekulé처럼 난롯가에서 잠이 들었다가 위대한 발견을 할 수도 있는데, 그는 뱀이 자기 꼬리를 물고 있는 꿈을 꾸고 나서 1865년에 고리 형태의 벤젠 분자 구조를 발견했어. 혹은 토마스 맬서스Thomas Malthus의 책을 읽다가 생존 경쟁과 적자생존의 개념을 떠올린 다윈의 경우처럼 과학과 무관한 자료에서 위대한 생각이 탄생하기도 하지.

시작이 어떠하든 포퍼가 보기에 새로운 과학 이론에는 어떤 특징들이 있어. 우선 내용이 대담해. 혁명적인 생각일수록 더 좋은 이론이 되지. 그리고 여기에서는 귀납법처럼 새로운 관찰 결과에 따라 세부 내용을 조정하느라 야단법석을 떨 필요도 없어. 새로운 이론은 그것이 대체하는 기존 이론의 모든 내용뿐만 아니라 그 이상의 내용까지 설명하거든. 이렇게 새 이론은 예측하는 내용이 많기 때문에 위험하기도 해.

진부한 고니 이야기를 다시 하고 싶진 않지만, 어쨌든 검은 고니가 한 마리만 발견돼도 모든 고니가 흰색이라는 가설은 뒤집혀. 솔직히 난 이 예를 좋아하지 않아. 왠지 수년간 동물학자들이 고니가 흰색이냐 아니냐를 두고 논쟁하면서, 조용히 왕립학회Royal Society 에 제출해도 될 만큼 충분한 증거를 수집하고 있는 것 같아서······ 좀 더 나은 예는 이거야. 프톨레마이오스의 천동설에서 지구는 우주의 중심이었고 그 주위를 다른 천체들이 돌고 있었어. 이건 괜찮은 이론이었어. 우리가 관찰할 수 있는 대부분의 현상을 설명해 줬으니까. 우리 주변에서 천체가 돌고 해는 뜨고 지지. 그러다 코페르니쿠스가 나타나 태양 중심설을 제기했는데, 처음 몇십 년간은 천동설과 지동설 중 어느 것도 결정적인 한 방을 날리지 못한 채 둘 다 비슷한 수준으로 현상을 설명했어. 이는 기술 수준이 낮았던 탓도 있는데 당시에는 여전히 육안으로 천체를 관측했거든. 그러다 1610년에 갈릴레오가 네덜란드에서 건너온 아이디어에 착안해서 망원경을 제작했고 그것으로 목성을 관측했어. 관측 결과 목성에 위성이 여러 개라는 사실이 드러났어. 처음으로 모든 것이 지구 주변을 도는 것은 아니라는 사실이 증명되었으므로 천동설에 큰 문제가 생겨 버렸지."

😺 그럼 코페르니쿠스가 옳았음이 증명됐어?

"아니! 물론 다른 행성 주변에 위성들이 돌고 있을 가능성은 확실히 코페르니쿠스의 예측과 일치했어. 하지만 지금 말할 수 있는 것은 그의 이론이 거짓임이 입증되지 않았다는 점뿐이야.
포퍼는 거짓임이 입증된 가설은 폐기되어야 한다는 사실을 대단히 중요하게 생각했어. 그런데 어떤 가설은 명백히 허위임을 입증할 방법이 없어. 포퍼는 이것을 **임시방편적 가설**ad hoc hypotheses이라고 불렀어. 스스로 반증 불가능한 임시방편적 가설들에 특별한 예외를 두었지.

낡은 천동설에 문제가 생긴 방식이 좋은 예인데, 사실 고대 천문학자들조차도 천동설의 문제점을 알고 있었어. 그중 가장 눈에 띄는 문제는 행성들이 동쪽에서 서쪽으로 순행하지 않고, 이따금 멈췄다가 '반대 방향'인 서쪽에서 동쪽으로, 소위 역행하는 것처럼 보였다는 점이야. 지금은 태양 주위를 도는 행성들의 궤도가 각기 달라서, 지구가 주기적으로 다른 행성들보다 태양에 가까워지기 때문에 지구에서 보면 그 행성들이 역행하는 것처럼 보인다는 사실을 잘 알아. 이는 마치 우리 차가 옆 차를 추월했을 때 우리 눈에는 그 차가 뒤로 움직이는 것처럼 보이는 현상과 같아. 이제 뭐가 문제인지 알겠지. 만약 모든 행성이 지구 주위를 돌고 있다면 어떻게 일부 행성이 역행할 수 있을까?"

😼 나 쳐다보지 마.

"그냥 한번 물어봤어. 당시 사람들이 생각해 낸 답은 일부 행성이 지구 주위를 크게 도는 과정에서, 스스로 장난을 치듯 발끝으로 돈다는 설명이었어. 즉, 행성이 자체적으로 작은 원을 그리며 돈다는 의미였는데, 이를 주전원epicycle이라고 해. 그러니까 행성이 지구 주위를 돌 때는 큰 원을 따라 돌지만, 도는 동안 혼자서도 작은 원을 그리며 돈다는…… 뭐 그런 얘기야. 이 때문에 행성이 임시로 역행하는 것처럼 보이지. 즉, 이때는 행성이 지구 주위의 큰 원을 돌 때의 방향과 홀로 도는 작은 원의 방향이 서로 반대인 경우야.

주전원은 보이는 현상을 제대로 설명해주지만, 이런 설명은 이미 무너진 건물을 떠받치고 있는 것이나 다름없었어. 당시의 과학 도구와 지식으로는 주전원 이론이 틀렸음을 입증할 수 없었기 때문에, 그것은 **반증 불가능한 임시방편적 가설**이었지.

포퍼가 생각하기에 완벽한 과학적 가설의 예는 아인슈타인의 일반 상대성 이론이었어. 그의 이론은 뉴턴의 중력 이론이 설명한 모든 현상은 물론이고 추가로 다른 현상들까지 설명했거든. 뉴턴의 이론은 200년간 검증을 거치면서 꿋꿋하게 자리를 지켰지만, 수성의 이상 궤도처럼 몇몇 불규칙 현상은 설명할 수 없었어. 그런데 아인슈타인의 일반 상대성 이론으로는 설명할 수 있었어.

하지만 일반 상대성 이론을 검증하려면 대담한 가설이 필요했어. 그래서 아인슈타인은 (태양처럼) 질량이 큰 물질의 중력 때문에 먼 거리에 있는 별에서 나오는 빛이 일정하게 휘어진다고 예측했어. 그런데 이 가설을 검증할 수 있는 시기는 오직 개기 일식 때뿐인데, 다른 때는 별빛을 관측할 수 없었기 때문이지. 1919년에 마침 일식이 일어났어. 아인슈타인은 자신의 예측을 절대 확신했지. 관측 결과 빛은 정확히 그가 예측한 만큼 휘어졌어."

☙ 이야! 그럼 일반 상대성 이론도 입증된 거네!

"대체 몇 번을 말해 줘야 하니. 그게 아니야! 포퍼에 따르면, 어떤 이론도 사실로 증명될 수 없어. 모든 이론은 이미 틀렸음이 입증되었거나 언젠가 틀렸음이 입증될 거야. 포퍼는 이론이란 땅을 파고 세우는 토대와 같다고 생각했어. 이 토대는 잠시 동안 건물을 지탱할 수 있을 정도까지만 땅을 파고 세워지지. 그러니까 기반암까지는 닿지 못해."

🐾 그럼, 포퍼는 사람들이 확실한 지식을 가질 수 없다고 생각했으니, 회의주의자였던 거야?

"전혀 그렇지 않아. 포퍼는 현실주의자였어. 세상은 견고한 물질들로 이루어져 있고 어딘가에 과학 법칙이 존재하며, 과학자들은 그런 세상을 탐구하지. 그는 새롭고 혁명적인 이론이 기존 이론들을 대체하면서 진정한 발전을 가져오며, 과학의 진보는 환상이 아니라 현실이라고 생각했어. 세상에 대한 우리의 지식은 발전하고 있었어. 그리고 결정적으로, 포퍼는 자신의 반증 가능성 원리가 과학을 합리적으로 비판할 수 있음을 의미한다고 생각했어. 그는 과학의 보수화와 고착화를 막으려면 과학에 대한 비판이 늘 허용되어야 한다고 믿었어."

🐾 포퍼를 무척 좋아하시는군. 그치?

"넌 늘 내가 누군가에게 반했다는 듯이 말하더라."

🐾 얼레리 꼴레리 누구누구는 누구누구를 좋아한대요. 좋아한대요…

"야, 유치하게 그러지마. 그래도 맞는 말이긴 해. 포퍼의 이론은 유행이 지나긴 했지만, 난 그의 글에 담긴 명쾌한 사상과 표현이 좋아. 그리고 반증 가능성은 실제로 과학뿐만 아니라 일상생활에서도 유용한 개념이고. 만약 네게 어떤 아이디어가 있다면 그걸 뒤집을 만한 반증은 없는지 질문해 보면 좋아. 그렇게 하지 않으면 네 아이디어는 명확성이 떨어져서 제 기능을 하지 못해. 포퍼는 반증 가능성 원리가 의사과학$_{pseudoscience}$과 진짜 과학을 식별해주므로, 구획 원리로서 가장 유용하다고 생각했어."

🐾 의사과학이라니?

"포퍼가 말하는 의사과학은 지식을 제공한다고 주장하지만 명제의 반증 가능성을 차단하는 모든 사상 혹은 학문을 의미해. 이런 상황이 벌어지는 이유는 명제가 지나치게 모호해서, 온갖 사실들에 들어맞기 때문이지. 예를 들면, 별점을 찾아보면 이렇게 나와. '이번 주에 직장에서 곤란한 일들이 생길 텐데, 유연하게 대처하면 극복할 수 있다.' 혹은 이론이 너무 많은 내용을 설명하는 까닭에 반박이 아예 불가능한 경우도 있어. 가령 정신분석학자는 모든 정신 질환자의 어릴 적 경험을 추적해낼 수 있어. 당신은 정신적으로 문제가 있나요? 네. 어렸을 때 나쁜 일을 겪었나요? 다시 한번, 네. 여기에서 만약 아니라고 답하면 뭔가가 나올 때까지 계속 질문할 거야. 새로운 사례가 나올 때마다 분석자가 생각하는 이론을 확인해주기 때문에, 그 이론을 논박할 사례는 전혀 등장하지 않아. 즉, 모든 것을 설명함으로써 아무것도 예측하지 못한 셈이지.

포퍼가 제시한 의사과학의 결정적 예는 마르크시즘Marxism이야. 다만, 포퍼는 다른 예와 달리, 마르크시즘이 처음에는 하나의 과학으로서 현실적이고 검증 가능한 예측을 했었다고 인정했어. 마르크스는 프롤레타리아 혁명이 (당시에는) 서유럽과 미국 같은 선진 산업국에서만 일어날 수 있다고 예측했어. 하지만 현실에서는 '후진'국이던 러시아와 중국에서 혁명이 발생했지. 이런 상황에서 포퍼가 정의한 과학 안에 계속 머무르려면 마르크시즘은 폐기되었어야 해. 하지만 마르크스주의자들은 서양에서 혁명이 일어나지 못한 이유를 설명하기 위해 반증 불가능한 임시방편적 가설을 세워 이론을 보강했고, 결국 의사과학이라는 비난을 받게 되었어. 또 다른 흥미로운 사례로는 다윈주의가 있지."

🐾 잠깐만. 다윈주의……? 다윈주의가 과학이라고? 설마 내가 진짜로 원숭이에게서 진화했다는 얘기는 아니겠지. 아니, 내 말은 늑대에게서……

"이제 반증 가능성 원리가 가장 유용했던 사례가 등장해. 다윈주의의 핵심 개념인 적자생존을 반증 가능성에 노출되지 않게 하는 방법이 있어. 적자생존은 환경에 적응하는 생물만 살아남는다는 원리야. 멋진 생각이지. 완벽한 가설 같기도 하고. 수많은 동물이 있는데, 그중 환경에 적응한 녀석들은 살고 실패한 녀석들은 잡아 먹혀. 하지만 '적자'란 단어를 어떻게 정의해야 할까? 네가 살아남은 동물들을 가리키며, '흠, 이 녀석들은 확실히 적자군.'이라고 말한다면 위험한 발언이야! 그것들이 적자라는 사실을 어떻게 알지? 살아남았기 때문에. 그럼 그것들은 왜 살아남았지? 적자니까! 자, 이제 네 이론은 순환 논리를 따르고 검증 불가능한 상태가 됐어.

이럴 위험을 피하기 위해, 포퍼는 진화론자에게 검증할 수 있는 명확한 예측을 하게 했어. 예를 들면, 진화론자는 공작이 암컷을 유인하기 위해 자신의 화려한 꼬리를 펼침으로써 꼬리가 작은 공작들보다 유리한 자리를 차지한다고 가정해. 그럼 이제 큰 꼬리를 가진 공작들이 자기 집단에서 더 많은 자손을 둘 것이라고 예측하겠지. 이것은 검증 가능한 가설이야."

🐾 그럼, 결론은 포퍼의 승......?

"확실히 많은 과학자들이 과학에 대한 포퍼의 견해를 좋아해. 포퍼가 제시한 과학자의 모습은 영웅적이고 매력적이야. 그리고 그의 이론은 명확하고 이해하기 쉬워. 하지만 과학 철학자들 사이에서는 그렇게 인기가 많지 않아."

🐾 아니, 왜?

"한 가지 문제는 여러 유익한 과학 이론들이 등장 초기부터 명백하게 틀렸다는 것이 입증되었다는 점이야. 예를 들면, 코페르니쿠스의 이론은 몇몇 관측 가능한 현상들을 설명해내느라 고군분투했어. 그의 이론은 행성들의 위치를 다소 잘못 예측했으며, 역행 운동을 설명하려면 주전원이 필요했어. 이렇게 된 이유는 코페르니쿠스가 행성들의 궤도를 타원형이 아닌 원형으로 생각했기 때문이야.

코페르니쿠스 이론의 최대 난제는 지구가 태양 주위를 돌 경우, 별들의 상대적 위치가 관측 위치에 따라 달라지는 시차$_{parallax}$ 현상이었어. 하지만 항성에서는 그런 현상이 나타나지 않지. 이것은 확실한 반증이었기 때문에 포퍼의 기준을 엄격히 적용할 경우 코페르니쿠스의 지동설은 폐기되어야 하지. 하지만 코페르니쿠스가 없었다면 케플러가 없었을 것이고, 케플러가 없었다면 뉴턴이 없었을 것이며, 뉴턴이 없었다면 현대 과학도 등장하지 못했겠지."

🐾 거창한 주장이네.

"그래, 정말 거창한 주장이야. 그럼 그 주장을 어떻게 논박할 수 있을까? 반증 불가능하기 때문에 나는 그 마지막 문장을 취소할게. 하지만 포퍼의 반증 가능성 원리를 엄격하게 적용하면, 코페르니쿠스 이론을 폐기해야 한다는 문제는 여전히 남아 있어. 이것은 마치 어떤 관계가 암초에 부딪치자마자 그 관계를 끊고 새로운 인연을 찾아 나서라고 제안하는 듯해. 때로 견뎌야 하는 일……"

몬티가 위로할 때처럼 나를 핥았다.

"수많은 과학이 어려운 시기를 겪었지만, 약간의 수정을 거치거나 기술의 도움을 받아 나중에는 그 어려움들을 극복했어. 코페르니쿠스 이론도 그 두 과정을 통해 살아남았지. 케플러가 관측된 현상에 맞게 코페르니쿠스의 이론을 수정했고, 발전된 기술 덕분에 약간의 시차가 당연한 현상임이 밝혀졌지. 여기에서 약간이라고 표현한 이유는 지금 보니 당대에 추측했던 것보다 별들이 훨씬 멀리 떨어져 있었기 때문이야.

포퍼 이론의 또 다른 문제는 과학 연구를 대단히 개인적인 활동으로 만든다는 점이야. 위대한 사람들의 사유 과정은 논리적으로 설명할 수 없고, 이들은 대체로 홀로 활동하며, 번득이는 천재성을 발휘해서 새롭고 독창적인 가설을 탄생시키지. 이렇게 만들어진 가설이 학계에 발표되면 늘 그렇듯 가설 검증 과정을 거치게 돼.

토마스 쿤의 패러다임

이런 고독하고 영웅적인 아이디어 탄생 과정을 토마스 쿤 Thomas Kuhn(1922~1996)이 『과학 혁명의 구조』(1962)에서 비판했어. 아마도 이 책은 가장 유명하고 영향력 있는 과학 철학서이자 과학 역사서일 거야. 쿤은 천재 과학자의 고독한 연구 대신 완전히 다른 유형의 과학 '활동doing'을 상정하고 있는데, 여기에서는 과학자 집단이 가정과 기술을 공유해서 공동 연구를 진행해. 이렇게 공유된 가정과 공통 목표를 쿤은 **패러다임**paradigm이라고 불렀어. 패러다임을 공유하는 과학자들은 필요한 정보가 무엇인지, 그 정보를 어떻게 수집하고 분석하고 정리할 수 있는지, 어떤 검증 과정을 거쳐야 하는지 등 모든 아이디어를 내면화해."

🐾 그런 패러다임의 예를 좀 들어줄래?

"좋아. 스콜라 철학은 아리스토텔레스의 물질관과 프톨레마이오스의 우주론을 가정으로 삼았어. 그 이후에 코페르니쿠스와 케플러의 우주론이 기존 세계관을 대체했고. 뉴턴 물리학, 다윈의 진화론, 양자 역학 등도 각각 패러다임이라고 할 수 있지. 이런 패러다임들은 해당 분야의 거의 모든 연구자들이 거의 모든 기본적인 사실들에 동의하면서 유효 기간이 연장됐어. 모든 사람이 풀어야 할 난제와 그 해법에 동의했어. 패러다임을 공유하는 연구자들은 종종 폐쇄된 문화를 가진 대규모 연구소와 대학, 실험실 등에서 일했어. 그런 조직은 물질적·상징적 보상이 주어지는 곳이며, 따라야 할 경력 체계가 있지.

쿤은 이것을 **정상 과학**normal science이라고 불렀어. 과학 사상사는 이렇게 안정된 시기가 대부분을 차지하는데, 이때 패러다임은 다양한 분야에서 인간의 지식을 체계적으로 확장시키는 역할을 훌륭하게 수행했어.

하지만 패러다임에는 문제가 축적되기 시작하는 때가 오기 마련이지. 이런 난제는 해결되지 못하고. 거기에 기존 이론이 설명할 수 없는 이상 현상들이 일어나. 이런 이상 현상들이 기존 패러다임의 핵심 개념과 관련되는 경우에는 특별히 더 골치 아파져. 예컨대, 목성의 위성들, 파충류와 조류의 특징을 모두 가진 낯선 동물의 화석, 수성 궤도의 이상 떨림 현상 등이 그런 경우야. 이런 문제들이 해결 혹은 설명되지 못하면 패러다임은 위기에 빠져. 결국 기존 패러다임이 무너지고 새로운 패러다임으로 대체돼. 이것이 그 유명한 **패러다임 전환**paradigm shift이야.

흥미롭게도 패러다임 전환 과정에서 신구 패러다임은 쿤이 **통약불가능**하다고 부른 상태에 빠지게 돼. 신 패러다임은 세부 내용이 맞지 않거나 사실과 다른 문제를 쉽게 해결하지 못할 뿐만 아니라 완전히 상반되는 세계관을 제시하기도 하는데, 이럴 경우 구 패러다임과 겹치는 내용이 거의 없어서 신구 패러다임을 논리적으로 비교할 수 없게 돼. 예컨대, 자연선택론은 모든 생물이 자비로운 신에 의해 창조(혹은 계획)되었다는 생각과 통약불가능한 관계야. 천동설 대 지동설, 뉴턴 물리학 대 일반 상대성 이론, 일반 상대성 이론 대 양자 역학 등의 사례에서는 신 패러다임으로의 전환이 너무나 파격적이어서 신구 패러다임 사이에 실질적인 교류가 불가능했어.

놀랍게도 패러다임의 통약불가능성 때문에 패러다임 전환이 어떤 면에서는 비합리적인 일이 되기도 해. 한 패러다임 속에서 진행되는 연구는 발전에 대한 판단 기준을 공유하므로 합리적인 평가를 받을 수 있어. 하지만 통약불가능한 신 패러다임으로 전환되는 과정에는 공통된 판단 기준이 존재하지 않아. 이건 마치 파인애플의 맛을 숫자로 표현하라는 요구와 같아."

🐾 두 패러다임을 합리적으로 비교할 수 없는데, 왜 패러다임이 바뀌는

거야?

"쿤이 말하길, 사람들은 자기 생각을 잘 바꾸지 않아. 하지만 보수적인 사람들이 하나둘 죽으면 그 자리에 젊은 사람들이 들어오지. 즉, 패러다임 전환은 부분적으로 세대 변화에서 기인해. 쿤이 자신의 이론을 얼마나 상대주의적이라고 여겼고, 과학을 어느 정도로 비합리적이라고 생각했는가는 여전히 뜨거운 쟁점이야. 한 패러다임에서 이상 현상이 발생하고 이것이 혁명의 궁극적 원인이 된다는 사실은, 정상 과학이 문제와 씨름할 때처럼 과학이 현실 세계를 다룬다는 점을 시사해. 하지만 종종 쿤은 모든 것을 비합리적으로 보이게 하는, **종교적 대화**와 **게슈탈트 전환**gestalt switches을 언급하기도 했어(게슈탈트 전환은 대상이 한 이미지에서 갑자기 전혀 다른 이미지로 보이는 현상인데, 잘 알려진 오리토끼 그림이나 얼굴꽃병 그림이 여기에 해당돼).

패러다임을 바꾸는 과학자들 개개인은 비합리적이라는 이유에서 그 일을 하는 거라고, 쿤이 말했을 리는 없어. 하지만 사실 새로운 패러다임이 객관적으로 더 나을 가능성은 커 −대개의 경우에 그래− 그 이유는 신 패러다임이 구 패러다임보다 더 많은 것을 설명하고 이상 현상도 적게 나타내거든.

쿤의 이론은 발표되자마자 그 자체로 과학적 패러다임에 전환을 일으켰어. 이제는 **패러다임 전환**이라는 말이 통용어가 되어서, 과학뿐만 아니라 근본적인 방향 전환이 일어나는 거의 모든 분야에서 사용되고 있어. 실제로 쿤의 방법론은 예술부터 사회과학에 이르기까지 수많은 분야에서 지식을 개발하는 방식과 잘 어울리는 듯해. 또한 1960년대에 발표되었을 때, 쿤의 방법론은 상대주의적 특징과 뚜렷한 급진성 덕분에 반문화적이라는 명성도 얻었어. 마치 과학에서 엘리트주의가 제거된 듯 보였지. 과학 지식은 특수 집단만 이해하는 학문이 아니라 단순히 또 하나의 '언어', 또 다른 대화 방식이 되었어.

포퍼와 쿤은 (혹은 좀 더 확대해서, 포퍼와 쿤 신봉자들까지) 격렬하면서, 사실 고약한 논쟁에 참여했어. 포퍼는 패러다임 전환 모형의 비합리성과 **정상 과학**의 일상성 둘 다 싫어했어. 쿤은 정상 과학이 지배하는 시기를 좋은 때라고 생각했어. 이 기간에 이루어지는 연구는 기반이 탄탄하니까. 그리고 그 패러다임 안에서 연구하는 사람들은 당연히 그 연구 결과를 지지해. 그러므로 쿤에게 과학은 처음에 인식되었던 것처럼 도발적인 반문화가 아니라 본질적으로 보수적인 개념이야. 쿤 자신도 기득권층으로서 미국에서 가장 권위 있는 학교들인 하버드, 버클리, MIT 등에서 수학했고, 전반적으로 미국의 군산학복합체scientific-military-industrial complex를 옹호했어. 반면, 포퍼는 훨씬 반체제적이었어. 그의 반증 가능성 원리는 기존 체제에 저항하기 위한 훌륭한 도구였지."

🐾 그럼 그 논쟁의 승자는 누구야?

"나는 둘 다 아이디어 측면에서 존경할 만하다고 생각해. 쿤이 묘사한 정상 과학과 혁명적인 과학의 모습은 과학의 기능에 대해 수많은 진실을 포착하고 있어. 하지만 논리적 진리logical truth를 강조하고 창조적 잠재력을 가진 반증 가능성 원리도 장점이 아주 많지."

쿤과 포퍼를 결합한 임레 라카토스

🐾 그 둘을 어떻게든 결합할 수 있다면 좋을 텐데……

"넌 나를 너무 잘 알아! 런던경제대학에서 포퍼와 함께 연구했던 헝가리 철학자 임레 라카토스Imre Lakatos(1922~1974)의 작업이 정확히 그거였어. 라카토스는 쿤과 포퍼의 사상을 멋지게 결합했어. 그는 모든 과학 분야에서 패러다임 대신 수많은 **연구 프로그램**이 경쟁한다고 주장했어. 모든 연구 프로그램에는 **변하지 않는 핵심**hard core 아이디어와 비판을 받아도 핵심은 건드리지 않는 덜 본질적인 개념과 이론으로 구성된 **보호대**protective belt가 있어. 전반적으로 프로그램은 쿤의 보수적인 패러다임처럼 비판을 받지 않으려고 스스로 노력하지만, 연구 과정에서는 포퍼의 방법론을 사용해. 라카토스가 말하길, 성공적인 연구 프로그램은 **진보적**progressive이어야 하는데, 이는 프로그램이 세상의 특징을 더 많이 설명하기 위해 확대될 때 모든 새로운 주장은 철저하게 검증하고, 틀렸음이 입증되면 폐기해야 한다는 의미야.

아마도 쿤의 패러다임과 연구 프로그램의 가장 큰 차이는 쿤이 시대마다 지배적인 패러다임이 하나만 존재할 수 있다고 생각했다는 점이야. 그러나 라카토스는 경쟁하는 연구 프로그램들이

다수 존재할 수 있고, 존재해야 한다고 주장했어. 이런 경쟁을 통해 프로그램이 진보적이냐 퇴행적이냐가 드러나. 그 가장 대표적인 예가 천동설과 지동설이었어. 다른 행성들이 태양 주위를 돌지만 태양은 여전히 지구 주위를 돈다고 주장한 티코 브라헤Tycho Brahe처럼 16세기 후기에는 옛 프로그램을 보강하려는 시도들이 몇 차례 있었어. 하지만 보호대가 크게 바뀌었어도 태양 중심이라는 핵심 사상은 유지했던 코페르니쿠스의 지동설은 진보적이었던 데 반해, 그러지 못한 티코 브라헤의 프로그램은 퇴행적이었어.

그런데 라카토스는 퇴행적인 연구 프로그램이라도 복권될 가능성이 있으므로 너무 빨리 폐기하지는 말라고 조언했어. 하지만 너무 빨리란 언제를 의미할까? 어떤 연구 프로그램이 점점 퇴행해서 복권 불가능한 시점에 이르렀음을 어떻게 합리적으로 판단할 수 있을까? 여기에 대해서 라카토스는 아무 말도 하지 않았어.

연구 프로그램의 용도 폐기 시점에 관한 불확실성은 라카토스 이론의 약점 중 하나야. 그는 객관성을 확보한 쿤의 사회학적 방법론과 포퍼의 실재론을 결합하려고 노력했어(그리고 어떤 면에서는 성공했어). 하지만 그를 비판하는 사람들은 연구 프로그램의 사망 선고를 명확히 내릴 방법이 없다는 점을 치명적으로 생각했어. 그래도 여전히 나는 과학이 무엇을 하고, 무엇을 해야 하는가에 대한 이론에 라카토스가 꽤 근접했다고 생각해."

🐾 흠…… 지금까지 내가 제대로 들었다면, 귀납법은 엉터리고, 반증 가능성 원리는 반증됐으며, 쿤의 패러다임에는 전환이 일어났고, 라카토스의

연구 프로그램은 퇴행했다는 얘기잖아. 그럼 이제 어떻게 되는 거야?

"마지막을 위해 가장 좋은 걸 남겨 놨지. 파울 파이어아벤트$_{Paul\ Feyerabend}$(1924~1994)는 과학적 방법론을 이해해야 한다는 철학자들의 주장과 세상을 파악하고 통제하려는 과학 자체를 거부하며 일생을 보냈어. 처음에 그는 포퍼의 방법론을 따랐지만 곧 반증 가능성 원리의 한계를 깨달았어. 특히 반증 사례가 나왔을 때 멀쩡한 이론이 성급하게 폐기될 위험을 걱정했어. 또한 보수적인 쿤의 패러다임도 격렬하게 거부했어.

파이어아벤트는 단 하나의 과학적 방법론을 찾으려고 하면 반드시 실패한다고 주장했어. 그가 내세운 표어는 '무엇이든 좋다$_{anything\ goes}$'였어. 과학자는 무수히 다양한 방법론을 선택할 수 있어. 검은색 고니의 수를 세어 봐도 좋고. 아이디어를 떠올렸다가 검증 후 버려도 괜찮아. 연구 프로그램에 참여해서 그곳의 기본 방침을 따라도 상관없어. 홀로 머릿속으로 아이디어를 구상해도 좋고. 숫자만 들여다봐도 되고, 다양한 문화에서 아이디어를 끌어와도 괜찮지. 하지만 귀납법이든 반증 가능성 원리든 무슨 '주의$_{-ism}$'든 그중 하나만 과학적 방식이라고 말하는 순간, 과학으로 간주해야 할 활동은 놓치고 과학이 아닌 활동은 포함하게 될 거야.

(파이어아벤트는 사용하지 않았지만) 한 가지 예로 끈 이론$_{string\ theory}$이 있어. 끈 이론은 이전 산책들에서 살펴봤던, 소크라테스 이전 철학자들이 제기한 질문에 대한 가장 최근 답인데……"

🐾 새똥에 있는 하얀 물질이 뭐냐는 질문?

"하하, 뭐 비슷해. 좀 더 일반적인 표현은 이거야. 세상은 무엇으로 이루어졌는가? 궁극적으로 끈 이론은 '모든 것의 이론Theory of Everything'이야. 왜냐하면 이론의 목적이 우주에 존재하는 네 가지 기본 힘인 중력, 전자기력, 약력, 강력을 설명하는 것이거든. 끈 이론은 우아하고 미학적이야. 끈 이론에 따르면, 네 가지 힘을 일으키는 기본 입자들은 진동하는 아주 작은 고리 모양의 끈이며, 끈의 진동 방식에 따라 입자의 종류가 결정돼."

🐾 멋진데.

"맞아. 끈 이론의 유일한 문제는 그것을 입증할 실험적 증거가 전혀 없다는 점이야. 아무도 초끈superstring을 볼 수도, 발견할 수도 없거든. 혹시 초끈을 발견하거나 그 존재를 확인할 방법이 있다 해도 그 방법이 맞는지는 확실하지 않아. 그래서 귀납주의자는 반복된 관찰과 실험의 산물이 아니라는 이유로 끈 이론을 묵살하고, 반증 가능성 원리를 따르는 사람은 검증할 수 있는 예측이 아니라는 이유로 거부해. 사실 끈 이론은 과학보다는 옛 형이상학 이론들과 공통점이 더 많아. 파르메니데스와 엠페도클레스라면 끈 이론을 받아들였을 거야."

🐾 그럼 네가 지금까지 얘기한 여러 과학 철학자들이 네가 생각하는 좋

은 이론을 거부한다는 말이야?

"맞아. 만약 끈 이론이 반증 불가능하다면 어떻게 될까? 끈 이론은 그것 아니면 불가사의했을 현상들을 설명해주기 때문에 미래에 놀라운 결과를 가져올 거야. 파이어아벤트는 지나치게 합리적으로 사고할 경우 정작 소중한 것을 잃게 된다고 생각했어.

파이어아벤트는 방법론적 무정부주의자일 뿐만 아니라 과학의 위험성을 경고한 최초의 철학자이기도 해. 그가 생각하기에, 과학자란 지속될 수 없는 합리성과 보편성을 광범위하게 주장하는 사람들이야. 과학적 방법이 다른 지식보다 우월하다는 주장은 이미 파이어아벤트가 과학적 방법론이 하나만 있지는 않다는 사실을 증명함으로써 약화됐어. 그는 과학을 완전히 가짜라고 주장하지는 않았지만, 감시하고 통제하고 지배하려는 과학자들의 욕구를 경계하고 그들의 주장을 의심하는 일은 모든 시민의 의무라고 생각했어."

🐾 이런. 넌 그 의견에 동의해?

"당연하지. 나는 우리가 최선을 다해 과학적 주장을 꼼꼼하게 따져야 한다고 생각해. 날마다 '과학'은 우리에게 물건을 팔고, 우리 돈이나 세금을 제품 혹은 연구 프로그램에 쓰도록 설득하는 데 이용되고 있어. 미국항공우주국NASA은 연구 기금을 늘리려면 화성에 생명체가 있을 가능성에 대해 대중의 흥미를 유발하는 것이 최선책임을 알기 때문에, 그곳 과학자들은 주기적으로 언론에 그런 이야기들을 흘려. 실제로 네가 과학 뉴스를 접할 때마다 그것은 해당 연구의 중요성 때문이 아니라 적극적인 홍보 활동 때문이지. 대형 제약 회사들이 진실을 감추려고 자료를 조작하다 들통난 사례도 많고."

🐾 넌 회의주의자야, 냉소주의자야?

"저번에 **이미** 말한 것 같은데…… 둘 다야. 냉소주의자는 권력을 믿지 않고, 회의주의자는 지식을 믿지 않아. 내 지적 영웅인 프랑스 후기 구조주의자 미셸 푸코Michel Foucault는 권력이 보일 때마다 그것에 저항해야 한다고 말했는데, 그 이유는 권력이란 항상 불평등하고 남용되기 때문이지. 그래서 나는 우리가 회의주의자의 도구 상자를 열어서 다양한 지식론을 최선을 다해 검증해야 한다고 생각해. 하지만 그 최종 결과는 모든 권력과 지식을 거부하는 것이 아니라 권력과 지식을 올바르게 지키는 일이 되어야 해. 하지만 나는 진리 같은 것은 없다고 생각하지 않아. 과학을 꼼꼼하게 조사해야 하지만, 그러려면 과학적 도구가 필요해. 그러므로 늘 이런 질문들을 던져야 해. 누가 이 연구에 돈을 대는가? 이 연구로 누가 혜택을 얻는가? 무엇이 숨겨졌는가? 무엇이 과대평가되고 있는가?"

몬티가 나를 바라보며 눈알을 굴렸다. 녀석은 참 정치적 동물은 못 된다.

"미안. 내가 좀 감상적이었지. 말이 나왔으니 이제 집에 가야겠다. 가방에 다시 들어갈래 아니면 좀 걸을까?"

🐾 그냥. 조금만 걷자.

카페를 둘러봤다. 다시 사람들로 채워지고 있었다. 입구 쪽 탁자에는 우아한 푸들 한 마리와 똑같이 우아한 푸들 주인이 앉아 있었다. 몬티와 나는 카페를 나가면서 절뚝거리거나 비틀거리지 않으려고 최선을 다했다. 바깥으로 나오자 몬티가 괴롭다는 표정을 지어서 녀석을 가방에 다시 넣었다.

마지막 산책

쇼펜하우어의 비눗방울과 삶의 의미

이번 산책에서는 몬티를 동물병원에 데려갔다. 우리는 신의 존재를 증명하는 문제와 삶의 의미에 관해 토론했다. 그리고 죽음도 이야기했다.

지난 며칠, 우리 가족은 몹시 힘들었다. 모든 선택지를 두고 대화를 나눴다. 울음을 터뜨리기도 했다. 몬티 앞에서 눈물을 보이진 않았지만 녀석은 눈치챘을 것이다.

그날이 왔고 나는 녀석을 가방 안에 넣었다. 거리로 나와 집 쪽을 올려다보니 레베카와 로지가 창가에 나란히 서서 길 아래를 내려다보는 모습이 보였다. 내가 손을 흔들었지만 로지는 엄마 품에 얼굴을 묻고 있었다.

🐾 우리 어디 가는 거야?

"좀 돌아서 갈 거야. 일찍 나왔으니까."

🐾 거기 가는 거지, 그렇지?

나는 몬티의 코를 쓰다듬어 주었다.

🐾 우리가 산책하면서 나눴던 모든 얘기가……

"응?"

🐾 그러니까, 아주 재미있었어. 세상에 무엇이 있고, 그것을 아는 것이 무슨 의미인지 잘 이해할 수 있었어. 그리고 좋은 개가 된다는 것이 무슨 의미인지도 알았고. 아니, 좋은 사람인가. 어쨌든 핵심은, 그러니까 오해하지

말고 들어. 나는 좀 더 '중요한 이야기'가 있다고 생각해.

"'삶의 의미' 같은 주제를 말하는 거니?"

🐾 응, 그런 것 같아.

"우린 윤리학 산책에서 그 '중요한 이야기'를 조금 다뤘어. 아리스토텔레스가 생각한 행복은 이성적 동물답게 덕에 따라 성찰하는 삶이고…… 칸트에게 도덕적 선이란 이성을 사용해서 모든 합리적 존재가 따라야 할 규칙을 발견하는 일이야. 또한 공리주의적 삶은 최대 다수의 최대 행복을 달성하기 위해 늘 투쟁하는 삶이야. 이런 모든 사상이 다 귀해. 그리고 확실히 이런 사상들 덕분에 너는 변덕과 일시적 기분을 따르지 않아도 되고 옳고 그름에 대해 고민할 필요도 없이 좀 더 윤리적으로 살 수 있게 될 거야."

🐾 알겠어. 만약 내가 무엇을 해야 하는지 혹은 어떻게 행동해야 하는지 의문이 생기면, 뭐 그런 윤리 사상이 도움을 주겠지. 하지만 난 다른 질문을 하고 싶어. 내가 뭘 해야 하는가가 아니라 그게 무슨 의미가 있느냐는 거지.

나는 녀석의 머리에 얼굴을 대고 녀석의 털 냄새를 맡았다. 아내가 녀석을 목욕시켰기 때문에 녀석에게서 평소보다 좋은 냄새가 나고 있었다. 녀석이 혀로 내 얼굴을 핥았다.

"너도 알다시피, 비트겐슈타인이 젊었을 때 그 문제에 대해 뭐라고 말했었지?"

😺 '말할 수 없는 것에는 침묵해야 한다.'

"비트겐슈타인은 확실히 그런 식의 질문을 **말할 수 없는 것**의 영역에 넣었어. 나도 이 문제와 관련해서는 그가 옳다고 생각해. **삶의 의미는 무엇인가**라는 질문은 하나의 범주오류category mistake야."

😺 이번 한 번만, 전문 용어를 안 쓰면 안 될까?

"미안. 나는 '의미meaning'라는 단어가 명제에서만 유의미하다고 생각해. 버스가 올 거야. 나는 치즈케이크를 좋아해. 직각 삼각형 빗변의 제곱은 나머지 두 변의 제곱의 합과 같아. 이것들은 전부 명제고 의미가 있어. 의미는 언어와 관련이 있지. 하지만 꽃, 호박벌, 꾀죄죄한 강아지, 꾀죄죄한 남자 등은 의미가 담겨 있지 않아. 이것들은 어떤 가치를 지니고 있고, 가치는 의미보다 중요해."

😺 신은 어때? 네가 말한 철학자들 대부분이 신에 대해 말했잖아.

"우리가 대화할 때 나는 신과 관련된 내용을 조심스럽게 다뤘어. 그 이유 중 일부는 내가 칸트의 생각에 동의하기 때문이야. 즉, 철학이 큰 도움이 될 거라고 생각하지 않아. 사실 철학자들은 신의 존재를 입증하기 위해 오랜 시간 창의력을 발휘해서 사유했지만, 아직까지 그 누구도 무신론자에게 신을 믿도록 설득할 만한 강력한 증거를 제시하지 못했어."

신의 존재를 증명하려는 시도들

😺 그런 증거들이 있어?

"수백 년에 걸쳐 여러 시도가 있었는데, 내 생각에 그것들은 다음의 세 가지로 압축할 수 있어. **우주론적 증명, 목적론적 증명, 존재론적 증명**이 바로 그것이야. 시간이 없으니까 짧고 간단하게 살펴보면……

우주론적 증명에는 몇 가지 유형이 있어. 하나는 모든 것에는 원인이 있으므로 스스로 원인이 필요 없는 제1원인이 반드시 있어야 하는데, 그렇지 않으면 무한 후퇴에 빠지기 때문이야. 간혹 이것을 원동자first mover라고 표현해. 즉, 움직이는 모든 것은 다른 것에 의해 움직여지므로, 공을 굴리려면 원동자가 필요하지. 또는 우주 만물은 우연적이라는 생각으로 표현하기도 해. 사물은 존재할 수도 있고 그렇지 않을 수도 있다는 의미지. 사물이 존재할 경우 반드시 이유가 있어야 하는데, 그 이유가 신이야. 우주론적 증명에서 가장 간단한 유형은 삼단논법을 이용하는 방법이야. 즉, 존재하는 모든 것에는 원인이 있다. 우주는 존재한다. 그러므로 우주에는 원인이 있다."

😺 그런데 문제가 뭐야?

"기억하겠지만, 칸트와 흄 모두 그런 원인론idea of a cause에 의문을 품었어. 달리 말하면 흄이 의문을 제기했고, 칸트는 원인을 저 밖에 있는 신과 같은 무엇이 아닌 인간 지성의 특성으로 생각했지. 즉, 원인도 없고 신도 없어. 어떤 이는 원동자 없이 인과 관계가 무한히 이어진다는 생각은 전혀 비논리적이지 않다고 주장했어. 또 어떤 이는 원동자에 대한 증거가 실제로는 아무것도 증명하지 못한다고 말했어. 모든 것에 원인이 있어야 한다고 시작했으나 원인이 없는 것을 상정함으로써 자기모순에 빠졌다는 얘기지. 원동자에 관해 말하자면, 움직이지 않는 것이 어떻게 다른 것을 움직일 수 있지? 또 다른 반대 의견으로는, 비록 원동자를 증명한다 하더라도, 그 원동자에게 우리가 신의 속성이라고 생각하는 것들, 예컨대 전지전능함과 자비심이 있다고 어떻게 확신하느냐는 입장이 있어.

나는 이 문제에 의문을 품어봤자 별 소용이 없다고 생각해. 과학이 우리에게 '빅뱅'이라는 창조의 순간을 알려줬잖아. 빅뱅 이전의 세상에 대해서는 알 길이 없어. 팽창하고 수축했다, 폭발해서 생명체를 탄생시킨 또 다른 우주가 있었을까? 아니면 아무것도 없었나? 내 생각에, 우리의 최선은 이런 고민을 과학자들에게 넘기고, 그들이 생각해 낸 것들을 최선을 다해 이해하고 비판하는 일이야.

다음으로 목적론적 증명*이 있어. 기본적으로 이것은 이 세상

---

*   세상 모든 사물은 질서를 갖고 있으며 그런 질서를 신이 부여했다고 파악함으로써 신의 존재가 필연적임을 증명하는 방법

의 구성 요소들은 너무나도 완벽하게 지어졌기 때문에 우연의 결과일 수가 없다는 말이야. 심지어 시계 하나도 우연이 아닌 '신성한 시계공'에 의해 설계되었다는 거지. 이 논증은 철학적으로 아무 문제가 없어. 하지만 안타깝게도 목적론적 증명이 신의 존재에 대한 논증으로는 유일하게 과학적이기 때문에 현실과 부딪칠 수밖에 없었어. 이 논증의 옹호자들은 폐차장으로 불어온 토네이도가 보잉 747을 만들 수 없듯이, 복잡한 기관들이 놀라울 정도로 조화롭게 기능하는 우리 눈은 우연의 결과일 수 없다고 주장해. 그 후 다윈의 등장과 함께 진화 과정을 통해 눈을 만들어낼 수 있음이 증명됐어. 사실 지구의 역사에서 눈은 수차례 '발명'됐어. 또한 동물의 세계에는 아직도 다양한 발달 단계를 거치고 있는 눈들이 있어. 어떤 눈은 빛과 어둠 외에는 아무것도 구분하지 못하지만, 독수리의 눈은 1킬로미터 밖에 있는 네 등에서 움직이는 벼룩도 볼 수 있어."

😺 오늘 아침에 레베카가 벼룩을 잡아 줬어. 왜 그랬는지는 모르겠어.

"레베카가 좋아서 한 일이야. 그리고 너한테서 좋은 냄새도 나고…… 우리 어디까지 했더라…… 아, 맞다, 목적론적 증명. 넌 그냥 기다리면 무작위 변이가 일어나서 자연 선택에 의해 네 시계, 아니 눈이 만들어질 거야. 달리 생각하면, 자연계를 조사하면 할수록 완벽과는 거리가 먼 일들이 많이 발견돼. 내 말은 인류학적 관점에서 불쾌감을 유발하는 벼룩과 모기, 빈대와 바이러스 등이 넘쳐난다는 의미가 아냐. 진화가 기적을 낳을 수 있다고 말했지만,

진화는 가까이에 있는 재료들을 활용해야 했어.

고생물학자인 스티븐 제이 굴드Stephen Jay Gould는 진화의 이런 '임시변통making do'적 특성을 잘 보여주는 예들을 찾아냈어. 그중 나는 '판다의 엄지'라는 예를 좋아해. 판다는 대나무를 먹어. 대나무를 마음대로 다루려면 마주 보는 엄지손가락이 필요해. 신은 판다에게 쓸 만한 엄지손가락을 주었을 거야. 어쩌면 엄지손톱을 조금씩 움직여서 대나무를 먹을지 몰라. 하지만 실제 판다는 색다른, 아니 솔직히 말해서 좀 엉뚱한 방법을 써. 손목뼈 중 하나가 바깥으로 튀어나와 있는데, 이것이 약간의 유연성을 발휘해서 관절처럼 기능하지. 이 방법은 어느 정도 효과가 있는데, 그 이유는 판다가 완벽한 돌연변이를 일으킬 수 없었기 때문이야. 그런데 어느 날 판다 한 마리가 살짝 돌출된 손목뼈를 가지고 태어났는데, 이 녀석은 손목뼈 덕분에 늙은 대나무를 먹는 데 별 어려움이 없었어. 이 판다는 생존 경쟁에서 엄지손가락 기능을 하는 것이 전혀 없는 다른 판다들보다 유리했으므로 좀 더 많은 새끼들을 낳을 수 있었고 새끼들도 어미처럼 작고 보잘것없는 원시적인 엄지손가락이 있었어. 모든 세대가 무작위 변이를 일으켰는데, 그 과정에서 간혹 다소 개선된 엄지손가락이 나타나기도 했어."

🐾 그럼 목적론적 증명도 실패군.

"그래. 목적론적 증명은 복잡한 것에는 쓸모가 없고, 자연계에서 흔히 보이는 엉성하면서도 임시변통이 필요한 상황에는 그것보

다 더 나은 설명들이 있어. 더구나 거 있잖아. 에볼라는······

마지막으로 존재론적 증명이 있는데, 나는 어쩐지 이 방법이 좋더라고."

😺 존재론이라는 단어 때문이지, 안 그래?

"어떻게 그 단어를 좋아하지 않을 수 있겠어?"

😺 그래, 계속해 봐.

"내가 '신'을 정의해볼게. 신은 생각할 수 있는 것 중에서 가장 위대해. 이해했지?"

😺 그런 것 같아. 신은 가장 위대하다고.

"이제 신이 둘이라고 상상해봐. 두 신은 똑같이 위대한데, 하나는 존재하고, 다른 하나는 존재하지 않아."

😺 뭐?

"똑같이 위대한 신이 둘 있는데, 하나는 실존하고, 다른 하나는 만들어진 신이야."

🐾 알겠어……

"그럼, 둘 중 누가 더 위대해?"

🐾 이 얘기가 어떻게 흘러갈지 알 거 같다. 당연히 나는 두 신 중 존재하는 쪽이 더 위대하다고 말해야겠지.

"그러므로 신은 반드시 존재해! 우리는 신이 생각할 수 있는 것 중에서 가장 위대하다고 했고, 존재하는 신이 존재하지 않는 신보다 더 위대하니까, 당연히 신은 존재하는 거지."

🐾 지금 나 놀리는 거지?

"이건 스콜라학파였던 성 안셀무스 St. Anselm(1033~1109)가 최초로 주장한 내용과 좀 비슷해. 전해지는 이야기마다 내용이 조금씩 다르긴 하지만, 존재가 신에 대한 관념의 일부라는 점은 다 똑같아. 이는 '내각의 합은 180도'가 삼각형에 대한 개념의 일부인 것과 같아."

🐾 이 얘기가 지금까지 네가 한 말 중에서 제일 이상해. 속 시원하게 한꺼번에 다 말하면 안 될까?

"희한하게 존재론적 증명은 회복력이 좋았어. 만족하는 사람이 없는데도 이 논증은 사라지지 않아. 내가 존재론적 증명을 좋아하는 이유는 이것이 순수하게 개념적이기 때문이야. 존재론적 증명은 세상의 어떤 것도 건드리지 않으면서, 무해하게 들리는 몇 가지 정의와 그 정의에 대한 동의 말고는 아무것에도 의존하지 않아. 하지만 몇몇은 이 논증을 공격했어. 그중 하나가 칸트였지. 그는 존재론적 증명이 주어에 붙이는 술어들 중 하나로 '존재'를 반드시 필요로 한다고 했어. 말하자면, 신은 전지전능하며, 존재한다. 이건 마치 소파가 푸른색이고 안락하며, 존재한다고 말하는 식이야. 여기에서 푸른색, 안락, 존재가 소파의 술어가 되지. 하지만 칸트는 존재란 단순한 술어가 아니라고 말했어. 술어는 주어에 대한 지식에 내용을 덧붙이는 기능을 해야 해. 하지만 존재라는 단어는 그저 그 사물이 실존한다는 점만 말해줄 뿐이야. 대부분의 철학자들이 칸트의 이런 주장에 동의했지만, 나는 아직 마음을 정하지 못했어. 내게는 마치 허구라고 생각했던 인물에 대해 '아냐, 그는 실제로 존재해.'라는 말을 듣고서, 존재가 술어구나라고 생각하는 것과 같아. 어쩌면 존재론적 증명을 바보 같은 말로 들리게 하는 것이 더 나은 공격일지 몰라. 아무도 생각하지 못하는 완벽한 개를 상상할 수 있을까?"

🐾 에헴……

"넌 사랑스럽지만 완벽하진 않아. 완전무결한 것은 현실에 없어. 치즈케이크를 훔친다든가 하는…… 사소한 결점은 누구에게나 있어. 어쨌든 아무도 생각하지 못하는 완벽한 개에 대해 네가 상상해 봤으면 좋겠어. 준비됐어?"

🐾 노력해볼게.

"자, 그런 개가 존재하지 않는다면, 그건 네가 상상할 수 있는 가장 완벽한 개가 아니야. 왜냐하면 존재하는 개가 더 완벽할 테니까. 우리는 존재하는 완벽한 개를 상상할 수 있으니, 그 개는 존재하는 거야! 완벽한 개의 존재가 증명된 셈이야."

🐾 하지만 완벽한 개는 없어.

"물론이야."
우리는 잠시 말없이 함께 걸었다. 시간을 때워야 했기 때문에 뒷길들을 배회했다. 하지만 어느 길로 가든 목적지에 점점 가까워졌다.

🐾 너, 내가 딴 생각을 하게 하려고 노력 중이지, 안 그래? 신의 존재 같은 문제들로 말이야.

"아마도. 하지만 아직 거기까지는 아니고, 지금 의미를 찾는 중이야."

🐾 의미는 실체가 있는 게 아니고, 말에 불과하다며. 범주오류라고.

"내가 좀 현학적으로 굴었나 봐."

🐾 그렇게 생각해?

"몇 가지 생각이 떠오르는데. 서머싯 몸Somerset Maugham의 『인간의 굴레에서』라는 소설이 있어."

🐾 제목 좋네.

"그렇지. 우리 산책에 딱 맞는 제목이야. 몸은 그 제목을 스피노자의 『윤리학』에서 따왔어. 스피노자는 그 용어를 인간이 자신의 욕망의 노예가 된다는 의미로 사용했어. 몸의 소설은 오늘날 인기가 식긴 했지만 여전히 좋은 책이야. 주인공 필립 캐리는 예술가를 꿈꾸며 한때 파리에 살아. 어느 날 친구 하나가 그에게 낡은 페르시아 양탄자를 주면서, 거기에 삶의 의미가 들어있다고 말해. 필립은 여러 해 동안 그 양탄자를 가지고 있었지만, 양탄자도 그것을 준 친구의 말도, 그게 무슨 의미인지 전혀 알 수 없었어. 삶의 목표를 이룬 적도 없었고, 행복을 찾은 적도 없었지. 연애는 잘해봤자 불만스러운 정도였고 최악의 경우는 비극적이었어. 필립은 한 번도 원한 적이 없는 직업을 받아들이기로 해. 마침내 깨달음의 순간이 찾아오고, 그는 친구가 양탄자를 선물한 의미를 알게 돼. 인생이란 우리가 짠 무늬와 같아."

🐾 뭐라고?

"무늬는 그 자체 외에 다른 무언가를 가리키지 않아. 그것은 기호도, 지표도, 도상도 아니고, 그저 기하학적 도형과 색깔의 어우러짐일 뿐이야. 이 도형과 색깔은 복잡하고 난해하기도 하고, 단순하고 직접적이기도 해. 우리는 짜는 즐거움 때문에 양탄자를 짜지만, 마지막에는 씨실과 날실로 아름다운 무언가를 창조했음을 알게 되지."

🐾 그 얘기 맘에 든다. 너도 전에 그런 예들을 들었었지?

"우리가 논했던 철학자들 대부분은 인간적으로 괜찮은 사람들이었고, 스피노자 같은 몇몇은 대단히 모범적인 인생을 살았어. 오늘날의 기준으로 보면, 라이프니츠도 그리 나쁜 사람은 아니었어. 니체는 물진 못하면서 요란하게 짖기만 하는 사람이었고. 헤라클레이토스는 바보 같아 보이지만, 누가 알겠어. 술집에서는 아주 재미있는 사람이었을지. 누구도 그렇게 인생을 마감하면 안 되는데…… 하지만 아르투르 쇼펜하우어 Arthur Schopenhauer(1788~1860)는 정말로 재수 없는 사람이었어. 인색하고, 심술궂고, 오만했지. 그는 오직 자신의 안위와 쾌락을 위해 살았어. 그에 관한 유명한 일화가 있어. 1821년에, 그는 자기 집 밖에서 시끄럽게 대화하던 한 할머니 때문에 화가 나서 그녀를 계단 아래로 밀어 버렸대. 그 할머니는 심하게 다쳐서 일을 하러 갈 수 없었고, 재판을 받은 쇼펜하우어는 그 할머니에게 평생 생활비를 지불해야 했지. 20여 년 후에 그 할머니가 사망하자, 쇼펜하우어는 기뻐하며, 라틴어로 이런 형편없는 말장난을 했대. '오비트 아누스, 아비트 오누스Obit anus, abit onus(노파가 죽으니, 빚이 사라졌다).'"

😼 못된 사람이네.

그럼에도 불구하고 계속

"쇼펜하우어의 철학은 그의 성격만큼이나 괴팍했어. 그는 어떤 보이지 않는 힘이 작용해서, 우리가 결코 만족할 수 없는 목표를 이루기 위해 애쓴다고 말했어. 우리의 몸은 이 보이지 않는 힘의 물리적 표현일 뿐이야. 즉, 치아와 내장은 배고픔을, 주먹은 분노를 표현해. 이런 끊임없는 투쟁에서 우리에게 위안을 주는 것은 예술밖에 없어. 우리가 음악을 듣거나 그림을 보면 마음이 차분해져서 일시적으로 폭풍을 피할 수 있지."

😼 그 얘긴 내 기분에 별 도움이 되지 않아, 네 의도와 달리……

"아, 미안. 그래. 내가 쇼펜하우어를 언급한 이유는 그가 염세주의자임에도 불구하고, 멋진 글을 쓴 몇 안 되는 철학자 중 하나이기 때문이야. 그는 자신의 주된 저서인 『의지와 표상으로서의 세계』(1818)의 마지막 부분에서, 인생의 비통함과 고뇌에도 불구하고 우리는 계속 나아가야 한다고 썼어. 인생은 비눗방울 같아서, 그것을 힘껏 불어서 키울 수는 있지만, 결국 터져버린다는 사실을 우리가 안다고 했지. 내가 생각하기에, 쇼펜하우어에게 비눗방울은 단지 곧 소멸할 운명 즉, 덧없음의 상징이었지만, 비눗방울의 의미가 그것으로만 한정되지 않아. 위대한 예술처럼 비눗방울보다 완벽하고, 통일성과 다양성, 조화를 겸비한 것이 있을까? 모든 비눗방울은 완벽하면서 독특해. 우린 비눗방울에 즐거워하지 않아? 비눗방울이 커질 때 웃지 않고, 터질 때 한숨을 쉬지 않는 사람이 있을까? 그래, 어쩌면 바로 그거야. 우린 자기를 주시하는$_{behold}$ 사람을 원해……"

😺 주시하다니?

"그러니까 우리를 봐주는 사람, 우리는 웃고 또 한숨짓기를 바라지."

😺 토니?

"왜?"

😺 그 비눗방울 말이야, 아직도 잘 모르겠어.

"마지막으로 한 마디만 더 할게. 이미 말했지만, 나는 삶의 의미를 논하는 것이 이치에 맞지 않는다고 생각해. 우리는 가치가 있고, 이 가치는 우리가 얼마나 많이, 그리고 얼마나 오랫동안 사랑받았는지 등으로 측정된다고 나는 생각해. 그리고 너 같은 강아지도 사랑을 듬뿍 받아 왔고, 그 사랑은 네가 우리에게 사랑을 줬기 때문에 받은 거고."

🐾 개들도 얼굴이 빨개지는 순간이 있다면, 지금이 바로 그 상황이야.

"하지만 이런 것도 있어. 아리스토텔레스가 목적인이라고 생각한, 목표 즉 **텔로스** 기억해?"

🐾 아리스토텔레스에 대해서는 신경 끄고 있었는데, 뭐 그래 희미하게 기억이 나긴 해.

"인간이어서 좋은 점, 그러니까 내 말은 이성적이어서 좋은 점은 우리가 목표를 선택할 수 있고, 우리가 여기에 있는 이유와 성공하기 위해 무엇을 해야 하는가 등을 정할 수 있다는 사실이야. 이 생각은 『존재와 무』(1943)에서 장 폴 사르트르Jean Paul Sartre가 제안한 실존주의적 관점과 아주 유사해. 사르트르는 의자나 망치 같은 사물은 그것에 대한 **관념**이 **실존**보다 앞선다고 말했어. 그의 표현대로 하면, 본질이 실존에 앞선다는 거야. 하지만 이성적인 동물인 우리 인간과 영리한 강아지의 경우엔 실존이 본질에 앞서지. 우리에게는 우리가 어떤 사람이 될지를 결정할 능력과 의무가 있어.

사르트르의 입장은 스피노자의 결정론에 대한 직접적인 반응이었어. 기억하겠지만, 스피노자는 우주란 저항할 수 없는 결정력을 발휘하므로, 우리가 바랄 수 있는 최선은 그것을 이해하고 따르는 일이라고 했지. 스피노자가 보기에 우리가 인간의 굴레에서 벗어나려면 이 속박의 본질을 이해해야 해. 또는 좀 더 공감할 수 있게 표현하자면 우리는 파도를 타고 있으므로, 여기에서 최선은 장엄하고 비인간적이며 무심한 추진력을 가진 파도와 어울려 사는 일이야. 하지만 사르트르는 인간이라면 파도를 타지 말고, 부서지며 달려오는 큰 파도를 가르고, 심지어 큰 소용돌이에게로unto 걸어가는 쪽을 선택해야 한다고 말했어."

😼 '에게로unto'라니, 진심이야?

"아, 미안. 삶의 의미를 말하려다 보니 표현이 이상해졌지. 하지만 나는 그 말에 중요한 뭔가가 있다고 생각해. 우리는 자신의 목표를 결정해야 하는데, 아리스토텔레스의 말처럼, 우리는 사회적 동물이기 때문에 그 목표는 우리가 합리화하고 변호할 수 있고, 세상을 조금이라도 혹은 크게 개선할 수 있어야 해. 만약 능력이 부족하다면, 우리가 잘할 수 있는 작은 일들도 있는데, 예컨대 사랑하는 사람들을 안전하고 행복하게 하거나 불안하지 않고 불행하지 않게 할 수 있어. 그리고 큰일은 실패했을 때 다시 시도하면 되니까……"

🐾 실패도 자꾸 하면 나아지니까.

"맞아. 친구."

이윽고 몬티는 우리가 어디에 왔는지 알고는, 가방 안에서 힘없이 버둥댔다. 나는 최선을 다해 녀석을 위로하고 동물병원으로 들어갔다.

접수처에 있던 젊은 여성에게 말을 거니 그녀가 앉아서 기다리라고 했다. 나는 몬티를 가방에서 꺼내어 살짝 떨고 있는 내 무릎에 살포시 올려놓았다. 불빛이 눈에 거슬려서 나는 녀석의 얼굴에 손을 얹고 몇 마디 말을 했는데 녀석의 눈이 내 손바닥 아래에서 감기는 게 느껴졌다.

바구니에 비쩍 마른 고양이를 넣어 온 할아버지가 있었고 구멍이 여러 개 뚫린 신발 상자에 무언가를 넣어 온 부녀가 있었다. 내가 아이에게 미소를 짓자 아이도 다리를 흔들면서 내게 웃어 주었다. 나는 그 아이가 데려온 햄스터는, 혹은 무슨 동물이든 별 문제가 없나 보다 생각했다.

그리고 우리 차례가 되었다.

수의사는 발칸반도 어느 지역 출신이고 베스나라는 이름을 가진, 작고 까무잡잡한 여성이었다.

"제가 같이 있어도 될까요?" 내가 물었다.

"그러지 않으시는 게 좋아요." 그녀가 대답했다. "다 끝나면 오세요."

나는 밖으로 나가 공원에 앉아 있었는데, 이곳은 너무 멀리 가면 몬티가 짜증을 내던, 내가 너무 바쁠 때 간단히 산책하던 장소였다. 길 건너의 낡았지만 예스러운 소방서 앞에서 대원들이 소방차를 세차하고 있었다. 우리 아이들이 어렸을 때 이 소방서를 좋아했기에, 나는 선심 쓰듯 아이들을 여기로 데려와 소방대원들에게 인사하게 했다. 소방대원들은 이따금 우리 아이들의 작은 머리에 크고 노란 소방모를 씌워주고 소방차 안에 앉아 있게 해주었다. 나는 지나간 세월과 몬티가 우리 가족이 되었던 날을 떠올렸고 바보처럼 손수건을 안 가져온 것을 후회하며 눈물과 콧물을 소매로 닦아냈다.

이게 진짜 마지막 산책

시간이 돼서 나는 다시 동물병원으로 들어갔다.

"녀석은 다 끝났나요?"

"어떤 녀석일까요……?"

"몬티요. 몰티즈에요."

눈이 선한 접수처의 젊은 여성이 고개를 끄덕이며 다정하게 웃었다. 나는 뒤쪽으로 갔다.

벽에는 동물 우리가 줄지어 있었다. 멍한 표정의 기니피그가 한 마리 있었는데, 아까 그 여자아이의 반려동물이 아닐까 생각했다. 몬티는 탁자 위에 모로 누워 있었다.

"애를 데려가도 될까요?"

내 목소리가 들리자 몬티가 힘없이 꼬리를 흔들더니 내 주위를 살폈다.

그로부터 십 분 후에 나는 녀석을 집으로 데려가고 있었다.

🐾 너 설마 사람들에게 내가 가망이 없다고 생각하게 만든 건 아니지?

"모르지. 사람들의 생각을 내가 어쩌겠어."

🐾 너 참 못됐다. 넌 네 행동에 책임을 져야 한다고.

"이 일이 나한테 얼마나 큰 충격이었는지 넌 모를 거야. 수술비가 얼마나 비싼지 알기나 하니?"

🐾 그냥 돈이잖아. 너 좀 철학적인 사람이 되어야겠다.

"난 뭐 그렇게 심각하게 생각하지는 않았는데. 의사가 큰 수술이라고 했거든. 특히, 네 나이에는……"

🐾 야!

"난 의사에게 들은 대로 말하는 거야. 네 나이에는 수술받다 깨어나지 못하기도 한대. 그래서 우리 가족은 아주 심각하게 생각했지. 하지만 의사가 괜찮아질 거래. 얼마 지나면 넌 다시 깡충거리며 뛰어다니게 될 거야. 하지만 먼저 쉬어야 해. 상처가 나을 때까지. 우리 이제 대화할 시간이 많아졌다."

🐾 기다리기 힘든데.

이윽고 우린 집에 도착했고, 한바탕 난리가 벌어졌다.

더 읽을거리

일반 철학서

내가 추천하고 싶은 일반 철학 역사서로는 세 가지가 있다. 가장 읽기 쉽지만 가장 흠도 많은 책은 버트런드 러셀의 『서양 철학사』(런던, 라우틀리지, 1945/2001)이다. 러셀은 재치 있게 내용을 서술하되, 명료성을 잃지 않았으며, 문화적 배경과 같은 세부 내용도 신중하게 부연했다. 또한 그는 최고까지는 아니라도, 확실히 최고에 가까운 철학자이다. 러셀의 주된 문제는 그에게 편견이 있어서, 영미의 경험주의와 분석철학보다 대륙의 합리주의를 좀 더 가혹하게 비판한다는 점이다. 여러 권으로 된 프레더릭 코플스톤Frederick Copleston의 『철학사History of Philosophy』(런던, 블룸즈버리, 2001)는 유려하고 매혹적이며 대단히 훌륭한 종합 철학서이다. 코플스톤은 예수회 신부답게 특별히 스콜라주의에 정통하지만, 모든 철학 사상을 신중하고 공평하며 호의적인 태도로 대하고 있다. 앤서니 케니Anthony Kenny의 『서양 철학사』(옥스퍼드대학교출판사, 2012)는 가장 최근에 나온 책이지만, 러셀과 코플스톤의 책보다 더 낫지는 않다. 아마도 가장 접근하기 쉬운 책은 브라이언 매기Bryan Magee의 『위대한 철학자들』(옥스퍼드대학교출판사, 1987)일 텐데, 이 책은 저자가 주요 서양 철학자들을 주제로 다른 저명한 철학자들을 인터뷰한 내용으로 이루어져 있다. 철학의 문제들을 간단히 살펴보기에 좋은 책으로, 사이먼 블랙번Simon Blackburn의 『생각』(옥스퍼드대학교출판사, 2001)은 재치 있고 재미있지만 독선적이다. 또한 나이젤 워버튼Nigel Warburton의 책은 거의 모두 추천할 만하지만 특별히 『철학의 주요 문제에 대한 논쟁』(런던, 라우틀리지, 2012)과 『철학고전 32선』(런던, 라우틀리지, 2001)이 좋다. 워버튼에게 흠이 하나 있다면, 그의 글이 너무 명쾌해서 이따금 어려운 철학 사상들이 이해하기 쉽다는 오해를 불러일으킨다는…… 하지만, 그의 책은 철학을 알고 싶은 사람들을 만족시키면서 동시에 좀 더 깊이 공부하고 싶은 마음도 자극한다.

철학을 공부하고 싶은 사람들에게 가장 좋은 입문서는 피터 애덤슨Peter Adamson의 팟캐스트 「빈틈없는 철학사A History of Philosophy Without Any Gaps」(http://historyofphilosophy.net)와 그의 책들이다. 현재(2019년 초 기준), 애덤슨은 팟캐스트에서 고대와 중세 철학, 그리고 아랍 철학까지 다뤘으며, 주요 사상가들을 재미있고 이해하기 쉽게 설명했다. 또한 그는 비서양철학자들의 사상도 능숙하게 다룬다.

첫 번째 산책부터 세 번째 산책: 윤리학

윤리 문제에 관한 내 생각은 주로 알래스데어 매킨타이어Alasdair MacIntyre의 영향을 받았다. 그의 다소 특이한 책 『윤리학의 짧은 역사A Short History of Ethics: A History of Moral Philosophy from the Homeric Age to the Twentieth Century』(런던, 라우틀리지, 2002)를 추천하지만, 특별히 『덕의 상

실』(런던, 블룸즈버리, 2013)은 현대의 윤리 문제를 분석하고, 그 해결 방법을 모색하는 훌륭한 책이다. 이 책은 위대한 현대 도덕 철학서 중 하나이다.

플라톤의 대화편은 온라인에서 쉽게 무료로 이용할 수 있다. 나는 19세기 벤자민 조웻Benjamin Jowett의 번역본을 추천한다. 대화편의 낱권으로는 펭귄 클래식과 옥스퍼드 월드 클래식 모두 현대어로 훌륭하게 번역되었고, 해설도 좋다. 아리스토텔레스의 책으로는 특별히 조너선 반스Jonathan Barnes가 번역하고 훌륭한 주석을 붙인 『니코마코스 윤리학Nicomachean Ethics』(런던, 펭귄, 2004)을 추천하지만, 펭귄 클래식과 옥스퍼드 월드 클래식 판도 좋다.

밀과 벤담의 공리주의에 관한 주요 저서와 유용한 배경 지식은 앨런 라이언Alan Ryan의 『공리주의Utilitarianism and Other Essays』(런던, 펭귄 북스, 1987)에서 찾을 수 있다. 피터 싱어Peter Singer의 『실천윤리학』(3판, 케임브리지대학교출판사, 2011)은 읽기 쉽지만, 철저하게 공리주의적 관점에서 윤리학을 바라보고 있어서 논란의 여지가 있다. 『윤리학: 아주 짧은 입문서Ethics: A Very Short Introduction』(옥스퍼드대학교출판사, 2003)는 제목 그대로, 뛰어난 사이먼 블랙번이 재기발랄하고 간결하게 쓴 짧고 명쾌한 윤리학 입문서이다.

메리 미즐리Mary Midgley의 책들은 대단히 이해하기 쉽고, 글이 유려하고 논증은 예리하다. 특별히 나는 『야수와 인간Beast and Man: The Roots of Human Nature』(런던, 라우틀리지, 2002)과 『사악함Wickedness: A Philosophical Essay』(런던, 라우틀리지, 2001)』을 추천한다.

혹시 구할 수 있다면, 칸트의 도덕 철학에 관한 훌륭한 입문서로는 『윤리학 강의Lectures on Ethics』(런던, 해켓, 1980)가 좋다.

칸트의 중요한 윤리서인 『도덕형이상학 정초The Groundwork of the Metaphysic of Morals』와 『실천이성비판과 도덕형이상학The Critique of Practical Reason and The Metaphysics of Morals』은 훌륭한 칸트 전집 중 『실천 철학Practical Philosophy』(케임브리지대학교출판사, 1997)에서 만날 수 있다. 하지만 입문자에게는 『도덕형이상학 정초』만 권하는데, 이 책은 칸트의 정언명령을 상당히 명료하게 설명하고 있다. 『실천이성비판』은 칸트의 형이상학을 공부하지 않았다면 난해할 것이다. 폴 가이어Paul Guyer의 『칸트 철학 안내서The Cambridge Companion to Kant』(케임브리지대학교출판사, 1992)는 윤리학을 포함해서, 칸트 철학 전반을 다루고 있는 훌륭한 입문서이다.

네 번째 산책: 타인의 마음과 자유 의지

흥미로운 타인의 마음 문제를 슬쩍 들여다보고 싶다면, 피터 고드프리 스미스Peter Godfrey-Smith의 유쾌한 책 『아더 마인즈: 문어와 지적 생명체의 진화Other Minds: The Octopus and the Evolution of Intelligent Life』(런던, 윌리엄 콜린스, 2017)를 읽어 보기 바란다. 고전을 좋아하는 사람에게는 길버트 라일Gilbert Ryle의 『마음의 개념』(런던, 펭귄, 1990)을 추천한다. 자유 의지에 관한 토론을 보고 싶다면, 폴 러셀Paul Russell과 오신 디리Oisin Deery의 『자유 의지의 철학The Philosophy of Free Will: Essential Readings from the Contemporary Debates』(옥스퍼드대학교출판사, 2013)에 필요한 모든 내용이 담겨 있다. 특히, 비범한 철학자 부자가 쓴 두 편의 에세이를 읽어 보면 좋다. 하나는 피터 스트로슨Pater F. Strawson의 「자유와 분노Freedom and Resentment」이고, 다른 하나는 갈렌 스트로슨Galen Strawson의 「궁극적인 도덕책임의 불가능The Impossibility of Ultimate Moral Responsibility」이다. 낯선 양자역학의 세계를 더 많이 알고 싶다면, 채드 오젤Chad Orzel의 정말 재미있는 책 『강아지도 배우는 물리학의 즐거움How to Teach Quantum Physics to Your Dog』(런던, 원월드, 2010)을 강력 추천한다.

다섯 번째 산책: 논리

아리스토텔레스는 『분석론 전서Prior Analytics』에서 삼단논법을 설명했다. 이 책은 몹시 난해하지만, 로빈 스미스Robin Smith가 번역한 책(런던, 해켓, 1989)에는 훌륭한 해설과 주석이 담겨 있다. 버겁지만, 논리학의 재미를 느끼고 싶다면 A.C. 그렐링Grayling의 『철학적 논리학』(옥스퍼드, 윌리 블랙웰, 1997)이 좋다.

여섯 번째와 일곱 번째 산책: 형이상학

소크라테스 이전 형이상학은 조너선 반스가 번역한 『초기 그리스 철학Early Greek Philosophy』(런던, 펭귄, 1987)에 잘 정리되어 있다. 플라톤의 형상론을 알고 싶다면, 데이비드 갤럽David Gallop이 번역하고, 해설과 주석을 곁들인 『파이돈』(옥스퍼드대학교출판사, 1996)으로 시작하길 권한다. 입문자용은 아니지만 『플라톤 철학 안내서The Cambridge Companion to Plato』(케임브리지대학교출판사, 2012) 중 형상론에 관한 내용도 아주 훌륭하다. 만약 스콜라 철학과 보편 논쟁에 관한 이야기를 추적하고 싶다면, 코플스톤의 최신판 『중세 철학Medieval

Philosophy』 제2권과 피터 애덤슨의 팟캐스트(https://historyofphilosophy.net/problem-universals)가 최고의 길잡이가 될 것이다.

여덟 번째와 아홉 번째 산책: 인식론

플라톤의 『테아이테토스』는 로빈 워터필드Robin Waterfield의 번역본(런던, 펭귄, 2004)이 가장 훌륭하다. 회의주의(와 스토아학파와 에피쿠로스학파)에 관해서는, A.A. 롱Long의 『헬레니즘 철학Hellenistic Philosophy: Stoics, Epicureans, Eceptics』(런던, 블룸즈버리, 2013)이 가장 확실하고 유익하며 꼼꼼하다. 내가 좋아하는, 합리주의와 경험주의에 관한 책은 조너선 베넷Jonathan Bennett이 쓴 『여섯 철학자에게 배우다Learning from Six Philosophers: Descartes, Spinoza, Leibniz, Locke, Berkeley, Hume』(옥스퍼드대학교 출판사, 2003)이다. 내용은 다소 딱딱하지만, 대단히 권위 있는 책이다. 데카르트, 스피노자, 라이프니츠, 로크, 버클리, 흄 등 여섯 사상가의 주요 책은 무료 전자책을 포함해서 쉽게 구할 수 있다. 데카르트는 가장 읽기 쉽게 글을 쓴 합리주의자이다. 『성찰』과 『방법서설』을 추천한다. 만약 여유가 있다면, 로크와 흄, 버클리의 모든 책도 읽기 쉬운데, 이들의 사상이 잘 요약되어 있되 핵심은 놓치지 않았다. 흄의 『인간 오성에 관한 탐구』는 같은 내용을 다루는 『인간 본성에 관한 논고』보다 간결하다.

입문자에게는 좀처럼 칸트의 역작인 『순수 이성 비판』을 추천하지 않는다. 하지만 시도해 보고 싶다면 케임브리지대학교출판사에서 나온 안내서를 추천하는데, 이 책은 현대어로 번역되어 있고, 해설과 주석이 장황하지만 훌륭해서 틀림없이 유용할 것이다. 또한 로저 스크루턴Roger Scruton의 『칸트』(옥스퍼드대학교출판사, 1982) 같은 책으로 시작해도 좋겠다.

비트겐슈타인은 까다롭다. 『논리철학논고』(런던, 라우틀리지, 2001)는 몇 시간 만에 읽을 수 있고, 그 내용 중 일부는 명쾌하고 이해하기 쉽지만, 나머지 부분은 상당히 난해하다. 『철학적 탐구』(옥스퍼드, 윌리 블랙웰, 2009)도 비슷한데, 대부분의 내용을 이해할 수 있지만, 전반적인 의미와 목적은 파악하기 어렵다. 가장 좋은 입문서는 다음의 두 전기이다. 브라이언 맥기네스Brian MaGuiness의 『비트겐슈타인의 청년기Wittgenstein: A Life: Young Ludwig』(런던, 펭귄, 1990)는 비트겐슈타인의 성장 환경과 『논리철학논고』의 관계를 멋지게 서술하고 있다. 하지만 이 책은 오직 그의 인생의 전반부만 다룬다. 레이 몽크Ray Monk의 『비트겐슈타인 평전』(런던, 빈티지, 1991)은 그의 전체 삶을 아우른다. 데이비드 페어스David Pears의 『비트겐슈타인Wittgenstein』(런던, 폰타나, 1985)은 짧지만 밀도 있는 해설서이다.

실용주의에 관해서는 루이스 메난드Louis Menand의 『형이상학 클럽The Metaphysical Club: A Story of Ideas in America』(런던, 플라밍고, 2011)을 추천하는데, 이 책은 인물에 초점을 맞춘 대단히 흥미로운 역사서이다. 그리고 묘한 매력을 가진 사상가, 윌리엄 제임스William James의 글이 포함된 『실용주의와 그 밖의 글들Pragmatism and Other Writings』(런던, 펭귄, 2000)도 좋다.

존 스터록John Sturrock의 『구조주의와 그 후Structuralism and Since: From Levi-Strauss to Derrida』(옥스퍼드대학교출판사, 1979)는 오래된 책이지만 소쉬르의 언어학이 일으킨 지적 혁명에 대한 유용한 안내서이다.

열한 번째 산책: 과학 철학

과학 철학 입문서로는 앨런 차머스Alan Chalmers의 『현대의 과학 철학』(밀튼 케인스, 오픈유니버시티출판사, 2013) 하나만 추천한다. 이 책은 내용을 총망라해서 멋지게 서술하고 있는 고전이다. 좀 더 깊이 공부하고 싶은 사람에게는, 모든 책이 명쾌한 포퍼를 추천하는데, 특별히 『과학적 발견의 논리』(런던, 라우틀리지, 2002)가 좋다. 쿤의 『과학 혁명의 구조』(시카고대학교출판사, 2012) 역시 비전문가에게 적합한 책이다. 개인적으로는 파울 파이어아벤트의 『방법에 반대한다』(런던, 버소, 2010)를 추천한다.

마지막 산책: 삶의 의미

삶의 의미에 관해서는 테리 이글턴Terry Eagleton의 신랄하지만 간결하고 유쾌한 『인생의 의미』를 읽어 보면 좋겠다. 이 책의 윤리학 산책에서 나는 니체에게 가혹했지만, 확실히 그의 글을 읽어 보면 인간됨이란 무엇인지 깊이 생각해 볼 수 있다. 『선과 악을 넘어서』와 『즐거운 지식』은 심오하고 훌륭한 작품이지만, 처음엔 『우상의 황혼』으로 시작하는 것이 좋은데, 백여 쪽에 걸쳐 니체 철학이 잘 요약되어 있기 때문이다. R.J. 홀링데일Hollingdale이 번역한 펭귄 판(1968)에는 『우상의 황혼』과 기독교 윤리에 대한 니체의 한결같은 비판서 『안티크리스트』가 함께 실려 있다.

감사의 글

원월드의 모든 식구에게 고맙지만, 특별히 전사적全社的 도움을 아끼지 않은 샘 카터에게 감사한다. 나의 수많은 실수를 바로잡아 준 탬신 셸턴에게 큰 빚을 졌다. 이 책의 내용을 함께 고민한 앤디 스탠튼은 입을 열 때마다 기발한 아이디어를 쏟아냈다. 찰리 캠벨의 결단력이 없었다면, 나는 아무것도 해내지 못했을 것이다.

과거로 거슬러 가서, 존 해리스 교수님과 스튜어트 심 교수님께 감사의 마음을 전하고 싶은데, 두 분은 내가 학업을 이어가는 동안 단계 단계마다 나를 열심히 지도해주셨다.

마지막으로 40년 전에 이미 나름의 활동을 시작하셨던, 훌륭한 교육자이신 마거릿 프리먼 여사에게 감사드린다.

찾아보기

갈릴레오Galileo 393~4, 396, 406
『고르기아스』(플라톤Plato) 59
공리주의 105~6, 114, 135~141, 145~7, 165~6, 396, 430, 453
『과학 혁명의 구조』(쿤Kuhn) 414, 458
『과학적 발견의 논리』(포퍼Popper) 404, 458
『국가』(플라톤Plato) 21, 55, 57~8, 62, 80, 109, 240
굴드, 스티븐 제이Gould, Stephen Jay 435
귀납법 153, 283, 285, 339~342, 389, 391~2, 396, 400, 403~5, 420~1
『꿀벌의 우화』(맨더빌Mandeville) 87
네로 황제 95
녹스, 로널드Knox, Ronald 334
『논리철학논고』(비트겐슈타인Wittgenstein) 369~371, 457
뉴턴, 아이작Newton, Sir Isaac 10~11, 167~8, 220, 295, 311, 404, 408, 413, 415~6

중력 168, 170, 195, 408, 422
니체, 프리드리히Nietzsche, Friedrich 43~7, 53, 58, 62, 65, 146, 441, 458
다윈, 찰스Darwin, Charles 267, 401~2, 405, 411, 415
던, 존Donne, John 252
데리다, 자크Derrida, Jacques 378, 380
데모크리토스Democritus 227~8
데카르트, 르네Descartes, Rene 11, 27~29, 171~2, 226, 295~304, 313~4, 319, 325, 332, 350, 456
듀이, 존Dewey, John 362
라메트리La Mettrie, Julien Offray de 111
라이프니츠, 고트프리트 빌헬름Leibniz, Gottfried Wilhelm 226, 270, 301, 310~9, 332, 335 350, 360, 441, 456
라카토스, 임레Lakatos, Imre 384, 419~420
러셀, 버트런드Russell, Bertrand 341, 364, 451, 454
레우키포스Leucippus 217

로크, 존Locke, John 11, 301, 324~333, 336~7, 344, 349, 353, 360, 456

루소, 장 자크Rousseau, Jean-Jacques 84, 111

『리바이어던』(홉스Hobbes) 324

마르크스, 카를Marx, Karl 165, 411

말브랑슈, 니콜라Malebranche, Nicolas 29, 303~5

맥스웰, 제임스Maxwell, James 178

맨더빌, 버나드Mandeville, Bernard 87

맬서스, 토마스Malthus, Thomas 405

『메논』(플라톤Plato) 243, 245

몸, 서머싯Maugham, Somerset 440

몽테뉴Montaigne 294~5

무솔리니, 베니토Mussolini, Benito 61

무어Moore, G.E. 84~87

밀, 존 스튜어트Mill, John Stuart 135, 151
인과 관계 170~1, 177, 337~9, 342, 344, 397, 433

밀레투스학파의 탈레스Thales of Miletus 214~5, 220~22

버클리, 조지Berkeley, George 322, 324, 332~6, 351, 353, 360, 418, 456

베르나르 클로드Bernard, Claude 28~29

베이컨, 프랜시스Bacon, Francis 323

벤담, 제러미Bentham, Jeremy 11, 135~6, 453

보르헤스, 호르헤 루이스Borges, Jorge Luis 373, 376

보아스, 프란츠Boas, Franz 376~7

보에티우스Boethius 256

보일, 로버트Boyle, Robert 168

보편자 254, 260, 263, 265~8

볼테르Voltaire 317

『분석자』(갈릴레오Galileo) 393

브라헤, 티코Brahe, Tycho 420

비트겐슈타인, 루트비히Wittgenstein, Ludwig 18, 27, 155, 265, 369~72, 376, 400, 431, 457

빈학파 399, 400, 403

사르트르, 장 폴Sartre, Jean Paul 444~5

섀프츠베리 백작, 앤서니 애슐리 쿠퍼 Shaftesbury, Anthony Ashley-Cooper, Earl of 83

성 아우구스티누스Augustine, St 256, 258

성 안셀무스Anselm, St 437

셰익스피어, 윌리엄Shakespeare, William 10, 252

소 세네카Seneca the Younger 95

소쉬르, 페르디낭 드Saussure, Ferdinand de 373, 378~9

소크라테스Socrates 11, 55~60, 76, 91, 100, 136, 157, 165, 200, 206, 214~6, 220~21, 224, 226, 234, 239, 241, 243, 245, 247~8, 251, 253, 255, 275~7, 288, 293, 326, 421, 455

쇼펜하우어, 아르투르Schopenhauer, Arthur 6, 7, 441~3

『순수 이성 비판』(칸트Kant) 26, 350, 352, 456

스코터스, 던스Scotus, Duns 258

스탈린, 이오시프Stalin, Joseph 61, 103, 141
스피노자, 바뤼흐Spinoza, Baruch 270, 301, 305~9, 311, 313, 319, 369, 440, 441, 445~6
시노페의 디오게네스Diogenes of Sinope 23~25, 219
아낙시만드로스Anaximander 215~6, 221
아낙시메네스Anaximenes 216
아르고스Argos 21
아르켈라오스Archelaus 53
아리스토텔레스Aristotle
　덕 윤리 73, 99, 101, 114
　에우다이모니아 89~90, 95, 98, 102, 140, 146,
　윤리학 70, 73~4, 88~90, 101~103
　인간의 형상 249
아리스티포스Aristippus 91
아우렐리우스, 마르쿠스Aurelius, Marcus 35
아인슈타인, 알베르트Einstein, Albert 167, 179, 181, 184, 396, 404, 408
　상대성 이론 179, 396, 408, 416
　양자 역학 179, 182, 381, 415~6
아퀴나스, 토마스Aquinas, Thomas 257
아킬레스Achilles 218~9, 225
아후라 마즈다Ahura Mazda 21
안티스테네스Antisthenes 23
알렉산더 대왕Alexander the Great 146
앙그라 마이뉴Angra Mainyu 20
『어려운 시절』(디킨스Dickens) 137
에피쿠로스Epicurus 91~94, 108, 114, 256, 285
엘리스의 피론Pyrrho of Elis 288
엠페도클레스Empedocles 221, 223~4, 228, 422
오디세우스Odysseus 21
오컴, 윌리엄Ockham, William of 33, 258~61
우주론 10, 179, 215, 220, 225, 228, 234, 393, 396, 415, 432
『원론』(유클리드Euclid 306~7
유클리드Euclid 306~7, 369
『윤리학』(스피노자Spinoza) 306~8, 369, 440
『의지와 표상으로서의 세계』(쇼펜하우어Schopenhauer) 6, 442
『인간 본성에 관한 논고』(흄Hume) 336
『인간 오성론』(로크Locke) 324, 331
『인간 오성에 관한 탐구』(흄Hume) 336
『인간의 굴레에서』(몸Maugham) 440
『자연에 관하여』(엠페도클레스Empedocles) 224
『자연에 관하여』(파르메니데스Parmenides) 224
『자연학』(아리스토텔레스Aristotle) 210, 228
『정화』(엠페도클레스Empedocles) 224
제논Zeno 218~20, 225
제우스Zeus 213
제임스, 윌리엄James, William 457
『존재와 무』(사르트르Sartre) 444
『종의 기원』(다윈Darwin) 401
『철학적 탐구』(비트겐슈타인Wittgenstein)

457

칼리클레스Callicles 67

『캉디드』(볼테르Voltaire) 317

『캐치-22』(헬러Heller) 126

케쿨레 아우구스투스Kekule, August 405

케플러, 요하네스Kepler, Johannes 394, 396, 404, 413~4

코페르니쿠스, 니콜라스Copernicus, Nicolas 11, 394, 404, 406, 413~5, 420

콜럼버스, 크리스토퍼Columbus, Christopher 20, 364~5

쿤, 토마스Kuhn, Thomas 384, 414~21, 458

퀴비에, 조르주Cuvier, Georges 401

크리시포스Chrysippus 35, 94

크리티아스Critias 56

크세노파네스Xenophanes 221~2

테베의 크라테스Crates of Thebes 24

『테아이테토스』(플라톤Plato) 276, 280, 456

트라시마코스Thrasymachus 58

『파르메니데스』(플라톤Plato) 216, 218~20, 224, 247~9, 251, 253, 422

파스퇴르, 루이Pasteur, Louis 397

『파이돈』(소크라테스Socrates) 241, 245, 455

『파이드로스』(플라톤Plato) 379

파이어아벤트, 파울Feyerabend, Paul 421, 423, 458

퍼스, 찰스 샌더스Peirce, Charles Sanders 362, 375

포세이돈Poseidon 213

포퍼, 칼Popper, Karl 82, 384, 403~14, 418~21, 458

폴로스Polus 31 59

푸코, 미셸Foucault, Michel 424

프로타고라스Protagoras 277~8

플라톤Plato

도덕실재론 73

선의 형상 77~78, 109, 234, 244, 248

형상론 7, 76, 77, 83, 114, 231~2, 234, 240, 246, 251, 455

플로티노스Plotinus 251

피타고라스Pythagoras 226, 275~6

하비, 윌리엄Harvey, William 28

해리슨, 존Harrison, John 107

헤라클레이토스Heraclitus 25, 157~9, 194, 253

형이상학 7, 11, 26, 75~6, 101, 120, 205~6, 209~10, 212, 233, 254, 307, 311, 350, 364, 422, 454~5, 457

호메로스Homer 21, 43

홉스, 토마스Hobbes, Thomas 87, 324~5, 332

흄, 데이비드Hume, David 33, 78~79, 142~3, 322, 324, 331~2, 335~9, 331~5, 351~3, 396, 403~4, 433, 456

히틀러, 아돌프Hitler, Adolf 61, 146

히파르키아Hipparchia 24

히파티아Hypatia 253

개에게 철학을 가르치는 완벽한 방법

초판 1쇄 발행 2023년 5월 25일

지은이 앤서니 맥가원
옮긴이 최이현
펴낸이 이혜경

펴낸곳 니케북스
출판등록 2014년 4월 7일 제300-2014-102호
주소 서울시 종로구 새문안로 92 광화문 오피시아 1717호
전화 (02) 735-9515
팩스 (02) 6499-9518
전자우편 nikebooks@naver.com
블로그 nikebooks.co.kr
페이스북 www.facebook.com/nikebooks
인스타그램 www.instagram.com/nike_books

한국어 출판권 ⓒ 니케북스, 2023

ISBN 979-11-89722-70-8 (03100)

책값은 뒤표지에 있습니다.
잘못된 책은 구입한 서점에서 바꿔 드립니다.